ECONOMIA DE L'EMPRESA

2

Montserrat Pina Massachs
Clara González Fernández
Josep Alfaro Giménez

Revisió tècnica i pedagògica
Joan Antoni Roncal Borrego

Mc Graw Hill Education

MADRID · BUENOS AIRES · CARACAS · GUATEMALA · LISBOA · MÈXIC · NOVA YORK
PANAMÀ · SAN JUAN · BOGOTÀ · SÃO PAULO · AUCKLAND · HAMBURG · LONDRES
MILÀ · MONT-REAL · NOVA DELHI · PARÍS · SAN FRANCISCO · SYDNEY · SINGAPUR
SAINT LOUIS · TÒQUIO · TORONTO

Com s'utilitza aquest llibre

Presentació de la unitat

La unitat s'inicia amb l'avançament dels continguts que s'hi treballen. A partir d'un **text representatiu** es plantegen activitats que conviden a la **reflexió inicial** i a l'**aproximació de l'economia a la realitat de l'alumnat.**

2
El cicle comptable

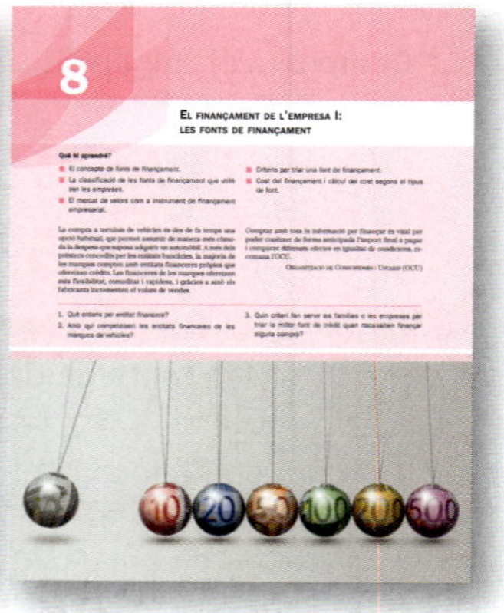
8
El finançament de l'empresa I: les fonts de finançament

Desenvolupament dels continguts

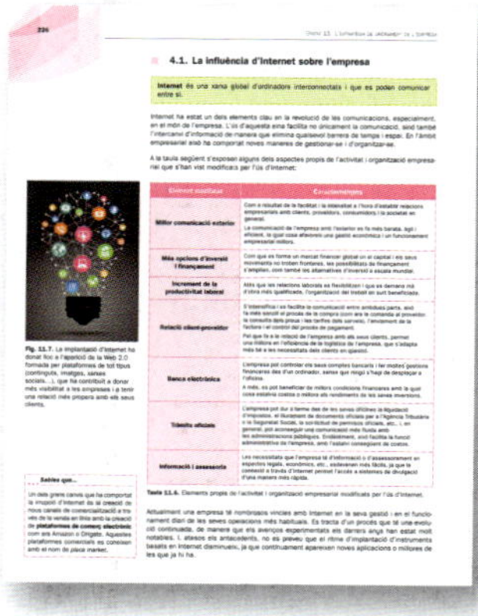

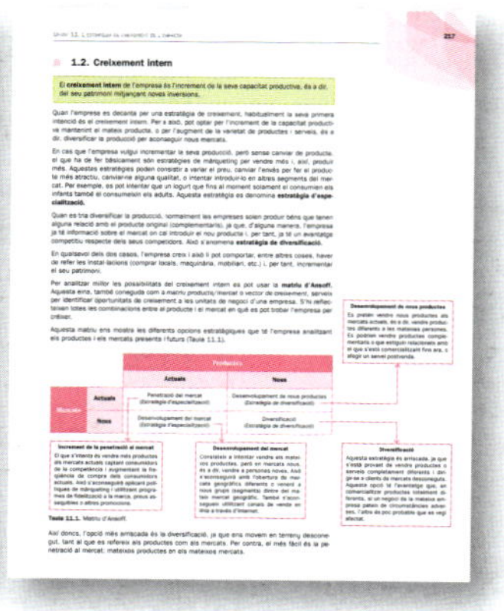

El tractament dels continguts s'aborda amb un **llenguatge senzill, accessible i amb abundants esquemes i quadres resum** que ajuden l'alumne en el procés d'aprenentatge.

Al començament del llibre s'inclou una unitat d'**avaluació inicial** que serveix de diagnòstic per valorar el nivell de l'alumnat.

Exposició clara i concisa de la teoria, acompanyada de quadres al marge que ajuden a la comprensió dels aspectes més importants.

Important	***Més dades***
A Internet	***Recorda***
Atenció	***Reflexiona***
Biografia	***Reportatge***
Cita	***Sabies que...***
Claus i consells	***Tingues en compte***
Conceptes bàsics	***Vocabulari***
Fixa-t'hi	***Web***

Comencem 17

Avaluació inicial

El curs passat vas aprendre moltes coses sobre l'empresa. Amb la intenció de valorar el que recordes i de conèixer el teu punt de partida i el del grup sobre els vostres coneixements de l'economia de l'empresa que es tractaran aquest curs, us proposem respondre a les següents preguntes, explicant tot el que sabeu o opineu sobre el tema.

1. ERCROS, SA, i La Farga Rod, SL, són dues empreses establertes a Manresa. Indica algunes diferències que hi ha entre elles relacionades amb els aspectes següents:
   a) El capital mínim.
   b) La responsabilitat dels socis.
   c) El nom dels títols en què es divideix el seu capital.
   d) L'impost amb el qual tributen.
2. Argumenta la situació econòmica d'una empresa de la qual sabem que ha fabricat i venut l'últim any 3 500 unitats del producte que fa, i que el seu punt mort és de 3 620 unitats.
3. Una botiga acaba d'obrir a l'agost. Durant aquest mes ha comprat 300 unitats de producte a 10 € cada unitat i ha venut 100 unitats a 15 € cada una. Té intenció de continuar amb el negoci. Quant ha guanyat o quant ha perdut aquest mes si considerem que no ha tingut cap altra despesa més?
4. Una marca de xampú ha modificat el seu envàs de manera que s'adapta millor a la mà. Des de fa una setmana per la televisió surt cada tarda un anunci mostrant les virtuts d'aquest canvi. Quina o quines estratègies de màrqueting està utilitzant aquesta marca?
5. Has tingut sort i han contestat la teva sol·licitud de demanda de feina. T'agafaran a una botiga per treballar els caps de setmana. Quin document hauràs de signar abans de començar a treballar?
6. Un amic teu que sap que estudies economia de l'empresa, et demana consell sobre quin pot ser el millor lloc per posar un quiosc per vendre caramels i llaminadures. Quin consell li donaries i per què?
7. Moltes famílies diuen que porten la comptabilitat de casa seva. A què es refereixen? Quina informació recullen?
8. Has vist una bici de muntanya estupenda que val 670 €. Creus que s'adapta perfectament al que necessites. Parles amb els teus pares i et diuen que només et poden ajudar amb 250 € i que per a la resta has de buscar altres fonts de finançament. Què volen dir amb això? Quines poden ser aquestes fonts en el teu cas?
9. En una conversa de veïns, en Joan li diu a la Marta: «Finalment ens hem decidit per comprar l'apartament a la platja. Hem signat una hipoteca per vint anys, sort que ara els interessos estan baixos!».
   a) A què es refereixen quan diuen que han signat la hipoteca?
   b) Com es relaciona amb els interessos?
10. Hi ha botigues que un cop acabada la temporada, si no han venut totes les existències, fan una rebaixa molt gran en el preu de venda per aconseguir liquidar-les. Altres, fan una rebaixa molt petita i triguen més a vendre-ho tot. Quins avantatges i quins inconvenients observes en cada una de les estratègies anteriors?

Fig. 11. Les estratègies de màrqueting tenen com a finalitat que els consumidors comprin els seus productes i no pas els de la competència.

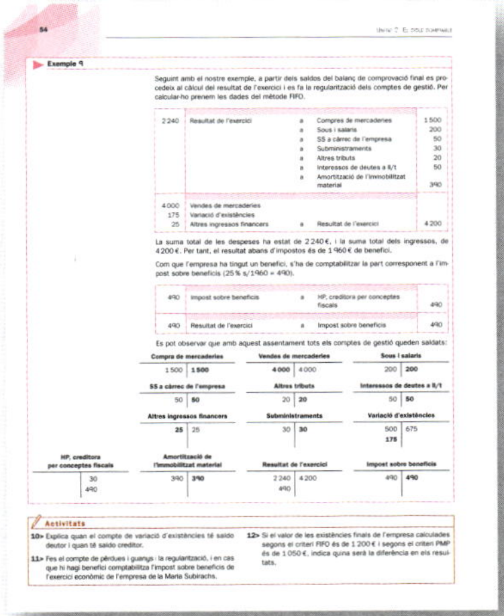

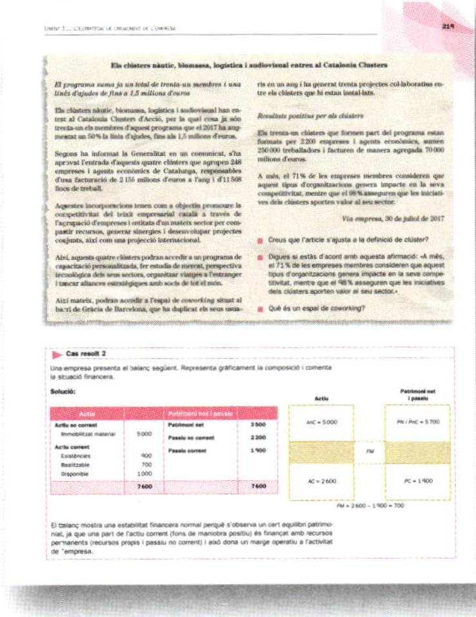

L'exposició de continguts es reforça amb elements diversos:

- **Lectures:** fragments d'articles i notícies amb propostes didàctiques.
- **Exemples:** per il·lustrar l'exposició teòrica.
- **Casos resolts:** propers a la realitat de l'alumnat.
- **Activitats:** per assegurar els continguts exposats.

Tancament de la unitat

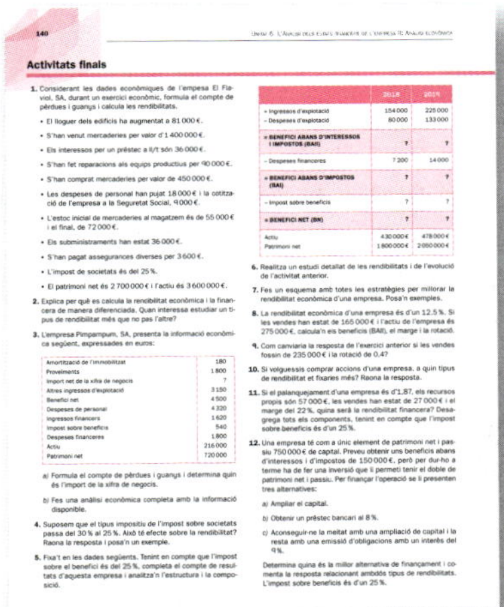

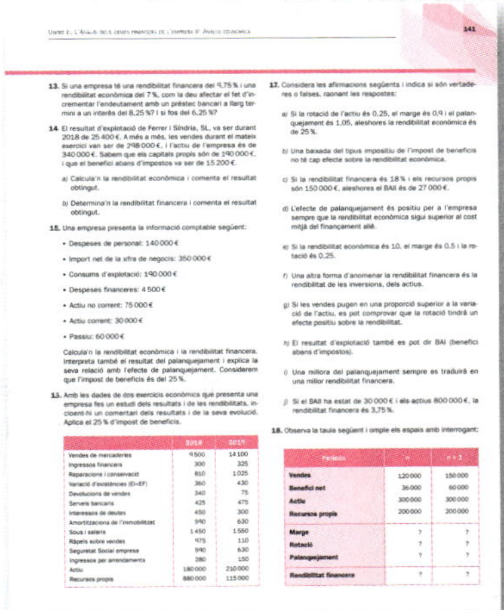

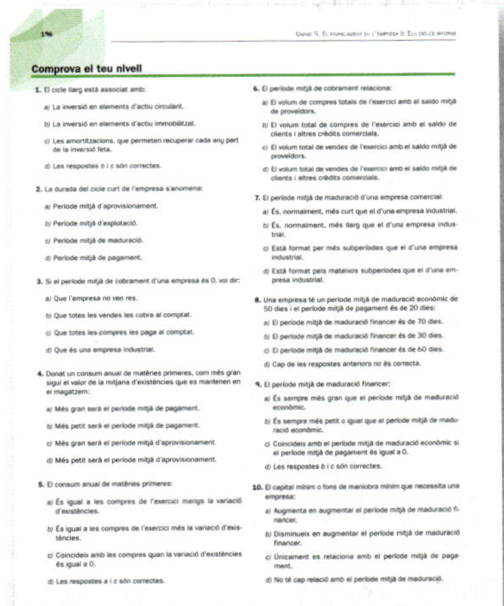

La unitat es tanca amb una doble pàgina d'**Activitats finals** de diferent tipologia perquè l'alumnat repassi i practiqui els continguts treballats.

La secció **Comprova el teu nivell** consta d'una bateria d'activitats tipus test perquè l'alumnat s'autoavaluï.

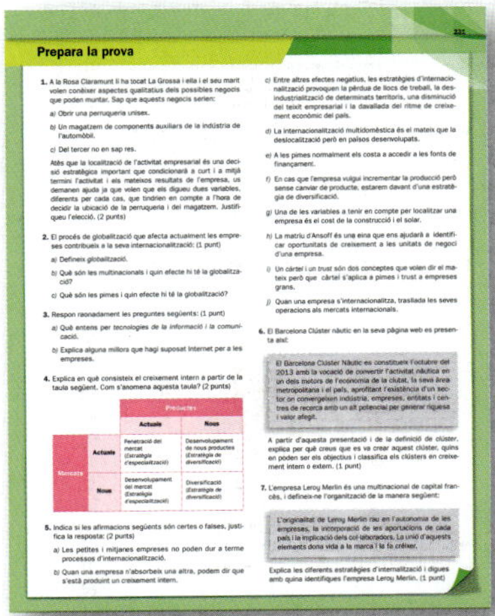

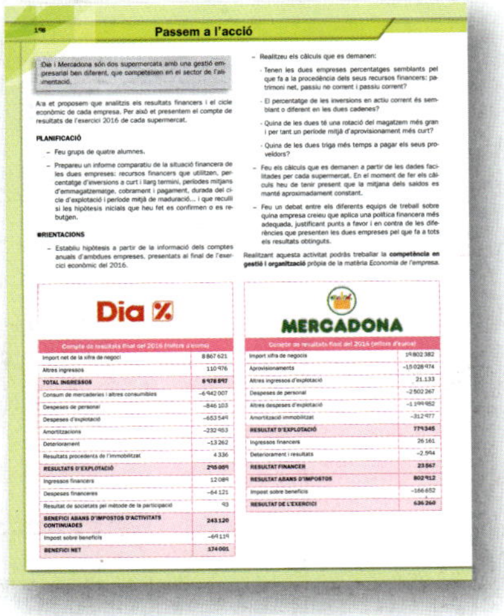

La secció **Prepara la prova** conté un seguit d'activitats per preparar les proves de la selectivitat, tot repassant el contingut de la unitat.

Cal una menció especial a la secció **Passem a l'acció,** en què s'inclou un petit projecte per treballar les **competències específiques** de la matèria al finalitzar cadascun dels blocs de continguts.

COMENCEM

Aquesta unitat és una unitat especial, perquè hi trobaràs continguts que s'han treballat a primer, bé a la matèria d'*Economia d'empresa* o bé en altres matèries del batxillerat social com l'*Economia* i les *Matemàtiques aplicades a les ciències socials,* que et poden ser útils per entendre millor els nous continguts que et presentem.

Amb això es pretén un doble objectiu, el primer és que puguis refrescar la memòria en el moment just que ho necessitis. Per això, farem referència a aquests continguts en les activitats o els apartats que calgui com a procediment per aplicar o com a ampliació del tema. El segon objectiu és proporcionar aquests continguts per a aquells alumnes que heu canviat de modalitat en passar a segon.

Al final d'aquesta unitat hi ha una avaluació inicial amb preguntes que t'ajudaran a tenir present el que recordes i a prendre consciència del que saps sobre alguns temes que treballarem a segon.

1. Continguts de primer curs que convé que recordis

D'entre els continguts que s'han treballat a primer i que cal tenir presents aquest curs destaquem: el *càlcul de la nòmina*, la *valoració d'existències,* l'*estudi de mercat* i *el pla de màrqueting*.

1.1. Parlem de la nòmina

En la Unitat 6 del llibre del curs passat vas estudiar les parts de la **nòmina** i vas aprendre a omplir un rebut salarial; deus recordar que el **salari** que cobra el treballador (salari net) és inferior al total meritat pel treballador i que suposa la despesa total per a l'empresa. Això és degut a les **deduccions;** una part d'aquestes deduccions correspon a la quantitat que cada treballador ha de pagar a la Seguretat Social, i l'altra, a la retenció que se li fa al treballador a compte de l'impost de la renda que haurà de pagar a la Hisenda pública. A més, l'empresa paga una quota a la Seguretat Social per cada treballador.

L'empresa és l'agent obligat a retenir els diners corresponents a les obligacions dels treballadors amb els organismes públics.

Quan arriba el final de mes, l'empresa paga la nòmina als seus treballadors i reté per compte del treballador la part de la Seguretat Social i la de l'IRPF, i ho haurà de fer efectiu posteriorment als organismes públics.

En aquest curs hauràs de comptabilitzar una nòmina; per fer–ho és convenient que tinguis clar quines són les despeses de l'empresa, quina és la quantitat que ha de pagar al final de mes al treballador i quina és la quantitat total que haurà de pagar a la Seguretat Social i a la Hisenda pública.

Fig. 1. El *salari* és la retribució econòmica que correspon a cada treballador, mentre que el *rebut salarial* és el justificant que emet l'empresa, en el que queden recollides la percepció que rep el treballador i les retencions i deduccions que se li apliquen.

Cas resolt 1

Una empresa paga a final de mes a un treballador un total de 2 500 € i a la Seguretat Social una quota de 750 €. A final de mes, l'empresa reté al treballador el 6 % sobre el total meritat en concepte d'aportacions a la Seguretat Social i el 17 % en concepte d'IRPF.

Calcula:

a) La despesa total que té l'empresa pel fet de tenir contractat el treballador.

b) La quantitat que cobra aquest treballador de salari net.

c) La quantitat total que l'empresa ha de pagar a la Seguretat Social.

d) La quantitat que l'empresa ha de pagar a la Hisenda pública per compte del treballador.

Solució:

a) La despesa total per a l'empresa és el sou del treballador i la quota empresarial per a la Seguretat Social; en aquest cas: 2 500 + 750 = 3 250 €

b) El salari net del treballador és:

Total meritat	2 500 €
Deducció per Seguretat Social	–6 % de 2 500 = –150 €
Deducció per IRPF	–17 % de 2 500 = –425 €
Salari net	1 925 €

c) L'empresa ha de pagar en total a la Seguretat Social la seva quota més la retenció aplicada al treballador: 750 + 150 = 900 €

d) L'empresa ha de pagar a la Hisenda Pública, per compte del treballador, 425 €.

!! *Atenció*

Els percentatges de les **cotitzacions** i de les **retencions** són aproximats. Actualment, els tipus de cotització per a l'empresa sumen aproximadament el 30,15 % i per als treballadors, el 6,35 %, i els tipus de retenció de l'IRPF depenen de les circumstàncies personals dels treballadors.

Cas resolt 2

Calcula el total que ha de pagar l'empresa a la Seguretat Social per un treballador que té un salari brut mensual de 1 400 € si la quota de l'empresa a la Seguretat Social és de 420 € i la retenció sobre el salari brut per diversos conceptes de deducció a la Seguretat Social és el 5 %.

Solució:

L'empresa ha de pagar en total la seva quota més la deducció aplicada al treballador; en aquest cas: 420 + 5 % de 1 400 = 490 €

Cas resolt 3

Troba el salari net d'un treballador que cobra 3 200 € de salari brut amb unes retencions del 6 % en concepte de Seguretat Social i el 20 % d'IRPF.

Calcula també el total de despesa que comporta per a l'empresa tenir aquest treballador si la quota empresarial a la Seguretat Social és de 950 €.

Solució:

a) El salari net d'aquest treballador és: 3 200 – 6 % de 3 200 – 20 % de 3 200 = 2 368 €

b) La despesa total per a l'empresa és de 3 200 + 950 = 4 150 €

1.2. Sobre mètodes de valoració d'existències i valor de les existències finals

En la Unitat 10 del llibre de primer curs vas estudiar els diferents mètodes de valoració de les sortides del magatzem. Deus recordar que hi havia dues possibilitats: el *criteri FIFO* i el *criteri PMP*. El **criteri FIFO** (primera entrada, primera sortida) es basa a valorar la sortida d'existències del magatzem començant per les més antigues, mentre que el **PMP** (preu mitjà ponderat) es basa en el fet que totes les unitats que hi ha en el magatzem estan valorades de la mateixa forma, el preu mitjà ponderat, de manera que cada vegada que hi ha una entrada hi haurà un nou valor per a les existències.

Això fa que en un moment donat el valor de les existències que es troben al magatzem sigui diferent depenent del criteri utilitzat; en conseqüència, el resultat econòmic (benefici o pèrdua) al qual arriba l'empresa en un període de temps donat és també diferent segons el criteri de valoració utilitzat.

En aquest curs, això ho hauràs d'aplicar en l'obtenció del resultat d'un exercici econòmic per a una empresa que fa diferents compres i vendes en aquell període.

Fig. 2. Hi ha diversos criteris per calcular la valoració de les existències al magatzem. En funció del criteri escollit el valor de les existències serà un o altre.

Cas resolt 4

Una empresa efectua tres comandes anuals d'una mercaderia: al gener en compra 1 000 unitats a un preu unitari de 12 €/u. A l'abril en compra 800 unitats a un preu de 15 €/u i al setembre en compra 1 200 unitats a 16 €/u. L'empresa en ven 600 unitats al febrer, 1 000 unitats al juny i 1 100 a l'octubre. L'empresa ven cada unitat a un preu constant de 27 €/u.

Calcula:

a) El valor de les existències finals pel mètode FIFO i PMP.

b) Considerant que l'únic ingrés que té l'empresa és el que aconsegueix de la venda i que l'única despesa és el cost de les mercaderies, calcula el benefici que aconsegueix amb cada mètode.

c) Argumenta com afecta la diferència de valor de les existències finals en el resultat econòmic.

(continua)

Cas resolt 4 *(continuació)*

Solució:

Per respondre tots els apartats cal fer una taula d'existències. Pots fer servir el model de l'any passat o un altre una mica més reduït en el qual es reculli clarament el valor total de les compres, el cost de les vendes i el valor de les existències en cada moment.

Taula FIFO

	Compres	Cost vendes	Existències
Gener	1 000 · 12 = 12 000		1 000 · 12 = 12 000
Febrer		600 · 12 = 7 200	400 · 12 = 4 800
Abril	800 · 15 = 12 000		400 · 12 } 800 · 15 } = 16 800
Juny		400 · 12 } 600 · 15 } = 13 800	200 · 15 = 3 000
Setembre	1 200 · 16 = 19 200		200 · 15 } 1 200 · 16 } = 22 200
Octubre		200 · 15 } 900 · 16 } = 17 400	300 · 16 = 4 800
TOTAL	**43 200**	**38 400**	**Ex final 300 u a 16 = 4 800**

Taula PMP

	Compres	Cost vendes	Existències
Gener	1 000 · 12 = 12 000		1 000 · 12 = 12 000
Febrer		600 · 12 = 7 200	400 · 12 = 4 800
Abril	800 · 15 = 12 000		1 200 · 14(1) = 16 800
Juny		1 000 · 14 =14 000	200 · 14 = 2 800
Setembre	1 200 · 16 = 19 200		1 400 · 15,71(2) = 22 000
Octubre		1 100 · 15,71 = 17 285	300 · 15,71 = 4 715
TOTAL	**43 200**	**38 485**	**Ex final 300 u a 15,71 ... = 4 715**

(1) Per obtenir el primer preu mitjà ponderat hem de calcular: $\frac{4\,800 + 12\,000}{1\,200} = 14$

(2) I per al segon preu mitjà ponderat hem de calcular: $\frac{2\,800 + 19\,200}{1\,400} = 15{,}7142$

a) El valor de les existències finals segons el mètode FIFO és de 4 800 €. El valor de les existències finals segons el criteri PMP és gairebé de 4 715 € (atès que el valor exacte és de 4 714,29 €).

b) Resultat del període ingrés de les vendes – cost de les vendes.

> Resultat segons FIFO: 2 700 · 27 – (7 200 + 13 800 + + 17 400) = 34 500 € de benefici.
>
> Resultat segons PMP: 2 700 · 27 – (7 200 + 14 000 + + 17 285) = 34 415 € de benefici.

c) Es pot observar que com més valorades queden les existències finals més gran és el resultat econòmic que s'obté, i a l'inrevés.

En el proper període aquestes existències, com que tindran un cost superior, faran que el resultat econòmic sigui més petit i compensarà exactament el resultat superior que ha aconseguit en aquest període. Per tant, podem afirmar que el resultat econòmic que obté una empresa al llarg del temps és independent del criteri de valoració utilitzat, tot i que per a un període concret el resultat depèn del criteri utilitzat.

Si el preu de compra no variés en tot el període, el valor de les existències finals seria el mateix amb els dos criteris, i el resultat econòmic també seria igual.

Una altra observació que es pot fer és que la diferència entre el valor de les existències finals (4 800 – 4 715) és exactament igual que la diferència obtinguda en el resultat econòmic (34 500 – 34 415). En els dos casos és 85.

Normalment, el que interessa per poder trobar el resultat de l'exercici en comptabilitat és només el valor de les existències finals; en aquest cas, es pot fer un càlcul més ràpid sense haver de confeccionar tota la taula.

Cas resolt 5

Un comerciant comença un exercici amb 300 parells de sabates destinats a la venda, a un preu unitari de 12 € el parell.

Durant l'exercici fa els moviments següents:

3/03 compra 500 parells	: a 13 €/parell
18/09 compra 700 parells	: a 14 €/parell
5/06 venda	: 450 parells
20/10 venda	: 800 parells

Calcula:

a) El nombre d'existències de parells de sabates que té quan s'acaba l'exercici.

b) El valor d'aquestes existències segons el criteri FIFO.

c) El valor d'aquestes existències segons el criteri PMP.

Solució:

a) Les existències finals són les inicials més les compres i menys les que s'han venut:

Existències finals = 300 + 500 + 700 – 450 – 800 = 250 parells

b) Per calcular el valor de les existències finals pel criteri FIFO, senzillament cal tenir present que aquestes existències estaran valorades al preu de les últimes, ja que primer surten les primeres. Com que l'última compra va ser de 700 parells i en queden 250, cada parell estarà valorat a l'últim preu, en aquest cas 14 €; per tant:

Valor existències finals (FIFO) = 250 · 14 = 3 500 €

c) En el cas del PMP, cal tenir en compte que cada vegada que hi ha una compra el preu mitjà ponderat varia. En aquest cas s'han de fer dos càlculs del PMP, un el 3/03 i l'altre el 18/09:

$$PMP_{(3/03)} = \frac{3\,600 + 6\,500}{800} = 12{,}625\ €$$

Abans de la segona compra hi ha al magatzem un total de 350 parells (ja que el 5/06 se'n van vendre 450):

$$PMP_{(18/09)} = \frac{4\,418{,}75 + 9\,800}{1\,050} = 13{,}5416\ €$$

Com que ja no s'ha tornat a produir cap més compra, el valor de les existències finals és:

Valor existències finals (PMP) = 250 · 13,5416 = 3 385,42 €
(tenint en compte tots els decimals)

Fig. 3. Els inventaris permeten saber en tot moment l'estat de les existències. Una bona gestió dels inventaris ajuda a preveure la ruptura d'estocs.

1.3. Sobre l'estudi de mercat

A la Unitat 11 del teu llibre del curs passat vas veure la importància que té l'estudi de mercat per fixar la planificació de màrqueting de l'empresa. En aquest curs l'hauràs d'aplicar en l'elaboració d'un projecte empresarial, per això convé que recordis els elements que s'han d'analitzar quan es fa un estudi de mercat.

De manera resumida te'ls mostrem a la taula següent:

Estudi de mercat		
Anàlisi de l'entorn	Entorn legal	Conèixer el conjunt de lleis que regulen l'activitat.
	Entorn tecnològic	Conèixer les millores tecnològiques que afecten el procés productiu.
	Entorn social	Conèixer els canvis en costums, modes, etc.
	Entorn econòmic	Conèixer la fase del cicle econòmic.
Anàlisi del consumidor	Comportament	Condicionat per l'experiència, l'aprovació dels altres, les conviccions i la seguretat.
	Capacitat de decisió	Prescriptor, comprador o consumidor.
	Hàbits de compra	Qui, on, per què, quant, quan i què compra.
Anàlisi de la competència	Localització dels competidors.	
	Informació sobre la quota de mercat, el preu del producte, els proveïdors, la presentació del producte, la tecnologia utilitzada, etc.	
	Comparació de la situació de l'empresa respecte de la competència.	
Anàlisi del producte	Característiques, components que conté, necessitats que satisfà, imatge que vol transmetre...	

Taula 1. Àmbits d'anàlisi d'un estudi de mercat.

Fig. 4. Conèixer bé el mercat al qual es dirigeix garanteix l'èxit comercial d'una empresa.

També és important fer memòria de les fases de l'anàlisi de mercat:

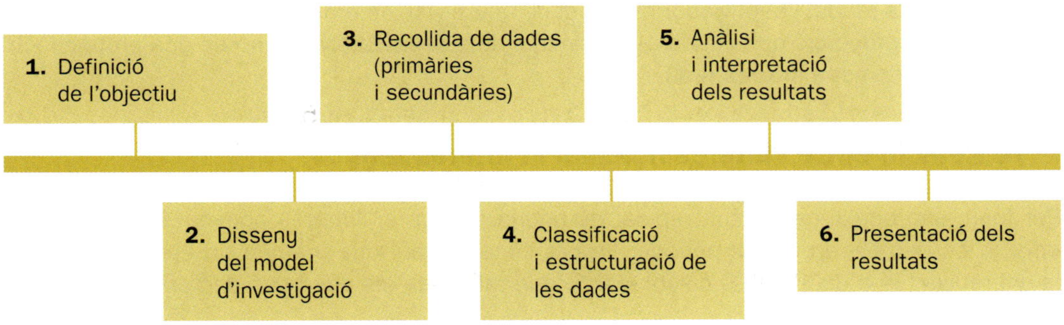

Fig. 5. Fases de l'anàlisi de mercat.

1.4. Posicionament i pla de màrqueting

A la Unitat 13 del llibre de primer et vam presentar què era un *pla de màrqueting* i la seva estructura.

Deus recordar que el punt de partida és la imatge que l'empresa vol crear o fomentar del seu producte; d'això se'n diu **posicionament de producte.** Per crear un projecte empresarial el primer que s'ha de fer és definir el producte o servei que es vol oferir i decidir quina posició es vol mantenir en el mercat. A la Figura 6 et recordem les etapes del **pla de màrqueting.**

Per elaborar un pla de màrqueting dins del projecte empresarial, et pot ajudar revisar el Cas resolt del pla que sortia en la Unitat 13 del llibre de primer, a la pàgina 259.

En qualsevol pla de màrqueting hauran de quedar perfectament definides les estratègies de producte, el preu, la promoció i la distribució que pretén posar en marxa l'empresa per aconseguir el seu objectiu de posicionament.

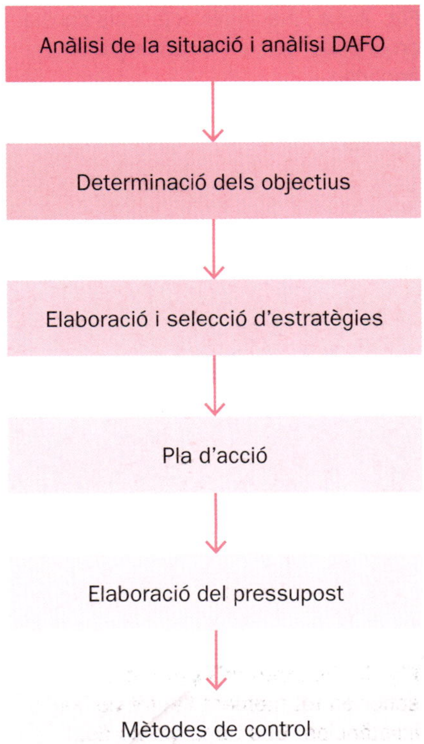

Fig. 6. Etapes del pla de màrqueting.

2. Coneixements d'altres matèries que et seran d'utilitat aquest curs

Aquest curs analitzarem les inversions amb la intenció de seleccionar la més rendible. Per fer-ho cal aplicar un tipus d'interès, així doncs, repassem la diferència entre *interès nominal* i *real* estudiat a *Economia,* i les fórmules de l'interès compost i càlcul de la TAE que vas estudiar a *Matemàtiques aplicades a les ciències socials*.

2.1. Relacionat amb l'economia

Fig. 7. La inflació reflecteix els canvis en el poder adquisitiu al llarg d'un període.

A *Economia* has estudiat el concepte d'*inflació:*

> La **inflació** és el creixement generalitzat dels preus dels béns i els serveis d'una economia durant un període.

L'existència d'inflació fa que el valor del diner no sigui igual en un moment de temps o en un altre. Si pugen els preus, per exemple el 4 % en un any, 100 € d'avui seran equivalents a 104 € de l'any vinent; per tant, 100 € de l'any vinent tindran un poder adquisitiu menor que els 100 € d'avui.

L'existència d'inflació fa que les magnituds econòmiques expressades en unitats monetàries i referides a períodes diferents de temps es puguin diferenciar en *nominals* i *reals*; segur que recordes la diferència entre PIB nominal i real, salari nominal i real...

En aquest curs, en l'estudi de les inversions que fan les empreses és important diferenciar entre *interès nominal* i *interès real*.

Quan una persona estalvia una quantitat de diners en una entitat financera, obté com a recompensa un **interès nominal,** és a dir, una quantitat de diners que, en nombre (nominal), està incrementada en aquell tant per cent. Si hi ha hagut inflació en el període en què s'ha generat aquella renda, l'estalviador realment no haurà vist incrementat el seu poder adquisitiu en la mateixa proporció que l'increment nominal dels seus estalvis, sinó en una proporció inferior, que s'anomena **interès real.**

A. Relació entre l'interès nominal i l'interès real

Per fer-hi una aproximació molt ràpida, es podria dir que si l'interès nominal és del 5 % i la inflació és del 4 % en aquell període, llavors l'interès real que guanya un estalviador seria la diferència, és a dir, l'1 %. El càlcul exacte que relaciona els dos tipus d'interès és:

$$(1 + i_N) = (1 + i) \cdot (1 + g)$$

On i_N és l'interès nominal i i, l'interès real i g, la taxa d'inflació del període.

Aplicat a l'exemple anterior, si $i_N = 5\,\%$ i $g = 4\,\%$, l'interès real i és:

$$(1 + 0{,}05) = (1 + i) \cdot (1 + 0{,}04)$$

$$i = \frac{1{,}05}{1{,}04} - 1 = 0{,}00961\ \ldots = 0{,}96\,\%$$

El càlcul aproximat que hem efectuat de manera ràpida (1 %) és una bona aproximació de l'interès real (0,96 %).

En els exercicis que es proposen en el tema d'inversió a la Unitat 7 d'aquest llibre es treballa sempre amb l'interès nominal.

2.2. Relacionat amb les matemàtiques aplicades a les ciències socials

Les matemàtiques que has après al llarg de tota la teva escolaritat són l'instrument bàsic per a tots els càlculs que has d'aplicar en aquest curs: càlculs bàsics, càlculs de percentatges, variació d'una magnitud en dos períodes, etc.

Hi ha, però, una part de la matemàtica més específica que vas aprendre el curs passat i que és la base fonamental per seguir sense problemes els càlculs que apareixen en els temes d'inversió i finançament (unitats 7 i 8 d'aquest llibre): es tracta de la matemàtica financera.

Per recordar el que ja has après i unificar criteris de nomenclatura incidirem en alguns conceptes.

Fig. 8. La matemàtica financera es dedica a analitzar el mercat financer i a estudiar les variacions del capital que es produeixen durant el transcurs d'un temps concret.

A. Fórmula de l'interès compost

Aquest **interès compost** es pot capitalitzar *anualment* (els interessos que es generen cada any se sumen al capital que hi ha a l'inici de cada nou any), *semestralment* (els interessos se sumen cada nou semestre), *mensualment* (els interessos es generen i se sumen cada nou mes),...

La fórmula en cada cas és:

- Per a una capitalització anual: $C_n = C_0\,(1 + i_{\text{anual}})^{n\ (\text{nombre d'anys})}$
- Per a una capitalització semestral: $C_n = C_0\,(1 + i_{\text{semestral}})^{n\ (\text{nombre de semestres})}$
- Per a una capitalització mensual: $C_n = C_0\,(1 + i_{\text{mensual}})^{n\ (\text{nombre de mesos})}$
- En general: $C_n = C_0\,(1 + i)^n$

On C_0 és el valor de la inversió inicial; *i*, el tipus d'interès compost: anual, semestral, mensual...; *n*, el nombre de capitalitzacions (anys, semestres, mesos...), i C_n, el valor de la inversió després de *n* períodes. Per tal de realitzar els càlculs correctament, cal que els dos valors *i* i *n* estiguin expressats en les mateixes unitats temporals.

Conceptes bàsics

Interès compost. Vol dir que els *interessos* (beneficis) que genera una inversió s'acumulen al capital per generar nous interessos.

B. Capitalització i actualització d'una quantitat a un tipus d'interès donat

La fórmula de l'interès compost serveix per capitalitzar o actualitzar, és a dir, permet obtenir la quantitat final en què es converteix un capital inicial després de *n* períodes a un interès compost *i*, i també permet obtenir la quantitat inicial a partir de la quantitat final, el nombre de capitalitzacions de l'interès i el tipus d'interès compost.

Cas resolt 6

Calcula en quant es convertiran 3 000 € dipositats en un compte a termini que rendeix el 5 % d'interès compost anual després de quatre anys.

Solució:

En aquest cas es demana el valor de capitalitzar els 3 000 € en quatre anys al 5 %, és a dir, el valor del capital final de la fórmula:

$$C_n = C_0\,(1 + i)^n$$

$$C_n = 3\,000\,(1 + 0{,}05)^4 = 3\,464{,}52\ €$$

Després de quatre anys en aquestes condicions, els 3 000 € s'han convertit en 3 646,52 €.

Cas resolt 7

Troba la quantitat de diners que haurem de posar en un compte a termini si volem que en tres anys es converteixin en 6 500 € al 6 % d'interès compost anual.

Solució:

En aquest cas volem el valor del capital en el moment actual o capital inicial, que es convertirà en 6 500 € després de tres anys al 6 % d'interès compost.

Haurem de substituir a la mateixa fórmula de l'interès compost, però ara el que volem trobar és el capital o inversió inicial C_0:

$$C_0 = \frac{C_n}{(1 + i)^n}$$

$$C_0 = \frac{6\,500}{(1 + 0{,}06)^3} = 5\,457{,}53\ €$$

Caldrà invertir-hi 5 457,53 € ara per obtenir-ne 6 500 €.

C. Interès efectiu i equivalència financera

En qualsevol operació que es fa amb una entitat financera, aquesta entitat ens dona el tipus d'interès nominal que repercuteix, per exemple, en l'amortització d'un préstec hipotecari, en l'estalvi d'un capital a termini...

L'**interès nominal** és un interès anual, que es pot capitalitzar per anys, mesos, trimestres...

L'interès nominal s'acostuma a representar per una i_m, on el subíndex m representa el nombre de vegades que l'interès es capitalitza en un any.

Així:

- i_1 representa un interès nominal anual que es capitalitza per anys.
- i_2 representa un interès nominal anual que es capitalitza per semestres.
- i_4 representa un interès nominal anual que es capitalitza per trimestres, etc.

Per poder treballar-hi hem de trobar l'interès semestral, trimestral, etc. que representa, és a dir, l'anomenat **interès efectiu.** Així, parlem de l'efectiu anual, semestral, mensual, etc. L'interès efectiu es representa per I_m.

Exemple 1

Si tenim que:

- I_{12} és la representació d'un interès mensual.
- I_2 és la representació d'un interès semestral.
- I_4 és la representació d'un interès trimestral.

Com es pot trobar l'interès efectiu a partir de l'interès nominal?

Per trobar-lo només cal dividir l'interès anual entre el nombre de vegades que es capitalitza a l'any, és a dir:

$$I_m = \frac{i_m}{m}$$

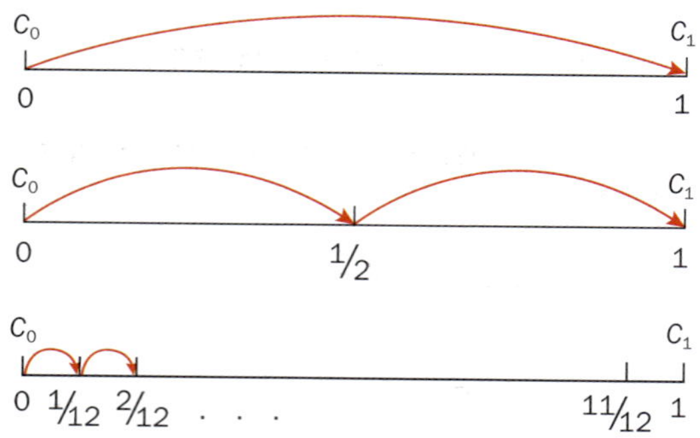

Fig. 9. Representació gràfica de l'equivalència financera.

Donat un tipus d'interès efectiu determinat podem trobar un altre interès efectiu que hi sigui equivalent; és a dir, donat, per exemple, un interès mensual podem trobar quin és el trimestral equivalent. Això és el que s'anomena *equivalència financera*.

Es parla d'**equivalència financera** quan a partir d'una mateixa quantitat C_0 s'arriba a una mateixa quantitat final C_n durant un mateix temps, però amb períodes de capitalització diferents.

Es pot considerar, per exemple, una mateixa quantitat durant un any amb capitalització anual, semestral i mensual. Gràficament es pot representar com es mostra a la Figura 9.

En el primer cas, si es realitza una capitalització anual s'obté: $C_n = C_0\,(1 + I_1)$

En cas de capitalització semestral s'obté: $C_n = C_0\,(1 + I_2)^2$

En cas de capitalització mensual s'obté: $C_n = C_0\,(1 + I_{12})^{12}$

Com que C_0 és el mateix i s'arriba al mateix C_1, s'ha de produir que:

$$(1 + I_1) = (1 + I_2)^2 = (1 + I_{12})^{12}$$

Això s'anomena *equivalència financera* i, en general, es pot expressar d'aquesta manera:

$$(1 + I_k)^k = (1 + I_s)^s$$

On k i s representen el nombre de vegades a l'any que es capitalitza l'interès en cada cas.

Cas resolt 8

Un estalviador té 6 000 € que vol invertir. Ha fet un recorregut per tres dels bancs més importants del seu entorn i les millors condicions de cada entitat són, respectivament:

a) Dipòsit a tres anys al 4,25 % d'interès nominal, que es cobra per trimestres.

b) Dipòsit a tres anys al 4,3 % d'interès nominal, que es cobra per semestres.

c) Dipòsit a tres anys al 0,32 % mensual.

Calcula el capital que obtindrà després dels tres anys en cada cas, suposant que els interessos els torna a invertir en les mateixes condicions.

Solució:

La millor alternativa serà la que comporti un valor de capital final més alt.

a) Com que $i_4 = 4{,}25\,\%$, en calcularem l'efectiu trimestral: és a dir, I_4, a partir d'aquest valor:

$$I_4 = \frac{i_4}{4} \qquad I_4 = \frac{4{,}25}{4} = 1{,}0625\,\%$$

Ara ja podem aplicar la fórmula de l'interès compost:

$$C_n = C_0\,(1 + i)^n$$

$$C_{12} = C_0\,(1 + I_4)^{12} = 6\,000 \cdot (1 + 0{,}010625)^{12} = 6\,811{,}32\text{ €}$$

b) Com que $i_2 = 4{,}3\,\%$, en calculem l'efectiu semestral:

$$I_2 = \frac{i_2}{2} \qquad I_2 = \frac{4{,}3}{2} = 2{,}15\,\%$$

$$C_6 = C_0\,(1 + I_2)^6 = 6\,000 \cdot (1 + 0{,}0215)^6 = 6\,816{,}81\text{ €}$$

c) Com que la dada que ens donen ja és un efectiu, en aquest cas un mensual, $I_{12} = 0{,}32\,\%$.

$$C_{36} = C_0\,(1 + I_{12})^{36} = 6\,000 \cdot (1 + 0{,}0032)^{36} = 6\,731{,}34\text{ €}$$

En vista dels tres resultats, les millors condicions són les representades per l'opció *b)*.

Cas resolt 9

Troba l'equivalent trimestral d'un:

a) 2 % semestral.

b) 5 % nominal que es capitalitza per mesos.

c) 1 % mensual.

d) 6 % nominal que es capitalitza per trimestres.

Solució:

Per relacionar dos tipus efectius utilitzem l'equivalència financera:

$$(1 + I_k)^k = (1 + I_s)^s$$

a) $I_2 = 0{,}02$; hem d'obtenir el I_4:

$$(1 + I_4)^4 = (1 + I_2)^2$$

$$I_4 = \sqrt[4]{(1 + 0{,}02)^2} - 1 = 0{,}00995\,\%$$

L'equivalent del 2 % semestral és el 0,995 % trimestral.

b) Ens donen $i_{12} = 0{,}05$; a partir d'aquest valor es troba l'efectiu mensual:

$$I_{12} = \frac{0{,}05}{12} = 4{,}1666 \cdot 10^{-3}$$

I s'aplica l'equivalència financera:

$$(1 + I_4)^4 = (1 + I_{12})^{12}$$

$$I_4 = \sqrt[4]{(1 + 4{,}1666 \cdot 10^{-3})^{12}} - 1 = 0{,}01255$$

L'efectiu trimestral equivalent del 5 % nominal que es paga per mesos és l'1,255 %.

c) Tenim que $I_{12} = 0{,}01$. Per obtenir l'I_4 apliquem:

$$(1 + I_4)^4 = (1 + I_{12})^{12}$$

$$I_4 = \sqrt[4]{(11 + 0{,}01)^{12}} - 1 = 0{,}03030$$

L'efectiu trimestral equivalent de l'1 % mensual és el 3,03 %.

d) Ens donen l'$i_4 = 0{,}06$. Per obtenir l'efectiu trimestral només cal dividir-lo per quatre:

$$I_4 = \frac{0{,}06}{4} = 0{,}015$$

L'equivalent trimestral del 6 % nominal que es paga per trimestres és l'1,5 %.

D. Càlcul de la TAE

La TAE és la taxa anual equivalent. En el Cas resolt 9 s'ha trobat la taxa trimestral equivalent a altres. Si en comptes de trobar-ne l'equivalent trimestral n'haguéssim trobat l'equivalent anual, és a dir, I_1, hauríem calculat la TAE.

Fig. 10. La TAE és un valor de referència que permet comparar la rendibilitat dels diferents productes bancaris.

Per poder comparar dos tipus d'interès nominal que tenen una capitalització diferent es troba la TAE de cada un i així es pot saber quin dels dos proporciona una rendibilitat superior. En realitat, per comparar dues taxes d'interès es podria utilitzar qualsevol efectiu (mensual, trimestral, etc.), però el que s'ha establert com a referència és l'efectiu anual: la TAE.

Per evitar que els consumidors o les empreses hagin de fer càlculs per comparar la rendibilitat que els ofereixen diferents institucions financeres, aquestes institucions estan obligades per llei, des del 1989, a informar sobre la **taxa anual equivalent (TAE)** per a totes les operacions que ofereixen.

Per calcular la TAE s'aplica la mateixa fórmula de l'equivalència financera:

$$\text{TAE} = I_1 = (1 + I_k)^k - 1$$

El càlcul de la TAE és especialment interessant en operacions financeres que tenen despeses. Això és molt habitual quan es demana un préstec. Si es demana una quantitat i hi ha unes despeses (com ara comissions, despeses de formalització, despeses d'estudi), la quantitat que realment es rep és una mica inferior al que s'ha demanat, però els interessos es calculen sobre el total demanat i, per conseqüent, la taxa d'interès que es paga és més alta.

Exemple 2

Imaginem el cas d'una família que demana 1 000 € a una entitat financera per fer una compra que ha de tornar després d'un any al 12 % d'interès nominal. Hi ha unes despeses sobre el nominal de l'1 % de comissió d'obertura i del 0,25 % de comissió d'estudi.

De fet, aquesta família no rebrà els 1 000 €, sinó que en rebrà 987,5 (1 000 menys l'1 % i el 0,25 % dels 1 000). El capital final que haurà de tornar serà de 1 120 €.

La situació es pot representar gràficament d'aquesta manera:

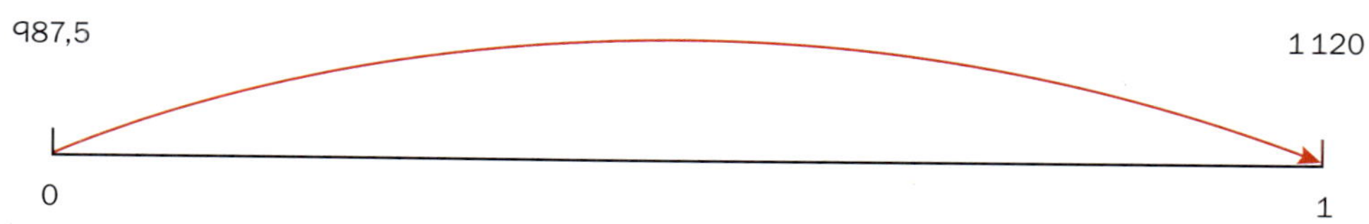

Per trobar la TAE d'aquesta operació cal fer:

$$1\,120 = 987{,}5\,(1 + I_1)$$

On I_1 representa l'efectiu anual equivalent. En aquest cas, la TAE és del 13,42 % (13,4177 %, per ser exactes).

Tal com es pot observar, la taxa és superior al 12 %, ja que si hi ha despeses es reben realment menys diners dels demanats.

Avaluació inicial

El curs passat vas aprendre moltes coses sobre l'empresa. Amb la intenció de valorar el que recordes i de conèixer el teu punt de partida i el del grup sobre els vostres coneixements de l'economia de l'empresa que es tractaran aquest curs, us proposem respondre a les següents preguntes, explicant tot el que sabeu o opineu sobre el tema.

1. ERCROS, SA, i La Farga Rod, SL, són dues empreses establertes a Manresa. Indica algunes diferències que hi ha entre elles relacionades amb els aspectes següents:

a) El capital mínim.

b) La responsabilitat dels socis.

c) El nom dels títols en què es divideix el seu capital.

d) L'impost amb el qual tributen.

2. Argumenta la situació econòmica d'una empresa de la qual sabem que ha fabricat i venut l'últim any 3 500 unitats del producte que fa, i que el seu punt mort és de 3 620 unitats.

3. Una botiga acaba d'obrir a l'agost. Durant aquest mes ha comprat 300 unitats de producte a 10 € cada unitat i ha venut 100 unitats a 15 € cada una. Té intenció de continuar amb el negoci. Quant ha guanyat o quant ha perdut aquest mes si considerem que no ha tingut cap altra despesa més?

4. Una marca de xampú ha modificat el seu envàs de manera que s'adapta millor a la mà. Des de fa una setmana per la televisió surt cada tarda un anunci mostrant les virtuts d'aquest canvi. Quina o quines estratègies de màrqueting està utilitzant aquesta marca?

5. Has tingut sort i han contestat la teva sol·licitud de demanda de feina. T'agafaran a una botiga per treballar els caps de setmana. Quin document hauràs de signar abans de començar a treballar?

6. Un amic teu que sap que estudies economia de l'empresa, et demana consell sobre quin pot ser el millor lloc per posar un quiosc per vendre caramels i llaminadures. Quin consell li donaries i per què?

7. Moltes famílies diuen que porten la comptabilitat de casa seva. A què es refereixen? Quina informació recullen?

8. Has vist una bici de muntanya estupenda que val 670 €. Creus que s'adapta perfectament al que necessites. Parles amb els teus pares i et diuen que només et poden ajudar amb 250 € i que per a la resta has de buscar altres fonts de finançament. Què volen dir amb això? Quines poden ser aquestes fonts en el teu cas?

9. En una conversa de veïns, en Joan li diu a la Marta: «Finalment ens hem decidit per comprar l'apartament a la platja. Hem signat una hipoteca per vint anys, sort que ara els interessos estan baixos!».

a) A què es refereixen quan diuen que han signat la hipoteca?

b) Com es relaciona amb els interessos?

10. Hi ha botigues que un cop acabada la temporada, si no han venut totes les existències, fan una rebaixa molt gran en el preu de venda per aconseguir liquidar-les. Altres, fan una rebaixa molt petita i triguen més a vendre-ho tot. Quins avantatges i quins inconvenients observes en cada una de les estratègies anteriors?

Fig. 11. Les estratègies de màrqueting tenen com a finalitat que els consumidors comprin els seus productes i no pas els de la competència.

1

El patrimoni i la comptabilitat

Què hi aprendré?

- Què és el patrimoni empresarial i quines són les masses i els elements que el formen.
- Els resultats de l'empresa i la seva classificació.
- La comptabilitat: conceptes, objectius i definicions de *fet comptable* i de *compte.*
- El mètode de la partida doble per enregistrar els fets comptables.
- Els assentaments comptables utilitzant la partida doble.

Des que el 1972 l'Organització de les Nacions Unides per a l'Educació, la Ciència i la Cultura (UNESCO) va aprovar el Pla de protecció dels béns culturals i naturals del món, un total de nou edificis de Barcelona han estat inclosos en la llista de béns materials considerats Patrimoni de la Humanitat. Les obres de l'arquitecte Antoni Gaudí han estat les més reeixides en aquest apartat, ja que set dels edificis de la llista són obra seva, juntament amb dos edificis de Lluís Domènech i Montaner.

El Parc Güell, el Palau Güell i la Casa Milà són els edificis construïts per Antoni Gaudí que abans es van incorporar a la Llista del Patrimoni Mundial, ho van fer el 1984.

Barcelona.cat

1. A què associes la designació *patrimoni de la humanitat* o *patrimoni mundial*?
2. Els edificis moderns que es troben a la majoria de ciutats europees, podrien formar part del Patrimoni de la Humanitat? Per què?
3. En el cas de les famílies també es parla de patrimoni. Quins elements el formen?
4. I en el cas de les empreses, quins elements formen part del patrimoni d'una empresa?

1. El patrimoni empresarial

Quan una empresa comença la seva activitat econòmica, ho fa amb un determinat capital. És a dir, totes les empreses necessiten disposar de màquines, mobles, eines, etc., per poder posar en marxa el seu negoci; això és el que es coneix com a *béns*. Per adquirir tots aquests béns necessiten que algú els aporti diners, sigui el o els propietaris (socis), una entitat financera, etc. Les quantitats de diners que l'empresa deu a algú es coneixen com a *obligacions*. La posada en marxa del negoci genera a l'empresa uns *drets*. Tot plegat conforma el *patrimoni empresarial*, el qual va canviant al llarg de la vida de l'empresa.

Fig. 1.1. El patrimoni està format per tot allò que l'empresa posseeix, però també preveu les obligacions que contreu, per exemple, amb els proveïdors d'existències.

El **patrimoni empresarial** és el conjunt de béns, drets i obligacions que té una empresa degudament valorats en relació amb la finalitat a què es destinen.

Entenem per **béns** tot allò que pot ser apreciat i valorat per les persones a qui serveix; els **drets** són les sumes o quantitats de diners que l'empresa té dret a cobrar, habitualment vendes fetes a clients, i les **obligacions** són tot el conjunt de deutes exigibles que té l'empresa.

La diferència entre els béns i els drets que posseeix, i allò que deu constitueix la riquesa de l'empresa. En comptabilitat, aquesta diferència s'anomena **patrimoni net:**

Patrimoni net = Béns + Drets – Obligacions

En comptabilitat, els béns i els drets de les empreses es coneixen i s'agrupen sota la denominació d'**actiu,** mentre que les obligacions constitueixen el **passiu.** Així, l'equació anterior del patrimoni net s'expressa:

Patrimoni net = Actiu – Passiu

De la igualtat anterior s'arriba a la primera igualtat fonamental de la representació del patrimoni de l'empresa:

Actiu = Patrimoni net + Passiu

Conceptes bàsics

Actiu. Conjunt de béns i drets que té l'empresa.

Patrimoni net. Aportacions i fons que són permanents dins l'empresa.

Passiu. Conjunt d'obligacions que té l'empresa.

L'*actiu* és el total de les **inversions** realitzades per l'empresa, mentre que el *patrimoni net* més el *passiu* són les **fonts de finançament** d'aquestes inversions.

Aquesta igualtat s'acostuma a representar en forma de taula (Fig. 1.2), on queda distribuïda per dues columnes de la mateixa alçada. A la columna de l'esquerra es representen els elements d'actiu, és a dir, els béns i els drets dels quals disposa l'empresa. A la columna de la dreta es representen les obligacions contretes per l'empresa, és a dir, el passiu i el patrimoni net. Les dues columnes han de sumar el mateix perquè es compleixi la igualtat.

Actiu (inversions)		**Patrimoni net i passiu** (fonts de finançament)
Béns Drets	=	Patrimoni net Obligacions

Fig. 1.2. Elements del patrimoni empresarial.

! Important

L'**actiu** reflecteix l'estructura econòmica de l'empresa, és a dir, el total de les seves inversions o la destinació dels seus fons.

El **patrimoni net** i el **passiu** reflecteixen l'estructura financera de l'empresa, és a dir, l'origen dels mitjans de finançament dels quals disposa (recursos propis més deutes amb tercers aliens a l'empresa).

A continuació mostrem alguns exemples resolts per treballar els diferents conceptes i les relacions que hem mostrat fins ara. A partir d'un llistat d'elements que formen el patrimoni d'una empresa:

- Primer cal diferenciar entre béns, drets i obligacions.
- De la suma dels béns i els drets s'obté l'actiu.
- El patrimoni net s'obté restant les obligacions (passiu) del total actiu.

Cas resolt 1

Una empresa té béns per valor de 10 360,30 €; en total li deuen 3 400,50 €, i deu 2 800,50 €. Calcula'n el patrimoni net.

Solució:

Patrimoni net = Béns + Drets – Obligacions

Patrimoni net = 10 360,30 + 3 400,50 – 2 800,50 = 10 960,30 €

Cas resolt 2

El taller de reparació de cotxes del barri ens facilita la informació següent corresponent al final de l'any 2017:

El local li va costar 120 000 €, dels quals encara deu al banc 60 000 € per un préstec hipotecari. La maquinària que té al taller li va costar 24 000 €, dels quals encara deu 6 000 € a l'empresa subministradora. Té diners en efectiu de cobraments diversos, 250 €. Hi ha un client que li deu, per un canvi d'oli i una revisió general, 72 €. Disposa d'eines diverses valorades en 1 600 €. Té existències diverses al magatzem (llaunes d'oli, recanvis...) valorades en 900 €. Té un compte corrent al banc amb 2 300 €, on ingressa l'import de les reparacions que li paguen amb targeta i on també domicilia diversos pagaments.

Confecciona una taula amb el patrimoni de l'empresa on quedin clarament diferenciats els béns, drets, obligacions i net patrimonial de què disposa.

Solució:

Actiu		Patrimoni net i passiu	
Béns		*Patrimoni net*	83 122 €
Local en propietat	120 000 €	*Obligacions*	
Maquinària	24 000 €	Deu al banc (hipoteca)	60 000 €
Diners en efectiu	250 €	Deu al proveïdor de la maquinària	6 000 €
Eines diverses	1 600 €		
Existències al magatzem	900 €		
Diners en c/c bancari	2 300 €		
Drets			
Un client deu	72 €		
Total actiu	**149 122 €**	**Total patrimoni net i passiu**	**149 122 €**

Fixa't que el local i la maquinària es valoren pel que van costar a l'empresa, independentment del fet que estiguin totalment pagats o no. En les obligacions hi apareix la quantitat que deu en aquest moment, però l'any vinent serà inferior.

El patrimoni net l'hem calculat al final de tot, després de restar les obligacions a la suma dels béns i els drets.

1.1. Càlcul del resultat a partir de la variació del patrimoni net

Si comparem el patrimoni empresarial d'una empresa en dos moments diferents de temps, segurament observarem que ha canviat: tindrà més o menys béns, més o menys drets, diferents obligacions, i tot això comportarà també canvis en el valor del seu patrimoni net. Si l'empresa evoluciona de manera que el patrimoni net augmenta, es diu que ha obtingut **beneficis;** en cas que el valor del patrimoni net disminueixi, es dirà que l'empresa ha tingut **pèrdues** en aquest període.

Per determinar exactament el valor de benefici o pèrdua ho fem restant el valor del patrimoni net final menys el patrimoni net inicial:

Resultat (benefici o pèrdua d'un període) = Patrimoni net (final del període) – – Patrimoni net (inici del període)

Conceptes bàsics

Deteriorament d'un bé. És la pèrdua de valor que en té durant un any a causa del seu ús (desgast físic) i de la seva obsolescència (desgast tecnològic).

Aquesta és una manera indirecta de calcular el resultat de l'activitat econòmica de l'empresa. De fet, normalment les empreses ho fan d'una altra manera, més intuïtiva. Es tracta de sumar la totalitat d'ingressos que han obtingut de les seves activitats i restar-li la suma total de les despeses i els deterioraments que han tingut; això es coneix com a *amortització.*

Cas resolt 3

El mateix taller del Cas resolt 2 ens facilita la informació següent, corresponent al final de 2018:

El local li va costar 120 000 €, dels quals encara deu al banc 55 000 € per un préstec hipotecari. La maquinària que té al taller li va costar 24 000 €, dels quals encara deu 4 000 € a l'empresa subministradora. Té diners en efectiu de cobraments diversos, 650 €. Hi ha un client que li deu 1 100 € per treballs de xapa i pintura. Disposa d'eines diverses valorades en 1 800 €. Té existències diverses al magatzem (llaunes d'oli, peces per a reparacions, etc.) valorades en 850 €. Té el compte corrent del banc amb un saldo de 4 300 €.

Ordena el patrimoni del taller diferenciant clarament entre béns, drets, obligacions i net patrimonial, i determina si ha tingut pèrdues o guanys en aquest any i quin n'ha estat el resultat.

Solució:

Actiu		Patrimoni net i passiu	
Béns		*Patrimoni net*	93 700 €
Local en propietat	120 000 €	*Obligacions*	
Maquinària	24 000 €	Deu al banc (hipoteca)	55 000 €
Diners en efectiu	650 €	Deu al proveïdor de la maquinària	4 000 €
Eines diverses	1 800 €		
Existències al magatzem	850 €		
Diners en c/c bancari	4 300 €		
Drets			
Un client deu	1 100 €		
Total actiu	**152 700 €**	**Total patrimoni net i passiu**	**152 700 €**

Tal com es pot observar, enguany l'empresa ha incrementat el seu patrimoni net; per tant, ha obtingut benefici. El resultat del benefici ha estat:

93 700 – 83 122 = 10 578 € de benefici

Activitats

1> La llibreria del senyor Joan et facilita el conjunt d'elements patrimonials que té i la seva valoració (al final de l'any 2017) amb la intenció que li ordenis en béns, drets i obligacions i li calculis el patrimoni net. Té un local de lloguer (per tant, no forma part del seu patrimoni) i amb mobiliari divers valorat en 4 800 €, dels quals deu a l'empresa subministradora 1 800 €. Té un pagaré que ha de pagar a un proveïdor per valor de 800 €. La llar d'infants del barri li deu 480 € per material escolar, que encara no li ha pagat. Al magatzem, als prestatges i a l'aparador té material divers destinat a la venda (llibres, llapis de colors, motxilles, etc.), tot valorat en 6 500 €. Disposa de diners en efectiu a la caixa registradora per un total de 385 €. La caixa registradora té un valor de 530 €. Al banc té un compte corrent amb un saldo de 5 800 €.

2> La llibreria del senyor Joan et facilita el conjunt d'elements patrimonials que té i la seva valoració (al final de l'any 2018) amb la intenció que li ordenis en béns, drets i obligacions, li calculis el patrimoni net i li comuniquis si en aquest any ha guanyat o ha perdut i quant. Té mobiliari divers valorat en 4 800 €, dels quals encara deu a l'empresa subministradora 1 400 €. Deu a Hisenda 700 €. La llar d'infants del barri, que habitualment compra a crèdit, li deu 250 € per material escolar divers. Al magatzem, als prestatges i a l'aparador té material divers destinat a la venda (llibres, llapis de colors, motxilles, etc.), tot valorat en 7 200 €. Disposa de diners en efectiu a la caixa registradora per un total de 425 €. La caixa registradora té un valor de 530 €. Al banc té un compte corrent amb un saldo de 7 800 €.

2. Masses i elements patrimonials

Un **element patrimonial** és cada un dels béns, drets i obligacions que formen part del patrimoni de l'empresa.

El conjunt d'elements patrimonials es classifiquen en **grups** o **masses patrimonials** que aglutinen elements homogenis. Els *elements d'actiu* s'agrupen i s'ordenen segons la menor o major disponibilitat (facilitat de convertir-se en diners líquids) i els de *passiu,* segons la menor o major exigibilitat (moment en què l'obligació ha de ser pagada).

Fig. 1.3. La infraestructura necessària perquè una empresa pugui funcionar forma part del seu actiu.

> **! Important**
>
> Un **exercici econòmic** equival a un any, normalment va de gener a desembre.

> **abc Vocabulari**
>
> **Capital.** És la suma de les aportacions realitzades pels propietaris de l'empresa.

2.1. Masses patrimonials d'actiu

- **Actiu no corrent.** Està format per aquells elements del patrimoni vinculats a l'empresa durant més d'un exercici econòmic. L'actiu no corrent està format per les masses següents:
  - **Immobilitzat intangible.** Formada per aquells béns que l'empresa necessita per produir però que no tenen una materialitat corpòria. Exemple: una patent o un programa informàtic.
  - **Immobilitzat material.** Formada per tots aquells actius tangibles i corporis, propietat de l'empresa, i que aquesta empresa destina a la seva activitat productiva durant una sèrie de períodes. Exemple: maquinària, ordinadors, vehicles...
  - **Inversions immobiliàries**. Formada per aquelles inversions en béns immobles (terrenys, habitatges, naus industrials, locals comercials, etc.) que no intervinguin en l'activitat pròpia de l'empresa.
  - **Inversions financeres a llarg termini.** Composta per qualsevol inversió en actius financers a llarg termini (obligacions, bons, deute públic, etc.) o en participacions de capital (accions) que l'empresa té amb la intenció de mantenir-les durant un període llarg de temps.
- **Actiu corrent.** Està constituït per aquells elements que es troben en constant rotació, és a dir, que es renoven diverses vegades en un mateix exercici econòmic. L'actiu corrent està format per les masses següents:
  - **Existències.** Compostes per aquells materials que s'utilitzen en l'elaboració del producte, o bé per les mercaderies ja elaborades que comercialitza l'empresa. Tots aquests béns han de patir una transformació o una venda per poder-se convertir en líquid després d'un període.
  - **Realitzable.** Representa els crèdits i els drets de cobrament de l'empresa per operacions que ja estan consumades i que li permetran disposar de recursos efectius en un termini relativament curt de temps, com ara els diners que deu un client.
  - **Disponible.** Format pels elements líquids de l'empresa i que, per tant, presenten una disponibilitat immediata, com ara els diners disponibles al banc.

2.2. Masses patrimonials de patrimoni net i passiu

- **Patrimoni net.** Representen els recursos de l'empresa que es destinen a l'autofinançament (fons propis) més aquells que són aliens però que no cal tornar, com ara les subvencions i les donacions. La part principal d'aquesta massa és el **capital**. Aquesta massa també es pot anomenar *no exigible*.
- **Passiu no corrent.** Està format per aquelles fonts de recursos que s'han de tornar en un període superior a la durada d'un exercici econòmic, és a dir, per aquells elements del patrimoni que impliquen una obligació a llarg termini (més d'un any) per a l'empresa, com ara els diners d'un préstec. També s'anomena *exigible a llarg termini*.
- **Passiu corrent.** Està format per aquells deutes que l'empresa ha de tornar abans d'un any, és a dir, les obligacions a curt termini, com ara els pagaments pendents a proveïdors. També rep el nom d'*exigible a curt termini*.

2.3. Elements patrimonials

Les taules següents mostren alguns dels elements més habituals de les empreses, agrupats en masses patrimonials.

Elements d'actiu no corrent		
Immobilitzat intangible	Investigació	És la indagació original i planificada que persegueix el descobriment de nous coneixements i una millor comprensió dels que existeixen en els terrenys científic o tècnic.
	Desenvolupament	És l'aplicació concreta dels fruits obtinguts de la investigació o de qualsevol altre tipus de coneixement científic a un pla o disseny, en particular, per a la producció de materials, productes, mètodes, processos o sistemes nous o substancialment millorats, fins que s'iniciï la producció comercial.
	Concessions administratives	Despeses efectuades per a l'obtenció de drets de recerca o d'explotació atorgats per l'Estat o altres administracions públiques, o el preu d'adquisició d'aquelles concessions susceptibles de transmissió.
	Propietat industrial	Import satisfet per la propietat o pel dret a l'ús de diferents manifestacions de la propietat industrial (patents o marques).
	Dret de traspàs	És l'import satisfet pels drets d'arrendament de locals, en els quals l'adquirent i nou arrendatari se subroga en els drets i obligacions del transmissor i antic arrendatari, derivats d'un contracte anterior.
	Aplicacions informàtiques	Import satisfet per la propietat o pel dret a l'ús de programes informàtics tant adquirits a tercers com elaborats per la mateixa empresa. També inclou les despeses de desenvolupament de les pàgines web, sempre que estigui previst utilitzar-les durant diversos exercicis.
Immobilitzat material	Terrenys i béns naturals	Inclou el valor dels solars, les finques rústiques i altres terrenys no urbans, les mines i les pedreres.
	Construccions	Inclou el valor dels edificis i les construccions en general que es troben dins de l'activitat productiva de l'empresa.
	Instal·lacions tècniques	Unitats complexes d'ús especialitzat en el procés productiu. Comprèn edificacions, maquinària, material, peces o elements. Per exemple, una gasolinera o una depuradora d'aigua.
	Maquinària	Conjunt de màquines adquirides per l'empresa amb les quals es poden realitzar extraccions, transformacions o elaboracions de productes.
	Utillatge	Conjunt d'estris o eines que es poden utilitzar autònomament o conjuntament amb la maquinària, incloent-hi els motlles i les plantilles.
	Mobiliari	Mobles i altres materials i equips d'oficina.
	Equips per al processament d'informació	Ordinadors i altres equips electrònics.
	Elements de transport	Vehicles de tot tipus que es poden utilitzar per al transport terrestre, marítim o aeri de persones, animals o mercaderies.
	Altre immobilitzat material	Qualsevol altre immobilitzat material no inclòs en els elements anteriors. S'ha d'incloure en aquest compte els envasos i els embalatges que per les seves característiques s'hagin de considerar com a immobilitzat i els recanvis per a immobilitzat el cicle d'emmagatzematge dels quals sigui superior a un any.
Inversions immobiliàries	Inversions en terrenys i béns naturals	Valor de solars, finques rústiques, etc., que es posseeixen per obtenir rendes, plusvàlues o ambdues i no intervenen en l'activitat productiva de l'empresa.
	Inversions en construccions	Valor dels edificis que es posseeixen per obtenir rendes, plusvàlues o ambdues i que no intervenen en l'activitat productiva de l'empresa.
Amortització acumulada de l'immobilitzat	Amortització acumulada de l'immobilitzat material	Encara que **aquests elements patrimonials pertanyen a l'actiu no corrent, de fet funcionalment no són una inversió, sinó tot el contrari: són una font de finançament més relacionada amb el patrimoni net.** Recullen el valor del desgast acumulat de l'element d'actiu no corrent corresponent. Per això, aquests elements es reflecteixen en l'actiu no corrent, amb signe negatiu, i resten al valor comptable de l'element d'immobilitzat corresponent, per conèixer-ne el valor net.
	Amortització acumulada de l'immobilitzat intangible	
	Amortització acumulada de les inversions immobiliàries	
Inversions financeres a llarg termini	Participacions a llarg termini	Inversions a llarg termini en accions i altres valors de societats que no siguin del mateix grup ni associades.
	Valors representatius de deute a llarg termini	Inversions a llarg termini, per subscripció o adquisició d'obligacions, bons i altres valors de renda fixa.
	Crèdits a llarg termini	Préstecs i altres crèdits no comercials concedits a tercers per l'empresa amb venciment superior a l'any.
	Imposicions a llarg termini	Saldos favorables en bancs i institucions de crèdit formalitzats per mitjà de comptes a termini o semblants, amb venciment superior a l'any i d'acord amb les condicions que regeixen per al sistema financer.

Taula 1.1. Elements patrimonials d'actiu no corrent.

Elements d'actiu corrent		
Existències	Mercaderies	Qualsevol producte adquirit per l'empresa i destinat a la venda sense realitzar transformació.
	Matèries primeres	Materials que mitjançant l'elaboració o transformació es destinen a formar part dels productes acabats.
	Productes terminats	Productes fabricats per l'empresa i destinats al consum final o al consum d'altres empreses.
	Altres aprovisionaments	Elements relatius a existències susceptibles de ser inventariades com combustibles, recanvis, embalatges, envasos i material d'oficina.
Realitzable	Clients	Drets de cobrament de l'empresa sobre els compradors habituals dels béns i serveis que constitueixen l'activitat principal de l'empresa, per vendes efectuades a crèdit (pendents de pagament).
	Clients, efectes comercials a cobrar	Inclou crèdits a clients formalitzats amb efectes de gir (lletres, pagarés).
	Deutors	Drets de cobrament de l'empresa per crèdits a compradors de serveis que no tenen la condició estricta de clients.
	Avançaments de remuneracions	Són els lliuraments a compte de remuneracions al personal de l'empresa.
	Hisenda pública, deutora per conceptes fiscals	Recull els deutes de les administracions públiques amb l'empresa per conceptes com devolucions d'impostos i altres similars.
	Organismes de la Seguretat Social, deutors	Crèdits a favor de l'empresa dels diversos organismes de la Seguretat Social, relacionats amb les prestacions socials que ells efectuen.
	Inversions financeres a curt termini	Aplicacions de recursos de caràcter temporal de l'empresa per aconseguir algun rendiment. Per exemple, inversions en accions amb l'ànim de vendre-les quan assoleixin un preu superior i així obtenir plusvàlues.
Disponible	Bancs i institucions de crèdit	Saldos a favor de l'empresa en comptes corrents a la vista i d'estalvi, i de disponibilitat immediata en bancs i institucions de crèdit.
	Caixa	Diners en efectiu.

Taula 1.2. Elements patrimonials d'actiu corrent.

Elements patrimonials de patrimoni net i passiu		
Patrimoni net	Capital	Correspon a les empreses individuals. Està constituït, generalment, per la diferència entre l'actiu i l'exigible del negoci. Bàsicament, és el valor de les aportacions del propietari a la seva empresa.
	Capital social	Capital subscrit a les societats mercantils. En aquest cas es tracta del valor de les aportacions dels socis.
	Reserves	Correspon als beneficis generats per l'empresa i no distribuïts entre l'accionariat. Existeixen diferents tipus: reserva legal, reserva voluntària i reserva estatutària.
	Resultat de l'exercici	El valor dels beneficis de l'empresa un cop ha finalitzat l'exercici econòmic i abans de distribuir-se com decideixen els socis. Si fossin pèrdues, figurarien al patrimoni net però amb signe negatiu.
Passiu no corrent	Proveïdors d'immobilitzat a llarg termini	Deutes amb subministradors de l'immobilitzat amb venciment superior a un any.
	Efectes a pagar a llarg termini	Deutes contrets amb venciment superior a un any i formalitzats mitjançant efectes de gir (lletres o pagarés).
	Deutes a llarg termini amb entitats de crèdit	Préstecs rebuts d'entitats de crèdit amb venciment superior a un any.
Passiu corrent	Proveïdors	Deutes amb subministradors de matèries primeres, mercaderies, etc.
	Proveïdors, efectes comercials a pagar	Deutes amb proveïdors formalitzats amb efectes de gir (lletres o pagarés).
	Creditors per prestacions de serveis	Deutes amb subministradors de serveis que no tenen la condició de proveïdors.
	Proveïdors d'immobilitzat a curt termini	Deutes amb subministradors de l'immobilitzat amb venciment inferior a un any.
	Deutes a curt termini amb entitats de crèdit	Préstecs rebuts d'entitats de crèdit que l'empresa ha de tornar abans d'un any.
	Deutes a curt termini	Préstecs rebuts de tercers i altres deutes contrets (no amb entitats de crèdit) que s'han de tornar abans d'un any.
	Hisenda pública, creditora per conceptes fiscals	Representa els deutes contrets amb la Hisenda pública com a conseqüència del compliment de les obligacions tributàries.
	Organismes de la Seguretat Social, creditors	Registra els deutes pendents amb la Seguretat Social com a conseqüència de les cotitzacions i altres obligacions de l'empresa.

Taula 1.3. Elements patrimonials de patrimoni net i passiu.

La representació del patrimoni agrupant els béns, els drets i les obligacions en les masses patrimonials esmentades anteriorment i ordenades s'anomena **balanç de situació** de l'empresa i l'estudiarem amb més profunditat en la Unitat 4. Aquí presentem un model simplificat que serveix perfectament com a introducció al tema i que s'utilitzarà per fer l'anàlisi de la situació patrimonial i financera de l'empresa:

Actiu	Patrimoni net i passiu
Actiu no corrent • Immobilitzat intangible • Immobilitzat material • Inversions immobiliàries • Inversions financeres a llarg termini **Actiu corrent** • Existències • Realitzable • Disponible	**Patrimoni net** (No exigible) **Passiu no corrent** (Exigible a llarg termini) **Passiu corrent** (Exigible a curt termini)

Taula 1.4. Model simplificat del balanç de situació de l'empresa.

Activitats

3> Classifica els elements següents del patrimoni d'una empresa segons les masses patrimonials que s'han definit en aquest apartat: diners en efectiu, mobles diversos, factures pendents de pagament per la compra d'existències, accions d'una empresa per tenir-les més d'un any, un préstec a curt termini que ens ha fet una entitat bancària.

4> En quina massa patrimonial col·locaries un local que té una empresa i que no utilitza per a la producció? Sabem que de moment el té llogat a una altra empresa i, en un futur, si puja de valor, el vendrà.

5> Una empresa ha invertit 8 000 € en la compra d'obligacions de l'Estat. Es tracta d'una inversió a tres anys. Podries dir en quina massa del balanç s'hauria de col·locar?

6> Una empresa ha demanat dos préstecs al mateix banc, un l'ha de tornar en 6 mesos i l'altre l'ha de tornar en 18 mesos. Pertanyen aquests dos elements a la mateixa massa patrimonial? Per què?

7> La suma de les aportacions que fan els socis d'una empresa per crear-la, a quina massa patrimonial pertanyen? Quin és el nom de l'element patrimonial que ho recull?

8> En el balanç de situació, en quin ordre, de dalt a baix, es col·locarien aquests elements patrimonials d'actiu: diners en el banc, una factura d'un client, un terreny, un moble i diners en efectiu?

9> En el balanç, com s'ordenen, de dalt a baix, els següents elements de patrimoni net i passiu: beneficis no distribuïts que ha aconseguit l'empresa, factura que s'ha de pagar a un proveïdor a 30 dies, préstec que s'ha de tornar al banc en dos anys, deute amb un creditor a pagar en 3 mesos?

10> Una empresa té un patrimoni format per les masses patrimonials següents:

- Immobilitzat material: 200 €
- Existències: 70 €
- Immobilitzat intangible: 120 €
- Passiu corrent: 75 €
- Passiu no corrent: 150 €
- Disponible: 20 €
- Realitzable: 60 €

a) Calcula'n el total actiu, el total passiu i el patrimoni net.

b) Presenta el balanç de situació d'aquesta empresa.

11> Què ha de passar en una empresa perquè el patrimoni net sigui un valor negatiu?

Recorda

Els **elements d'actiu** en el balanç de situació s'ordenen de menys a més disponibilitat i els **elements de passiu** s'ordenen de menys a més exigibilitat.

Fig. 1.4. Hi ha empreses que compren oficines, edificis, terrenys, etc., com a inversió per obtenir uns guanys paral·lels als que aconsegueix pròpiament amb la seva activitat econòmica. Això es coneix com a *inversions immobiliàries;* aquest tipus d'inversions forma part de l'actiu no corrent de l'empresa.

3. Els resultats de l'empresa

Hem vist a l'apartat 1 que una manera de trobar el resultat econòmic de l'empresa en un any d'activitat és calculant la diferència entre el patrimoni net de dos anys consecutius. Aquest mètode només aporta informació del resultat numèric del benefici o pèrdua aconseguit aquell any, però no indica com s'hi ha arribat, és a dir, quins han estat els ingressos i les despeses que s'han produït. Conèixer el tipus i la quantitat dels diferents ingressos i despeses que s'han produït en un any ajuda a l'empresa a prendre decisions sobre possibles canvis a fer per millorar resultats.

El conjunt de despeses i ingressos que té una empresa també es pot classificar segons la seva naturalesa, de la mateixa manera que s'ha fet amb els elements patrimonials.

Les **despeses i els ingressos** es classifiquen com:

- **Ingressos i despeses d'explotació.** Són tots els ingressos i les despeses relacionades amb l'activitat de l'empresa; també s'inclouen altres de caràcter extraordinari com pèrdues o beneficis procedents de la venda d'un immobilitzat.
- **Ingressos i despeses financeres.** Són els que estan relacionats amb les inversions financeres o amb el finançament (préstecs), és a dir, bàsicament interessos que es cobren o es paguen.
- **Impost sobre beneficis.** És la despesa que té l'empresa, pel pagament de l'impost corresponent, quan obté beneficis.

El recull ordenat i classificat del conjunt de despeses i ingressos que ha tingut una empresa en un any s'anomena **compte de pèrdues i guanys.** En la Unitat 4 s'estudiarà el model oficial d'aquest recull.

A continuació mostrem una classificació resumida del conjunt d'ingressos i despeses més habituals de les empreses:

Fig. 1.5. Els resultats de l'empresa es determinen fent la diferència entre els ingressos i les despeses que ha obtingut en un any. El document on es recull el resultat s'anomena *compte de pèrdues i guanys.*

+ Ingressos d'explotació (1) • Import net de la xifra de negoci • Altres ingressos d'explotació – Despeses d'explotació (2) • Aprovisionaments • Despeses de personal • Amortitzacions • Altres despeses d'explotació
A) RESULTAT D'EXPLOTACIÓ (1 – 2)
+ Ingressos financers (3) – Despeses financeres (4)
B) RESULTAT FINANCER (3 – 4)
C) RESULTAT ABANS D'IMPOSTOS (A + B)
– Impost sobre beneficis
D) RESULTAT DE L'EXERCICI (C – impost)

Taula 1.5. Estructura simplificada del compte de pèrdues i guanys d'una empresa.

La Taula 1.6 de la pàgina següent mostra el desglossament d'alguns ingressos i despeses agrupats segons la seva naturalesa.

Resultat d'explotació		
+ Ingressos d'explotació	Import net de la xifra de negoci	+ **Vendes de mercaderies.** Són els ingressos procedents de la venda dels béns que són objecte del tràfic de l'empresa. + **Prestacions de serveis.** Són els ingressos procedents dels serveis que presta l'empresa. – **Devolucions de vendes i operacions similars.** Són les partides retornades pels clients, normalment per incompliment de les condicions de la comanda, a més dels descomptes originats per la mateixa causa. – **Ràpels sobre vendes.** Són els descomptes concedits als clients quan s'ha superat un determinat volum de compra en un període. – **Descomptes sobre vendes per pagament immediat.** Descomptes concedits als clients per avançar els seus pagaments. ± **Variació d'existències de productes acabats i en curs.** Es registra en finalitzar l'exercici econòmic la diferència entre les existències finals i les inicials. Es considera una despesa quan les existències inicials són majors que les finals, i es considera un ingrés quan les existències inicials són menors que les finals.
+ Ingressos d'explotació	Altres ingressos d'explotació	+ **Ingressos per arrendaments.** Són els ingressos generats pel lloguer dels béns mobles o immobles propietat de l'empresa cedits per a l'ús o a disposició de tercers.
– Despeses d'explotació	Aprovisionaments	+ **Compres de mercaderies.** És l'aprovisionament de mercaderies. + **Compres de matèries primeres.** És l'aprovisionament de matèries primeres. – **Devolucions de compres i operacions similars.** Són les partides retornades als proveïdors, normalment per incompliment de les condicions de la comanda, a més dels descomptes originats per la mateixa causa. – **Ràpels sobre compres.** Són els descomptes concedits pels proveïdors quan s'ha superat un determinat volum de compres en un període. – **Descomptes sobre compres per pagament immediat.** Descomptes concedits pels proveïdors a l'empresa per avançar els pagaments. ± **Variació d'existències de mercaderies i matèries primeres.** Es registra en finalitzar l'exercici econòmic la diferència entre les existències finals i les inicials. Es considera una despesa quan les existències inicials són majors que les finals i es considera un ingrés quan les existències inicials són menors que les finals.
– Despeses d'explotació	Despeses de personal	+ **Sous i salaris.** Són les remuneracions del personal contractat per l'empresa. + **Seguretat Social a càrrec de l'empresa.** Quotes satisfetes per les cotitzacions socials de l'empresa a la Seguretat Social. + **Indemnitzacions.** Quantitats que es lliuren al personal de l'empresa per compensar un dany o perjudici (indemnitzacions per acomiadament i jubilacions anticipades).
– Despeses d'explotació	Amortitzacions	+ **Amortització de l'immobilitzat.** És el reflex de la depreciació anual que pateix l'immobilitzat per utilitzar-lo en el procés productiu. Es pot desglossar en els següents comptes: • Amortització de l'immobilitzat intangible. • Amortització de l'immobilitzat material. • Amortització de les inversions immobiliàries.
– Despeses d'explotació	Altres despeses d'explotació	+ **Arrendaments i cànons.** Són les despeses per lloguer de béns mobles i immobles. + **Reparacions i conservació.** Són les despeses del manteniment dels béns de l'immobilitzat. + **Publicitat, propaganda i relacions públiques.** Són les despeses de la política comercial de l'empresa. + **Serveis de professionals independents.** És l'import satisfet als professionals pels serveis prestats per advocats, assessors, notaris, etc. + **Transports.** Despeses per transport de vendes a càrrec de l'empresa, realitzades per tercers. + **Subministraments.** Electricitat i qualsevol altre proveïment que no tingui la qualitat d'emmagatzematge. + **Altres tributs.** Imports d'altres impostos satisfets per l'empresa. + **Serveis bancaris.** Despeses per comissions bancàries i similars.
Resultat financer		
+ Ingressos financers		Ingressos de naturalesa financera, com interessos per comptes bancaris o altres inversions financeres a favor de l'empresa. Els principals comptes són: • Ingressos per participacions en instruments de patrimoni. • Ingressos de valors representatius de deutes. • Ingressos de crèdits. • Altres ingressos financers.
– Despeses financeres		L'import dels interessos per préstecs rebuts i altres deutes de l'empresa, independentment que siguin a llarg o a curt termini. Entre els comptes principals estan: • Interessos d'obligacions i bons. • Altres despeses financeres. • Interessos de deutes.

Taula 1.6. Ingressos i despeses dels resultats d'explotació i financer.

Activitats

12> Copia al teu quadern la taula següent i completa les columnes segons l'exemple de la primera fila:

Descripció	Despesa/Ingrés i tipus	Apartat	Nom normalitzat
Consum d'electricitat d'un mes.	*Despesa d'explotació*	*Altres despeses d'explotació*	*Subministraments*
Interessos cobrats d'una inversió financera.			
Sou d'un treballador.			
Adquisició de mercaderies.			
Venda de mercaderies.			
Lloguer del local on tenim la botiga.			
Cost de l'assessorament que hem rebut d'un advocat.			
Interessos del préstec que devem al banc.			
Valor que s'ha desgastat la maquinària aquest any.			
Lloguer que cobrem d'un terreny que tenim arrendat a una altra empresa.			
Quantitat descomptada a un client en una venda perquè paga al comptat.			
Cost que ens ha demanat una companyia de transports per haver enviat un paquet.			
Impost que hem de pagar per haver aconseguit beneficis.			
Diners que s'han donat a un treballador per compensar que l'hem donat de baixa de l'empresa.			
Valor de les mercaderies que ens ha tornat un client perquè no es troben en bon estat.			
Diferència entre el valor de les matèries primeres a l'inici de l'exercici i al final de l'exercici (disminució).			

13> Si el resultat d'explotació d'una empresa ha estat de 5 300 € i el resultat financer ha estat de –500 €.

a) Quin és el resultat abans d'impostos d'aquesta empresa?

b) Haurà de pagar un impost sobre el benefici?

14> Dues empreses que es dediquen a la mateixa activitat arriben al mateix resultat d'explotació. Cap de les dues té inversions financeres. Si la primera està molt més endeutada que la segona, raona quina de les dues aconseguirà un resultat de l'exercici superior i per què.

4. La comptabilitat

La **comptabilitat** és la ciència econòmica que estudia el patrimoni empresarial, tant de manera estàtica com dinàmica. Això vol dir que estudia, d'una banda, el patrimoni en un moment determinat i, de l'altra, les variacions que s'hi produeixen.

La comptabilitat proporciona informació econòmica a l'empresa sobre el seu estat. Amb aquesta informació la direcció pot prendre les decisions més convenients pel seu funcionament i pel seu posicionament en el mercat enfront del de la competència.

Però la informació econòmica donada per la comptabilitat no únicament va dirigida als dirigents, sinó també a totes aquelles persones que d'una manera o altra estan vinculades amb l'empresa, és el que es coneix com a **grups d'interès** o ***stakeholders.***

Conceptes bàsics

Grups d'interès o ***stakeholders.*** Són les persones vinculades a l'activitat d'una empresa.

Per tant, un dels objectius de la comptabilitat és donar informació econòmica als diferents grups d'interès relacionats amb l'empresa:

- **Direcció.** Els és necessària per tenir la informació suficient per prendre decisions i poder planificar el futur de l'empresa.
- **Propietaris o accionistes.** A fi que puguin comprovar que els seus interessos estan ben protegits.
- **Treballadors i treballadores.** Ja que dels resultats de l'empresa en dependrà la continuïtat del seu lloc de treball.
- **Creditors de l'empresa.** Els va bé tenir aquesta informació per saber si l'empresa presenta prou garanties per a la seguretat dels seus crèdits.

4.1. El fet comptable

Les empreses, a més de tenir un patrimoni, és a dir, de tenir uns béns, uns drets i unes obligacions, fan una sèrie d'operacions que formen part de l'activitat: compren existències, compren màquines, paguen factures diverses, paguen els sous dels seus treballadors... Totes aquestes operacions comporten uns intercanvis que modifiquen el patrimoni que té l'empresa tant quantitativament com qualitativament.

El **fet comptable** consisteix en qualsevol operació que es produeix a l'empresa que en modifica el patrimoni, sigui de forma qualitativa o quantitativa.

Exemple 1

- Cobrar en efectiu una factura d'un client modifica el patrimoni de manera qualitativa, ja que en comptes de tenir en l'actiu una quantitat que representa un dret de cobrament, ara tindrem, també en l'actiu, una major quantitat de diners en efectiu.
- Pagar a la companyia elèctrica el consum de llum d'un mes a través del banc també és un fet comptable, ja que varia la quantitat de diners que tenim en el banc. En aquest cas es modifica el total actiu i també el patrimoni net de l'empresa.
- Fer una reunió dels caps de departament per establir les estratègies de l'any no és cap fet comptable, ja que no modifica el patrimoni.

Fig. 1.6. Les operacions que es duen a terme relacionades amb l'activitat de l'empresa i que n'afecten el patrimoni són fets comptables.

4.2. El compte

Totes les empreses han d'anotar i portar un control de tots els fets comptables que s'hi produeixen. Com que cada empresa està formada per un seguit d'elements diferents, a fi d'evitar que cadascuna utilitzi una nomenclatura pròpia per descriure el seu patrimoni s'ha creat el *compte*. Aquest recurs també permet comparar dades entre empreses diferents.

El **compte** és l'eina comptable que representa un grup d'elements patrimonials de característiques i funcions similars, mitjançant una denominació comuna.

Els comptes es poden classificar de la manera següent:

Comptes	
Comptes de balanç	• Comptes d'actiu • Comptes de patrimoni net • Comptes de passiu
Comptes de gestió o resultat	• Comptes d'ingrés • Comptes de despesa

Taula 1.7. Classificació dels comptes.

Cada empresa crea el seu pla de comptes, a partir d'un pla general comú per a totes les empreses usuàries de la comptabilitat en un determinat territori. A Espanya, el pla de comptes general es troba dins de la normativa comptable que s'anomena Pla general de comptabilitat (PGC) i que serà objecte d'estudi en la Unitat 3 d'aquest llibre.

Els comptes que s'han definit en els apartats anteriors, tant de balanç com de gestió, són una selecció dels que hi ha en el PGC i ens serviran per aprendre el funcionament de la comptabilitat.

Exemple 2

- El Pla general de comptabilitat (PGC) defineix *Mercaderies* «com a qualsevol producte adquirit per l'empresa i destinat a la venda sense transformació».

  En aquest sentit els mobles que hi ha en una botiga de mobles, els pisos que hi ha en una agència immobiliària de la seva propietat, els cotxes que hi ha en un concessionari o les llaunes de tonyina que hi ha en un supermercat pertanyen al compte «Mercaderies» de cada empresa malgrat que es tracta de productes molt diferents entre si.

- El PGC defineix *Subministraments* com a «qualsevol proveïment que no tingui la qualitat d'emmagatzematge, com ara l'electricitat». Segons aquesta definició el consum d'aigua, de gas o de telèfon, com l'electricitat, formaran part del compte «Subministraments».

Fig. 1.7. Els comptes de gestió registren les despeses i els ingressos d'una empresa: subministraments com ara la llum o l'aigua, la formació del personal, les retribucions de gestors i advocats o el transport.

4.3. Parts i funcionament del compte

El *compte,* a més de representar un element o un conjunt d'elements patrimonials, indica les seves variacions; és a dir, els augments o les disminucions que succeeixen temporalment.

El compte consta de dues parts fonamentals i de signe contrari: una a l'esquerra, que s'anomena *deure*, i l'altra a la dreta, que s'anomena *haver*.

Una manera senzilla de representar els comptes és en la forma esquemàtica de «T» o de creu:

Deure	**Nom del compte**	**Haver**
	Anotacions en el deure	Anotacions en l'haver

Fig. 1.8. Representació esquemàtica dels comptes.

Fig. 1.9. Qualsevol fet comptable queda registrat en un compte a fi de poder analitzar la situació de l'empresa.

Hi ha una terminologia específica relacionada amb els comptes en què cada terme designa una operació específica:

Terme	Operació en el compte
Obrir un compte	Posar-hi el títol i fer-hi la primera anotació.
Carregar un compte	Fer una anotació en el deure (part esquerra) del compte.
Abonar un compte	Fer una anotació en l'haver (part dreta) d'un compte.
Saldo del compte	Diferència entre la suma dels imports anotats en el deure i els anotats a l'haver. El saldo pot ser *deutor* si suma més el deure o *creditor* si suma més l'haver.
Saldar un compte	Fer l'anotació del saldo en el deure o en l'haver, segons el cas, per aconseguir que el saldo final quedi zero.
Tancar un compte	Saldar el compte i no tornar a fer-hi cap anotació.

Taula 1.8. Termes específics de les operacions que es fan en un compte.

Activitats

15> El compte de balanç «Elements de transport» incorpora els mateixos elements en dues empreses en què una es dedica al transport terrestre i una altra al transport marítim. Quines diferències hi haurà?

16> Obre el compte «Maquinària» i carrega-hi 3 000 €.

17> Calcula el saldo del compte «Maquinària» de l'activitat anterior si s'han abonat 1 000 € en el compte. Quin tipus de saldo és: deutor o creditor?

18> Dels tres comptes que es mostren a continuació, hi ha algun de saldat? Tanca els que no estiguin saldats.

D	**Caixa**	**H**
	2 000	1 800
	4 500	3 500
	250	

D	**Proveïdors**	**H**
	1 500	3 000
	1 500	

D	**Sous i salaris**	**H**
	2 000	
	1 800	

5. La partida doble

Sempre que a l'empresa es produeix un fet comptable, és a dir, qualsevol operació que n'altera el patrimoni, hi ha una intervenció, com a mínim, de dos comptes. Per exemple, si l'empresa compra una màquina i la paga en efectiu, hi intervé el compte «Maquinària», que augmenta, i el compte «Caixa», que disminueix. Per comptabilitzar un fet comptable, és a dir, per tenir constància de l'operació que s'ha produït, s'utilitza el mètode de la *partida doble*.

Fig. 1.10. El mètode de partida doble s'utilitza per registrar els fets comptables que impliquen una anotació en el deure i en l'haver de, com a mínim, dos comptes diferents.

El mètode de la **partida doble** consisteix a anotar simultàniament en dos comptes, com a mínim, la variació que es produeix en el patrimoni a causa de cada fet comptable.

Utilitzant el mètode de partida doble, en cada operació la suma dels imports anotats al deure d'un o més comptes ha de ser igual que la suma dels imports anotats a l'haver d'un o més comptes.

Per estudiar el funcionament dels comptes, cal diferenciar entre els **comptes de balanç** (d'actiu o de passiu i patrimoni net) i els **comptes de gestió** (d'ingressos o de despeses).

5.1. Funcionament dels comptes

Els comptes, com ja s'ha dit, poden ser de *balanç* (actiu, passiu i patrimoni net) o *de gestió o resultats* (despesa i ingrés).

La taula següent mostra el funcionament habitual dels comptes durant tot l'exercici econòmic:

Compte	Partida doble	
	Anotacions al deure	**Anotacions a l'haver**
Comptes d'actiu	Imports inicials Entrades o augments	Disminucions
Comptes de passiu	Disminucions	Imports inicials Entrades o augments
Comptes de patrimoni net	Disminucions	Imports inicials Entrades o augments
Comptes de despesa	Sempre s'escriuen al deure	
Comptes d'ingrés		Sempre s'escriuen a l'haver

Taula 1.9. Funcionament dels comptes segons la partida doble.

!! *Atenció*

Quan **es tanca l'exercici** els comptes s'escriuen justament al lloc contrari del saldo que presenten; això ho veurem en la unitat següent, en què es treballa tot el cicle comptable.

El procediment que se segueix per aplicar el mètode de la partida doble és:

1. Obrir una «T» per representar cada compte que s'altera per l'operació que ha efectuat l'empresa.
2. Escriure la quantitat en el deure o en l'haver segons el tipus de compte (actiu, passiu, patrimoni net, despesa o ingrés) i el tipus de variació (augment o disminució).

Exemple 3

A continuació apliquem el mètode de la partida doble a alguns fets comptables per fer més entenedor el que acabem d'exposar.

- **L'empresa compra una màquina per 3 000 € i paga en efectiu.**

  Els elements patrimonials que es modifiquen són «Maquinària» i «Caixa». Tots dos són elements d'actiu. «Maquinària» augmenta en 3 000 €, perquè en comprem, i «Caixa» disminueix en 3 000 €, perquè paguem en efectiu.

(continua)

Exemple 3 *(continuació)*

Aquest fet comptable queda representat de la manera següent:

D	Maquinària	H
3000		

D	Caixa	H
		3000

- **Paguem al proveïdor 400 € d'una factura que li devíem mitjançant transferència bancària.**

En aquesta operació es modifiquen dos elements patrimonials: «Proveïdors» i «Caixa». El primer, «Proveïdors», és un element de passiu que en aquest cas disminueix en 400 € (com que li paguem, li devem menys), i «Caixa» és un element d'actiu que també disminueix en 400 €.

D	Proveïdors	H
400		

D	Caixa	H
		400

- **L'empresa compra un ordinador per 450 €, en paga una tercera part amb un xec, una altra tercera part en efectiu i deixa a deure la resta.**

En aquesta operació es modifiquen quatre elements patrimonials: «Equips per al processament d'informació», «Bancs i institucions de crèdit», «Caixa» i «Proveïdors d'immobilitzat». Els tres primers són elements d'actiu i el quart és de passiu. «Equips per al processament d'informació» augmenta en 450 €, «Bancs i institucions de crèdit» disminueix en 150 €, «Caixa» disminueix en 150 € i «Proveïdors d'immobilitzat» augmenta en 150 €.

D	Equips processament d'informació	H
450		

D	Caixa	H
		150

D	Bancs i institucions de crèdit	H
		150

D	Proveïdors d'immobilitzat	H
		150

- **L'empresa realitza una venda de mercaderies per un import de 800 €; la meitat de la venda s'efectua a crèdit i l'altra part es cobra en efectiu.**

Els elements del patrimoni que es modifiquen són «Caixa», pel cobrament en efectiu, i «Clients», per la part de la venda efectuada a crèdit. Tots dos són elements d'actiu i augmenten; per tant, s'han d'anotar al deure. L'altre compte que es modifica és el compte de gestió «Vendes de mercaderies», per l'import total de la venda, que com que representa un ingrés per a l'empresa s'ha d'anotar a l'haver.

D	Caixa	H
400		

D	Clients	H
400		

D	Vendes de mercaderies	H
		800

Es pot dir que la partida doble és un equilibri permanent de xifres que compleixen en tot moment la igualtat patrimonial:

Actiu = Patrimoni net + Passiu

D COMP. GESTIÓ H
DESPESES | INGRESSOS

llibre diari / major
assentaments (T)

!! *Atenció*

En el cas de **compres i vendes de mercaderies** cal comentar que sempre s'han d'utilitzar els comptes de gestió «Compres de mercaderies» i «Vendes de mercaderies» respectivament, i no el compte d'actiu «Mercaderies», ja que, atès que es tracta de l'activitat fonamental de l'empresa i normalment les vendes tenen un import superior a les compres, es podria arribar a un saldo d'un compte d'actiu amb saldo creditor, que no tindria sentit.

En la Unitat 2 estudiarem com es treballa al final d'exercici per obtenir el benefici brut, tenint en compte les compres i les vendes efectuades.

Exemple 4

L'empresa de bombetes Moltallum, SA, té el patrimoni següent: mercaderies per vendre valorades en 3 000 €, diners a la caixa per valor de 1 200 €, deu als proveïdors 300 € i els clients li deuen 180 €. Realitza l'operació següent: compra mobiliari per valor de 1 800 €, i en paga la meitat al comptat i l'altra la queda a deure a 6 mesos.

Per comptabilitzar els fets comptables utilitzant el mètode de partida doble, primerament cal fer una valoració del patrimoni que té l'empresa, trobant el valor del total actiu i el total passiu:

Actiu = 3 000 (Mercaderies) + 1 200 (Caixa) + + 180 (Clients) = 4 380 €

Passiu = 300 € (Proveïdors)

Patrimoni net = Actiu – Passiu

Patrimoni net = 4 380 – 300 = 4 080 € (Capital)

Ara s'han d'obrir els comptes corresponents seguint les condicions de funcionament de cadascun.

Partint d'aquesta situació, s'analitza el fet comptable:

D Mercaderies	H
3 000	

D Caixa	H
1 200	

D Proveïdors	H
	300

D Capital	H
	4 080

D Clients	H
180	

Compra mobiliari; per tant, hi afegim aquest compte, que augmenta.

Se'n paga la meitat al comptat; per tant, la caixa disminueix.

L'altra meitat es queda a deure als proveïdors d'immobilitzat; aquests proveïdors augmenten, i es contreu un deute nou.

Seguint totes les condicions de funcionament dels comptes, la situació actual és la següent:

D Mercaderies	H
3 000	

D Caixa	H
1 200	900

D Proveïdors	H
	300

D Capital	H
	4 080

D Clients	H
180	

D Mobiliari	H
1 800	

D Proveïdors d'immobilitzat c/t	H
	900

Si aprofitem per buscar els saldos (la diferència entre el deure i l'haver), observem que:

- Mercaderies saldo deutor (D > H): 3 000 €
- Proveïdors saldo creditor (D < H): 300 €
- Caixa saldo deutor (D > H): 300 €
- Capital saldo creditor (D < H): 4 080 €
- Clients saldo deutor (D > H): 180 €
- Mobiliari saldo deutor (D > H): 1 800 €
- Proveïdors d'immobilitzat a curt termini creditor (D < H): 900 €.

Activitats

19> Comptabilitza els fets comptables següents, de forma independent, amb el mètode de la partida doble:

a) Compra mercaderies per 1 200 € a crèdit (es deixa a deure).

b) Ven mercaderies per 1 000 €. En cobra la meitat en efectiu i la resta a crèdit.

c) Demana un préstec al banc, per tornar en dos anys, per un import de 5 500 € i l'hi abonen en el compte corrent bancari.

d) Compra programari informàtic per 350 € i el paga amb un xec.

e) Compra una furgoneta per 24 050 €; en paga 1 000 € amb un xec i per a la resta signa lletres a ll/t.

f) Compra mobles per a l'empresa per 1 500 €; en paga 500 € amb un xec i la resta la deixa a deure.

g) Compra mercaderies per 2 500 € i lliura 500 € en efectiu i un pagaré a 30 dies per a la resta.

h) Paga el pagaré de 1 500 € mitjançant transferència bancària.

20> Utilitza el mètode de la partida doble per comptabilitzar els fets comptables següents:

a) Compra mercaderies per 2 400 € a crèdit.

b) Ven mercaderies per 4 000 € a crèdit.

c) Paga la nòmina als treballadors: 230 € amb un xec.

d) Torna 356 € d'un préstec al banc més 24 € d'interessos. L'operació es fa a través del compte corrent.

e) Paga el rebut de l'aigua i del telèfon per 125 € mitjançant transferència bancària.

f) Paga l'impost d'activitats econòmiques: 135 € en efectiu.

g) Cobra 335 € del lloguer d'un local propietat de l'empresa.

h) Els clients tornen mercaderies valorades en 300 €.

21> L'empresa Tot Teixit, SA, es vol dedicar a la distribució de teles per a la confecció. Comença amb un local en propietat valorat en 120 000 € i 5 000 € en un compte corrent bancari. Durant els primers dies duen a terme les operacions següents: compra de gènere per 1 500 €, pagant-ne la meitat per transferència bancària i la resta a crèdit; compra de mobiliari divers per 1 400 €, deixant a deure 400 € i pagant la resta amb xec; venda de teles per 800 €, cobrant-los al comptat per transferència bancària.

a) Troba el valor del patrimonial net d'aquesta empresa en començar la seva activitat.

b) Obre un compte per representar els elements patrimonials inicials.

c) Anota en els diferents comptes les variacions que es van produint com a conseqüència dels diversos fets comptables que tenen lloc. Escriu una sola «T» per a cada compte nou i anota-hi les variacions corresponents.

d) Troba el saldo de cada compte al final d'aquest període i digues de quin tipus és.

6. Els assentaments

Fins ara el que s'ha fet ha estat anotar les variacions o fets comptables en comptes d'acord amb el mètode de la partida doble, on els fets comptables estan únicament ordenats per noms de comptes i no per dates de succés del fet comptable. Per tant, si es volgués trobar una operació d'un dia determinat, seria molt difícil.

Per tal que això no passi, primer cal anotar els fets comptables en un llibre (folis o registres), que té com a única finalitat ordenar els fets cronològicament a mesura que se succeeixen a l'empresa.

Aquest llibre s'anomena **llibre diari** i serveix per registrar totes les operacions que afecten el patrimoni de l'empresa en el mateix ordre cronològic en què se succeeixen. Cadascuna de les anotacions que s'hi realitzen s'anomena *assentament*.

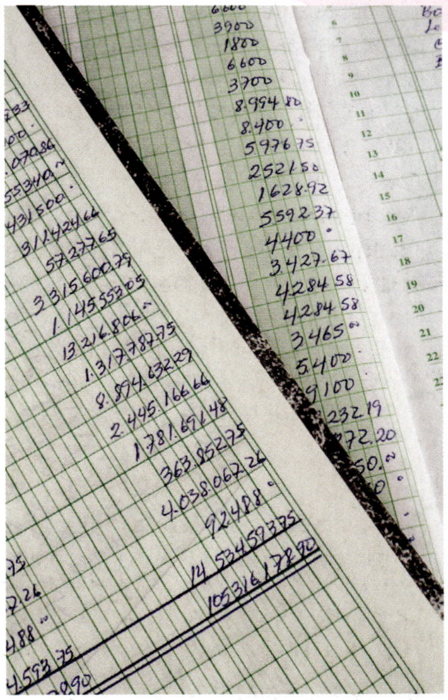

Fig. 1.12. Els assentaments serveixen per tenir un control diari de qualsevol operació que comporti un canvi en el patrimoni de l'empresa.

Un **assentament** és l'expressió comptable en el diari, seguint el mètode de la partida doble, de les variacions del patrimoni provocades per qualsevol tipus de fet comptable.

Un assentament consta de les parts següents:

- Quantitats del deure.
- Número del compte deutor (seguint el PGC, cada compte té un codi).
- Número de l'assentament, data, comptes i possibles explicacions.
- Número del compte creditor.
- Quantitats de l'haver.

Deure	**Codi**	**Concepte**	**Codi**	**Haver**

Fig. 1.11. Representació d'un assentament.

Per fer un assentament cal saber que:

- S'ha de mantenir el criteri del mètode de partida doble; és a dir, els imports que s'anoten al deure han de ser iguals que els que s'anoten a l'haver.
- Cada assentament està format com a mínim per dos comptes. Amb un compte al deure i un a l'haver s'anomena *assentament simple*; amb un compte al deure i diversos a l'haver o diversos al deure i un a l'haver s'anomena *assentament mixt*, i amb diversos comptes al deure i diversos a l'haver s'anomena *assentament compost*.
- Les anotacions del deure i les de l'haver s'han de fer segons les condicions de funcionament dels comptes, i els noms dels comptes se separen amb la lletra *a*.

Exemple 5

El dia 1 de gener l'empresa de mobles Bonafusta compra una màquina per valor de 18 000 € i la paga amb un xec bancari. Es tracta d'un *assentament simple* (un compte al deure i un a l'haver):

		1-1-20XX		
18 000	Maquinària	a	Bancs i institucions de crèdit	18 000

Una vegada s'ha fet l'assentament en el llibre diari, cal anotar les quantitats corresponents al llibre major, seguint el raonament anterior i que també haurà servit per anotar correctament els comptes i les seves quantitats al deure o a l'haver de l'assentament.

«Maquinària» és un compte d'actiu que en fer la compra augmenta; per tant, s'ha d'anotar la quantitat al deure. «Bancs i institucions de crèdit» també és un compte d'actiu i s'ha d'anotar a l'haver, perquè quan es paga disminueix:

D	Maquinària	H
18 000		

D	Bancs i institucions de crèdit	H
		18 000

Exemple 6

El dia 3 de gener, la mateixa empresa Bonafusta compra mercaderies per 3 000 €. En paga 1 500 € al comptat i la resta a crèdit. Aquest exemple és d'*assentament mixt* (un compte al deure i diversos a l'haver):

		3-1-20XX		
3 000	Compres de mercaderies	a	Caixa	1 500
		a	Proveïdors	1 500

Per fer l'assentament s'ha seguit el mateix procediment que en l'Exemple 5; és a dir, analitzar el fet comptable i els moviments dels comptes que hi intervenen i posteriorment anotar les quantitats de cadascun a la banda que els correspon. Una vegada fet l'assentament al llibre diari, es passen les quantitats corresponents a cada compte del llibre major. En comprar les mercaderies, el compte «Compres de mercaderies», com que és un compte de despeses, s'anota al deure. «Caixa» és un compte d'actiu que en pagar disminueix; per tant, s'anota a l'haver. «Proveïdors», que és un compte de passiu que augmenta en produir-se el deute, també s'anota a l'haver:

D	Compres de mercaderies	H
3 000		

D	Caixa	H
		1 500

D	Proveïdors	H
		1 500

És lògic que en el llibre diari les operacions s'anotin de manera correlativa seguint l'ordre cronològic en què es produeixen a l'empresa. Per tant, a l'Exemple 7 veurem com es realitzen els assentaments en una empresa.

Exemple 7

L'empresa Secnou, SL, inicia l'1 de febrer el negoci amb 24 000 € al banc. Durant el primer mes realitza les operacions següents:

- 02/02 Compra mobiliari per 3 000 €, en paga la meitat amb una transferència bancària, i deixa a deure la resta.
- 05/02 Compra mercaderies per 3 600 € a crèdit.
- 12/02 Ven mercaderies per valor de 2 100 €. Li paguen 1 200 € en efectiu i la resta queda pendent.
- 15/02 Ingressa els diners de la caixa al seu compte corrent bancari.
- 20/02 Paga la primera part del deute de la compra del mobiliari, que és de 600 €, amb un xec bancari.
- 25/02 El client li paga el que li devia en efectiu.
- 28/02 Paga la nòmina del seu treballador de 2 000 € bruts. La Seguretat Social a càrrec de l'empresa són 600 €. L'empresa reté al treballador un 5 % per Seguretat Social i un 18 % per IRPF. Paga al treballador per transferència bancària i deixa a deure els deutes amb Hisenda i la Seguretat Social. (Consulta l'apartat 1.1 de la unitat inicial per tal de repassar els conceptes relacionats amb la nòmina.)

A partir d'aquesta informació s'elabora el llibre diari i el llibre major.

Els assentaments registrats en el *llibre diari* quedarien així:

		1-2-20XX		
24 000	Bancs i institucions de crèdit	a	Capital	24 000
		2-2-20XX		
3 000	Mobiliari	a	Bancs i institucions de crèdit	1 500
		a	Proveïdors d'immobilitzat c/t	1 500
		5-2-20XX		
3 600	Compres de mercaderies	a	Proveïdors	3 600
		12-2-20XX		
1 200	Caixa			
900	Clients	a	Vendes de mercaderies	2 100
		15-2-20XX		
1 200	Bancs i institucions de crèdit	a	Caixa	1 200
		20-2-20XX		
600	Proveïdors d'immobilitzat a c/t	a	Bancs i institucions de crèdit	600
		25-2-20XX		
900	Caixa	a	Clients	900
		28-2-20XX		
2 000	Sous i salaris			
600	SS a càrrec de l'empresa	a	Bancs	1 540
		a	Org SS creditors	700
		a	HP creditora per conceptes fiscals	360

(continua)

Exemple 7 *(continuació)*

Simultàniament s'obren al *llibre major* els comptes apareguts als assentaments del diari:

Bancs i institucions de crèdit

D	H
24 000	1 500
1 200	600
	1 540

Capital

D	H
	24 000

Mobiliari

D	H
3 000	

Proveïdors d'immobilitzat a c/t

D	H
600	1 500

Compres de mercaderies

D	H
3 600	

Proveïdors

D	H
	3 600

Clients

D	H
900	900

Caixa

D	H
1 200	1 200
900	

Vendes de mercaderies

D	H
	2 100

Sous i salaris

D	H
2 000	

SS a càrrec de l'empresa

D	H
600	

Org SS creditors

D	H
	700

HP creditora per conceptes fiscals

D	H
	360

Fig. 1.13. En el llibre major es traspassen tots els assentaments oberts en el llibre diari. D'aquesta manera cada compte recull i acumula les variacions que s'hi produeixen durant l'exercici econòmic.

Activitats

22> L'empresa R.F.M., el mes d'octubre, obre un nou negoci de compravenda d'automòbils. Les operacions que fa el primer mes són les següents:

- El 02/10 forma el capital de l'empresa amb 1 800 € al banc i 6 000 € en efectiu a la caixa.
- El 05/10 compra 10 automòbils per vendre, que sumen un total de 90 000 €. Realitza la compra a crèdit.
- El 08/10 paga despeses d'electricitat per valor de 300 €, amb un xec bancari.
- El 10/10 ven un dels automòbils per 7 000 €. Li paguen la meitat en efectiu i li deixen a deure la resta.
- El 15/10 paga l'arrendament del local on s'ha instal·lat, per 600 €, en efectiu.
- El 18/10 l'empresa compra un ordinador per 300 € i el deixa a deure a 60 dies.
- El 25/10 ingressa 3 000 € al banc.
- El 28/10 el banc li ingressa 30 € d'interessos al seu compte corrent.

a) Anota al llibre diari i al llibre major totes les operacions anteriors.

b) Calcula els saldos de cada compte i digues de quin tipus són.

Activitats finals

1. A partir de la llista d'elements patrimonials següent, escriu si representen béns, drets o obligacions per a l'empresa:

- Clients, efectes comercials per cobrar.
- Hisenda pública, deutora per diferents conceptes.
- Mobiliari.
- Mercaderies.
- Proveïdors.
- Equips per al processament d'informació.
- Creditors per prestació de serveis.
- Deutes a ll/t amb entitats de crèdit.
- Terrenys i béns naturals.
- Propietat industrial.

2. Indica, per cadascun dels elements següents del patrimoni d'una empresa, el nom del compte que el representa i la massa patrimonial a la qual pertany:

a) Diners en efectiu.

b) Factures pendents de cobrament per vendes de mercaderies.

c) Diners que es deuen a un banc per un préstec que cal tornar en 6 mesos.

d) Ordinador de l'empresa.

e) Valor de les accions pròpies de l'empresa.

3. Classifica els elements patrimonials següents segons l'esquema de les masses patrimonials:

Elements de transport; Clients, efectes comercials per cobrar; Proveïdors; Capital; Clients; Caixa; Hisenda Pública creditora per conceptes fiscals; Reserves; Creditors a ll/t; Bancs i institucions de crèdit; Maquinària; Proveïdors, efectes comercials que cal pagar; Terrenys i béns naturals; Creditors a curt termini; Deutes a ll/t amb entitats de crèdit; Construccions.

4. Una empresa aconsegueix el dret a l'explotació d'una planta petrolífera. Cada any haurà de pagar una quantitat a l'Estat. En quin element patrimonial ha d'incorporar aquest concepte?

5. Un bar presenta el 31 de desembre la situació patrimonial següent:

- El bar està ubicat en un local llogat pel qual va signar un dret de traspàs de 8 000 €.
- Té mobiliari divers valorat en 2 600 € i una màquina de cafè valorada en 2 800 €.
- Té begudes destinades a la venda per un valor total de 1 900 €.
- La caixa registradora, que li va costar 300 €, conté 420 € en efectiu.
- Té dipositats al Banc de Sabadell 9 000 € en un c/c.
- Un client assidu al bar li deu 42 €.
- Deu 300 € al proveïdor de refrescos.

A partir de la informació anterior, calcula el patrimoni net i presenta el balanç de situació del bar ordenat per masses patrimonials.

6. L'empresa Vall, SL, presenta la informació patrimonial següent:

- Té diners en efectiu per valor de 300 € i dipositats a CaixaBanc 1 300 € en un c/c.
- Deu un pagaré de 53 € al seu proveïdor i els seus clients li deuen factures per 140 €.
- Té mercaderies per vendre valorades en 2 400 €.
- Té un ordinador que li va costar 2 100 € i programes informàtics valorats en 1 300 €.
- Deu 500 € a CaixaBanc per un préstec per tornar en 6 mesos i que va demanar per fer millores en el negoci.
- El local és de propietat i està valorat en 30 700 €.
- Té accions d'una altra empresa i no té intenció de vendre-se-les; estan valorades en 2 500 €.

A partir de la informació anterior, troba el patrimoni net i confecciona el balanç de situació ordenat per masses patrimonials.

7. La senyora Folch té una llibreria. Al final de l'any presenta la informació següent:

- Local llogat.
- Prestatgeries per valor de 4 500 €
- Un taulell valorat en 2 300 €.
- Una màquina fotocopiadora que va costar 7 150 €.
- Un ordinador valorat en 2 800 €.
- Mercaderies per vendre valorades en 3 200 €.
- Factures pendents de cobrament per venda de llibres valorades en 90 €.
- Deu 230 € a l'Editorial Valls per compra de llibres i al Banc de Sabadell 500 € d'un préstec a 2 anys.
- Té un compte corrent bancari de 350 € a Caixa d'Enginyers i diners en efectiu per valor de 230 €.
- Deu 150 € a la companyia elèctrica per un rebut de llum del mes passat.

A partir d'aquesta informació, presenta el balanç de situació de la llibreria a 31 de desembre de 2018.

8. Escriu en el llibre diari i en el llibre major els fets comptables següents:

- Ingressa 5 000 € en el c/c bancari per començar el negoci.
- Compra mercaderies per 1 350 € a crèdit.
- Compra un ordinador per 1 800 € i programes informàtics per 300 €. En paga la meitat mitjançant un xec i la resta, a crèdit.
- Envia al proveïdor un pagaré amb venciment de 30 dies per 1 350 €, que és l'import de la factura que li devia.
- Ven mercaderies per 1 200 €. En cobra una tercera part en efectiu i la resta, a crèdit.
- Paga el pagaré de 1 350 € al proveïdor mitjançant transferència bancària.
- Paga el rebut de la llum per 70 € a través del banc.
- Paga la nòmina al treballador: el sou brut és de 1 200 €. Se li aplica una retenció del 5 % per la Seguretat Social per compte del treballador i un 10 % d'IRPF. El pagament del salari es fa a través del banc. La Seguretat Social a càrrec de l'empresa puja a 345 € i es pagarà la setmana que ve, igual que els imports retinguts al treballador.
- Cobra a través del banc les factures pendents dels clients (800 €).

9. Anota en el llibre diari i en el llibre major els fets comptables següents:

- Demana un préstec al banc de 3 500 € (per tornar en 3 anys), que ingressen en el c/c bancari.
- Compra mercaderies per 1 030 € a crèdit.
- Paga 300 € de la contribució del local a través del banc.
- Torna 500 € del préstec i 5 € d'interessos.
- Ven mercaderies per 2 000 €. En cobra la meitat en efectiu i la resta a crèdit.
- Els clients li tornen mercaderies per valor de 300 €, ja que eren defectuoses.
- Paga el rebut del telèfon per 120 € a través del banc.
- Compra accions del banc BBVA per un valor total de 350 € com a inversió temporal. La compra es fa a través del banc.
- Cobra 405 € en efectiu d'un local que té llogat.
- Ven mercaderies per 500 € i cobra mitjançant un pagaré.

10. Anota als llibres diari i major els fets comptables següents:

- Inicia el negoci amb 6 000 € a la caixa.
- Obre un compte corrent bancari amb 5 600 € que tenia en efectiu.
- Rep el rebut de l'aigua i del telèfon per 345 €, paga 200 € per transferència bancària i la resta ho deixa a deure.
- Paga a través del banc la nòmina dels treballadors: salari brut, 3 500 €; quota de la SS de l'empresa, 1 100 €; retenció per SS, 5 % i per IRPF, 16 %. (Deixa pendent de pagament els deutes amb els organismes públics.)
- Paga, per transferència, el deute amb la SS i amb Hisenda.
- Compra mercaderies per 12 300 € a crèdit.
- Ven mercaderies per 23 000 €, i en cobra la meitat amb un xec i la resta a crèdit.
- Gira una lletra a 60 dies als clients per 8 900 €. La hi tornen acceptada.
- Demana un préstec al banc per 5 000 € per tornar en 8 mesos, que li ingressen en c/c bancari.

11. Una empresària individual inicia el seu negoci amb 4 000 € en un compte corrent bancari, un local valorat en 26 560 € i mobiliari valorat en 3 600 €. Deu al banc BBVA 560 € d'un préstec per tornar en 6 mesos.

Durant un mes fa les operacions següents:

- Compra mercaderies per 1 200 € a crèdit.
- L'empresa envia un pagaré per l'import de la factura anterior (1 200 €).
- Ven mercaderies per 1 050 €; en cobra la meitat en efectiu i la resta a crèdit.
- Ingressa 525 € en el compte corrent bancari.
- Torna el préstec que tenia amb el BBVA (560 €). Els diners els treu del compte corrent bancari.
- Compra un ordinador per 280 €. En paga 80 € amb un xec i la resta la deixa a deure.
- Compra programes informàtics per 240 €, que paga amb un xec.
- Paga un pagaré per import de 1 200 € mitjançant transferència bancària.
- Paga amb un xec el deute que tenia amb el proveïdor de l'ordinador.
- Cobra el total de les factures que tenia dels clients a través del banc.

a) Obre un compte pels elements que formen el patrimoni inicial de l'empresària i calcula el net patrimonial o capital d'aquesta empresària individual.

b) Comptabilitza els diferents fets comptables que es produeixen, i obre un únic compte per a cada element patrimonial diferent.

c) Troba el saldo final de cada compte.

Comprova el teu nivell

1. El patrimoni empresarial el formen:

a) Els béns i drets que té una empresa.

b) Els béns i les obligacions que té l'empresa.

c) Les obligacions i els drets que té l'empresa.

d) El conjunt de béns, drets i obligacions que té l'empresa.

2. En el balanç de situació els elements de patrimoni net i passiu s'ordenen:

a) De més a menys exigibilitat.

b) De més a menys disponibilitat.

c) De menys a més exigibilitat.

d) De menys a més disponibilitat.

3. Quina d'aquestes activitats no és un fet comptable?

a) Pagar la nòmina a un treballador.

b) Vendre mercaderies al comptat.

c) Fer una reunió entre el director i els caps de departament.

d) Comprar un ordinador i pagar amb un xec.

4. La venda d'una màquina per un preu inferior al seu valor comptable implica:

a) Un ingrés financer per a l'empresa.

b) Una despesa financera per a l'empresa.

c) Un ingrés d'explotació per a l'empresa.

d) Una despesa d'explotació per a l'empresa.

5. El compte «Ràpels per compres»:

a) És un compte de despesa perquè està relacionat amb les compres.

b) És un compte d'actiu perquè està relacionat amb les mercaderies.

c) És un compte d'ingrés perquè representa un descompte per volum de comandes i, per tant, una despesa menor.

d) És un compte de balanç.

6. Es parla de saldo creditor quan:

a) La suma de quantitats anotades al deure d'un compte és més gran que la suma de quantitats anotades a l'haver.

b) La suma de quantitats anotades a l'haver d'un compte és més gran que la suma de quantitats anotades al deure.

c) Quan únicament hi ha quantitats anotades al deure.

d) Quan les quantitats anotades al deure i a l'haver sumen igual.

7. «Reserves» és un element patrimonial:

a) D'exigible a llarg termini.

b) D'exigible a curt termini.

c) D'immobilitzat.

d) De no exigible o patrimonial net.

8. Les aplicacions informàtiques:

a) Representen el valor de l'adquisició o dret d'ús de programes informàtics, pàgines web...

b) És un element d'immobilitzat intangible.

c) És un element que forma part de l'actiu no corrent.

d) Totes les respostes anteriors són correctes.

9. El compte «Crèdits a llarg termini»:

a) Representa un bé.

b) Representa una obligació.

c) Representa un dret.

d) Representa un element de patrimoni net.

10. La compra a crèdit d'un bé d'immobilitzat suposa:

a) Una anotació al deure de «Bancs c/c» i al mateix temps una altra a l'haver de «Proveïdors d'immobilitzat».

b) Una anotació al deure de «Proveïdors d'immobilitzat» i una altra a l'haver del compte d'«Immobilitzat».

c) Una anotació al deure del compte d'«Immobilitzat» i una altra a l'haver del compte de «Proveïdors d'immobilitzat».

d) Una anotació al deure del compte d'«Immobilitzat» i una altra a l'haver de «Bancs c/c».

Prepara la prova

1. El senyor Joan Garcia inicia el seu negoci el gener de l'any 2018 amb 60 000 € dipositats en un c/c del Banc de Sabadell.

Durant el seu primer any d'activitat ha dut a terme tot un seguit d'accions que han fet variar la seva situació patrimonial, de manera que el 31 de desembre els elements que formen el seu patrimoni són:

- Diners en efectiu, 12 000 €, i dipositats en un c/c bancari, 8 000 €.
- Deu al Banc de Sabadell 10 000 € per un préstec que cal tornar en 3 anys; al seu proveïdor, 15 000 €; i té pagarés per pagar per un import de 2 000 €.
- Té lletres acceptades de clients per valor de 2 000 €.
- Les mercaderies estan valorades en 2 500 €.
- Ha comprat un local per 50 000 €, dels quals encara deu 5 000 € a la constructora per tornar en 8 mesos, un ordinador per 1 200 € i programes informàtics per 380 €.
- Ha comprat obligacions de l'Estat per 6 000 €.
- Deu 430 € a Hisenda.

a) Quin és el patrimoni net amb el qual comença el negoci el senyor Garcia? (0,5 punt)

b) Escriu el balanç de situació al final del primer any d'activitat. (1 punt)

c) Calcula el benefici o pèrdua que ha tingut aquest empresari durant aquest període. (0,5 punt)

2. Escriu un fet comptable en el qual el compte «Caixa» s'hagi d'escriure a l'haver. I un fet comptable en el qual «Proveïdors» s'hagi d'escriure al deure. (1 punt cada un)

3. Escriu els fets comptables corresponents als assentaments següents: (2 punts)

2 000	Bancs	a	Capital	2 000
1 000	Compres de mercaderies	a	Proveïdors	500
		a	Caixa	500
1 300	Clients	a	Vendes de mercaderies	1 300
800	Mobiliari	a	Proveïdors d'immobilitzat	800
500	Proveïdors	a	Proveïdors, efectes comercials que cal pagar	500

4. Completa les frases següents amb el terme que consideris més convenient: (0,2 punts cada resposta correcta)

a) L'equació fonamental del patrimoni diu que el total actiu és igual a la suma de ··· i ··· .

b) L'actiu ··· incorpora les inversions de l'empresa a llarg termini.

c) Els diners que l'empresa deixa a una altra amb la intenció de recuperar-los a llarg termini són ··· i els diners que l'empresa demana a un banc amb la intenció de tornar-los a llarg termini són ··· .

d) La suma del resultat d'explotació i del resultat financer s'anomena ··· .

e) L'impost sobre el benefici únicament es paga si el resultat ··· és de signe ··· .

f) Els comptes d'actiu i de despesa sempre tenen saldo ··· .

g) Les taules, les cadires, les prestatgeries, els quadres... que hi ha en una empresa formen part del compte ··· .

h) Per comptabilitzar el fet comptable «Compra d'un moble per 2 000 € que es paga amb un xec», es carrega el compte de ··· per 2 000 € i s'abona el compte de ··· per 2 000 €.

i) El compte «Maquinària» recull una anotació de 500 € al deure i 300 € a l'haver, per tant té un saldo ··· de 200 €.

j) En el llibre diari s'escriuen els ··· ordenats cronològicament.

5. Digues si aquestes afirmacions són verdaderes i en el cas que hi hagi alguna errada modifica-la perquè sigui correcta. (0,4 punts cada una)

a) Una empresa ha encarregat a una altra que li confeccioni una pàgina web, que ha de durar 4 anys. Els diners invertits en la creació de la pàgina web són un exemple d'immobilitzat intangible, concretament d'«Aplicacions informàtiques».

b) «L'import net de la xifra de negoci» és un ingrés d'explotació i està format per les compres d'existències efectuades durant l'any menys les devolucions de compres i els descomptes sobre compres.

c) Abonar un compte és escriure-hi un import en el deure.

d) Quan un compte té saldo deutor i ja no s'hi escriu res més es diu que està tancat.

e) Quan es fa una compra de mercaderies a crèdit vol dir que es paga a través del banc.

2

El cicle comptable

Què hi aprendré?

- Què és el cicle comptable i les seves fases.
- El balanç de situació inicial.
- Els llibres diari i major.
- Les correccions al final de l'exercici.
- El balanç de comprovació de sumes i saldos.
- L'estat de pèrdues i guanys i la seva regularització.
- El balanç de situació final.
- El tancament de comptes.

El cicle de l'aigua, el cicle de les estacions, el cicle menstrual, el cicle de la vida...

Els *cicles* són períodes temporals que se succeeixen (és a dir que, en finalitzar, comencen de nou). També es diu *cicle* al conjunt de fases o etapes que travessa un fenomen periòdic.

Una cosa cíclica, per tant, és allò que es reitera de manera periòdica o que, després d'una certa quantitat de temps, torna a un estat o a una configuració precedent.

1. En economia de l'empresa també es parla de cicles, per exemple, el cicle de vida d'un producte. Indica quines són les seves etapes.
2. En quin sentit la declinació d'un producte és el final d'un cicle i l'inici d'un altre?
3. La comptabilitat en l'empresa també segueix un cicle. Quina creus que és la fase final del cicle comptable d'una empresa? Quina penses que ha de ser la durada del cicle comptable?

1. El cicle comptable i les seves fases

En la unitat anterior hem establert el concepte de *comptabilitat* com la ciència que estudia el patrimoni empresarial tant de manera estàtica com dinàmica. Des del **punt de vista estàtic,** hem estudiat el *patrimoni* (conjunt de béns, drets i deures d'una empresa en un moment determinat) i com s'ordena, en forma de balanç de situació, utilitzant els elements patrimonials que representen cada un dels béns, els drets o els deures de l'empresa.

Des del **punt de vista dinàmic,** veiem que l'empresa realitza una sèrie de fets de manera periòdica que s'anomenen *fets comptables*. Aquests fets es van anotant cronològicament en el llibre diari i, posteriorment, en el llibre major, utilitzant els comptes, que són la representació d'un element o conjunt d'elements patrimonials, seguint sempre el principi de *partida doble*. Les anotacions que es fan periòdicament dels fets comptables en el llibre diari s'anomenen *assentaments*.

També hem vist que quan ha passat un exercici comptable, que sol ser d'un any, l'empresa fa un resum de totes les seves activitats i obté el resultat de l'exercici econòmic; és a dir, el benefici o la pèrdua. Finalment es redacten els *comptes anuals* on es plasma l'evolució que ha fet l'empresa, tant a nivell d'inversions com de finançament, així com quins han estat els ingressos i les despeses.

Aquest procés, que es repeteix exercici rere exercici, s'anomena **cicle comptable** i s'ha de fer per diferents motius. D'una banda, l'empresa ha de complir l'obligació de donar informació als socis o accionistes de la gestió que s'ha fet i, d'aquesta manera, poder prendre decisions per millorar possibles desviacions que s'hagin produït. En cas que l'activitat hagi generat beneficis, caldrà també pagar l'impost de societats que grava el benefici obtingut.

El cicle comptable està format per les fases que s'exposen seguidament:

Fig. 2.1. El conjunt de fets comptables que tenen lloc en una empresa s'ha d'anotar periòdicament.

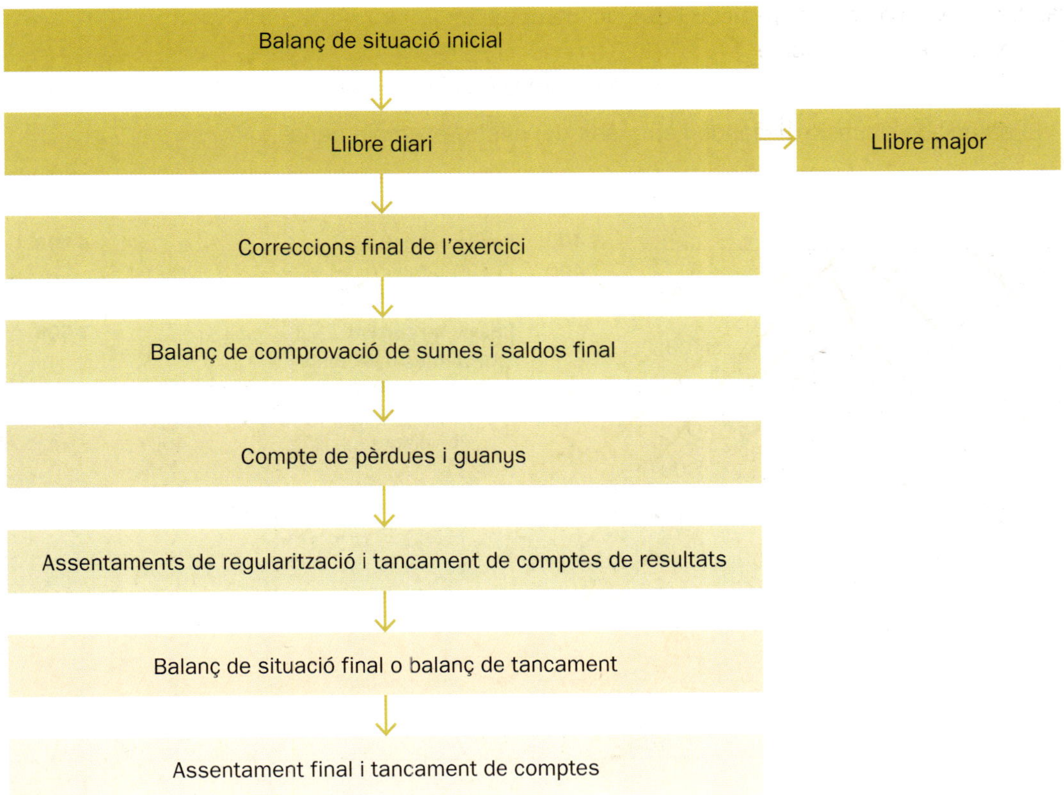

Fig. 2.2. Fases del cicle comptable.

Activitats

1> De les persones que estan relacionades amb l'empresa, a qui creus que pot interessar tot el cicle comptable?

Per explicar les fases del cicle comptable seguirem un exemple que desenvoluparem en els diferents apartats.

Exemple 1

L'empresa de sabons Salvà, SA, comença l'1 de gener de 2018 un exercici econòmic amb la situació patrimonial següent:

Construccions per valor de 7 800 € dels quals porta amortitzats 400 €; té mercaderies (50 unitats a 10 €/u) valorades en 500 €; el seu capital social és de 6 600 €; té unes reserves de 300 €; els clients li deuen 300 €; en el banc hi té un saldo de 500 €; en efectiu per pagaments menors té 100 €; té un préstec que ha de tornar d'aquí a 10 anys per valor de 1 500 €, i deu a proveïdors 400 €.

Durant l'exercici realitza les operacions següents:

- Compra mercaderies per 1 500 € (100 unitats a 15 € cada una), pagant-ne 500 € amb un xec i la resta, a crèdit.
- Ven mercaderies, 105 unitats, per un total de 4 000 €, en cobra 3 000 amb un xec i per la resta accepta un pagaré.
- Paga salaris per 200 € amb un xec. Aplica una retenció per a Seguretat Social del 5 %, i el 15 % corresponent a l'IRPF. La quota corresponent a la Seguretat Social de l'empresa és de 50 €. El deute amb els organismes públics queda pendent de pagament.
- Compra unes obligacions de l'Estat a 3 anys per 100 €, que paga amb un xec.
- Compra un terreny per 2 000 €; en paga 500 amb un xec i la resta, a crèdit.
- Cobra 200 € de clients mitjançant transferència bancària.
- Paga 50 € d'interessos del préstec a través del banc.
- Cobra un efecte que té en cartera per 500 € a través del banc.
- Paga 20 € de l'impost sobre béns immobles (IBI) per mitjà del banc.
- Paga 30 €, corresponents al rebut de l'electricitat, a través del banc.
- Li ingressen 25 € en el c/c bancari, corresponent a interessos.

2. Balanç de situació inicial

El *balanç de situació inicial*, com ja s'ha explicat a la unitat anterior, reflexa tot el patrimoni que té l'empresa abans d'iniciar l'exercici comptable.

! Important

El **compte d'amortització acumulada de construccions** es considera un compte de patrimoni net que en el balanç de situació es posa a l'actiu minorant-lo pel valor que aquest immobilitzat ha perdut.

Exemple 2

El balanç de situació inicial de l'empresa del nostre exemple seria:

Actiu			Patrimoni net i passiu		
Actiu no corrent		**7 400**	**Patrimoni net**		**6 900**
• Immobilitzat material		7 400	Capital	6 600	
Construccions	7 800		Reserves	300	
Amortització acumulada de construccions	(400)		**Passiu no corrent**		**1 500**
Actiu corrent		**1 400**	Deutes a ll/t amb entitats de crèdit	1 500	
• Existències		500	**Passiu corrent**		**400**
Mercaderies (50 unitats a 10 €/u)	500		Proveïdors	400	
• Realitzable		300			
Clients	300				
• Disponible		600			
Bancs i institucions de crèdit	500				
Caixa	100				
Total actiu		**8 800**	**Total patrimoni net i passiu**		**8 800**

Activitats

2> Una empresa comença un exercici econòmic amb la situació patrimonial següent:

Maquinària, 33 000 €; deutes a ll/t amb entitats de crèdit, 12 500 €; construccions, 60 000 €; mercaderies, 5 600 €; proveïdors, 1500 €; clients, 980 €, i caixa, 6 400 €.

a) Fes el balanç de situació.

b) Calcula'n el capital.

3. Llibre diari i llibre major

Una vegada realitzat el balanç de situació seguirem amb l'obertura del llibre diari i el llibre major.

3.1. Assentament d'obertura

Quan es comença un exercici econòmic, bé sigui perquè l'empresa comença l'activitat o bé perquè s'ha acabat un any i en comença un altre, es parteix d'una determinada situació patrimonial formada per uns determinats béns, drets i obligacions. A partir d'aquesta situació, que està representada en forma de balanç de situació, es fa l'anomenat *assentament d'obertura*.

L'**assentament d'obertura** consisteix a escriure tots els elements d'actiu en el deure del llibre diari i tots els elements de passiu i patrimoni net en l'haver, cosa que constitueix el primer assentament del **llibre diari.**

De la mateixa manera, s'obre en el **llibre major** un compte per a cada un dels elements patrimonials que formen la situació econòmica de l'empresa en el moment inicial, i s'anota el saldo corresponent.

Exemple 3

L'assentament d'obertura al llibre diari corresponent a l'exemple que desenvolupem en aquesta unitat és el següent:

7 800	Construccions			
500	Mercaderies			
300	Clients			
500	Bancs i institucions de crèdit			
100	Caixa	a	Capital social	6 600
			Reserves	300
			Amortització acumulada de construccions	400
			Deutes a ll/t amb entitats de crèdit	1 500
			Proveïdors	400

L'anotació dels comptes en el llibre major quedaria d'aquesta manera:

Compte	Deure	Haver
Construccions	7 800	
Mercaderies	500	
Clients	300	
Bancs i institucions de crèdit	500	
Caixa	100	
Capital social		6 600
Reserves		300
Amortització acumulada de construccions		400
Deutes a ll/t amb entitats de crèdit		1 500
Proveïdors		400

Fig. 2.3. L'assentament d'obertura sempre es realitza quan una empresa comença l'activitat econòmica o, si és una empresa que ja està en funcionament, quan comença un exercici econòmic nou.

3.2. Registre dels fets comptables

Durant l'exercici comptable o any comptable, l'empresa fa diverses operacions: compres, vendes, cobraments, pagaments, operacions de finançament, operacions de crèdit, etc., les quals, justificades adequadament amb els corresponents rebuts, factures i tota la diferent documentació que generen, s'ordenen en el llibre diari en forma d'assentaments, seguint el mètode de la partida doble (tal com s'ha estudiat en la unitat anterior), i en el llibre major, augmentant la part deutora o creditora dels comptes que es modifiquen.

Fig. 2.4. Tots els fets comptables que fa l'empresa han de quedar registrats en assentaments.

Exemple 4

Continuant amb el nostre exemple, ara procedirem a fer les anotacions en el llibre diari i en el llibre major.

Les anotacions en el llibre diari quedarien d'aquesta manera:

1500	Compres de mercaderies	a	Bancs i institucions de crèdit	500
		a	Proveïdors	1000
3000	Bancs i institucions de crèdit			
1000	Clients, efectes comercials per cobrar	a	Vendes de mercaderies	4000
200	Sous i salaris			
50	SS a càrrec de l'empresa	a	Organismes de la SS, creditors	60
		a	HP, creditora per conceptes fiscals	30
		a	Bancs i institucions de crèdit	160
100	Valors representatius de deute a llarg termini	a	Bancs i institucions de crèdit	100
2000	Terrenys i béns naturals	a	Bancs i institucions de crèdit	500
		a	Proveïdors d'immobilitzat a ll/t	1500
200	Bancs i institucions de crèdit	a	Clients	200
50	Interessos de deutes a ll/t	a	Bancs i institucions de crèdit	50
500	Bancs i institucions de crèdit	a	Clients, efectes comercials per cobrar	500
20	Altres tributs	a	Bancs i institucions de crèdit	20
30	Subministraments	a	Bancs i institucions de crèdit	30
25	Bancs i institucions de crèdit	a	Altres ingressos financers	25

(continua)

Exemple 4 *(continuació)*

Tota aquesta informació s'ha de passar al llibre major:

Compres de mercaderies	
1 500	

Bancs i institucions de crèdit	
500	500
3 000	160
200	100
500	500
25	50
	20
	30

Proveïdors	
	400
	1 000

Clients, efectes comercials per cobrar	
1 000	500

Vendes de mercaderies	
	4 000

Sous i salaris	
200	

SS a càrrec de l'empresa	
50	

Organismes de la SS, creditors	
	60

HP, creditora per conceptes fiscals	
	30

Valors representatius de deute a llarg termini	
100	

Terrenys i béns naturals	
2 000	

Proveïdors d'immobilitzat a ll/t	
	1 500

Altres tributs	
20	

Subministraments	
30	

Altres ingressos financers	
	25

Interessos de deutes a ll/t	
50	

Clients	
300	200

Activitats

3> Fes l'assentament d'obertura de l'empresa de l'Activitat 2.

4> La Maria Subirachs inicia un petit negoci comercial de compravenda d'estris de jardineria l'1 de setembre amb les aportacions següents:

- Diners a la caixa: 900 €
- Diners al banc: 40 000 €
- Local de la seva propietat: 200 000 €

a) Calcula'n el capital.

b) Fes-ne l'assentament d'obertura.

5> La Maria Subirachs comptabilitza les operacions que es detallen a continuació:

- Compra mercaderies, 80 unitats a 10 €/u, que sumen un total de 800 € al comptat i paga en efectiu.
- Compra mercaderies, 250 unitats a 12 €/u, a crèdit.
- Compra mobiliari per a l'oficina per valor de 5 000 €; en paga mitjançant transferència bancària 2 000 € i queda a deure la resta durant sis mesos.
- Paga el rebut del telèfon amb un taló de 5 000 €.
- Ven 200 unitats de mercaderies per un import de 1 400 €; 1 000 € els cobra en efectiu i la resta, a crèdit.
- Paga pel banc 1 500 € del deute del proveïdor.
- Compra un ordinador per 2 000 € i un programa de comptabilitat per 900 €. El primer el queda a deure a cinc mesos i paga en efectiu el programa.

Comptabilitza les operacions anteriors en el llibre diari i en el llibre major.

4. Correccions i assentaments de final d'exercici

Quan s'acaba l'exercici econòmic, i abans de procedir al tancament de llibres, es fa un *inventari* fent recompte de tots els elements que formen el patrimoni empresarial, que ens indica la situació real de l'empresa. És l'anomenat **inventari de final de l'exercici.**

La situació comptable i la situació real han de coincidir. Si no és així, caldrà fer uns assentaments correctors o regularitzacions.

Entre altres ajustaments, les regularitzacions que s'han d'efectuar al final de l'exercici són la *correcció del compte de mercaderies* i la *correcció del valor real de l'immobilitzat*.

Vocabulari

Inventari. És una relació detallada i valorada dels diversos elements que integren el patrimoni d'una empresa en un moment donat. Segons el moment en què es realitza, l'inventari pot ser: *inicial*, *periòdic*, *de final de l'exercici* o *de tancament de negoci*.

4.1. Correcció del compte de mercaderies

Cal recordar que les compres i les vendes de mercaderies es realitzen de manera continuada durant l'exercici econòmic i, com que les mercaderies que entren i surten ho fan a un valor diferent (més elevades les de sortida que les d'entrada), si s'utilitzés el compte únic «Mercaderies» es podria arribar a un saldo creditor d'aquest compte, cosa que no té sentit, ja que es tracta d'un element d'actiu. Per aquest motiu, s'ha seguit el mètode especulatiu desdoblat, que és el que utilitza els comptes «Compres de mercaderies» i «Vendes de mercaderies».

Claus i consells

Recordeu que tal com vam estudiar a primer i com està resumit a la unitat inicial, a l'apartat 1.2 sobre mètodes de valoració d'existències i valor de les existències finals, a l'hora de valorar les existències es pot aplicar el **mètode FIFO** o el **mètode PMP.**

Quan es fa el balanç de comprovació, el compte «Mercaderies» presenta el saldo corresponent a l'existència inicial, mentre que l'inventari, que presenta la situació real de l'empresa al final de l'any, presentarà, segurament, un valor diferent. Per fer la correcció es fa ús d'un compte de gestió que s'anomena «Variació d'existències» i que representa l'augment o la disminució del valor de les mercaderies des de l'inici de l'exercici fins al final.

S'ha de tenir en compte que a l'hora de fer les correccions d'existències el valor de les existències finals serà diferent segons el mètode de valoració que utilitzem (mètode FIFO o mètode PMP), i per tant, hem d'utilitzar la fitxa de magatzem.

El procés és el següent:

	Variació d'existències	a	Mercaderies (valor de les inicials)	
	Mercaderies (valor de les finals)	a	Variació d'existències	

Amb aquests assentaments s'aconsegueix que el saldo del compte de mercaderies sigui igual al que representen les existències finals:

Mercaderies	
Valor de les mercaderies inicials	Valor de les mercaderies inicials
Valor de les mercaderies finals	

Fig. 2.5. Per calcular el valor de les existències primer cal tenir clar quin dels dos mètodes de valoració es farà servir, si el mètode FIFO o el mètode PMP, ja que el resultat final diferirà.

El compte «Variació d'existències» és un compte de gestió, exactament igual que ho són el de «Vendes de mercaderies» o el de «Subministraments», i tindrà el mateix tractament a l'hora de fer el tancament contra el compte de pèrdues i guanys. Se sumarà a les despeses o als ingressos segons tingui un saldo deutor o creditor.

Si les existències finals són superiors a les inicials, vol dir que una part de les compres efectuades durant el període no s'ha consumit. Com que les compres representen una despesa, la variació d'existències, que presenta en aquest cas saldo creditor, se suma als ingressos i, d'aquesta manera, es corregeix la despesa que representen les compres (compres no consumides).

En el cas contrari, si les existències inicials són superiors a les finals, vol dir que totes les compres efectuades durant l'exercici han estat consumides i a més s'ha consumit part de les existències inicials; per tant, la variació d'existències, que en aquest cas té saldo deutor, es considera com una despesa més.

Si es considera només l'activitat principal de l'empresa i es calcula el resultat tenint en compte només les compres i les vendes, s'obté:

Resultat = Vendes – Cost de les vendes

Resultat = Vendes – (Compres ± Variació d'existències)

Exemple 5

Si continuem amb l'exemple, l'empresa fa un inventari final i el valor final de les mercaderies utilitzant el mètode FIFO és de 675, i en cas que fem servir el PMP, de 600. Resoldrem l'exemple amb els dos mètodes per poder comparar els resultats:

A) Els assentaments per fer les correccions d'existències al final de l'exercici utilitzant el mètode de control d'existències **FIFO** són:

Mètode FIFO

Compres	Vendes	Existències
		50 10 500
100 15 1 500		50 10 500 100 15 1 500
	50 10 500 55 15 825	45 15 675

500	Variació d'existències	a	Mercaderies	500
675	Mercaderies	a	Variació d'existències	675

Passem la informació al llibre major:

Variació d'existències

Deure	Haver
500	675

Mercaderies

Deure	Haver
500 675	500

B) En cas que hàgim utilitzat el mètode de control d'existències **PMP**, els assentaments són iguals, però canvien els imports de les existències finals:

Mètode PMP

Compres	Vendes	Existències
		50 10 500
100 15 1 500		150 13,33 1 999,5
	105 13,33 1 399,65	45 13,33 600

500	Variació d'existències	a	Mercaderies	500
600	Mercaderies	a	Variació d'existències	600

Passem la informació al llibre major:

Variació d'existències

Deure	Haver
500	600

Mercaderies

Deure	Haver
500 600	500

Nosaltres, però, acabarem l'explicació de tot el procés comptable considerant que hem utilitzat el mètode FIFO.

4.2. Correcció del valor real de l'immobilitzat

L'**immobilitzat,** com ja hem comentat, està format per tots els béns i drets que perduraran en l'actiu de l'empresa durant més d'un exercici, però això no vol dir que durant tot aquest temps els elements d'immobilitzat tinguin el mateix valor real.

Fixem-nos en l'exemple d'una empresa que utilitza una màquina en el procés productiu. Suposem que la màquina va costar 1 000 € i l'empresa preveu que tindrà una durada de cinc anys. Se sap que a mesura que passa el temps aquesta màquina perd valor, sigui per desgast o perquè queda obsoleta enfront d'altres que presenten una tecnologia més avançada. La devaluació que pateix la màquina cada any es recull al final de cada exercici econòmic en un compte que s'anomena «Amortització de l'immobilitzat material». Aquesta despesa, a diferència de les estudiades fins ara, no comporta una disminució del disponible, ja que no s'ha de pagar ni tampoc no es queda a deure a ningú, per la qual cosa no surten diners de la caixa de l'empresa ni del banc. El que es fa és crear una mena de reserva que va incorporant i afegint les dotacions que s'efectuen cada any. Aquest compte s'anomena «Amortització acumulada de l'immobilitzat material».

L'assentament que hauríem de fer és:

	Amortització de l'immobilitzat material	a	Amortització acumulada de l'immobilitzat material	

Vocabulari

Valor residual. És el valor que té l'immobilitzat al final de la seva vida útil.

Dotació. És una aportació o una assignació d'un import de diners.

! Important

El **compte d'amortització acumulada de l'immobilitzat material o de l'immobilitzat intangible** se subdivideix en diferents subcomptes referits a cada un dels immobilitzats de què es tracti, per exemple, amortització acumulada de maquinària o amortització acumulada d'aplicacions informàtiques.

Exemple 6

Si seguim amb l'exemple, en el cas de l'immobilitzat per fer les correccions s'aplica una amortització del 5 % per les construccions.

390	Amortització de l'immobilitzat material	a	Amortització acumulada de construccions	390

Amortització de l'immobilitzat material

Deure	Haver
390	

Amortització acumulada de construccions

Deure	Haver
	400
	390

El compte «Amortització acumulada de l'immobilitzat material» presenta saldo creditor, però en lloc de posar-lo en el patrimoni net del balanç de situació es col·loca en l'actiu, a sota de l'immobilitzat material del qual és restant. D'aquesta manera, el balanç de situació presenta, d'una banda la inversió, de l'altra, l'amortització que ha acumulat durant la vida dels actius, i per diferència el valor real que l'immobilitzat té per a l'empresa.

Els elements d'immobilitzat intangible també tenen una caducitat determinada i s'amortitzen. Un exemple seria una patent o un programa informàtic. Els comptes que s'utilitzen són «Amortització de l'immobilitzat intangible» i «Amortització acumulada de l'immobilitzat intangible», i l'assentament és:

	Amortització de l'immobilitzat intangible	a	Amortització acumulada de l'immobilitzat intangible	

Aquestes correccions no són les úniques que es fan en acabar l'exercici econòmic però, com que només volem fer una introducció al cicle comptable, es considera que són suficients.

Activitats

6> Les existències inicials d'una empresa eren de 80 000 € i les finals són de 120 000 €.

a) Raona si les compres efectuades per l'empresa han estat totes consumides en l'exercici econòmic.

b) Calcula la variació d'existències i fes l'assentament corresponent per regularitzar el compte de «Mercaderies».

7> Una empresa ha comprat una patent per 1 000 000 €. L'amortització prevista per a aquest any és del 15 %. Comptabilitza l'assentament corresponent.

8> Fes els assentaments de correccions de final d'exercici i el balanç de comprovació final corresponents a l'exercici comptable de l'empresa de la Maria Subirachs, que es dedica a la compravenda d'estris de jardineria, tenint en compte que:

a) El valor de les mercaderies al final de l'exercici s'ha de calcular pels dos mètodes de valoració d'existències: FIFO i PMP.

b) L'amortització del local i del mobiliari és del 5 %, i la de l'ordinador i la del programa informàtic són del 20 %.

2000
1000

5. El balanç de comprovació

En determinats moments i a conveniència de l'empresa es pot efectuar un balanç de comprovació, tot i que és recomanable fer-lo abans de la regularització dels comptes. La finalitat és comprovar que les anotacions efectuades en el llibre major, a partir dels assentaments del llibre diari, s'hagin passat correctament. La taula que s'utilitza per fer el balanç de comprovació és la següent:

Comptes	Sumes		Saldos	
	Deure	Haver	Deutor	Creditor

Taula 2.1. Representació d'un balanç de comprovació.

Sabies que...

El **balanç de comprovació** s'anomena també *balanç de sumes i saldos.*

La columna de les sumes representa el total d'anotacions efectuades en els diferents comptes; per tant, han de coincidir la suma total de la columna del deure i la de l'haver. De la mateixa manera, les sumes de les columnes corresponents als saldos deutor i creditor han de coincidir. Si no és així, s'ha de buscar l'error.

Exemple 7

En el cas de l'exemple, el balanç de comprovació final seria el següent:

Comptes	Sumes		Saldos	
	Deure	Haver	Deutor	Creditor
Construccions	7 800		7 800	
Mercaderies	1 175	500	675	
Clients	300	200	100	
Bancs i institucions de crèdit	4 225	1 360	2 865	
Caixa	100		100	
Amortització acumulada de construccions		790		790
Capital social		6 600		6 600
Reserves		300		300
Proveïdors		1 400		1 400
Deutes a ll/t amb entitats de crèdit		1 500		1 500
Clients, efectes comercials per cobrar	1 000	500	500	
Compres de mercaderies	1 500		1 500	
Vendes de mercaderies		4 000		4 000
Sous i salaris	200		200	
SS a càrrec de l'empresa	50		50	
Organismes de la SS, creditors		60		60
HP, creditora per conceptes fiscals		30		30
Subministraments	30		30	
Valors representatius de deute a llarg termini	100		100	
Terrenys i béns naturals	2 000		2 000	
Proveïdors d'immobilitzat a ll/t		1 500		1 500
Altres tributs	20		20	
Interessos de deutes a ll/t	50		50	
Altres ingressos financers		25		25
Variació d'existències	500	675		175
Amortització de l'immobilitzat material	390		390	
Total	**19 440**	**19 440**	**16 380**	**16 380**

Fig. 2.6. El balanç de comprovació de sumes i saldos s'efectua per verificar les anotacions realitzades en el llibre diari i el llibre major.

Activitats

9> Explica quina importància té fer el balanç de comprovació de sumes i saldos.

6. Compte de pèrdues i guanys i obtenció del resultat de l'exercici

> **Sabies que...**
>
> Un grup d'investigadors de l'FBI va aconseguir empresonar el mafiós Al Capone per les irregularitats en els seus llibres de comptabilitat.

Després d'haver fet els assentaments correctors, d'haver anotat les variacions en el llibre major i de confeccionar l'últim balanç de comprovació de l'exercici, que recull els canvis realitzats, es procedeix a l'obtenció del resultat de l'exercici a partir dels saldos de comptes de gestió que apareixen en aquest últim balanç.

6.1. Compte de pèrdues i guanys

Tal com s'ha explicat a la Unitat 1, ordenarem segons la seva naturalesa tots els comptes d'ingressos i despeses que ens serviran per obtenir el resultat de l'exercici.

Fig. 2.7. Les grans empreses disposen de comptables entre el seu personal, els quals són els encarregats de dur la comptabilitat, supervisar els costos i detectar qualsevol desviació que es produeixi en el cicle comptable.

Exemple 8

Prosseguint amb el nostre exemple, s'ordenen els comptes d'ingressos i despeses segons la seva naturalesa: pèrdues o guanys.

+ Ingressos d'explotació (1)		**4 000**
• Import net de la xifra de negoci		4 000
Vendes de mercaderies	4 000	
– Despeses d'explotació (2)		**2 015**
• Aprovisionaments		1 325
Compres de mercaderies	1 500	
Variació d'existències	(175)	
• Despeses de personal		250
Sous i salaris	200	
SS a càrrec de l'empresa	50	
• Amortitzacions		390
Amortització de l'immobilitzat material	390	
• Altres despeses d'explotació		50
Subministraments	30	
Altres tributs	20	
A) RESULTAT D'EXPLOTACIÓ (1 – 2) **BENEFICI ABANS D'INTERESSOS I IMPOSTOS (BAII)** **I. Explotació – D. Explotació = 4 000 – 2 015 = 1 985 €**		
+ Ingressos financers (3)		**25**
Altres ingressos financers	25	
– Despeses financeres (4)		**50**
Interessos per deutes a ll/t	50	
B) RESULTAT FINANCER (3 – 4) **I. Financers – D. Financeres = 25 – 50 = –25 €**		
C) RESULTAT ABANS D'IMPOSTOS (A + B) **BENEFICI ABANS D'IMPOSTOS (BAI)** **RE + RF = 1 985 – 25 = 1 960 €**		
– Impost sobre beneficis 25 % sobre 1 960 = 490 €		
D) RESULTAT DE L'EXERCICI (C – impost) **BENEFICI NET (BN)** **1 960 – 490 = 1 470 €**		

Com hem vist a l'exemple, si el resultat de l'empresa abans d'impostos és positiu, haurà de pagar l'impost de societats (s'explicarà amb més detall a la Unitat 3). Aquest impost es calcula aplicant el tipus impositiu, que actualment en caràcter general és del 25 %, sobre el resultat, la quantitat resultant es minorarà del resultat i així s'obtindrà el resultat de l'exercici final o benefici net.

En cas que l'empresa declari pèrdues, no haurà de calcular l'impost i, per tant, el resultat abans d'impostos serà igual al resultat de l'exercici.

Després d'haver fet el compte de pèrdues i guanys en realitzarem la regularització comptable.

6.2. Assentament de regularització i tancament de comptes de resultats

La **regularització dels comptes de gestió** es fa traslladant tots aquests comptes que representen ingressos o despeses al compte «Resultat de l'exercici». Aquest compte pot presentar saldo deutor o creditor segons si les despeses són superiors o inferiors als ingressos, respectivament. En el primer cas, el resultat de l'exercici és una pèrdua i, en el segon, un benefici.

Fig. 2.8. Després de l'últim balanç de comprovació estem en disposició de treure el resultat de l'exercici.

L'assentament de regularització dels comptes de gestió es fa de la manera següent:

Resultat de l'exercici	a	Despeses
		....
		....
		....

Ingressos		
....		
....		
....	a	Resultat de l'exercici

Després d'haver fet aquests dos assentaments i haver passat l'anotació al llibre major, quedaran saldats tots els comptes de gestió i se n'haurà obert un de nou, el «Resultat de l'exercici».

En cas que el saldo de «Resultat de l'exercici» sigui creditor i, per tant, l'empresa tingui un benefici, s'ha de pagar el corresponent impost de societats, que, com hem dit, representa el 25 % del benefici i que permet obtenir el resultat de l'exercici després d'impostos. L'empresa decidirà com es distribueix aquest benefici: repartint un dividend als accionistes, dotant una reserva, etc.

L'assentament que es fa per comptabilitzar l'impost, i suposant que no es fa efectiu en aquest moment, és:

Impost sobre beneficis	a	Hisenda pública, creditora per conceptes fiscals

Com que el compte «Impost sobre beneficis» és un compte de gestió, és a dir, una despesa, ja que s'haurà de pagar, s'ha de regularitzar amb «Resultat de l'exercici»:

Resultat de l'exercici	a	Impost sobre beneficis

Exemple 9

Seguint amb el nostre exemple, a partir dels saldos del balanç de comprovació final es procedeix al càlcul del resultat de l'exercici i es fa la regularització dels comptes de gestió. Per calcular-ho prenem les dades del mètode FIFO.

2 240	Resultat de l'exercici	a	Compres de mercaderies	1 500
		a	Sous i salaris	200
		a	SS a càrrec de l'empresa	50
		a	Subministraments	30
		a	Altres tributs	20
		a	Interessos de deutes a ll/t	50
		a	Amortització de l'immobilitzat material	390
4 000	Vendes de mercaderies			
175	Variació d'existències			
25	Altres ingressos financers	a	Resultat de l'exercici	4 200

La suma total de les despeses ha estat de 2 240 €, i la suma total dels ingressos, de 4 200 €. Per tant, el resultat abans d'impostos és de 1 960 € de benefici.

Com que l'empresa ha tingut un benefici, s'ha de comptabilitzar la part corresponent a l'impost sobre beneficis (25 % s/1960 = 490).

490	Impost sobre beneficis	a	HP, creditora per conceptes fiscals	490
490	Resultat de l'exercici	a	Impost sobre beneficis	490

Es pot observar que amb aquest assentament tots els comptes de gestió queden saldats:

Compra de mercaderies

1 500	**1 500**

Vendes de mercaderies

4 000	4 000

Sous i salaris

200	**200**

SS a càrrec de l'empresa

50	**50**

Altres tributs

20	**20**

Interessos de deutes a ll/t

50	**50**

Altres ingressos financers

25	25

Subministraments

30	**30**

Variació d'existències

500	675
175	

HP, creditora per conceptes fiscals

	30
	490

Amortització de l'immobilitzat material

390	**390**

Resultat de l'exercici

2 240	4 200
490	

Impost sobre beneficis

490	**490**

Activitats

10> Explica quan el compte de variació d'existències té saldo deutor i quan té saldo creditor.

11> Fes el compte de pèrdues i guanys i la regularització, i en cas que hi hagi benefici comptabilitza l'impost sobre beneficis de l'exercici econòmic de l'empresa de la Maria Subirachs.

12> Si el valor de les existències finals de l'empresa calculades segons el criteri FIFO és de 1 200 € i segons el criteri PMP és de 1 050 €, indica quina serà la diferència en els resultats.

7. Balanç de situació final i tancament de comptes

Un cop regularitzats tots els comptes de gestió, i amb el resultat de l'exercici, es pot procedir a la presentació de la situació patrimonial final, formada pel conjunt de béns, drets, obligacions i net patrimonial que presenta l'empresa al final de l'exercici econòmic.

Primerament, s'haurà de fer el balanç de situació final. Aquest es pot fer des de l'últim balanç de comprovació de sumes i saldos o des del major, tenint en compte la regularització feta anteriorment.

Aquest balanç de situació final serà el balanç inicial de l'exercici següent, a partir del qual es començarà un nou cicle comptable.

Exemple 10

El balanç de situació al final de l'exercici de l'empresa del nostre exemple és:

Actiu			Patrimoni net i passiu		
Actiu no corrent		**9110**	**Patrimoni net**		**8370**
• Immobilitzat material		**9010**	Capital	6600	
Construccions	7800		Reserves	300	
A. AC. de construccions	(790)		Resultat de l'exercici	1470	
Terrenys i béns naturals	2000		**Passiu no corrent**		**3000**
• Inversions financeres a ll/t		**100**	Deutes a ll/t amb entitats de crèdit	1500	
Valors representatius de deutes a ll/t	100		Proveïdors d'immobilitzat a ll/t	1500	
Actiu corrent		**4240**	**Passiu corrent**		**1980**
• Existències		**675**	Proveïdors	1400	
Mercaderies	675		Organismes de la SS creditora	60	
• Realitzable		**600**	HP, creditora per conceptes fiscals	520	
Clients	100				
Clients, efectes comercials per cobrar	500				
• Disponible		**2965**			
Bancs, institucions de crèdit	2865				
Caixa	100				
Total actiu		**13350**	**Total patrimoni net i passiu**		**13350**

Seguidament procedirem al tancament de comptes d'actiu i passiu i patrimoni net, i realitzarem l'anomenat **assentament de tancament,** que consisteix a posar tots els comptes de passiu i patrimoni net al deure del llibre diari, i tots els d'actiu a l'haver, amb el saldo corresponent.

	Comptes de passiu i patrimoni net	a	Comptes d'actiu	

Quan es passen totes aquestes anotacions al llibre major es tanquen tots els comptes.

Fig. 2.9. L'assentament de tancament de comptes tanca un cicle comptable i en comença un altre.

Fig. 2.10. El tancament de comptes permet conèixer quina és la situació patrimonial de l'empresa.

( ) *Claus i consells*

A les representacions dels comptes (les «T»), s'han destacat en negreta els assentaments de tancament.

Exemple 11

L'assentament de tancament queda així:

6 600	Capital social			
300	Reserves			
1 470	Resultat de l'exercici			
1 500	Deutes a ll/t amb entitats de crèdit			
1 500	Proveïdors d'immobilitzat a ll/t			
1 400	Proveïdors			
60	Organismes de la SS, creditors			
520	HP, creditora per conceptes fiscals			
790	Amortització acumulada de construccions	a	Construccions	7 800
		a	Terrenys i béns naturals	2 000
		a	Valors representatius de deutes a llarg termini	100
		a	Mercaderies	675
		a	Clients	100
		a	Clients, efectes comercials per cobrar	500
		a	Bancs i institucions de crèdit	2 865
		a	Caixa	100

Es pot observar que l'assentament de tancament permet tancar tots els comptes del llibre major que quedaven; és a dir, els comptes d'actiu i els de passiu i patrimoni net.

Construccions

7 800	**7 800**

Mercaderies

500	500
675	**675**

Clients

300	200
	100

Bancs i institucions de crèdit

500	500
3 000	160
200	100
500	500
25	50
	20
	30
	2 865

Caixa

100	**100**

Amortització acumulada de construccions

790	400
	390

Capital social

6 600	6 600

Reserves

300	300

Proveïdors

1 400	400
	1 000

(continua)

Exemple 11 *(continuació)*

Clients, efectes comercials per cobrar	
1 000	500
	500

Resultat de l'exercici	
2 240	4 200
490	
1 470	

Organismes de la SS, creditors	
60	60

HP, creditora per conceptes fiscals	
520	30
	490

Valors representatius de deute a llarg termini	
100	**100**

Deutes a ll/t amb entitats de crèdit	
1 500	1 500

Terrenys i béns naturals	
2 000	**2 000**

Proveïdors d'immobilitzat a ll/t	
1 500	1 500

Activitats

13> Explica per què és necessari fer correccions al final de l'exercici.

14> Fes el balanç de situació final i tanca l'exercici de l'empresa de la Maria Subirachs.

15> A partir de la informació del següent balanç de comprovació de sumes i saldos, fes el que es demana a continuació:

Comptes	Sumes deure	Sumes haver	Saldo deutor	Saldo creditor
Capital		12 100		12 100
Mercaderies	7 000	4 000	3 000	
Maquinària	6 000		6 000	
Inversions en construccions	500		500	
Clients	5 000		5 000	
Proveïdors		2 000		2 000
Amortització acumulada de maquinària		300		300
Proveïdor d'immobilitzat a c/t		500		500
HP, creditora conceptes fiscal		600		600
Bancs institucions de crèdit	3 000	1 000	2 000	
Resultat de l'exercici		1 000		1 000
Sumes	**21 500**	**21 500**	**16 500**	**20 500**

a) El major de cada compte.

b) El balanç de situació final.

c) L'assentament de tancament.

d) Tancament dels comptes.

Activitats finals

1. Una empresària comença les seves operacions amb el patrimoni següent:

- Caixa: 2 000 €
- Bancs i institucions de crèdit: 5 000 €
- Mercaderies: 10 000 €
- Proveïdors: 4 000 €
- Clients: 3 500 €
- Hisenda pública, creditora per conceptes fiscals: 2 000 €

Durant els primers dies fa les operacions següents:

- Compra mercaderies per 5 000 € i les queda a deure.
- L'empresa emet un pagaré per l'import de la compra.
- Paga la llum, 300 €, i el lloguer de les oficines, 1 000 €, tot a través del banc.
- Ven mercaderies per valor de 8 000 €. Li paguen 2 000 € en efectiu, 1 000 € a través del banc, i el client li emet un pagaré valor de 3 000 €. La resta queda pendent.
- Cobra el pagaré de l'operació anterior amb un xec que ingressa al banc.
- El banc li paga 100 € d'interessos.
- Paga el deute que té amb Hisenda a través del banc.

a) Fes el balanç de situació inicial.

b) Realitza l'assentament d'obertura corresponent.

c) Comptabilitza les operacions en el llibre diari i el llibre major.

d) Fes el balanç de comprovació.

2. El senyor Andreu Roca comença un negoci amb les possessions següents:

- Diners a la caixa: 13 400 €
- Un edifici que no utilitza i el té com a inversió: valorat en 80 000 €
- Mobiliari d'oficina: 16 000 €

Durant el primer mes realitza les operacions següents:

- Ingressa 5 000 € al banc.
- Compra mercaderies per valor de 10 000 €. En paga la meitat en efectiu i la resta les queda a deure.
- Paga el lloguer del primer mes: 100 € pel banc.
- Ven mercaderies al seu primer client per 7 000 €, de les quals paga 5 000 € amb un xec que ingressa al banc, i per a la resta el client li emet un pagaré a 90 dies.
- Compra un ordinador que li costa 900 €, que queda a deure per un període de 8 mesos.
- Demana un préstec de 60 000 € al banc per retornar en 10 anys. L'hi concedeixen i l'hi ingressen directament al seu compte corrent.
- Paga el llum, l'aigua i el gas, que sumen 1 000 €, a través del banc.

a) Fes el balanç de situació inicial.

b) Realitza l'assentament d'obertura corresponent.

c) Comptabilitza les operacions en el llibre diari i el llibre major.

d) Elabora el balanç de comprovació de sumes i saldos.

3. Una empresa comença un exercici econòmic amb mercaderies de dos tipus, A i B. El valor de les mercaderies de tipus A a l'inici és de 456,60 €, i el de les de tipus B, de 780,40 €. Al final de l'exercici se'n fa recompte i el valor de les mercaderies A és de 390,60 €, i el valor de les de tipus B, de 953,50 €.

a) Totes les compres de la mercaderia A efectuades durant l'exercici han estat consumides?

b) I les de la mercaderia B?

c) Fes els assentaments corresponents del final de l'exercici i calcula la variació d'existències d'A i de B.

d) Quin saldo té la variació d'existències d'A? Com l'interpretes?

e) Quin saldo té la variació d'existències de B? Com s'interpreta?

4. La maquinària que va comprar una empresa fa 3 anys va costar 20 000 €. Cada any n'amortitza el 10 %.

a) Calcula'n la dotació anual d'amortització de maquinària i fes-ne l'assentament corresponent.

b) Calcula l'import del compte «Amortització acumulada de l'immobilitzat material» corresponent a la maquinària després dels 3 anys.

c) Explica la informació que dona el compte «Amortització acumulada de l'immobilitzat material».

5. Els saldos dels comptes del llibre major d'una empresa en acabar l'exercici són:

Maquinària, 4 000 €; mercaderies, 500 €; proveïdors, 300 €; clients, 400 €; clients, efectes comercials per cobrar, 150 €; deutes a llarg termini amb entitats de crèdit, 1 000 €; tributs, 80 €; sous i salaris, 1 800 €; ingressos financers,20 €; inversions financeres temporals en capital, 500 €; equips per a processos d'informació, 400 €; aplicacions informàtiques, 100 €; reserves, 800 €; compres de mercaderies, 3 000 €; vendes de mercaderies, 5 000 €; subministraments, 200 €; proveïdor d'immobilitzat a c/t, 50 €; amortització acumulada de l'immobilitzat material, 400 €; bancs i institucions de crèdit, 200 €; caixa, 50 €.

a) Fes el balanç de saldos i troba el valor del capital per diferència.

b) Aplica les correccions següents: mercaderies al final de l'exercici, 700 €, i amortització de la maquinària, 5 %. Presenta el balanç de saldos corregit.

c) Elabora el compte de pèrdues i guanys i l'assentament de regularització.

d) Confecciona l'assentament de tancament i presenta el balanç de situació final.

6. Un empresari inicia un negoci amb 40 000 € dipositats en un compte corrent bancari i un local comercial valorat en 120 000 €.

Durant un període econòmic realitza les operacions següents:

- Compra mobiliari per 8 000 €; en paga la meitat amb un xec i la resta la queda a deure per un període de 14 mesos.
- Compra 400 unitats de mercaderies a 20 €/u a crèdit.
- Ven 150 unitats de mercaderies per 5 000 € i cobra en efectiu.
- Compra 200 unitats d'un producte a 22 €/u a crèdit.
- Paga l'electricitat i el telèfon per 600 € amb un xec.
- Ven 250 unitats de mercaderia per 7 000 € a crèdit.
- Paga la nòmina a un treballador per 2 000 €. La Seguretat Social a càrrec de l'empresa és de 580 € i les retencions a càrrec del treballador són, respectivament, el 5 % de SS i el 15 % d'IRPF. Paga el sou per mitjà del banc i queda a deure el deute amb els organismes socials.
- Cobra 500 € d'interessos bancaris.
- Calcula el valor de les mercaderies al final de l'exercici pel mètode PMP.
- Aplica el 5 % d'amortització al mobiliari i el 2 % al local.

a) Fes l'assentament d'obertura i comptabilitza les operacions en el llibre diari i en el llibre major.

b) Realitza el balanç de comprovació final.

c) Confecciona el compte de pèrdues i guanys.

d) Fes la regularització i la comptabilització de l'impost sobre beneficis de l'exercici, si s'escau.

e) Elabora el balanç de situació final.

f) Fes l'assentament de tancament.

7. L'empresa Rocamura, SA, comença el seu exercici amb els següents elements patrimonials:

- Mercaderies: 25 unitats per valor de 80 €/u.
- Una màquina valorada en 6 000 €.
- Mobiliari valorat en 900 €.
- Un ordinador valorat en 1 400 €.
- Un préstec a tornar a 3 anys de 1 000 €.
- Diners al banc: 12 000 €.
- Té com a inversió un terreny per valor de 100 000 € que de moment no utilitza.

Realitza les operacions següents:

- Compra 100 unitats de mercaderies a 50 €/u, en paga la meitat amb un xec i la resta a crèdit.
- Paga el rebut de la llum i l'aigua, amb un xec per valor de 300 €.
- Treu del banc 300 € i els deixa a la caixa per possibles pagaments menors.
- Ven 70 unitats per un total de 10 000 € que li queden a deure la meitat i la resta les cobra amb un xec.
- Compra un programa informàtic per valor de 200 € que el pagarà d'aquí a 3 mesos.
- Paga els salaris dels treballadors que té. Salari brut, 1 800 €; Seguretat Social de l'empresa, 124 €; retenció de l'IRPF, 15 % del salari; Seguretat Social del treballador, 4 % del salari brut.
- Paga la quota (C + i) del préstec de 325 €. Els interessos pugen a 25 €.
- Amortitza el 2 % de tot l'immobilitzat.

a) Fes el balanç de situació inicial.

b) Realitza l'assentament d'obertura i comptabilitza les operacions en el llibre diari i el llibre major.

c) Calcula les existències finals pel mètode FIFO i fes-ne la correcció d'existències.

d) Confecciona el compte de pèrdues i guanys.

e) Efectua la regularització de l'exercici (si s'escau, fes la liquidació de l'impost de societats).

f) Elabora el balanç de situació final.

g) Tanca l'exercici.

8. Digues si les següents afirmacions són certes o falses. Raona la resposta.

a) El cicle comptable d'una empresa sempre comença amb el balanç de situació inicial.

b) La suma dels saldos del balanç de comprovació de sumes i saldos sempre serà més gran que la suma de les sumes.

c) Les correccions que es fan al final de l'exercici serveixen per comprovar la situació real amb la situació comptable.

d) Si l'empresa intueix que tindrà pèrdues, no és necessari que faci el compte de pèrdues i guanys.

Comprova el teu nivell

1. Tots els fets comptables s'han d'anotar d'una manera o altra:

a) Només al llibre diari.

b) Només al llibre major.

c) Al llibre diari i al llibre major.

d) Cap de les respostes anteriors és correcta.

2. En el balanç de comprovació de sumes i saldos:

a) Les sumes del deure i les de l'haver han de tenir el mateix resultat.

b) Les sumes dels saldos deutors i les dels saldos creditors han de ser iguals.

c) Les sumes de les quatre columnes han de tenir el mateix resultat.

d) Són correctes les respostes *a* i *b*.

3. L'assentament d'obertura:

a) S'ha de fer sempre a l'inici de l'exercici comptable.

b) És el mateix que l'assentament de tancament.

c) No cal passar-lo al llibre major.

d) Totes les respostes són correctes.

4. El saldo del compte de «Variació d'existències»:

a) És deutor quan les existències inicials de mercaderies són més grans que les existències finals.

b) És deutor quan les existències inicials de mercaderies són menors que les finals.

c) Com que és un compte de resultats, sempre té saldo deutor.

d) Mai pot tenir saldo deutor perquè és un compte d'ingressos.

5. L'amortització de l'immobilitzat material és un compte:

a) D'actiu.

b) De patrimoni net.

c) De despeses.

d) D'ingressos.

6. En el compte de pèrdues i guanys hi ha:

a) Comptes d'actiu.

b) Comptes d'ingressos.

c) Comptes de despeses.

d) Són correctes les respostes *b* i *c*.

7. El compte de resultat de l'exercici té saldo creditor quan:

a) Hi ha pèrdues.

b) Hi ha guanys.

c) Mai.

d) Sempre.

8. Quan es treu el resultat de l'exercici, l'impost sobre beneficis:

a) Sempre s'ha de comptabilitzar.

b) La comptabilització és voluntària.

c) Només es comptabilitza quan hi ha guanys.

d) Només es comptabilitza quan hi ha pèrdues.

9. El balanç de situació final serveix per:

a) Treure el resultat de l'exercici.

b) Veure la situació patrimonial de l'empresa al final de l'exercici.

c) Tancar els comptes.

d) Cap de les respostes anteriors és correcta.

10. En un balanç de situació:

a) Només hi ha comptes d'actiu, de passiu i de patrimoni net.

b) Els comptes d'actiu i els comptes de passiu i de patrimoni net han de sumar igual.

c) Cal fer constar el resultat de l'exercici.

d) Totes les respostes anteriors són correctes.

Prepara la prova

1. Una empresa comença la seva activitat el dia 1 de gener de 2018 amb un local valorat en 23 000 €, maquinària d'un valor de 10 000 €, mercaderies valorades en 10 000 € (100 unitats a 100 €/u), un ordinador de 700 € i 1 700 € al banc. A més, té un programa informàtic de comptabilitat valorat en 250 €.

Les operacions que realitza durant aquest mes són les següents:

2/12 : compra 70 unitats a 120 €/u a crèdit.

10/12 : compra mobiliari pel despatx valorat en 3 000 €, dels quals paga 1 000 € al comptat amb un xec i la resta els queda a deure durant 2 anys.

12/12 : paga la llum i el gas amb un xec, que valen 580 €.

15/12 : ven mercaderies, 150 unitats, per valor de 108 000 €. La venda es realitza al comptat cobrant-la amb un taló bancari.

25/12 : paga la nòmina del personal en les condicions següents: sous bruts, 2 400 €; Seguretat Social de l'empresa, 300 €; Seguretat Social del treballador, 150 €; i retenció de l'IRPF, 330 €. El pagament es fa a través del banc.

30/12 : emet un pagaré per valor del deute de la compra del dia 2/01.

31/12 : amortitza el 18,35 % de la maquinària i el 2 % de l'immobilitzat intangible.

31/12 : les existències finals de mercaderies s'han de calcular pel mètode FIFO.

Es demana:

a) Fer el llibre diari (assentament d'obertura) i el llibre major. (0,5 punt)

b) Elaborar el compte de pèrdues i guanys. (0,5 punt)

c) Treure el resultat de l'exercici (si s'escau, cal fer la liquidació de l'impost de societats). (0,25 punts)

d) Fer el balanç final. (0,5 punt)

e) Tancar l'exercici. (0,25 punts)

2. Classifica els comptes següents assenyalant si són de balanç (d'actiu o de patrimoni net i passiu) o bé de resultats (despeses o ingressos): (2 punts)

- Reserves
- Hisenda pública, deutora
- Productes acabats
- Sous i salaris
- Capital social
- Aplicacions informàtiques
- Deutors
- Matèries primeres
- Amortitzacions de l'immobilitzat material
- Vendes de mercaderies
- Compra de mercaderies
- Proveïdors
- Impost de societats

3. Respon raonadament les preguntes següents:

a) Què entens per *cicle comptable*? (0,5 punt)

b) Explica què és el balanç de comprovació de sumes i saldos. (0,5 punt)

c) Què vol dir que el compte «Resultat de l'exercici» tingui saldo deutor? (0,5 punt)

d) Quan es pot dir que el compte de «Variació d'existències» té saldo creditor? (0,5 punt)

4. Una empresa presenta la informació següent sobre les seves mercaderies; en té de tres tipus: R, S i T.

- De les existències R: a l'inici de l'exercici té 100 unitats valorades en 80 €; durant l'exercici en compra 50 a 100 € i en ven 40 al preu de venda, que és de 180 €.
- De les existències S: no en té en iniciar l'exercici, però en compra 200 a 90 € i en ven 90 a un preu de 300 €.
- De les existències T: comença amb 50 unitats valorades en 300 €, en compra 100 a 270 € i en ven 130 a 500 €.

Contesta les preguntes següents:

a) Totes les compres de les existències R, S i T efectuades durant l'exercici han estat consumides? (0,5 punt)

b) Calcula la variació d'existències d'R, S i T pel mètode FIFO i PMP. (0,5 punt)

c) Fes els assentaments corresponents a cada tipus d'existències del final de l'exercici i digues quina ha estat la variació d'existències. (1 punt)

5. Omple els espais en blanc de les afirmacions següents: (2 punts)

a) El ··· reflecteix tot el patrimoni que té l'empresa abans d'iniciar l'exercici comptable.

b) L'··· és el primer assentament que es fa en el llibre diari.

c) Tots els ··· s'han de registrar al llibre diari i s'han de traspassar al llibre ···.

d) Quan fem les correccions al final de l'exercici corregirem el compte de «Variació d'existències» i els comptes d'··· mitjançant l'amortització.

e) Per veure si hem passat bé els comptes del llibre diari al major utilitzarem el ···.

f) El compte de «Variació d'existències» té saldo deutor ··· saldo creditor.

g) Els comptes de resultats s'ordenen al compte de pèrdues i guanys segons la seva ···.

h) Per saber el resultat de l'exercici s'ha de fer el ···.

i) Amb ··· veurem la situació patrimonial de l'empresa al final de l'exercici.

j) El final del cicle comptable es farà l'··· de tancament.

3

VERIFICACIÓ I NORMALITZACIÓ COMPTABLE. LEGISLACIÓ FISCAL

Què hi aprendré?

- La normalització comptable basada bàsicament en el Pla general de comptabilitat (PGC).
- La legislació fiscal que afecta principalment les empreses.
- Els impostos i la seva aplicació comptable, en especial l'impost sobre el valor afegit (IVA).

No hi ha res més difícil d'emprendre, ni més dubtós de fer triomfar, ni més perillós d'administrar com l'elaboració de noves lleis.

NICOLAU MAQUIAVEL

1. Creus que són necessàries les lleis?
2. Consideres que qualsevol ciència es pot aplicar sense una base normativa?
3. Per què creus que la no aplicació de les lleis està penada?

1. El Pla general de comptabilitat. Normalització comptable

En els dos temes anteriors hem treballat la comptabilitat, hem après els elements patrimonials i també com utilitzar-los, i hem donat nom a uns llibres que s'utilitzen en comptabilitat: diari, major, etc. Aquests procediments són aplicats de la mateixa manera per tots els usuaris de la comptabilitat seguint unes normes i uns principis que estan recollits en el *Pla general de comptabilitat*.

El **Pla general de comptabilitat (PGC)** és el text legal que estableix el marc tècnic de la normalització comptable i té com a finalitat fonamental aconseguir que la informació econòmica i financera de les empreses sigui fiable i comparable. Per garantir la fiabilitat de la informació econòmica s'utilitzen diverses tècniques d'auditoria.

examen

Les empreses han de prendre decisions i una de les fonts d'informació econòmica de què se serveixen és la que s'obté de la comptabilitat. Aquesta informació ha de poder ser interpretada i contrastada per tothom a qui hagi d'arribar, com ara directius, propietaris i accionistes, treballadors de l'empresa mateixa, creditors, auditors, etc. A aquestes persones se les coneix com a *grup d'interès*.

Perquè això es dugui a terme, la informació s'ha d'homogeneïtzar, és a dir, hi ha d'haver unes normes de funcionament comunes a tots els usuaris de la comptabilitat, que facilitin la interpretació, l'anàlisi i la comparació dels informes comptables externs de les empreses.

Els diferents països poden aconseguir aquesta homogeneïtzació gràcies a la creació dels anomenats *plans generals de comptabilitat*.

A Espanya es va crear el primer pla de comptabilitat el 1973, amb un caràcter d'aplicació voluntària però amb la intenció de convertir-se en obligatori. Posteriorment, el 1987, quan Espanya va entrar a formar part de la Comunitat Econòmica Europea (CEE), es va substituir l'antic pla per un altre aprovat el 1990, ja que s'havia d'adaptar a les normes legals comunes a tots els estats membres.

Per crear aquest nou pla es va partir de l'adaptació de tot el dret mercantil espanyol a les noves directrius comunitàries en matèria de societats, que estava reflectida en la Llei 19/1989, de 25 de juliol.

Actualment, el Pla general de comptabilitat és d'aplicació obligatòria per a totes les empreses, sigui quina en sigui la forma jurídica, és a dir, individual o societària. El 16 de novembre de 2007 es va aprovar el nou Pla general de comptabilitat (NPGC), que es va posar en pràctica el gener de 2008. Aquest canvi ha comportat una modernització de la comptabilitat en adoptar un conjunt de mesures per normalitzar-se a escala internacional. El nou pla s'estructura en cinc parts:

1. Marc conceptual (obligatori)
2. Normes de registre i valoració per a pimes (obligatòries)
3. Comptes anuals (obligatori)
4. Quadre de comptes (voluntari)
5. Definicions i relacions comptables (voluntàries)

examen

En aquesta unitat ens centrarem a explicar les parts que es consideren més importants i rellevants: els *principis comptables*, el *quadre de comptes*, les *definicions i relacions comptables*, mentre que dels *comptes anuals* per a pimes en parlarem a la Unitat 4.

La Taula 3.1 que hi ha a la pàgina següent ofereix de manera resumida les parts del Pla general de comptabilitat (PGC).

Recorda

Les persones vinculades a l'activitat d'una empresa se les denomina **grup d'interès** o també es fa servir el seu nom en anglès *stakeholders*.

A Internet

El text íntegre del nou Pla general de comptabilitat (NPGC) es pot consultar en la versió per a les pimes en el BOE del 21/11/2007 (RD 151/2007 de 16 de novembre): **www.boe.es**

Més dades

Les sigles **NIC/NIIF** corresponen a les Normes Internacionals de Comptabilitat / Normes Internacionals d'Informació Financera.

Les NIC/NIIF són un conjunt de normes o lleis que estableixen la informació que s'ha de presentar en els estats financers i la manera com aquesta informació hi ha d'aparèixer.

Aquestes normes tenen com a objectiu harmonitzar les normes comptables entre els països de la Unió Europea.

Parts del PGC	Concepte	Elements	Contingut
Marc Conceptual (obligatori)	És el conjunt de fonaments, principis i conceptes bàsics que inspiren tot el pla i s'erigeix en l'instrument que dona unitat i concordança al conjunt normatiu.	Comptes anuals	• Balanç de situació • Compte de pèrdues i guanys • Estat de canvis en el patrimoni net • Estat de fluxos d'efectiu • Memòria
		Requisits de la informació que cal incloure en els comptes anuals	• Rellevant • Fiable • Íntegra • Clara
		Principis comptables	• Empresa en funcionament • Data del fet o meritació • Uniformitat • Prudència • No compensació • Importància relativa
		Elements dels comptes anuals	• Elements de balanç: actiu, passiu i patrimoni net • Elements compte de pèrdues i guanys: despeses i ingressos
		Criteris de registre o reconeixement comptable dels elements dels comptes anuals	Els criteris que s'estableixen aquí són els que s'apliquen a l'hora de fer els assentaments comptables (partida doble).
		Criteris de valoració	Criteris monetaris deferents per valorar els diversos elements inclosos als comptes anuals.
		Principis i normes de comptabilitat generalment acceptats	• Codi de comerç i la Llei de societats anònimes • El Pla general de comptabilitat • Els ordenaments ministerials que adopten els diferents sectors econòmics a la normativa comptable. • Les normes aclaridores i interpretatives que genera l'ICAC (Institut de Comptabilitat i Auditoria de Comptes)
Normes de registre (obligatori)	Normes de registre i valoració dels diferents elements patrimonials i les transaccions.		
Comptes anuals (obligatori)	Normes d'elaboració dels comptes anuals, com els models dels comptes anuals de les petites i mitjanes empreses.		• Balanç de situació • Compte de pèrdues i guanys • Memòria
Quadre de comptes (voluntari)	El quadre de comptes conté els grups, els subgrups, els comptes i els subcomptes degudament codificats i amb un títol que n'indica el contingut.	• Grup 1. Finançament bàsic (balanç) • Grup 2. Actiu no corrent (balanç) • Grup 3. Existències (balanç) • Grup 4. Creditors i deutors per operacions comercials (balanç) • Grup 5. Comptes financers (balanç) • Grup 6. Despeses (pèrdues i guanys) • Grup 7. Ingressos (pèrdues i guanys)	
Definicions i relacions comptables (voluntàries)	Conté les definicions i les relacions comptables, les pautes del funcionament dels comptes i els motius de càrrec i abonament de cada compte del Pla general de comptabilitat.		

Taula 3.1. Parts del Pla general de comptabilitat (PGC).

1.1. Principis comptables

Els *principis comptables* bàsics que prevalen amb l'objectiu d'establir el registre i la valoració dels elements integrants dels comptes anuals són sis, enfront dels nou del PGC de 1990:

1. **Empresa en funcionament.** Els estats financers es preparen prenent com a base que l'activitat de l'empresa continuarà en un futur previsible, de manera que l'aplicació de la normativa no va encaminada a determinar el seu valor de liquidació. Per exemple, una empresa haurà de comptabilitzar tots els elements del seu actiu segons s'estableixi en les normes de valoració d'aquest pla, i no segons el seu valor de mercat, cosa que únicament tindria sentit si aquesta empresa es posés a la venda.

2. **Data del fet o meritació.** Implica el registre comptable de les transaccions i altres esdeveniments empresarials, atenent al corrent real que els origina (quan succeeixen) i no al corrent monetari (quan es paguen o es cobren). Per exemple, si es venen unes mercaderies que són entregades abans del 31 de desembre, però en aquesta data queden pendents de pagament, s'han de comptabilitzar com un ingrés de l'exercici econòmic que es tanca, encara que no es cobrin fins a l'any vinent, és a dir, fins a l'exercici següent.

3. **Uniformitat.** Estableix l'obligatorietat de mantenir en el temps un criteri adoptat per l'empresa dins de les alternatives permeses. Únicament es pot modificar si s'alteren els supòsits que van conduir a adoptar-les; en aquest cas, cal fer constar en la memòria la incidència qualitativa i quantitativa d'aquest canvi. Per exemple, si a l'hora de valorar les existències al magatzem s'ha triat el criteri PMP, aquest no pot ser canviat pel criteri FIFO sense una causa justificada, ja que en comparar balanços entre exercicis els resultats quedarien distorsionats.

4. **Prudència.** Implica la inclusió d'un grau raonable de precaució en les estimacions fetes en condicions d'incertesa d'esdeveniments i circumstàncies. En concret, indica l'obligació de comptabilitzar únicament els beneficis fins al tancament de l'exercici, mentre que els riscos de pèrdua, amb origen en l'exercici o en un altre d'anterior, s'han de comptabilitzar tan aviat com siguin coneguts. Un exemple d'això seria una empresa que té unes determinades existències de mercaderies i que pretén vendre-les durant un exercici econòmic; segons el principi de prudència no pot comptabilitzar els guanys que pretén obtenir amb la venda fins que no realitzi cada operació. Amb tot, si per condicions de mercat (llei oferta-demanda) o per algun altre motiu es preveu que aquestes mercaderies puguin perdre valor (preu inferior al de cost), ha de comptabilitzar-ho en el moment que es detecti la possible pèrdua de valor de les mercaderies. Es realitzarà aquesta comptabilització encara que la pèrdua detectada sigui transitòria.

5. **No compensació.** Prohibeix la compensació de les partides d'actiu amb les de passiu, i les de despeses amb les d'ingressos; a més, s'han de valorar de manera separada els elements integrants dels comptes anuals. Això vol dir que les partides s'han d'anotar amb claredat i separadament en els comptes anuals (tema que estudiarem en les properes unitats). És a dir, no es pot restar el valor d'una partida del passiu d'una de l'actiu. Per exemple, si tenim una empresa i un client ens deu 1 000 € i alhora nosaltres devem 400 € a un proveïdor, cal que anotem les xifres separadament, ja que no podem fer la diferència i dir que el client només ens en deu 600 €.

6. **Importància relativa.** Permet la no aplicació estricta d'algun principi o criteri comptable quan la incidència quantitativa i qualitativa sigui d'escassa rellevància, com també l'agrupació de partides per naturalesa o funció quan la importància del seu import sigui escassament significativa. Per exemple, si ens entren a robar a l'empresa i ens prenen existències, hem de comptabilitzar el robatori; ara, si perdem una escombra, té tan poca rellevància que no ho comptabilitzarem.

Finalment, cal dir que en cas de conflicte entre principis comptables preval el que permeti que els comptes anuals expressin més fidelment la imatge del patrimoni, de la situació financera i dels resultats de l'empresa.

Fig. 3.1. Els principis comptables tenen com a finalitat establir un criteri que regeixi la manera en com s'ha de comptabilitzar la situació econòmica i financera de les empreses.

Conceptes bàsics

Comptes de deteriorament. Són aquells que recullen les pèrdues de valor de caràcter temporal experimentades pels actius a què es refereixen.

Imatge fidel. És la que proporciona la realitat empresarial mitjançant l'aplicació i la interpretació correctes dels principis i normes comptables.

1.2. Quadre de comptes

El *quadre de comptes* conté els grups, els subgrups, els comptes i els subcomptes degudament codificats i amb un títol que n'indica el contingut.

El PGC ordena tots els comptes seguint la classificació decimal; en el Pla general de comptabilitat de les pimes, trobem set grups.

Els cinc primers contenen comptes de balanç, és a dir, *béns*, *drets*, *obligacions* i *patrimoni net*.

Els grups 6 i 7 indiquen comptes de gestió, és a dir, els comptes de *despeses* i *ingressos* que serviran per determinar el resultat de l'exercici.

Al seu torn, cadascun d'aquests grups se subdivideixen en deu subgrups de dos dígits cada un. Aquests subgrups es poden dividir en deu comptes de tres xifres cadascun, i dels comptes es poden desenvolupar subcomptes de tants dígits com necessitats tingui l'empresa. Val a dir que cada empresa ha d'elaborar el seu *pla de comptes* d'acord amb les necessitats que tingui.

Un **pla de comptes** és una relació detallada i codificada de tots els comptes i subcomptes que preveu usar una empresa, segons la seva activitat i les seves característiques.

Exemple 1

Una empresa té una determinada quantitat de diners en el Banc X i el compte que utilitza és el 5720006.

El desglossament dels dígits del compte seria:

Grup:	5	Comptes financers
Subgrup:	57	Tresoreria
Compte:	572	Bancs i institucions de crèdit c/c vista, euros
Subcompte:	5720	Bancs i institucions de crèdit de Catalunya
Subcompte:	57200	Bancs i institucions de crèdit de la província de Barcelona
Subcompte:	572000	Bancs i institucions de crèdit de la ciutat de Barcelona
Subcompte:	5720006	Bancs i institucions de crèdit, Banc X

Fig. 3.2. La normalització i l'homogeneïtzació de la informació està regulada pel Pla general de comptabilitat segons unes pautes establertes.

! Important

Hi ha dues variants del Pla general de comptabilitat (PGC):

- **PGC.** És el pla que s'aplicarà de forma general a totes les empreses.
- **PGC per a pimes.** És el que opcionalment podran aplicar les petites i mitjanes empreses. És un pla més simplificat que el pla general.

Les empreses podran aplicar el PGC per a pimes sempre que compleixin dos dels requisits següents, durant dos exercicis consecutius:

1. que el total de l'actiu no superi els 4 milions d'euros,
2. que l'import net de la xifra de negoci no superi els 8 milions d'euros,
3. que la mitjana de treballadors no superi els 50.

!! *Atenció*

El PGC conté nou grups de comptes, mentre que el **PGC per a pimes** conté set grups de comptes. En aquest llibre explicarem únicament els grups que utilitzaran les pimes.

!! *T'interessa*

Adjunt al llibre disposeu del quadre de comptes abreujat.

1.3. Definicions i relacions comptables

La cinquena part del PGC està dedicada a les *definicions i les relacions comptables*. Cadascun dels grups, els subgrups i els comptes que la integren són objecte d'una definició i de l'explicació dels moviments de càrrec i abonament de cada un dels comptes. D'acord amb el contingut de la matèria que s'ha de tractar en aquest manual, només explicarem les definicions dels set grups de manera general.

Grup 1. Finançament bàsic

Comprèn els recursos propis de l'empresa i el seu finançament aliè a llarg termini, destinats en general a finançar l'actiu permanent i a cobrir un marge raonable de l'actiu corrent. Engloba també els ingressos per distribuir en diferents exercicis, accions pròpies i altres situacions transitòries del finançament bàsic.

Aquest grup inclou, per consegüent, tots els comptes que l'empresa utilitza quan es finança; és a dir, quan disposa tant de diners aliens (crèdits) com d'aportacions pròpies, amb la finalitat de poder adquirir l'estructura fixa de l'empresa (una màquina, el local, etc.), amb un venciment superior a l'any.

Fig. 3.3. La inversió feta per adquirir la infraestructura necessària per al funcionament de l'empresa es comptabilitza dins del grup 1 de comptes.

Exemple 2

100 Capital social. Es refereix al capital subscrit en les societats que tenen forma mercantil.

170 Deutes a llarg termini amb entitats de crèdit. Són els deutes que s'han contret amb entitats de crèdit per préstecs rebuts amb venciment superior a un any.

Grup 2. Actiu no corrent

Comprèn els elements del patrimoni de l'empresa destinats a servir de manera perdurable, incloses les inversions financeres i el venciment, el qual s'ha de produir en un termini superior a l'any.

Agrupa les inversions que l'empresa fa en actius fixos per poder dur a terme les activitats que preveu. Dins d'aquest grup s'inclouen els *immobilitzats materials* (construccions, maquinària, mobiliari, etc.), els *immobilitzats intangibles* (patents, programes informàtics, etc.), les *inversions financeres* (accions, participacions, etc.), les *inversions immobiliàries* (inversions en terrenys i béns naturals, inversions en construccions), les *fiances* i els *dipòsits a llarg termini*, i les *amortitzacions* i el *deteriorament de l'immobilitzat*.

Exemple 3

206 Aplicacions informàtiques. Són les quantitats satisfetes per la propietat o pel dret d'utilització de programes informàtics.

211 Construccions. S'hi inclouen les edificacions en general, sigui quina en sigui la destinació dins de l'activitat productiva de l'empresa.

252 Crèdits a llarg termini. Préstecs i altres crèdits comercials concedits per l'empresa amb venciment superior a l'any.

Fig. 3.4. Les matèries primeres que una empresa utilitza per dur a terme la seva activitat són considerades existències al PGC i formen part del grup 3.

Grup 3. Existències

Són mercaderies, matèries primeres i altres aprovisionaments, productes en curs, productes semiacabats, productes acabats i subproductes, residus i materials recuperats.

En aquest grup s'inclouen, entre altres, tots els béns que ha adquirit una empresa comercial i que destina directament a la venda (mercaderies) i, també, les matèries i els aprovisionaments que una empresa transformadora elabora o bé transforma (matèries primeres) amb la finalitat d'obtenir un producte nou.

Exemple 4

300 Mercaderies A. Són mercaderies adquirides per l'empresa i destinades a la venda sense transformació.

327 Envasos. Són receptacles destinats a la venda juntament amb el producte que contenen.

350 Productes acabats A. Són productes la producció dels quals s'ha finalitzat i estan envasats a l'espera de ser comercialitzats.

Grup 4. Creditors i deutors per operacions comercials

Són comptes personals i efectes comercials actius i passius que s'originen en el tràfic de l'empresa, com també els comptes amb les administracions públiques, fins i tot els que corresponguin a saldos amb venciment superior a un any.

Les **operacions de tràfic** són aquelles que estan relacionades amb l'activitat de l'empresa.

Es poden diferenciar dos tipus d'activitats de tràfic:

1. **Activitats de tràfic principals**. És a dir, la compra i la venda dels béns inclosos en el grup 3.
2. **Altres activitats de tràfic**. Es tracta de la resta d'activitats ordinàries.

En definitiva, aquests comptes s'utilitzen, d'una banda, quan algú compra mercaderies o li presten serveis i no els paga (és a dir, els queda a deure) i, de l'altra, quan algú ven o presta serveis a algú altre i aquest els deixa a deure, normalment a curt termini.

A més a més, però, hi ha tots els comptes relacionats amb l'Administració pública (Hisenda, Seguretat Social, etc.).

Exemple 5

400 Proveïdors. Es reflecteixen els deutes amb subministradors de mercaderies i altres béns del grup 3.

430 Clients. Es reflecteixen els drets a cobrar amb compradors de mercaderies i altres béns, com també usuaris de serveis prestats per l'empresa, sempre que constitueixin una activitat principal.

4752 Hisenda pública, creditora per impost sobre societats. És l'import pendent de l'impost sobre societats que cal pagar.

Grup 5. Comptes financers

Aquest grup comprèn els deutes i les obligacions per operacions alienes al tràfic; és a dir, que no són activitats econòmiques habituals per a l'empresa, amb venciment no superior a un any i els diners líquids dels quals disposa l'empresa.

En aquest grup s'inclouen tots els comptes financers que vencen en un temps inferior a un any; és a dir, els deutes de l'empresa a curt termini i tots els temes relacionats amb la tresoreria de l'empresa.

Fig. 3.5. Tot allò relacionat amb la liquiditat de l'empresa es consigna en el grup 5.

Exemple 6

523 Proveïdors d'immobilitzat a curt termini. Són deutes amb subministradors de béns d'immobilitzats, que són els que s'han definit en el grup 2, en un període inferior a l'any.

570 Caixa, euros. Són les disponibilitats líquides a la caixa de l'empresa.

572 Bancs i institucions de crèdit c/c a la vista. Són els diners de l'empresa dipositats en comptes bancaris i dels quals es pot disposar de forma immediata.

Grup 6. Compres i despeses

Són aprovisionaments de mercaderies i altres béns adquirits per l'empresa per revendre'ls, sense alterar la seva forma i substància o bé sotmetent-los prèviament a processos industrials d'adaptació, de transformació o de construcció. Comprèn també totes les despeses de l'exercici, fins i tot les adquisicions de serveis i de materials consumibles, la variació d'existències que es puguin donar durant l'exercici econòmic i les pèrdues excepcionals de l'exercici.

En general, tots els comptes del grup 6 s'abonen al tancament de l'exercici, amb càrrec al compte 129, que és el compte Resultat de l'exercici. S'hi anoten totes les compres de matèries primeres i mercaderies, a més de totes les despeses que s'esdevenen a l'empresa durant un exercici econòmic.

> ***Recorda***
>
> **Debitar o carregar** és anotar una quantitat al deure del compte.
>
> **Creditar o abonar** és anotar una quantitat a l'haver del compte.

Exemple 7

600 Compres de mercaderies. Són aprovisionaments de l'empresa de béns inclosos en el subgrup 30, que engloba les compres de les empreses comercials.

640 Sous i salaris. Són les remuneracions fixes o eventuals per al personal de l'empresa.

Grup 7. Vendes i ingressos

Aquest grup comprèn la venda de béns i la prestació de serveis objecte del tràfic de l'empresa. Inclou també altres ingressos, la variació d'existències i els beneficis excepcionals de l'exercici.

En general, tots els comptes del grup 7 es carreguen en el moment del tancament de l'exercici amb abonament en el compte 129, que és el compte Resultat de l'exercici.

Aquí s'anoten totes les vendes de béns i la prestació de serveis de l'empresa, a més de tots els ingressos obtinguts per l'empresa al llarg de l'exercici econòmic.

Fig. 3.6. Els ingressos derivats de serveis o vendes de mercaderies objecte de l'empresa es consignen en el grup 7.

Exemple 8

700 Vendes de mercaderies. Lliurament de béns i serveis objecte del tràfic de l'empresa mitjançant un preu.

752 Ingressos per arrendaments. Ingressos obtinguts pel lloguer de béns mobles o immobles cedits per a la utilització o per a la disposició de tercers.

Activitats

1> Què s'entén per *marc conceptual?*

2> A què es refereix el Pla general de comptabilitat quan parla d'*imatge fidel*?

3> Si es vol comprar una màquina a terminis i no se'n registra la compra fins que està tota pagada, s'ha actuat correctament? Raona la resposta.

4> Un comptable té problemes a l'hora de codificar els següents comptes i et demana que l'ajudis a codificar-los:

- Maquinària
- Amortització acumulada d'equips per processos d'innovació
- Proveïdors d'immobilitzat a llarg termini
- Subministraments
- Altres tributs
- Amortització de l'immobilitzat
- Organismes de la Seguretat Social
- Creditors

2. Verificació comptable

Malgrat l'existència de totes les normes comentades anteriorment (PGC), les persones que s'encarreguen de dur a terme la comptabilitat a les empreses tenen una certa llibertat a l'hora d'aplicar-les. Això fa que, d'altra banda, les persones que han de fer servir la informació procedent de la comptabilitat en vulguin comprovar la veracitat. Per aquest motiu, hi ha alguns mecanismes que garanteixen les dades que es reflecteixen en la comptabilitat. La verificació comptable es materialitza mitjançant una tècnica que s'anomena *auditoria*.

2.1. L'auditoria financera

L'**auditoria financera** consisteix a analitzar si les anotacions plasmades en els documents comptables descriuen adequadament els fets que les han produït. A més, té com a objectiu primordial elaborar un informe sobre la fiabilitat de la informació economicofinancera analitzada.

L'auditoria financera ha de ser analitzada per un auditor de comptes, i la informació que es desprengui de l'informe es destina als grups d'interès relacionats amb l'empresa que necessitin una informació clara i autèntica, com ara administradors, accionistes, bancs, autoritats públiques, etc. Malgrat això, l'informe de l'auditor i els comptes anuals s'han de dipositar en el Registre Mercantil; són de consulta pública, és a dir, tothom qui vulgui pot accedir a la informació. No totes les empreses estan obligades a realitzar auditories.

En principi, l'adaptació de la legislació mercantil en matèria de societats que es va fer a Espanya per ajustar-se a les directives de la UE va provocar, com s'ha comentat en altres apartats, la modificació d'alguns aspectes del Codi de comerç, com també l'elaboració d'un nou text de la Llei de societats anònimes i un nou Pla general de comptabilitat.

- **Codi de comerç.** Diu que tot empresari està obligat a fer auditar els comptes anuals de la seva empresa quan un jutjat competent ho cregui convenient.
- **Llei de societats anònimes.** Estableix que han de ser auditats els comptes anuals i l'informe de gestió quan les societats no puguin presentar els comptes anuals de les pimes, per la qual cosa han de presentar el model general, o quan ho sol·licitin els accionistes que representin, almenys, el 5 % del capital de la societat.
- **Nou PGC.** Es dicta la Llei 22/2015, de 20 de juliol, sobre l'auditoria de comptes, que, sense anul·lar el que està establert en altres disposicions, regula que s'han de sotmetre a l'auditoria de comptes les empreses, sigui quina en sigui la forma jurídica, que tinguin unes circumstàncies determinades, redactades a la llei esmentada. Malgrat aquestes normatives, les empreses que ho vulguin, encara que no estiguin obligades a auditar-se, poden fer-ho a petició de la junta d'accionistes o de l'administrador de la societat.

Estan obligades a fer una auditoria de comptes aquelles entitats que superin els límits següents, és a dir que durant dos anys consecutius compleixin almenys dues de les tres circumstàncies següents:

1. Que els totals de les partides d'actiu superin els 2 850 000 €.
2. Que l'import net de la seva xifra de negocis superi els 5 700 000 €.
3. Que el nombre mitjà de treballadors empleats durant l'exercici superi els 50.

Si es compleixen almenys dues d'aquestes tres circumstàncies en un any, cal comprovar si l'any següent també es compleixen, ja que seria en aquest segon any quan hi hauria l'obligació d'auditar la comptabilitat.

A més, si una empresa ha estat obligatòriament auditada, per deixar de tenir aquesta obligació han de passar dos exercicis sense complir dues de les tres condicions.

Activitats

5> En quines situacions creus que una empresa recorre a una auditoria externa en detriment d'una interna?

Més dades

Les **auditories** són una forma de control a què poden accedir les empreses i es poden classificar de diverses maneres.

Una d'aquestes maneres és segons la procedència i la professionalitat de les persones que han de dur a terme l'auditoria:

- **Auditoria externa.** És aquella que es realitza per professionals independents a l'empresa, aplicant unes normes acceptades legalment.
- **Auditoria interna.** És la realitzada per personal de l'empresa i consisteix a verificar l'existència, el compliment i l'eficàcia dels controls interns de l'organització de l'empresa.

Una altra manera de classificar-les és segons el contingut i la finalitat de l'auditoria. En aquest cas, hi trobem, a més de l'**auditoria financera:**

- **Auditoria operativa.** Tracta de revisar els procediments portats a terme per l'organització de l'empresa amb la finalitat d'analitzar l'eficàcia i l'eficiència de l'estructura global de l'empresa quant a objectius, planificacions, etc.
- **Ecoauditoria.** Consisteix a controlar l'impacte mediambiental de les empreses.

Sabies que...

El **Registre Mercantil** és un conjunt de departaments que depenen de la Direcció General dels Registres i del Notariat del Ministeri de Justícia, i té com a objecte la inscripció dels empresaris, la legalització dels seus llibres i el dipòsit i la publicitat dels documents comptables.

3. Legislació mercantil

La *legislació mercantil* inclou tot el conjunt de normes i lleis que regulen el funcionament de les empreses, entre les quals s'inclou el dret mercantil.

El **dret mercantil** regula l'activitat econòmica que mitjançant una organització d'elements personals i reals acompleix un empresari; és a dir, l'activitat econòmica que es du a terme en una empresa.

3.1. El Codi de comerç

El *Codi de comerç* és el principal marc legislatiu de les operacions mercantils a Espanya i es va actualitzar amb la Llei 19/1989, de 25 de juliol. Aquest codi dedica una de les seccions, titulada «De la comptabilitat de l'empresari», a detallar les principals obligacions comptables de l'empresari.

A part del Codi de comerç, però, hi ha altres disposicions legals que afecten la comptabilitat, com ara la Llei de societats anònimes, la Llei de les societats de responsabilitat limitada i el Reglament del registre mercantil.

La part del Codi de comerç destinada a la comptabilitat comprèn de l'article 25 al 49. En aquesta unitat, però, només en transcrivim els articles 25, 26 i 30, ja que són el punt de partida de les obligacions en matèria de comptabilitat.

A. Article 25 del Codi de comerç

El punt 1 de l'article 25 del Codi de comerç diu:

Art. 25.1. L'empresari ha de portar una comptabilitat ordenada, adequada a l'activitat de l'empresa, que permeti un seguiment cronològic de totes les operacions, com també fer periòdicament balanços i inventaris. També ha de portar necessàriament, sense perjudici del que està establert a les lleis i les disposicions especials, un llibre d'inventaris i comptes anuals, i un altre de diari.

El mateix article en el punt 2 diu:

Art. 25.2. La comptabilitat l'han de portar directament els empresaris o les persones degudament autoritzades, sense perjudici de la responsabilitat d'aquells empresaris. S'entendrà que s'ha concedit l'autorització si no hi ha cap prova que digui una altra cosa.

Fig. 3.7. Els llibres de comptabilitat obligatoris són el diari, el d'inventaris i comptes anuals, i el llibre d'actes.

B. Article 26 del Codi de comerç

El punt 1 de l'article 26 diu:

Art. 26.1. Les societats mercantils han de portar, a més, un llibre o llibres d'actes, en els quals han de constar, com a mínim, tots els acords presos en les juntes generals i especials i altres òrgans col·legials de la societat, amb expressió de les dades relatives a la convocatòria i a la constitució de l'òrgan, un resum dels assumptes debatuts, les intervencions de les quals s'hagi demanat constància, els acords adoptats i els resultats de les votacions.

La Taula 3.2 de la pàgina següent descriu amb detall els llibres comptables que ha de dur l'empresari segons la forma jurídica de la seva empresa.

Més dades

Hi ha un altre requisit pel que fa als **llibres comptables** que diu que tots s'han de dur amb claredat, per ordre de dates, sense espais en blanc i sense interpolacions, guixades ni raspadures.

C. Article 30 del Codi de comerç

El punt 1 de l'article 30 diu:

Art. 30.1. Els empresaris conservaran els llibres, la correspondència, la documentació i els justificants, degudament ordenats i durant sis anys a partir de l'últim assentament registrat als llibres.

3.2. Llibres de comptabilitat. Legislació

> **! Important**
>
> El **llibre d'actes** també és un llibre de comptabilitat obligatori. Està format per un o per diversos llibres. S'hi anoten, com a mínim, els acords presos en les juntes dels socis.

Els **llibres de comptabilitat** serveixen bàsicament per registrar i anotar els fets comptables que han succeït a l'empresa al llarg d'un període comptable.

Al marge, però, de la utilitat per a la gestió de la mateixa empresa, aquesta aplicació té un caràcter purament jurídic, ja que com hem vist anteriorment està regulada mitjançant la legislació mercantil.

<table>
<tr><th>Llibres comptables</th><th>Elements</th><th>Contingut</th><th>Representació dels llibres</th></tr>
<tr><td>Llibre diari</td><td></td><td>S'anoten cronològicament tots els fets comptables que tenen lloc a l'empresa de forma periòdica.</td><td><table><tr><th>Deure</th><th>Concepte</th><th>Haver</th></tr><tr><td>...</td><td>...</td><td>...</td></tr><tr><td>...</td><td>...</td><td>...</td></tr></table></td></tr>
<tr><td rowspan="3">Llibre d'inventaris i comptes anuals</td><td>Inventari inicial</td><td>Han de constar de manera detallada tots els béns, drets i obligacions de l'empresa.</td><td><table><tr><th>Nombre d'unitats</th><th>Concepte i descripció</th><th>Preu unitari</th><th>Suma parcial</th><th>Suma total</th></tr><tr><td>...</td><td>...</td><td>...</td><td>...</td><td>...</td></tr><tr><td>...</td><td>...</td><td>...</td><td>...</td><td>...</td></tr></table></td></tr>
<tr><td>Balanços trimestrals de comprovació de sumes i saldos</td><td>Verificar que les anotacions fetes en el llibre major, a partir dels assentaments del llibre diari, s'hagin passat correctament.</td><td><table><tr><th>Comptes</th><th>Sumes deure</th><th>Sumes haver</th><th>Saldo deutor</th><th>Saldo creditor</th></tr><tr><td>...</td><td>...</td><td>...</td><td>...</td><td>...</td></tr><tr><td>...</td><td>...</td><td>...</td><td>...</td><td>...</td></tr></table></td></tr>
<tr><td>Comptes anuals:
• Balanç de situació
• Compte de pèrdues i guanys
• Estat de canvis en el patrimoni net
• Memòria</td><td>Es torna a detallar:
• El patrimoni de l'empresa
• Els comptes anuals que formen una unitat que comprèn el balanç de situació
• El compte de pèrdues i guanys
• L'estat de canvis en el patrimoni net i la memòria</td><td><table><tr><th>Actiu</th><th>Patrimoni net i passiu</th></tr><tr><td>Actiu no corrent
• Immobilitzat intangible
• Immobilitzat material
• Inversions immobiliàries
• Inversions financeres a llarg termini
Actiu corrent
• Existències
• Realitzable
• Disponible</td><td>Patrimoni net
(No exigible)
Passiu no corrent
(Exigible a llarg termini)
Passiu corrent
(Exigible a curt termini)</td></tr></table></td></tr>
<tr><td rowspan="2">Altres llibres
(no obligatoris)</td><td>Llibre major</td><td>Aquest llibre recull per separat els comptes que intervenen en els assentaments del llibre diari, com també els saldos de cadascun.</td><td rowspan="2"><table><tr><th>Data</th><th>Nom del concepte</th><th>Deure</th><th>Haver</th><th>Saldo</th></tr><tr><td>...</td><td>...</td><td>...</td><td>...</td><td>...</td></tr><tr><td>...</td><td>...</td><td>...</td><td>...</td><td>...</td></tr></table></td></tr>
<tr><td>Llibres auxiliars</td><td>La finalitat és poder-hi registrar operacions d'una mateixa naturalesa: Caixa, Banc, Clients...</td></tr>
</table>

Taula 3.2. Relació dels diferents tipus de llibres comptables.

Activitats

6> Enumera les disposicions legals que, d'alguna manera, regulen la comptabilitat a l'empresa.

7> Explica quina utilitat creus que pot tenir fer un inventari al final de l'exercici. Posa'n un exemple concret.

4. La fiscalitat empresarial

La legislació fiscal està formada bàsicament per la Llei general tributària, que estableix el marc legal per al desenvolupament dels diferents tributs i normes tributàries, defineix els principals conceptes tributaris, estableix l'estructura i el funcionament de les entitats, i fixa el procediment per la gestió dels tributs.

El **dret fiscal** sorgeix per la necessitat de l'Estat d'obtenir ingressos per cobrir les despeses públiques, que es recullen de forma detallada als pressupostos generals de l'Estat.

@ A Internet

L'Agència Tributària ens informa de tot el referent als tributs en la seva pàgina web: **www.aeat.es**

4.1. Els tributs i les seves classes

Els **tributs** són els ingressos públics més importants del pressupost de l'Estat. Tenen caràcter obligatori per als contribuents i la seva finalitat és obtenir els recursos necessaris per finançar les despeses o bé controlar l'activitat econòmica del país (polítiques macroeconòmiques).

Fig. 3.8. Totes les empreses, així com els particulars, estan obligats a contribuir a la Hisenda pública a través del pagament d'uns tributs.

Podem classificar-los en: *taxes*, *contribucions especials* i *impostos*.

- **Taxes.** Són prestacions de diners fetes a una entitat pública, en contraprestació d'un servei públic o per la realització d'una activitat, que proporcionen un benefici directe per l'usuari (l'entrada a una exposició pública, la matrícula en una universitat pública, etc.).
- **Contribucions especials.** Són tributs que graven els ingressos públics. Estan relacionades amb l'augment de valor dels béns com a conseqüència d'obres públiques o serveis públics. S'ingressen a una entitat pública per part d'un particular, però el benefici obtingut amb els diners invertits no serà únicament per al contribuent (qui paga el tribut), sinó per tota la col·lectivitat (il·luminació, millores urbanes, etc.).
- **Impostos.** Són pagaments exigits per les administracions públiques sense que hi hagi una contraprestació directa per al contribuent, és a dir, no hi ha un destí concret per aquests diners (impost sobre la renda de les persones físiques, impost sobre societats, etc.).

A continuació, ens centrem en l'estudi d'aquest darrer tipus de pagaments: els impostos.

4.2. Els impostos i les seves classes

Per entendre bé la naturalesa dels impostos, es poden dividir en *impostos directes* i *impostos indirectes*:

Els **impostos directes** recauen directament sobre les persones o sobre les empreses, ja sigui perquè s'ha obtingut un benefici o per l'ús d'un bé que es posseeix.

Els **impostos indirectes** repercuteixen a l'economia d'una persona gravant el consum de béns i serveis, així com les transmissions de béns i drets.

Els impostos es poden gestionar en l'àmbit estatal, comunitari o local. Al primer cas, el Govern d'Espanya, mitjançant el Ministeri d'Hisenda, recapta els impostos i en decideix el destí. Al segon cas, qui recapta els impostos són els ajuntaments de les ciutats i pobles d'Espanya i, per tant, són ells qui en decideixen el destí.

Sabies que...

Des de gener de 2008 la majoria dels contribuents no han de pagar l'**impost sobre el patrimoni,** que era un tribut de caràcter directe i de naturalesa personal que gravava el patrimoni net de les persones físiques; és a dir, el conjunt de béns i drets de contingut econòmic del titular.

A la taula següent es resumeixen els impostos més importants:

Impostos directes		
Estatals	Impost sobre la renda de les persones físiques (IRPF)	Recau sobre les persones que han obtingut rendes procedents del seu treball o d'altres fonts d'ingressos.
	Impost sobre societats (IS)	El paguen les societats mercantils pels beneficis que obtenen, i la quantitat que es paga és proporcional al benefici obtingut.
Locals	Impost sobre activitats econòmiques (IAE)	El paguen les persones que exerceixen activitats empresarials, professionals o artístiques.
	Impost sobre béns immobles (IBI)	Recau sobre els béns immobles del terme municipal, siguin rústics, urbans o de característiques especials.
Impostos indirectes		
Estatals	Impost sobre el valor afegit (IVA)	Es paga a la majoria de les transaccions econòmiques, tant entre empreses com entre empreses i particulars. La quantitat que s'hi ha de pagar és un percentatge sobre el valor dels béns o serveis adquirits.
	Impostos especials	Recauen sobre consums específics i graven la fabricació, la importació i, al seu cas, la introducció a l'àmbit territorial intern de determinats béns, així com la matriculació de determinats vehicles. Són: • Impostos especials sobre l'alcohol i les begudes alcohòliques. • Impost sobre hidrocarburs. • Impost sobre labors del tabac. • Impost sobre l'electricitat.

Taula 3.3. Principals tipus d'impostos.

Nosaltres estudiarem els impostos més directament relacionats amb l'empresa. Però abans d'entrar en detall a cadascun d'ells, explicarem els **elements** que els componen:

- **Fet imposable d'un impost.** Està format per les circumstàncies previstes a la llei, que quan ocorren originen un conjunt de situacions a les quals s'aplica la norma tributària (l'obtenció de la renda, la compra d'un bé, etc.).
- **Base imposable.** És la quantitat sobre la qual s'aplica el tipus impositiu i normalment s'expressa en diners (el total d'una factura, la compra d'un bé, etc.).
- **Base liquidable.** És la quantitat que resulta de restar-li a la base imposable les quantitats que la llei permet a cada tribut. Si no existeixen, la base liquidable coincideix amb la base imposable.
- **Tipus impositiu.** És un percentatge que s'aplica a la base liquidable o, al seu cas, a la base imposable. Si l'impost és proporcional, el tipus impositiu és únic o constant, independentment de la quantitat de la base imposable (com, per exemple, a l'IVA). Si l'impost és progressiu, el tipus o percentatge que s'aplica a la base augmenta a mesura que ho fa la base imposable (com, per exemple, a l'IRPF).
- **Quota tributària.** És el resultat d'aplicar a la base el tipus impositiu i podria ser la quantitat a ingressar si no hi haguessin bonificacions per deduir o recàrrecs per afegir.
- **Deute tributari.** És la quantitat que, finalment, s'ha d'ingressar. És el resultat de restar o sumar bonificacions o recàrrecs a la quota tributària (si n'hi hagués).
- **Contribuent.** És la persona física o jurídica sobre la qual recau l'impost.
- **Subjecte passiu.** És la persona natural o jurídica que segons la llei queda obligada a complir les prestacions tributàries i les obligacions materials o formals. Aquesta persona pot coincidir amb la figura del contribuent.

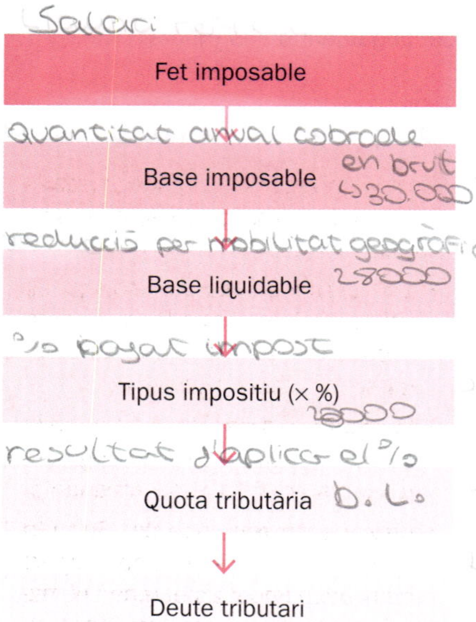

Fig. 3.9. Elements per entendre un impost.

A. Impostos directes

A continuació n'estudiarem amb més detall alguns:

Impost sobre la renda de les persones físiques (IRPF)

L'**impost sobre la renda de les persones físiques (IRPF)** és un tribut de caràcter personal, directe i progressiu que grava la renda de les persones físiques d'acord amb les seves circumstàncies personals.

És a dir, té per objecte gravar la totalitat dels rendiments dels factors de producció (treball, capital, etc.), així com els guanys i pèrdues patrimonials del contribuent.

Aquest impost està dividit en cinc parts:

1. Rendiments del treball (per compte d'altri).
2. Rendiments del capital immobiliari (habitatges).
3. Rendiments de capital mobiliari (ingressos derivats de la propietat de capital, com interessos bancaris o dividends d'accions empresarials).
4. Rendiments d'activitats econòmiques (per compte propi).
5. Guanys i pèrdues patrimonials.

Aquí comentarem la part de l'impost que pertoca específicament a l'empresa: els rendiments de les activitats econòmiques.

Es consideren **rendiments d'activitats econòmiques** aquells que deriven del treball personal i del capital, conjuntament o per separat, i que tenen com a finalitat intervenir en la producció o distribució de béns o serveis.

Per tant, quan el contribuent explota alguna activitat que es troba dins de les que marca la llei (per exemple, l'empresari individual), en presentar la declaració de la renda haurà d'incloure els beneficis obtinguts per la seva activitat en aquest apartat.

Impost sobre societats (IS)

L'**impost sobre societats (IS)** és un tribut de caràcter directe i personal que grava la renda de les societats i altres entitats jurídiques.

El fet imposable de l'impost sobre societats ve determinat per l'obtenció de beneficis per part del subjecte passiu, que és l'empresa.

Per tributar aquest impost, les empreses han de tenir personalitat jurídica pròpia, diferent de la dels seus membres, socis o partícips, i no han d'estar subjectes al règim d'atribució de rendes per l'impost sobre la renda de les persones físiques.

La **base imposable** és el benefici de l'empresa i s'obté sumant els ingressos i restant-li les despeses necessàries per obtenir-los.

El **tipus impositiu** o **tipus de gravamen** és el percentatge que s'hi aplica a la base imposable. Amb caràcter general, és del 25 %. A pesar d'això, hi ha altres tipus aplicables segons la classe d'empresa a la qual pertany el subjecte passiu.

Els incentius fiscals establerts s'hi aplicaran sempre que l'import net de la xifra de negocis donada al període impositiu immediatament anterior sigui inferior a 10 milions d'euros.

Les societats o entitats sotmeses a l'impost sobre societats estan obligades al termini d'un mes des de l'inici del negoci a presentar a la delegació de l'Agència Tributària una notificació d'alta, i els subjectes passius han de presentar de forma periòdica, al final de cada exercici econòmic, una declaració dels seus resultats econòmics.

! Important

Hi ha dos règims per calcular la base imposable de l'IRPF, que són:

- **Règim d'estimació directa,** pel qual es calcula el benefici de l'activitat restant dels seus ingressos les despeses necessàries per obtenir-los, havent de portar la comptabilitat corresponent.
- **Règim d'estimació objectiva,** que està formada per la naturalesa de les activitats i per paràmetres objectius mesurables, tals com el volum d'operacions, el nombre de treballadors, l'import de les compres, les superfícies de les exportacions, els actius fixos utilitzats, etc.

Vocabulari

Dividends. Són beneficis repartits per les empreses als seus accionistes.

Més dades

Els impostos també es poden classificar en *impostos progressius, regressius* i *proporcionals.*

- **Impostos progressius.** Són aquells en què el tipus impositiu augmenta progressivament en incrementar-se'n la base imposable.
- **Impostos regressius.** Són aquells en què el tipus impositiu augmenta en disminuir la base imposable.
- **Impostos proporcionals.** Són els que, independentment de l'import de la base imposable, tenen el mateix tipus impositiu i, per tant, la quota a pagar serà proporcional a la base imposable.

Segons l'Agència Tributària, per regla general el període impositiu al qual s'ha de referir la declaració de l'impost sobre societats coincideix amb l'exercici econòmic de cada entitat, normalment un any.

En cap cas el període impositiu pot excedir els dotze mesos. Pel que fa a la meritació, l'impost sobre societats es merita l'últim dia del període impositiu.

Fig. 3.10. L'IAE té diferents barems segons el tipus d'activitat empresarial, entre altres criteris.

Impost sobre activitats econòmiques (IAE)

Aquest tribut és un impost municipal, és a dir, l'organisme que el recapta és l'ajuntament; aquesta característica el diferencia dels altres impostos, la recaptació dels quals correspon al Ministeri d'Hisenda, d'àmbit estatal.

> L'**impost sobre activitats econòmiques (IAE)** és un tribut directe i de caràcter real que té per objectiu l'exercici al territori nacional d'una activitat empresarial, professional o artística.

Es consideren activitats empresarials les ramaderes (si tenen caràcter independent), les mineres, les industrials, les comercials i les de serveis.

La quantitat a liquidar s'obté de l'aplicació de les tarifes de l'impost sobre les quotes municipals mínimes (marcades per l'ajuntament), i a aquest resultat se li apliquen uns coeficients (que depenen del nombre d'habitants del municipi) i/o uns índexs (d'acord amb el nivell de la zona) que impliquen l'increment de la quota. Aquestes tarifes depenen de les activitats que es realitzen i les quotes s'assignen segons diversos factors, com la potència elèctrica, el nombre d'obrers o la superfície del local.

Existeix l'exempció de pagament d'aquest impost als subjectes passius de l'impost sobre societats que tinguin una xifra de negoci inferior a un milió d'euros (art. 82.1.c Reial decret legislatiu 2/2004, de 5 de març, pel qual s'aprova el text refós de la Llei reguladora de les hisendes locals).

Cas resolt 1

Una empresa de conserves ha tingut els ingressos i despeses següents durant l'exercici econòmic:

- Vendes de mercaderies: 95 000 €
- Compra de mercaderies (cost de les vendes): 38 000 €
- Sous i salaris: 22 500 €
- Despeses financeres: 2 500 €
- Ingressos financers: 1 200 €
- Beneficis de l'immobilitzat material (venda d'un local): 10 000 €

Calcula:

a) Benefici de l'exercici (abans d'impostos).

b) Impost a pagar.

c) Resultat net de l'exercici (després d'impostos).

Solució:

a) En primer lloc, s'ha de calcular si hi ha suficients beneficis i, al seu cas, aplicarem l'impost. Per obtenir el resultat s'ha de calcular la diferència entre els ingressos i les despeses:

Ingressos:

• Venda de mercaderies	95 000 €
• Ingressos financers	+ 1 200 €
• Beneficis de l'immobilitzat material	+ 10 000 €
Total	106 200 €

Despeses:

• Compres de mercaderies	38 000 €
• Sous i salaris	+ 22 500 €
• Despeses financeres	+ 2 500 €
Total	63 000 €

b) El benefici de l'exercici abans del pagament dels impostos és la diferència entre els ingressos i les despeses:

106 200 € – 63 000 € = 43 200 €

Aquest benefici constitueix la base imposable sobre la qual s'aplica el tipus impositiu, que amb caràcter general és del 25 %, i és la quantitat que s'ha d'ingressar a l'Agència Tributària:

43 200 € · 25 % = 10 800 €

c) El resultat net de l'exercici és:

43 200 € – 10 800 € = 32 400 €

B. Impostos indirectes

Tot i que n'hi ha més, ens centrarem en el més important: l'IVA.

Impost sobre el valor afegit (IVA)

El **valor afegit** és la diferència entre el valor dels béns produïts i el cost de les matèries primeres i altres béns intermedis utilitzats per produir-los.

L'**impost sobre el valor afegit (IVA)** és l'impost sobre aquest valor afegit. És un tribut de naturalesa indirecta que recau sobre el consum i grava un seguit d'operacions.

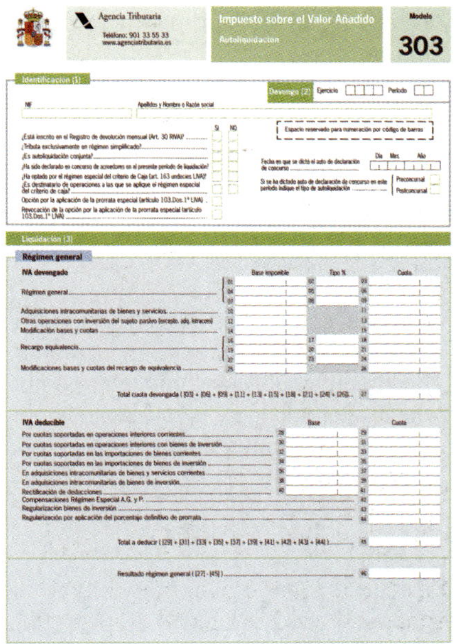
Agencia Tributaria
Teléfono: 901 33 55 33
www.agenciatributaria.es
Impuesto sobre el Valor Añadido
Autoliquidación
Modelo
303

Fig. 3.11. Tota empresa està obligada a presentar a Hisenda una declaració trimestral amb l'IVA suportat i l'IVA repercutit.

Les operacions que **graven IVA** són:

- Les entregues de béns i les prestacions de serveis efectuats per empresaris i professionals.
- Les adquisicions intracomunitàries de béns.
- Les importacions de béns fetes per empresaris, professionals o particulars.

L'àmbit d'aplicació de l'impost és el territori peninsular espanyol i les Illes Balears.

No totes les operacions comporten el pagament de l'IVA, ja que algunes en són exemptes, com l'educació o la sanitat, i també algunes despeses, com la contractació d'assegurances.

En el cas d'aquest impost, les empreses i els professionals el suporten quan paguen els béns i serveis (compres i despeses) i el repercuteixen quan cobren el producte o presten els seus serveis (vendes o ingressos). La funció que realitzen és la d'intermediaris entre els seus proveïdors i els seus clients, és a dir, fan de recaptadors i ingressen al Tresor Públic la diferència entre el que han repercutit i el que han suportat. Per tant, qui realment suporta l'impost és l'últim consumidor, que no el pot deduir.

El funcionament de l'impost és el següent:

IVA repercutit	–	**IVA suportat**	=	**IVA a ingressar**	o	**IV A a tornar**
(quan es ven)		(quan es compra)		(a Hisenda)		(per part d'Hisenda)

Així doncs, el subjecte passiu de l'impost el constitueixen les empreses i els professionals, que ingressen a Hisenda el que han recaptat, i el contribuent és el consumidor, que suporta l'IVA sense poder-lo deduir.

L'import sobre el qual s'aplica l'IVA, la base imposable, és el total de la contraprestació de les operacions que estan subjectes a l'impost. En aquest import s'inclouen les despeses de comissions, envasos, transports i embalatges.

Els tipus impositius són distints segons es tracti d'un article o un altre, és a dir, si és de primera necessitat, de consum ordinari o de luxe. Actualment hi ha tres tipus:

- **Tipus superreduït del 4 %.** S'hi aplica a articles de primera necessitat, com les verdures, la llet, el pa, la fruita, etc.
- **Tipus reduït del 10 %.** S'hi aplica a aliments en general; transport de viatgers, habitatge, l'entrada a biblioteques, arxius, centres de documentació, museus, galeries d'art, pinacoteques, etc.
- **Tipus general del 21 %.** S'hi aplica a la resta de béns i serveis. Entre ells trobem l'entrada a teatres, espectacles, concerts, zoològics, sales de cinema, discoteques, serveis de telefonia mòbil o de perruqueria, l'adquisició de tabac o begudes alcohòliques, etc.

! Important

Diferències entre subjecte passiu i contribuent

A l'impost del valor afegit, **el contribuent** és el consumidor final (que suporta l'impost) mentre que el **subjecte passiu** és l'empresa que ven el bé o realitza el servei. L'empresa està obligada a suportar l'obligació tributària.

@ *A Internet*

L'1 de setembre de 2012 va entrar en vigor l'estructura de tipus de l'IVA que expliquem en aquest llibre. A la pàgina web de l'Agència Tributària pots trobar un document PDF al qual es compara la nova estructura amb l'anterior:

www.agenciatributaria.es

Més dades

Hi ha impostos que estan cedits a les comunitats autònomes, com l'**impost sobre successions i donacions,** que es paga al moment de rebre diners o altres béns de forma gratuïta (és a dir, per herència o llegat d'una persona morta o viva).

Un altre impost cedit a les comunitats autònomes és l'**impost sobre transmissions patrimonials i actes jurídics documentats (ITPAJD).** L'impost sobre transmissions patrimonials el paga un particular que compra algun bé a altres particulars.

L'impost sobre actes jurídics documentats s'aplica als actes formalitzats a documents públics inscriptibles i amb quantia econòmica, com és el cas de les compravendes d'habitatges i les hipoteques.

A la base imposable se li suma l'import de l'impost, i el resultat suposa el total que s'ha de pagar per la compra o el servei:

Base imposable	+	Import de l'IVA	=	Import total de l'operació
(BI)		**(BI · tipus impositiu)**		

Normalment l'IVA repercutit és major que l'IVA suportat, el que comporta ingressar la diferència a l'Agència Tributària. Quan l'IVA suportat és major que l'IVA repercutit, l'import corresponent queda a compte per posteriors liquidacions.

Perquè les empreses puguin portar correctament el pagament i cobrament de l'impost sobre el valor afegit hi ha una sèrie de requisits legals i obligacions formals:

- Conservar les factures i els documents rebuts dels seus proveïdors i creditors.
- Les empreses han de portar els següents llibres: llibre de registre de factures emeses, llibre de registre de factures rebudes i llibre de registre de béns d'inversió.

A més, els empresaris, que són els subjectes passius de l'impost, tenen l'obligació de:

- Fer les factures de tots els béns i serveis.
- Presentar una relació detallada de totes les factures emeses i rebudes.
- Declarar cada mes o cada trimestre en funció del volum de facturació, en un document oficial habilitat a aquest fi.
- Presentar un resum de les operacions de tot l'any.

Cas resolt 2

L'empresa Fustes Nobles, SA, ha comprat fusta per valor de 1 000 €. El transport puja a 100 € i l'embalatge a 15 €. L'operació es realitza al comptat.

a) Com serà la factura detallada?

b) Si l'empresa fabrica taules per a menjador i, en aquesta ocasió, ven tres per valor de 600 €/unitat, quin és l'IVA que ha d'ingressar a Hisenda?

c) Quin és el valor afegit que ha generat Fustes Nobles, SA, i quina quantitat ingressarà a Hisenda?

Solució:

a) La factura detallada tindrà la següent estructura:

Fusta	1 000,00 €
Transport	+ 100,00 €
Embalatge	+ 15,00 €
Total	1 115,00 €
Total IVA (21 %)	+ 234,15 €
Total factura	1 349,15 €

b) La factura serà la següent:

3 taules (600 €/u)	1 800,00 €
Total IVA (21 %)	+ 378,00 €
Total factura	2 178,00 €

L'empresa Fustes Nobles, SA, ha de liquidar l'IVA de la forma següent:

IVA suportat: 234,15 €

IVA repercutit: 378 €

378 € – 234,15 € = 143,85 €

Per tant, l'empresa ha d'ingressar a Hisenda 143,85 €, que deu haver cobrat al client, és a dir, a la venda.

c) Ha venut per 1 800 € i havia comprat per 1 115 €. Això vol dir que ha afegit un valor a la fusta de 685 € (1 800 € – 1 115 €).

La quantitat que ingressarà a Hisenda és el 21 % sobre el valor afegit (685 · 21 % = 143,85 €).

La comptabilització de l'IVA

A la Unitat 1 hem après a comptabilitzar les compres i les vendes sense tenir en compte l'impost sobre el valor afegit, l'IVA. Un cop sabem què és l'IVA, se sap també que sempre que hi ha una transacció econòmica (compra o pagament de despeses o bé venda o cobrament d'ingressos) hi ha d'haver un justificant; és a dir, una factura en la qual ha de constar, a més de l'import de la transacció, l'import de l'IVA. Per tant, aquestes operacions es comptabilitzaran amb l'impost corresponent.

A part dels comptes utilitzats per comptabilitzar la compra, la venda, la despesa de què es tracti o l'ingrés corresponent, s'han de fer servir uns altres comptes, que són els següents:

- **Hisenda pública, IVA suportat.** Registra l'IVA que suporta l'empresa en les compres i en les despeses. És un compte d'actiu que pertany al grup 4.
- **Hisenda pública, IVA repercutit.** Registra l'IVA repercutit en les vendes i en la prestació de serveis. És un compte de passiu que pertany al grup 4.
- **Hisenda pública, deutora per IVA.** Registra l'excés, en cada període impositiu, de l'IVA suportat deduïble sobre l'IVA repercutit. És un compte d'actiu que pertany al grup 4.
- **Hisenda pública, creditora per IVA.** Registra l'excés, en cada període impositiu, de l'IVA repercutit sobre l'IVA suportat deduïble. És un compte de passiu que pertany al grup 4.

Fig. 3.12. L'empresari té l'obligació de facturar tots els béns o serveis de la seva activitat amb IVA; de fet, ha d'aparèixer desglossat a la factura. Si no ho fes així, estaria defraudant l'Agència Tributària. Els principals fraus que es produeixen per part de les pimes a Espanya consisteixen en l'emissió de falses factures, la no declaració d'ingressos, la no conservació de les factures i l'absència de comptabilitat.

Cal saber que en l'operació que genera l'impost, tant si s'ha fet al comptat com amb crèdit, s'ha de comptabilitzar l'IVA i separar-lo, a més, del valor de la compra o la venda.

Perquè quedi més clar, es pot utilitzar el cas resolt de l'apartat anterior. Cal recordar que en el Cas resolt 2 s'han comprat fustes valorades en 1 115 €, que posteriorment hi ha hagut una venda per valor de 1 800 €, i que en els dos casos s'ha aplicat l'IVA corresponent. La comptabilització de la compra seria:

Deure	Concepte		Haver
1 115 234,15	Compres de mercaderies HP, IVA suportat	a Caixa	1 349,15

D'una banda, s'ha de comptabilitzar la compra i, de l'altra, l'impost. L'IVA, quan s'ha de suportar, sempre ha d'anar al deure, ja que és un crèdit que l'empresa té contra Hisenda i que de moment està assumint. En aquest cas, tant la compra com l'impost es paguen al comptat. Quant a la venda, la comptabilització seria:

Deure	Concepte		Haver
2 178	Clients	a Vendes de mercaderies HP, IVA repercutit	1 800 378

La venda es comptabilitza en el compte habitual i simultàniament també es comptabilitza l'IVA, que sempre va a l'haver, ja que representa el deute que assumeix l'empresa amb Hisenda pels diners que pertanyen a aquest organisme. D'altra banda, com que la venda no es paga, hi intervé el compte de clients en concepte del crèdit, pel valor de la venda i de l'impost.

Compres de mercaderies	
1 115	

HP, IVA suportat	
234,15	

Caixa	
	1 349,15

Clients	
2 178	

Vendes de mercaderies	
	1 800

HP, IVA transferit	
	378

Fig. 3.13. Anotacions de comptes al llibre major.

Els comptes s'anoten en el llibre major (Fig. 3.13), tal com es va mostrar a la Unitat 1.

Com ja s'ha dit anteriorment, l'empresari ha de liquidar l'IVA; és a dir, ha d'ingressar a Hisenda la diferència entre l'IVA repercutit i l'IVA suportat; per tant, també s'ha de comptabilitzar. Això es fa de la manera següent:

Deure	Concepte		Haver
378	HP, IVA repercutit	a HP, IVA suportat HP, creditora per IVA	234,15 143,85

Si es passa aquest assentament al llibre major en els comptes que hi ha, el resultat és tal com es mostra a la Figura 3.14.

HP, IVA transferit	
378	378

HP, IVA suportat	
234,15	**234,15**

HP, creditora per IVA	
	143,85

Fig. 3.14. Anotacions al llibre major de comptes ja oberts.

Amb l'assentament anterior han quedat saldats els comptes Hisenda pública, IVA repercutit, i Hisenda pública, IVA suportat; la diferència, en aquest cas a favor d'Hisenda, queda reflectida en el compte Hisenda pública, creditora per IVA. L'única cosa que ha fet l'empresa és reconèixer el deute que té amb Hisenda. El pagament d'aquesta obligació s'ha de fer en el termini de vint dies, comptats després del tancament de cada trimestre, a qualsevol entitat col·laboradora (bancs o entitats financeres).

En el moment del pagament es comptabilitza el següent:

Deure	Concepte			Haver
143,85	HP, creditora per IVA	a	Bancs i institucions de crèdit	143,85

HP, creditora per IVA		Bancs i institucions de crèdit	
143,85	143,85		143,85

Fig. 3.15. Anotacions al llibre major per saldar un compte.

Si es fa el llibre major, el resultat és tal com es mostra a la Figura 3.15.

Per tant, si disminueix el compte bancari, queda saldat el compte d'Hisenda pública a causa del pagament.

En cas que l'IVA suportat fos més gran que l'IVA repercutit, Hisenda no tornaria els diners a l'empresa, sinó que els aniria deduint dels futurs deutes per l'IVA que l'empresa tingués amb Hisenda. Per tant, en el trimestre que s'està comptabilitzant, l'assentament que s'hauria de fer seria el següent:

Deure	Concepte			Haver
	HP, IVA repercutit HP, deutora per IVA	a	HP, IVA suportat	

En cas que l'empresa hagués de pagar, en els propers trimestres s'hauria de compensar amb el compte Hisenda pública, creditora per IVA.

4.3. Els impostos i la societat

Els **impostos** són la font més important d'ingressos de l'Estat per afrontar les despeses que estan pressupostades, i s'han de basar al principi d'equitat, és a dir, d'igualtat i de redistribució de la renda de la societat.

Els impostos són d'**obligat compliment,** ja que el fet de no pagar-los no solament perjudica els interessos de la Hisenda pública i, en conseqüència, els de la majoria de ciutadans que compleixen amb les seves obligacions fiscals, sinó que també introdueixen un factor de competència deslleial al sector on es produeixen i, en aquest cas, a l'economia espanyola, ja que, segons l'article 31.1 de la Constitució espanyola, entre les obligacions dels espanyols es troba la de contribuir al sosteniment de les despeses públiques d'acord amb les seves capacitats econòmiques mitjançant un sistema tributari just inspirat en els principis d'igualtat i progressivitat, que en cap cas podrà tenir una finalitat confiscadora. Segons el Tribunal Constitucional, l'incompliment d'aquesta obligació es considerarà insolidaritat social i rep el nom de **frau fiscal.**

Per lluitar contra aquells que no compleixen amb les seves obligacions tributàries, el Consell de Ministres elabora cada any un Pla anual de control tributari adequat a la situació i a la conjuntura econòmica de cada moment, amb la idea de combatre el frau fiscal. Aquest pla marca les principals línies d'actuació de la inspecció tributària, i fixa els sectors o àmbits econòmics on considera que el risc de frau pot ser superior, per poder planificar el programa anual de prevenció i control, i aconseguir així els ingressos fiscals procedents dels contribuents que han deixat de complir amb les seves obligacions.

Per elaborar el pla, l'Administració tributària realitza una investigació sobre aquells sectors de l'economia on pugui detectar-se la defraudació. Normalment, els sectors o àrees més importants sobre les que incideix són els que s'exposen a la pàgina següent.

! Important

No és el mateix NIF que NIF-IVA. El **NIF** el necessiten les persones físiques o jurídiques per qualsevol relació de naturalesa o amb transcendència tributària, mentre que el **NIF-IVA** és necessari per a realitzar determinades operacions intracomunitàries.

Aquest nombre s'assignarà quan se sol·liciti per l'interessat la inclusió al Registre d'Operadors Intracomunitaris, mitjançant la declaració censal d'alta o modificació.

L'Agència Estatal d'Administració Tributària podrà denegar l'assignació d'aquest nombre si no es compleixen els requisits previs a la normativa específica.

1. Lluita contra els circuits d'economia submergida, sobretot als casos en què s'utilitzen fraudulentament factures que tenen la consideració de falses.
2. Activitats econòmiques a les quals existeix risc d'ocultació d'ingressos i, en conseqüència, no tributen per les rendes realment obtingudes. En aquest àmbit, Hisenda pretén portar un control, entre d'altres, sobre les activitats professionals, especialment les dels artistes i esportistes que utilitzen societats per l'exercici de la seva activitat, i la de contribuents que, mostrant signes de riquesa, tinguin una baixa tributació.
3. Obtenció d'informació d'aquells contribuents que perceben rendes o tenen patrimonis localitzats a paradisos fiscals o a territoris de baixa tributació, per comprovar si realment aquests s'han obtingut o no a Espanya.
4. Intercanvi d'informació entre l'Administració estatal i l'autonòmica, per potenciar la planificació coordinada i la selecció dels contribuents que seran objecte d'inspecció.
5. Actuacions d'investigació per descobrir arrendaments d'habitatges i locals de negocis no declarats.

La idea fonamental és aconseguir que totes les persones físiques o jurídiques tributin pels ingressos que han obtingut i al país que els correspongui.

Fig. 3.16. La construcció i la remodelació de vies i infraestructures públiques es fa amb les aportacions dels ciutadans.

Activitats

8> Explica la diferència que hi ha entre el subjecte passiu i el contribuent d'un impost.

9> Digues quin és el fet imposable de l'impost de societats.

10> Què són els *impostos especials*?

11> Per què creus que s'han de pagar impostos?

12> Una de les finalitats dels impostos és la redistribució de la renda entre els ciutadans del territori espanyol. Creus que es compleix? Pots buscar informació sobre el tema a Internet.

13> Explica el punt de partida del Dret fiscal i assenyala quina és la norma bàsica.

14> Enumera els impostos que coneixes i si afecten les persones físiques directament o no.

15> Una empresa compra a un proveïdor matèries primeres per valor de 12 000 € i, un cop manufacturades, les ven a un client per valor de 22 000 €.

Sabent que el tipus impositiu de l'IVA és del 21 %, calcula què hauria d'ingressar a Hisenda i quins són el subjecte passiu i el contribuent de l'operació.

16> Llegeix la notícia següent i, a continuació, respon les preguntes. Si et cal, pots buscar informació a Internet.

> El frau fiscal evita que es recaptin 26 000 milions d'euros anuals. L'economia submergida arriba al 16 % de tota l'activitat a Espanya, denuncia el Consell General d'Economistes.
>
> [...] L'economista i coautor de l'estudi, Jesús Quintas, ha explicat que hi ha un problema de definició i de detecció, ja que ni els experts es posen d'acord per definir el concepte de *frau fiscal,* si bé l'*economia submergida* és un «concepte econòmic» i representa alguna cosa «oculta», però pot no generar una repercussió en la recaptació significativa, mentre que el frau fiscal és un concepte jurídic i suposa l'incompliment de les normes d'aplicació dels tributs i és molt difícil de registrar per les estadístiques. Per això, hi ha altres estudis que eleven la xifra de frau fins als 200 000 milions d'euros [...].
>
> *La Vanguardia*, 15 de juny de 2017

a) Què entens per *economia submergida*?

b) Què és el frau fiscal? És el mateix que el delicte fiscal?

Activitats finals

1. Explica què és el Pla general de comptabilitat i enumera'n les parts.

2. Quina finalitat tenen els principis comptables?

3. Explica amb un exemple el significat del principi de la data del fet.

4. Respon les preguntes a partir de cada situació plantejada i comenta quins principis s'haurien d'aplicar:

a) Compro un automòbil el dia 28 de gener a terminis, el primer pagament el faig el 2 de febrer. Quan haig de comptabilitzar la compra?

b) Després d'una compra he quedat a deure 100 € a un proveïdor, al cap d'uns dies he fet una venda per valor de 200 € i, com que el client no m'ha pagat, per agilitzar una mica la qüestió li dono al client el telèfon del proveïdor i li dic que li pagui 100 € a ell directament. Finalment, acordem fer-ho d'aquesta manera. És correcte?

c) A principi d'any hem decidit comptabilitzar les existències per criteri del PMP, però al mes de juny pensem que és millor canviar de criteri i començar a aplicar el FIFO. El comptable ens comenta que no ho podem fer, ja que hem de seguir amb el criteri que vam començar a aplicar. Té raó el comptable?

5. És possible que una furgoneta sigui per a una empresa un element del grup 3 o únicament pot ser un element del grup 2? Posa un exemple per argumentar la resposta.

6. Comenta en què consisteix un pla de comptes.

7. Dels grups que formen el pla de comptes, digues quins inclouen els comptes de balanç i quins inclouen els comptes de gestió o resultats.

8. Digues a quins grups pertanyen els comptes següents:

caixa, bancs i institucions de crèdit, reserves (diner que les empreses reinverteixen), compres de mercaderies, sous i salaris, maquinària, proveïdors, proveïdors d'immobilitzat a curt termini, clients, vendes de mercaderies, resultat de l'exercici.

9. Explica per què el compte Proveïdors d'immobilitzat a curt termini està considerat com un compte financer.

10. Explica les diferències entre l'*auditoria operativa* i la *financera*.

11. A qui creus que pot interessar un informe d'auditoria?

12. Digues si un accionista d'una empresa que no estigui legalment obligada a auditar-se pot demanar que es dugui a terme una auditoria.

13. Digues per a què serveixen els llibres de comptabilitat i quins són obligatoris per a l'empresari.

14. Comenta la finalitat que té el llibre diari.

15. Explica quina és la finalitat del balanç de comprovació de sumes i saldos.

16. Enumera els tipus de tributs que coneixes.

17. Explica la diferència que hi ha entre un impost municipal i un d'estatal.

18. Explica quina diferència hi ha entre un impost proporcional i un impost progressiu.

19. Explica la diferència que hi ha entre els impostos directes i els indirectes.

20. Explica què és l'impost sobre la renda de les persones físiques (IRPF). Com pots argumentar que un empresari hagi de tributar per l'IRPF?

21. Explica què és l'impost sobre societats (IS).

22. Explica el significat de l'impost sobre activitats econòmiques (IAE).

23. Descriu els elements bàsics dels impostos.

24. És possible que en un impost no existeixi el fet imposable? I la base imposable?

25. Explica què és la base imposable d'un impost i digues quina és la de l'impost sobre societats (IS) i la de l'impost sobre el valor afegit (IVA).

26. Una persona guanya un concurs televisiu i decideix iniciar la seva activitat professional com a humorista, de manera independent. Des del punt de vista de la seva relació amb la Hisenda pública, s'hauria de considerar subjecte passiu de l'impost de societats? Raona la resposta.

27. Treu el benefici de l'empresa comercial Suro, SA, a partir de la informació següent i aplica-hi l'impost corresponent:

• Vendes de mercaderies	300
• Compres de mercaderies	178
• Consum d'energia	15
• Elements de transport	160
• Amortització acumulada de l'immobilitzat	64
• Despeses d'amortització	14
• Ràpels sobre compres	10
• Clients	17
• Préstec a llarg termini	43
• Pèrdues d'immobilitzat material	4
• Hisenda pública, creditora	15
• Proveïdors	15
• Sous i salaris	45
• Subministraments	12
• Mercaderies	32
• Diners al banc	58
• Aportacions dels socis	85
• Reserves	15
• Primes d'assegurances	12

28. L'empresa Petronor, SL, presenta les dades següents referents al seu compte de pèrdues i guanys:

- Compres de mercaderies: 12 000 €
- Vendes de mercaderies: 50 000 €
- Sous i salaris: 3 000 €
- Amortització d'immobilitzat: 600 €
- Ingressos d'arrendaments: 1 000 €
- Altres tributs: 400 €
- Arrendaments i cànons: 1 800 €
- Seguretat social a càrrec de l'empresa: 700 €
- Subministraments: 900 €
- Devolució de vendes: 200 €
- Ràpels sobre vendes: 150 €
- Interessos de deutes: 3 000 €
- Altres ingressos financers: 1 000 €
- Serveis bancaris: 200 €
- Variació d'existències (EF > EI): 5 000 €
- Devolució de compres: 500 €

Ens demana que li diguem la base imposable de l'impost sobre societats i, en el seu cas, quin import s'hauria de pagar, tenint en compte que el tipus impositiu de l'impost és del 25 %.

29. L'empresa Cirerer, SRL, presenta la següent relació d'ingressos i despeses de l'últim exercici econòmic:

- Ha gastat: salaris per valor de 1 000 €, primes d'assegurances per valor de 4 000 €, subministraments (aigua i llum) per 500 €, el lloguer del local per valor de 1 660 € i ha pagat interessos d'un préstec per valor de 8 900 €.
- Ha ingressat: vendes, 15 000 €; venda d'una màquina, 4 800 €; interessos d'un compte corrent, 600 € i ingressos per comissions, 1 000 €.

Amb aquesta informació, calcula el resultat de l'empresa i, si es dona el cas, aplica-hi l'impost corresponent.

30. Explica el concepte de *valor afegit* i defineix l'impost sobre el valor afegit (IVA).

31. Un distribuïdor d'equips informàtics en ven un per 2 350 € i pel transport fins al domicili cobra al client en la factura 90 €. Aquesta mateixa empresa realitza en el mateix període una sola operació de compra, adquirint un equip al fabricador per 1 300 € i suportant un IVA del 21 %. Sabent que únicament realitza aquestes operacions de compra i de venda, fes el que s'indica en cada cas:

a) És aquest distribuïdor subjecte passiu de l'IVA?

b) Defineix el fet imposable d'aquest impost.

c) Efectua la liquidació de l'IVA d'aquest trimestre.

32. Una empresa de material de construcció va comprar mercaderies per valor de 1 686 € amb l'IVA inclòs i va pagar en efectiu. El tipus impositiu de l'IVA era del 21 %. Digues quin va ser l'import de l'impost. Comptabilitza l'operació en el llibre diari i en el llibre major.

33. Una venda de mercaderies es va facturar per un total de 1 560 €. Els productes estaven valorats en 1 500 €. Digues el tipus impositiu de l'IVA que es va aplicar. Comptabilitza l'operació en el llibre diari i en el llibre major, tenint en compte que la venda es paga amb un efecte comercial (una lletra de canvi).

34. Suposant que les operacions de les activitats 32 i 33 són de la mateixa empresa, fes la liquidació de l'impost. Comptabilitza la liquidació en el llibre diari i en el llibre major.

35. Explica els casos en què es pot trobar l'empresa quan hagi de liquidar l'IVA.

36. Explica quina repercussió econòmica té l'IVA per a l'empresa.

37. Una empresa compra mercaderies per valor de 50 000 €. A quant puja la factura, si li cobren 1 000 € de transport més el 21 % d'IVA? Aquesta mateixa empresa ven les mercaderies amb un 30 % de marge de benefici. Quant cobrarà per la venda, tenint en compte que l'IVA és del 21 %? Calcula la liquidació de l'impost.

38. Completa les afirmacions següents:

a) El finançament bàsic forma part del grup ··· del Pla general de comptabilitat i comprèn els recursos propis de l'empresa i el seu finançament aliè a llarg termini, destinats en general a finançar l'actiu permanent i a cobrir un marge raonable de l'actiu circulant.

b) L'auditoria financera consisteix a analitzar si les anotacions que estan plasmades en els documents ··· descriuen adequadament els fets que les han produït.

c) El principi ··· prohibeix la compensació de les partides d'actiu amb les de passiu, i les de despeses amb les d'ingressos; a més, s'han de valorar de manera separada els elements integrants dels comptes anuals.

d) Les ··· són prestacions de diners fetes a una entitat pública, en contraprestació d'un servei públic o per la realització d'una activitat, que proporcionen un benefici directe per a l'usuari.

e) El percentatge que s'aplica a la base liquidable o, al seu cas, a la base imposable s'anomena ··· .

Comprova el teu nivell

1. Indica quin d'aquests llibres no és obligatori per a les empreses:

a) El llibre diari.

b) El balanç de comprovació de sumes i saldos.

c) El llibre major.

d) Tots són obligatoris.

2. El compte subministraments forma part dins del quadre de comptes del grup:

a) 1

b) 3

c) 5

d) 6

3. S'estableix l'obligatorietat de mantenir en el temps un criteri adoptat per l'empresa dins de les alternatives permeses. Únicament es pot modificar si s'alteren els supòsits que van conduir a adoptar-les; en aquest cas, cal fer constar en la memòria la incidència qualitativa i quantitativa d'aquest canvi. Ens estem referint al:

a) Principi de no compensació.

b) Principi de prudència.

c) Principi de la data del fet.

d) Principi d'uniformitat.

4. Si es vol vendre un edifici a terminis i no se'n registra la venda fins que està tota cobrada, s'ha actuat correctament?

a) Sí, per l'aplicació del principi de la no compensació.

b) No, perquè no s'ha aplicat correctament el principi de la data del fet.

c) Sí, pel principi de prudència.

d) No, perquè no s'ha aplicat correctament el principi d'uniformitat.

5. Quan s'examinen i es verifiquen els comptes anuals de l'empresa a fi de confirmar-ne les dades per personal independent a l'empresa, s'està parlant d'auditoria:

a) Interna.

b) Operativa.

c) Financera i externa.

d) Operativa i externa.

6. Els tributs que s'exigeixen per la prestació d'un servei que afecta de manera particular a un ciutadà es denominen:

a) Impostos directes.

b) Impostos indirectes.

c) Taxes.

d) Contribucions especials.

7. El benefici d'una societat respecte als impostos és:

a) El fet imposable de l'impost sobre societats.

b) La base imposable de l'impost sobre societats.

c) El tipus impositiu de l'impost sobre societats.

d) Són correctes la *a* i la *b*.

8. L'IVA:

a) És un impost directe.

b) Tant es pot considerar un impost directe com un d'indirecte.

c) És un impost indirecte.

d) No es pot considerar un impost.

9. El compte Hisenda pública, creditora per IVA és un compte:

a) D'actiu.

b) De passiu.

c) D'ingressos.

d) De despeses.

10. L'IVA suposa per a l'empresa:

a) Una despesa.

b) Una pèrdua.

c) Un ingrés.

d) Res, ja que no afecta el resultat de l'empresa.

Prepara la prova

1. Indica els principis comptables que obliguen a:

a) Considerar ingressos per vendes del període el total de les vendes fetes, malgrat que encara no estiguin cobrades. (0,25 punts)

b) Considerar la possible pèrdua futura que pot representar el fet de tenir dificultats en el cobrament d'una venda duta a terme. (0,25 punts)

c) Distingir entre un deute contret amb un proveïdor i la quantitat que el mateix proveïdor deu en concepte d'unes compres fetes. (0,25 punts)

d) Aplicar el mateix criteri de valoració d'existències durant tot l'exercici. (0,25 punts)

2. Respon raonadament les preguntes següents:

a) Explica en què consisteix l'apartat 5 del Pla general de comptabilitat, «Definicions i relacions comptables». (0,5 punt)

b) El grup 1 del Pla general de comptabilitat és el finançament bàsic. Explica quin tipus de comptes inclou. Posa'n exemples. (0,5 punt)

3. A partir de la informació següent,

Arrendaments	100
Subministraments	50
Devolució de compres	100
Vendes de mercaderies	2 000
Compres de mercaderies	1 000
Sous i salaris	50
Devolució de vendes	200
Ingressos de participacions en capital	10
Beneficis de la venda d'immobles	150
Variació d'existències (existències finals més grans que les inicials)	100

a) Ordena separadament els comptes de despeses i els d'ingressos. (0,5 punt)

b) Treu el resultat de l'exercici. (0,5 punt)

c) Si escau, aplica l'impost de societats (el 30 %). (0,5 punt)

d) Fes la comptabilitat adient. (0,5 punt)

4. Comptabilitza les operacions següents:

a) Una empresa compra mercaderies pagant en efectiu per un total de factura de 115 €; a més, li carreguen el 21 % de l'IVA. Posteriorment ven mercaderies a crèdit per valor de 2 088 € amb l'IVA inclòs. (1 punt)

b) Liquidació i pagament pel banc, si escau, de l'IVA. (1 punt)

5. Contesta les preguntes següents:

a) Explica la diferència entre un impost directe i un d'indirecte. (0,5 punt)

b) Identifica els fets imposables dels impostos següents: (0,5 punt)

- Impost sobre societats (IS)
- Impost sobre la renda de les persones físiques (IRPF)
- Impost sobre el valor afegit (IVA)
- Impost sobre activitats econòmiques (IAE)

6. Comenta si estàs d'acord amb la següent afirmació: (1 punt)

Els impostos són d'obligat compliment, ja que el fet de no pagar-los no solament perjudica els interessos de la Hisenda pública i, en conseqüència, els de la majoria de ciutadans que compleixen amb les seves obligacions fiscals, sinó que també introdueixen un factor de competència deslleial al sector on es produeixen i, en aquest cas, a l'economia espanyola.

7. Indica si les afirmacions següents són certes o falses. En cas que siguin falses, justifica-ho. (2 punts)

a) Les empreses que porten la comptabilitat han d'enregistrar obligatòriament els fets comptables al llibre diari.

b) Els estats comptables que han de presentar les pimes únicament són el balanç de situació i la memòria.

c) El balanç de comprovació de sumes i saldos serveix per comprovar que hem passat bé els comptes del diari al major.

d) L'auditoria externa és el mateix que l'auditoria financera.

e) Els comptes de compres de mercaderies i el de vendes de mercaderies pertanyen al grup 6 del Pla general de comptabilitat

f) El compte de bancs i institucions de crèdit pertany al grup 5 del Pla general de comptabilitat.

g) Totes les empreses, independentment de la forma jurídica que tinguin, si obtenen guanys han de tributar per l'impost sobre societats.

h) El contribuent de l'impost sobre el valor afegit sempre és l'empresa que el liquida.

i) L'impost sobre la renda de les persones físiques (IRPF) és un impost directe perquè repercuteix a l'economia d'una persona gravant el consum de béns i serveis, així com les transmissions de béns i drets.

j) Hisenda pública, IVA suportat, registra l'IVA que suporta l'empresa en les compres i en les despeses, i és un compte d'actiu que pertany al grup 5.

k) L'impost sobre activitats empresarials és un tribut local perquè l'organisme que el recapta és l'ajuntament.

4

ELS COMPTES ANUALS

Què hi aprendré?

- La importància dels comptes anuals.
- La realització del balanç de situació oficial.
- La realització del compte de pèrdues i guanys oficial.
- La presentació de la memòria.

Quins senyals ens poden ajudar a detectar que hi ha un frau als comptes anuals? De senyals en tens abans i després que es produeixi l'engany. Hi ha probabilitat que acabi havent-hi engany, per exemple, en una empresa amb un sistema de retribució dels directius molt agressiu (*stock options*, variables en funció dels beneficis, etc.); o quan una empresa ha de ser venuda. Però el senyal previ més clar de tots és quan una empresa està molt endeutada. Un altre senyal evident és quan hi veus molt luxe. Quan treballava en auditoria, vam anar a una empresa i abans d'entrar el soci em va dir: «Espera, anem a veure el garatge». Vam anar al pàrquing i vam estar mirant els cotxes. Si vas a una empresa i de 100 cotxes n'hi ha dos o tres d'alta gamma, és normal. Però si en veus 20 o 25, passa alguna cosa. Un temps després vam anar a una altra empresa on al pàrquing hi havia molts senyals d'aquest luxe. I hi vam trobar una sèrie de fraus.

ORIOL AMAT, *Via empresa*, 22 d'abril de 2017

1. Com creus que es reflecteix la «salut» d'una empresa?
2. Com creus que s'informa de les dades comptables a les autoritats?
3. Penses que les empreses poden manipular els seus comptes?
4. Quin motiu pot tenir una empresa per manipular els seus comptes?

1. Els comptes anuals: concepte i models

Un dels objectius de la comptabilitat, com ja s'ha dit, és donar informació sobre la situació economicofinancera de l'empresa de la manera més clara possible, mostrant-ne una imatge fidel a la realitat. Això s'aconsegueix amb la redacció d'uns documents financers anomenats *comptes anuals*. Els comptes anuals han de ser comprensibles i útils per als grups d'interès que els utilitzen, amb l'objectiu de prendre decisions econòmiques. L'aplicació sistemàtica i regular dels requisits, els principis i els criteris comptables ha de permetre que els comptes anuals mostrin la **imatge fidel del patrimoni**, de la situació financera i dels resultats de l'empresa.

Els **comptes anuals de les pimes** comprenen el *balanç de situació*, el *compte de pèrdues i guanys*, i la *memòria*. Aquests documents formen una unitat.

Els **comptes anuals** són uns estats financers que tenen la missió d'informar de la situació patrimonial, la situació financera i els resultats de l'empresa.

Els comptes anuals han de ser elaborats de manera obligatòria per l'empresari o pels administradors de l'empresa en un termini màxim de tres mesos a partir de la data de tancament de l'exercici.

En els comptes anuals hi ha de figurar la data de la seva formulació i és necessari que estiguin signats per l'empresari, per tots els socis responsables (en el cas d'una societat col·lectiva o comanditària) i pels administradors (en el cas de les societats de responsabilitat limitada o les societats anònimes). En cada un dels documents hi ha de constar la identificació de l'empresa, el nom i l'exercici a què fa referència.

Fig. 4.1. Els comptes anuals han de reflectir una imatge fidel de la realitat de l'empresa.

1.1. Models de comptes anuals

Les empreses poden decidir acollir-se a la versió del Pla general de comptabilitat que s'adapti millor a les seves característiques. Hi ha dues versions del Pla general de comptabilitat: el **Pla general de comptabilitat** pròpiament dit i el **Pla general de comptabilitat per a pimes**, que també és l'utilitzat per les microempreses, amb la condició que preveu l'aplicació d'uns criteris específics, tal com veurem més endavant.

A priori, qualsevol empresa pot utilitzar la versió general, encara que acollir-se a una o a una altra li pot comportar càrregues i més obligacions de registre.

Nosaltres ens centrarem en l'estudi del PGC per a pimes i microempreses, ja que la majoria d'empreses del nostre país són pimes o microempreses.

! Important

Les societats i els empresaris que, en virtut de les disposicions legals, estiguin obligats a **dipositar comptes** en el Registre Mercantil hauran de fer-ho dins del mes següent a la seva aprovació per la Junta General, el còmput es calcularà de data a data. Si fos festiu, dins del següent dia hàbil.

Comptes anuals	Informació que subministra
Balanç de situació	Situació financera de l'empresa al tancament d'un exercici econòmic determinat.
Compte de pèrdues i guanys	Resultat obtingut en finalitzar l'exercici econòmic fruit de la seva activitat.
Estat de fluxos d'efectiu (no obligatori per a pimes)	Canvis en la posició monetària d'un exercici a un altre.
Estat de canvis en el patrimoni net (no obligatori per a pimes)	Canvis en la composició del patrimoni net de l'empresa d'un exercici a un altre.
Memòria	Informació quantitativa i qualitativa rellevant per a la presa de decisions, no inclosa en els estats anteriors.

Taula 4.1. Models de comptes anuals.

1.2. Pla general de comptabilitat per a pimes i per a microempreses

Aquesta versió del Pla general de comptabilitat pot ser utilitzada per totes aquelles empreses que tinguin la consideració de pimes i microempreses.

Comptablement, s'entén per **pime** tota empresa, qualsevol que en sigui la forma jurídica, individual o societària, que durant dos exercicis consecutius compleixi, en la data de tancament de cadascun d'aquests, almenys dues de les tres circumstàncies següents:

- Que el total de les partides de l'actiu no superi els 4 000 000 €.
- Que l'import net de la seva xifra anual de negocis no superi els 8 000 000 €.
- Que el nombre mitjà dels seus treballadors durant l'exercici sigui igual o menor de 50.

Aquesta elecció s'ha de mantenir, com a mínim, durant tres anys, llevat que durant aquest període se superin dos dels límits anteriors a la data de tancament durant dos exercicis consecutius o s'esdevinguin les circumstàncies previstes per a la utilització obligatòria del Pla general de comptabilitat.

Tot i que les microempreses poden utilitzar els models per a pimes i, per tant, segueixen els criteris d'elaboració de les pimes, hi ha una diferència conceptual entre les unes i les altres.

Comptablement, s'entén per **microempresa** tota empresa, qualsevol que en sigui la forma jurídica, individual o societària, que durant dos exercicis consecutius compleixi, a la data de tancament de cadascun d'aquests, almenys dues de les circumstàncies següents:

- Que el total de les partides de l'actiu no superi el 1 000 000 €.
- Que l'import net de la seva xifra anual de negocis no superi els 2 000 000 €.
- Que el nombre mitjà dels seus treballadors durant l'exercici sigui igual o menor de 10.

Tingues en compte

Per determinar el **nombre mitjà de treballadors** s'han de considerar totes aquelles persones que tinguin o hagin tingut alguna relació laboral amb l'empresa durant l'exercici, i se'n calcula la mitjana segons el temps durant el qual hi hagin prestat els seus serveis.

De la mateixa manera que en el cas del PGC per a pimes, l'elecció s'ha de mantenir durant un mínim de tres anys de manera consecutiva, llevat que durant aquest període se superin dos dels límits esmentats.

PGC	Actiu	Volum de negoci	Nre. de treballadors
PGC per a pimes	< 4 000 000 €	< 8 000 000 €	≤ 50 treballadors
PGC per a microempreses	< 1 000 000 €	< 2 000 000 €	≤ 10 treballadors

Taula 4.2. Dades requerides pel PGC per a les pimes i microempreses.

Aquestes empreses (pimes i microempreses) han de presentar els **models per a pimes** del *balanç*, el *compte de pèrdues i guanys*, i la *memòria*.

Fig. 4.2. El nombre de treballadors és un dels factors que determina el PGC que aplicarà l'empresa.

Activitats

1> Digues quina informació donen de manera global els comptes anuals.

2> Si ets un empresari d'una microempresa, quins documents anuals hauràs de presentar?

2. El balanç de situació per a pimes

En les Unitats 1 i 2 hem après a fer el balanç de situació d'una empresa de forma simple i operativa, i en aquesta unitat veurem com s'ha de presentar aquest document de forma oficial.

El balanç reflecteix tots els béns, els drets i les obligacions que l'empresa té en una data determinada, la del dia en què es formalitza el balanç. Normalment, el balanç es fa el dia 31 de desembre, sobretot les empreses en què l'exercici econòmic coincideix amb l'any natural; però l'exercici comptable pot abastar altres dates, com en el cas d'una escola, en què l'exercici comença el dia 1 de setembre i s'acaba el 31 d'agost i, per tant, el balanç es durà a terme en aquesta data.

! Important

Segons el PGC, en el **balanç de situació** han de constar, a més de les dades comptables de l'any en què es tanca l'exercici, les de l'exercici anterior, seguint l'estructura que marca la llei.

El **balanç de situació** és un element d'informació que totes les empreses tenen en comú i pot servir per fer anàlisis comparatives entre diferents empreses. A més, les empreses poden comparar balanços anteriors i treure'n conclusions de l'evolució; d'aquesta manera, poden predir d'alguna forma el seu futur.

El balanç ha de presentar les dades que conté d'una manera equilibrada, seguint l'equació fonamental de la comptabilitat:

Total actiu = Total patrimoni net + Total passiu

Claus i consells

Hi ha dos **models de comptes anuals** i, en concret, de balanç de situació, que són el *normal* i el de *pimes*. Aquí es detalla i s'explica el de pimes, l'estructura del qual és la que es mostra a continuació.

Com podem veure a la Taula 4.3 i a la Taula 4.4 de la pàgina següent, l'estructura essencial no difereix de la del balanç que s'ha explicat a la Unitat 1. S'hi distingeixen les masses patrimonials que formen l'actiu i el patrimoni net i el passiu, subdividits en grups indicats amb xifres romanes. També s'hi pot observar que a la columna de l'esquerra s'indiquen els números de compte que corresponen als elements patrimonials de cada grup.

Números de comptes	Actiu	Notes de la memòria	201X	201X-1
	A) Actiu no corrent			
20, (280), (290)	I. Immobilitzat intangible			
21, (281), (291), 23	II. Immobilitzat material			
22, (282), (292)	III. Inversions immobiliàries			
2403, 2404, 2413, 2423, 2424, (2493), (2494), (2933), (2934), (2943), (2944), (2953), (2954)	IV. Inversions en empreses del grup i associades a llarg termini			
2405, 2415, 2425, (2495), 250, 251, 252, 253, 254, 255, 257, 258, (259), 26, (2935), (2945), (2955), (296), (297), (298)	V. Inversions financeres a llarg termini			
474	VI. Actius per impostos diferits			
	B) Actiu corrent			
30, 31, 32, 33, 34, 35, 36, (39), 407	I. Existències			
430, 431, 432, 433, 434, 435, 436, (437),	II. Deutors comercials i altres comptes per cobrar			
(490), (493)	1. Clients per vendes i prestacions de serveis			
5580	2. Accionistes (socis) per desemborsaments exigits			
44, 460, 470, 471, 472, 544	3. Altres deutors			
5303, 5304, 5313, 5314, 5323, 5324, 5333, 5334, 5343, 5344, 5353, 5354, (5393), (5394), 5523, 5524, (5933), (5943), (5944), (5953), (5954)	III. Inversions en empreses del grup i associades a curt termini			
5305, 5315, 5325, 5335, 5345, 5355, (5395), 540, 541, 542, 543, 545, 546, 547, 548, (549), 551, 5525, 5590, 565, 566, (5935), (5945), (5955), (596), (597), (598)	IV. Inversions financeres a curt termini			
480, 567	V. Periodificacions a curt termini			
57	VI. Efectius i altres actius líquids equivalents			
	Total actiu (A + B)			

Taula 4.3. Actiu del balanç de situació.

Números de comptes	Patrimoni net i passiu	Notes de la memòria	201X	201X-1
	A) Patrimoni net			
	A.1) Fons propis			
	I. Capital			
100, 101, 102 (1030), (1040)	1. Capital escripturat			
	2. (Capital no exigit)			
110	II. Prima d'emissió			
112, 113, 114, 115, 119	III. Reserves			
(108), (109)	IV. (Accions i participacions en patrimoni propi)			
120, (121)	V. Resultats dels exercicis anteriors			
118	VI. Altres aportacions dels socis			
129	VII. Resultat de l'exercici			
(557)	VIII. (Dividend a compte)			
130, 131, 132	A.2) Subvencions, donacions i llegats rebuts			
	B) Passiu no corrent			
14	I. Provisions a llarg termini			
	II. Deutes a llarg termini			
1605, 170	1. Deutes amb entitats de crèdit			
1625, 174	2. Creditors per arrendament financer			
1615, 1635, 171, 172, 173, 175, 176, 177, 178, 179, 180, 185, 189	3. Altres deutes a llarg termini			
1603, 1604, 1613, 1614, 1623, 1624, 1633, 1634	III. Deutes amb empreses del grup i associades a llarg termini			
479	IV. Passius per impostos diferits			
181	V. Periodificacions a llarg termini			
	C) Passiu corrent			
499, 529	I. Provisions a curt termini			
	II. Deutes a curt termini			
5105, 520, 527	1. Deutes amb entitats de crèdit			
5125, 524	2. Creditors per arrendament financer			
(1034), (1044), (190), (192), 194, 500, 505, 506, 509, 5115, 5135, 5145, 521, 522, 523, 525, 526, 528, 551, 5525, 555, 5565, 5566, 560, 561, 569	3. Altres deutes a curt termini			
5103, 5104, 5113, 5114, 5123, 5124, 5133, 5134, 5143, 5144, 5523, 5524, 5563, 5564	III. Deutes amb empreses del grup i associades a curt termini			
	IV. Creditors comercials i altres comptes que cal pagar			
400, 401, 403, 404, 405, (406)	1. Proveïdors			
41, 438, 465, 475, 476, 477	2. Altres creditors			
485, 568	V. Periodificacions a curt termini			
	Total patrimoni net i passiu (A + B + C)			

Taula 4.4. Patrimoni net i passiu del balanç de situació.

En aquesta nova presentació del balanç es pot observar que l'**actiu** es divideix en dos grans blocs o grans masses (que corresponen a l'*actiu no corrent* i a l'*actiu corrent*), i el **patrimoni net i passiu** es divideix en tres (corresponents a *patrimoni net*, *passiu no corrent* i *passiu corrent*), que van precedides de les lletres A, B i C. Cada una se subdivideix en masses més específiques que van precedides d'un nombre romà; la subdivisió d'aquestes últimes, en altres encara més específiques, va precedida d'un nombre aràbic (1, 2, 3...). A les pàgines següents es fa una explicació detallada de cadascun d'aquests grans blocs.

A. Actiu

A) Actiu no corrent. És el conjunt d'actius que té l'empresa durant un període superior al d'un exercici econòmic. Són elements que constitueixen una inversió permanent per l'empresa.

I. Immobilitzat intangible. Actius no monetaris sense aparença física, susceptibles de valoració econòmica (la propietat industrial, aplicacions informàtiques, desenvolupament...).

II. Immobilitzat material. Elements d'actiu tangibles representats per béns mobles i immobles, excepte els que van a l'apartat següent (construccions, mobiliari, maquinària, etc.).

III. Inversions immobiliàries. Immobles que es posseeixen per obtenir rendes, plusvàlues o ambdues (inversions en terrenys i béns naturals, inversions en construccions).

IV. Inversions en empreses del grup i associades a llarg termini. Inversions financeres realitzades per l'empresa i que han de perdurar a l'empresa per un període superior a un any (imposicions a llarg termini, crèdits a llarg termini, etc.) en les empreses del mateix grup.

V. Inversions financeres a llarg termini. Inversions financeres realitzades per l'empresa i que han de perdurar a l'empresa per un període superior a un any (imposicions a llarg termini, crèdits a llarg termini, etc.).

VI. Actius per impostos diferits. Aquí hi figuraran els actius per diferències temporals deduïbles, els crèdits pel dret a compensar en exercicis posteriors les bases imposables negatives pendents de compensació, i les deduccions i altres avantatges fiscals no utilitzats que queden pendents d'aplicar en la liquidació dels impostos sobre beneficis (crèdits per pèrdues per compensar en exercicis, etc.).

Fig. 4.3. L'actiu no corrent inclou les inversions permanents de l'empresa, tant tangibles com intangibles, com ara les patents d'un laboratori, per exemple.

B) Actiu corrent. Actius lligats a l'explotació i aquells que suposin una inversió a curt termini. Són elements que estan en l'empresa durant poc temps, com a molt un exercici econòmic, és a dir, es converteixen en diners a curt termini i formen part del cicle d'explotació.

I. Existències. Actius dels quals disposa l'empresa per ser venuts en el curs normal d'explotació o per ser utilitzats en el procés productiu, en el procés de producció o en la prestació de serveis.

II. Deutors comercials i altres comptes per cobrar. Els crèdits amb compradors de mercaderies i altres béns del grup d'existències i en general tots els deutors de l'empresa, a més del capital social escripturat pendent de desemborsament per l'import que ha estat exigit pels accionistes o partícips (clients, socis per desemborsaments no exigits o deutors).

III. Inversions en empreses del grup i associades a curt termini. Inversions financeres que ha fet l'empresa i que té intenció de vendre a curt termini (participacions a curt termini en empreses del grup, crèdits a curt termini en empreses del grup, etc.).

IV. Inversions financeres a curt termini. Inversions financeres realitzades per l'empresa i que té intenció de vendre a curt termini.

V. Periodificacions a curt termini. Les despeses comptabilitzades en l'exercici que es tanca però que pertanyen al següent, i els interessos pagats per l'empresa que corresponen a exercicis següents (despeses anticipades o interessos pagats anticipadament).

VI. Efectius i altres actius líquids equivalents. S'hi anoten, entre altres, els diners líquids a la caixa i els saldos a favor de l'empresa en entitats bancàries (caixa, bancs i institucions de crèdit, c/c a la vista, etc.).

B. Patrimoni net i passiu

A) Patrimoni net. Fonts de finançament permanents i no exigibles. Són les aportacions dels propietaris (capital) i els beneficis generats amb l'activitat i que no s'han distribuït entre els socis. Aquests últims representen l'autofinançament de l'empresa, que es reflecteix en els comptes de reserves i en els beneficis que encara no s'han distribuït. Són els elements que formen els **recursos propis** o **recursos permanents**. S'hi distingeixen els *fons propis*, i les *subvencions, donacions i llegats rebuts*.

Fig. 4.4. Una font de finançament propi són les aportacions a títol personal que fan els socis de l'empresa.

A.1) Fons propis

I. Capital. El capital de l'empresa.

II. Prima d'emissió. Aportació realitzada pels accionistes o socis en el cas d'emissió i col·locació d'accions o participacions a un preu superior al seu valor nominal (prima d'emissió o assumpció).

III. Reserves. Correspon als beneficis no distribuïts per l'empresa (reserva legal, etc.).

IV. Accions i participacions en patrimoni propi. Aquí s'hi anoten, restant les participacions i les accions pròpies adquirides per l'empresa (accions i participacions pròpies en situacions especials i accions i participacions pròpies en disminucions de capital).

V. Resultats dels exercicis anteriors. Els resultats pendents d'aplicació en cas de ser positius i els resultats negatius d'exercicis anteriors, aquests últims en signe negatiu (romanent i resultats negatius d'exercicis anteriors).

VI. Altres aportacions dels socis. Les quantitats entregades pels socis o propietaris per compensar pèrdues (aportacions de socis o propietaris).

VII. Resultat de l'exercici. Resultat positiu o negatiu de l'últim exercici pendent d'aplicació (resultat de l'exercici).

VIII. Dividend a compte. Els imports amb caràcter «a compte» de beneficis la distribució dels quals sigui acordada per l'òrgan competent. S'anoten restant (dividend actiu a compte).

> ***Tingues en compte***
>
> Les **subvencions** i les **donacions** es comptabilitzen com a part del patrimoni net.

A.2) Subvencions, donacions i llegats rebuts

Són diners atorgats per tercers diferents dels socis o propietaris, rebuts per l'empresa i comptabilitzats directament al patrimoni net fins que es produeixi la transferència al compte «Resultat de l'exercici (subvencions oficials de capital, etc.)».

B) Passiu no corrent. Són les fonts de finançament alienes (exigible a llarg termini). El termini del venciment és superior a un any i serveixen bàsicament per cobrir l'estructura fixa d'inversions de l'empresa:

I. Provisions a llarg termini. Comptes que tenen com a finalitat cobrir les despeses originades en aquest exercici o en un d'anterior, de les quals, quan es tanca el balanç, no se sap ni la quantitat ni la data en què es produiran (provisió per actuacions mediambientals, provisió per impostos, etc.).

II. Deutes a llarg termini. Les fonts de finançament aliè. El termini del venciment és superior a l'any i serveixen per cobrir l'estructura fixa de l'empresa (deutes a llarg termini amb entitats de crèdit, proveïdors d'immobilitzat a llarg termini, etc.).

III. Deutes amb empreses del grup i associades a llarg termini. Fonts de finançament aliè amb empreses associades i parts vinculades. El termini del venciment és superior a l'any i serveixen per cobrir l'estructura fixa de l'empresa (proveïdors d'immobilitzat a llarg termini, en parts vinculades, etc.).

IV. Passius per impostos diferits. Les diferències que generen grans quantitats que cal pagar i menors quantitats que cal tornar per impostos sobre beneficis futurs (passius per diferències temporals imponibles).

V. Periodificacions a llarg termini. Els imports rebuts «a compte» de futures vendes o prestacions de serveis (acomptes rebuts per vendes o prestacions de serveis a llarg termini).

C) Passiu corrent. S'hi inclouen els crèdits que financen l'empresa a curt termini, com ara els crèdits concedits pels subministradors de mercaderies, els deutes amb la Hisenda pública i els organismes de la Seguretat Social, i els préstecs i altres deutes el venciment dels quals no sobrepassa el termini d'un any. Bàsicament són els elements de l'exigible a curt termini:

I. Provisions a curt termini. Els comptes que tenen com a finalitat cobrir les despeses originades en aquest exercici o en un d'anterior, de les quals, quan es tanca el balanç, no se sap ni la quantitat ni la data en què es produiran, a curt termini (provisions per operacions comercials o provisió a curt termini per impostos).

II. Deutes a curt termini. Fonts de finançament aliè. El termini del venciment és inferior a l'any i serveixen per cobrir l'estructura corrent de l'empresa (deutes a curt termini amb entitats de crèdit, proveïdors d'immobilitzat a curt termini, etc.).

III. Deutes amb empreses del grup i associades a curt termini. Fonts de finançament aliè amb empreses associades i parts vinculades. El termini del venciment és inferior a l'any i serveixen per cobrir l'estructura corrent de l'empresa (proveïdors d'immobilitzat a curt termini, en parts vinculades, etc.).

IV. Creditors comercials i altres comptes que cal pagar. Els crèdits que financen les empreses a curt termini, com ara els crèdits concedits per subministradors de mercaderies, els deutes amb la Hisenda pública, etc., i els préstecs i altres deutes el venciment dels quals no sobrepassa el termini d'un any (proveïdors, Hisenda pública creditora per conceptes fiscals, organismes de la Seguretat Social creditors, etc.).

V. Periodificacions a curt termini. Els imports rebuts «a compte» de futures vendes o prestacions de serveis (interessos cobrats per anticipat, etc.).

Fig. 4.5. Les partides reservades per a imprevistos, sempre que siguin a curt termini, formen part del passiu corrent.

A l'hora de fer el balanç, no cal que hi figurin les partides amb les quals no es correspon cap import ni de l'exercici actual ni del precedent.

Per veure exactament el procediment per dur a terme el balanç de situació partirem d'un exemple. Tot i que el balanç es fa anotant dades comptables de dos exercicis consecutius, per fer aquest exemple només utilitzarem les dades d'un sol exercici.

Exemple 1

L'empresa Selsa, SA, dedicada al comerç d'envasos metàl·lics, al final de l'exercici econòmic facilita les dades següents, extretes de l'últim balanç de comprovació de sumes i saldos, i demana que es faci el balanç de situació el 31 de desembre:

(300) Mercaderies: 1 200 €
(570) Caixa: 6 000 €
(572) Bancs i institucions de crèdit: 10 000 €
(216) Mobiliari: 4 000 €
(213) Maquinària: 5 000 €
(430) Clients: 400 €
(100) Capital social: 21 100 €
(1141) Reserves estatutàries: 1 400 €
(640) Sous i salaris: 100 €
(628) Subministraments: 800 €
(626) Serveis bancaris: 100 €
(752) Ingressos per arrendaments: 400 €
(771) Beneficis procedents de l'immobilitzat material: 1 000 €
(681) Amortització de l'immobilitzat material: 300 €
(2813) Amortització acumulada de maquinària: 1 200 €
(400) Proveïdors: 900 €
(173) Proveïdors d'immobilitzat a llarg termini: 1 200 €
(475) Hisenda pública, creditora per conceptes fiscals: 700 €

(continua)

Fig. 4.6. Els diferents elements que formen part del balanç de situació actuen com un engranatge, ja que un porta a l'altre.

Exemple 1 *(continuació)*

En primer lloc se separaran els comptes d'actiu, els de passiu i els de gestió:

Actiu	
Mercaderies	1 200
Caixa	6 000
Bancs i inst. de crèdit	10 000
Mobiliari	4 000
Maquinària	5 000
Clients	400
Am. ac. de maquinària	(1 200)
Total actiu	**25 400**

Patrimoni net i passiu	
Capital social	21 100
Reserves estatutàries	1 400
Proveïdors	900
Proveïdors d'immobilitzat a llarg termini	1 200
HP, creditora per conceptes fiscals	700
Total passiu	**25 300**

Comptes de gestió

Despeses:		*Ingressos:*	
Sous i salaris	100	Ingressos per arrendaments	400
Subministraments	800	Beneficis procedents de l'imm. material	1 000
Serveis bancaris	100		
Am. de l'imm. material	300		
Total	**1 300**	**Total**	**1 400**

A partir dels comptes de gestió es pot obtenir el resultat de l'exercici; en aquest cas s'obté si es fa la diferència entre els ingressos i les despeses.

Per tant, per a l'exemple: 1 400 – 1 300 = 100 €

És a dir, el resultat és de 100 unitats monetàries de benefici, que cal anotar en el compte (129) Resultat de l'exercici.

A partir d'aquí s'emplena el model de balanç de situació:

Actiu			
A) Actiu no corrent			**7 800**
II. Immobilitzat material		7 800	
Maquinària	5 000		
Mobiliari	4 000		
Amortització acumulada de maquinària	(1 200)		
B) Actiu corrent			**17 600**
I. Existències		1 200	
Mercaderies	1 200		
II. Deutors comercials		400	
Clients	400		
VI. Efectius i altres actius líquids equivalents		16 000	
Caixa	6 000		
Bancs i institucions de crèdit	10 000		
Total actiu (A + B)			**25 400**

(continua)

Exemple 1 *(continuació)*

Patrimoni net i passiu			
A) Patrimoni net			**22 600**
I. Capital		21 100	
Capital social	21 100		
III. Reserves		1 400	
Reserves estatutàries	1 400		
VII. Resultat de l'exercici		100	
Resultat de l'exercici	100		
B) Passiu no corrent			**1 200**
II. Deutes a llarg termini		1 200	
Proveïdors d'immobilitzat a llarg termini	1 200		
C) Passiu corrent			**1 600**
IV. Creditors comercials		1 600	
Proveïdors	900		
Hisenda pública, creditora	700		
Total patrimoni net i passiu (A + B + C)			**25 400**

Activitats

3> Què són els *fons propis*?

4> Defineix el concepte *actiu no corrent*.

5> Digues quina és la informació que proporciona el balanç de situació.

6> Fes el balanç de situació següent:

(100) Capital social: 12 000 €

(210) Terrenys i béns naturals: 4 000 €

(211) Construccions: 10 000 €

(31) Matèries primeres: 3 800 €

(35) Productes acabats: 3 480 €

(112) Reserva legal: 1 720 €

(113) Reserves voluntàries: 4 000 €

(401) Proveïdors, efectes comercials que cal pagar: 2 900 €

(213) Maquinària: 6 700 €

(2811) Amortització acumulada de construccions: 3 880 €

(430) Clients: 5 468 €

(572) Bancs i institucions de crèdit: 952 €

(170) Deutes a llarg termini amb entitats de crèdit: 4 484 €

(400) Proveïdors: 3 816 €

(540) Inversions financeres temporals en capital: 400 €

(475) Hisenda pública, creditora per conceptes fiscals: 700 €

(129) Resultat de l'exercici: 1 300 €

7> Fes el balanç de situació d'una empresa que facilita, al final de l'exercici econòmic, el balanç de comprovació següent:

Nre.	Compte	Saldo deutor	Saldo creditor
102	Capital		5 500
216	Mobiliari	1 000	
218	Elements de transport	2 000	
281	Am. ac. d'elements de transport		400
300	Mercaderies	800	
400	Proveïdors		1 500
430	Clients	1 200	
472	HP, IVA suportat	500	
475	HP, creditora per conc. fisc.		1 000
477	HP, IVA transferit		700
570	Caixa	600	
572	Bancs i institucions de crèdit	2 000	
600	Compres de mercaderies	3 500	
640	Sous i salaris	5 000	
624	Transports	500	
700	Vendes de mercaderies		8 000
	Total	**17 100**	**17 100**

Fan saber, però, que falta fer les correccions de les existències i donen com a informació que les existències finals de mercaderies tenen un valor de 2 000 €.

3. El compte de pèrdues i guanys per a les pimes

Més dades

L'import net de la **xifra anual de negocis** s'ha de determinar deduint de l'import de les vendes dels productes i de les prestacions de serveis o altres ingressos corresponents a les activitats ordinàries de l'empresa, l'import de qualsevol descompte (bonificacions i altres reduccions sobre les vendes, inclòs el descompte per pagament immediat antigament considerat com un descompte de tipus financer) i el de l'impost sobre el valor afegit. També cal restar altres impostos, directament relacionats amb aquestes activitats, que hagin de ser objecte de repercussió.

Tal com hem fet a les unitats anteriors amb el balanç de situació, ja s'ha estudiat de forma simplificada el *compte de pèrdues i guanys*, però en aquest apartat veurem com és el model oficial que han de presentar les pimes.

El **compte de pèrdues i guanys** és un estat comptable que té com a objectiu calcular el resultat que una empresa ha obtingut durant un exercici econòmic, a més d'explicitar la composició del resultat i les operacions que s'han hagut de fer per arribar a aquest resultat.

Aquest compte és un element dinàmic, ja que reflecteix els fluxos econòmics al llarg de l'exercici econòmic.

El compte de pèrdues i guanys és un compte anual que tota empresa té l'obligació de fer i proporciona una informació important sobre l'origen de les despeses i els ingressos de les empreses; a més, determina els diferents resultats comptables.

A l'igual que el balanç de situació, aquest compte també s'ha de fer al final de l'exercici econòmic.

3.1. Estructura del compte de pèrdues i guanys

El compte de pèrdues i guanys ha de contenir, amb una separació adequada, els ingressos i les despeses de l'exercici i, a més, el resultat (benefici o pèrdua).

El **compte de pèrdues i guanys per a pimes** calcula com a subtotals el resultat d'explotació i el resultat financer, i de la suma s'obté el resultat abans d'impostos, a partir del qual es calcula l'impost de beneficis per obtenir el resultat de l'exercici.

Per fer el compte de pèrdues i guanys s'ha de partir dels saldos que tenen els comptes de gestió (ingressos i despeses) en el llibre major, que, d'altra banda, provenen del llibre diari; és a dir, de les operacions o fets comptables que es fan a l'empresa de manera periòdica.

Important

L'**import** corresponent a les **vendes, les prestacions de serveis** i altres ingressos d'explotació s'anota al compte de pèrdues i guanys pel seu import net de devolucions i descomptes.

Abans de mostrar el model que cal utilitzar s'ha de tenir en compte el següent:

- En el compte de pèrdues i guanys, a més dels imports del període en qüestió, hi han de figurar els de l'exercici anterior, tal com es fa en el balanç.
- Només hi han de figurar els comptes o grups de comptes que tinguin saldo en l'exercici actual i en el precedent.
- També es poden fer subdivisions més detallades, encara que no apareguin en el model del Pla general de comptabilitat.
- Les partides amb números aràbics es poden agrupar quan el seu valor esdevingui insignificant per mostrar la imatge real de l'empresa.

Fig. 4.7. En el compte de pèrdues i guanys s'hi han de reflectir els ingressos i les despeses, que determinen el resultat de l'empresa.

El compte de pèrdues i guanys es forma a partir dels dos tipus de resultats previstos en el PGC per a pimes: el **resultat d'explotació** i el **resultat financer**. El *resultat d'explotació* també se'l coneix com a *benefici abans d'interessos i d'impostos* i el mostrem (BAII), i el *resultat de l'exercici abans d'impostos* se l'anomena *benefici abans d'impostos* i el podem mostrar (BAI). Una vegada tret l'impost sobre societats, el benefici que ens queda l'anomenem *benefici net* i es mostra (BN).

Número de comptes	Compte de pèrdues i guanys	Nota	(Deure) Haver	
			201X	201X-1
700, 701, 702, 703, 704, 705, (706), (708), (709)	1. Import net de la xifra de negocis			
(6930), 71*, 7930	2. Variació d'existències de productes acabats i en curs de fabricació			
73	3. Treballs efectuats per l'empresa per al seu actiu			
(600), (601), (602), 606, (607), 608, 609, 61*, (6931), (6932), (6933), 7931, 7932, 7933	4. Aprovisionaments			
740, 747, 75	5. Altres ingressos d'explotació			
(64)	6. Despeses de personal			
(62), (631), (634), 636, 39, (65), (694), (695), 794, 7954	7. Altres despeses d'explotació			
(68)	8. Amortització de l'immobilitzat			
746	9. Imputació de subvencions d'immobilitzat no financer i altres			
7951, 7952, 7955, 7956	10. Excés de provisions			
(670), (671), (672), (690), (691), (692), 770, 771, 772, 790, 791, 792	11. Deteriorament i resultat per alienacions de l'immobilitzat			
	A) RESULTAT D'EXPLOTACIÓ BENEFICI ABANS D'INTERESSOS I D'IMPOSTOS (BAII) (1 + 2 + 3 + 4 + 5 + 6 + 7 + 8 + 9 + 10 + 11)			
760, 761, 762, 767, 769	12. Ingressos financers			
(660), (661), (662), (664), (665), (669)	13. Despeses financeres			
(663), 763	14. Variació de valor raonable en instruments financers			
(668), 768	15. Diferències de canvi			
(666), (667), (673), (675), (696), (697), (698), (699), 766, 773, 775, 796, 797, 798, 799	16. Deteriorament i resultat per alienacions d'instruments financers			
	B) RESULTAT FINANCER (12 + 13 + 14 + 15 + 16)			
	C) RESULTAT ABANS D'IMPOSTOS (A + B) BENEFICI ABANS D'IMPOSTOS (BAI)			
6300*, 6301*, (633), 638	17. Impostos sobre beneficis			
	D) RESULTAT DE L'EXERCICI (C + 17) BENEFICI NET (BN)			

(*) Poden tenir signe positiu o negatiu.

Taula 4.5. Compte de pèrdues i guanys.

Es pot observar que els resultats s'agrupen en quatre categories principals precedides per una lletra majúscula: A, B, C i D. Dins de cada gran grup es diferencien les despeses i els ingressos precedits per un nombre aràbic.

A) **Resultat d'explotació.** S'hi anoten els ingressos i es resten les despeses que són producte de l'activitat a la qual es dedica l'empresa, com també els resultats de l'alienació dels immobilitzats. En el model proposat s'indiquen els comptes que s'han d'incloure en cada epígraf. Els comptes entre parèntesis van restant; és a dir, són una despesa.

B) **Resultat financer.** És el que s'obté de la diferència entre els ingressos i les despeses financeres, és a dir, els ingressos que ha obtingut l'empresa en fer inversions financeres i les despeses que s'han generat a causa del finançament aliè per part de l'empresa. S'opera de la mateixa manera que en l'apartat anterior.

C) **Resultat abans d'impostos.** En aquest espai s'anota la suma dels resultats d'explotació i els resultats financers. Si la diferència és *positiva* vol dir que hi ha beneficis; si és *negativa* vol dir que s'han generat pèrdues.

D) **Resultat de l'exercici.** En cas que hi hagi guanys, s'ha de restar l'impost sobre societats aplicat sobre el benefici. El tipus impositiu és del 25 %.

Exemple 2

L'empresa Bonasort, SL, que es dedica a comercialitzar jocs i joguines, presenta la informació següent en milers d'euros a fi de confeccionar el compte de pèrdues i guanys mitjançant el model per a pimes abreujat (per simplificar, només anotarem les operacions de l'exercici de l'any corrent):

Vendes de mercaderies, 10 000 €; saldo inicial d'existències de mercaderies, 2 000 €; saldo final d'existències de mercaderies, 1 200 €; compres de mercaderies, 4 000 €; ingressos per arrendaments, 1 200 €; sous i salaris, 2 000 €; Seguretat Social empresa, 1 000 €; lloguers pagats, 160 €; amortització de l'immobilitzat, 340 €; aigua, gas i electricitat, 600 €; transports, 100 €; ràpels concedits a clients, 300 €; interessos de deutes a ll/t, 500 €; altres despeses financeres, 200 €; venda de 50 accions a 1 € cadascuna, amb un valor de compra de 2 €; venda d'un vehicle valorat en 400 € per 450 €; venda d'una maquinària valorada en 1 600 € per 2 000 €.

Per confeccionar el compte de pèrdues i guanys, en primer lloc hem de separar els ingressos i les despeses, i després classificar-los segons la seva naturalesa.

Comencem per les despeses i els ingressos de l'explotació:

Despeses:

- Compres: 4 000 €
- Variació d'existències: 800 € (es considera com una despesa, ja que les existències finals són més baixes que les inicials, la qual cosa significa que totes les compres fetes durant aquest exercici s'han consumit; a més, s'ha utilitzat part de les existències inicials, que són les que es consideren com a despesa: 2 000 – 1 200 = 800 €)
- Sous i salaris: 2 000 €
- Seguretat Social empresa: 1 000 €
- Lloguers pagats: 160 €
- Amortització de l'immobilitzat: 340 €
- Aigua, gas i electricitat: 600 €
- Transports: 100 €
- Ràpels concedits a clients: 300 €
- Beneficis per la venda d'un vehicle: 50 €
- Beneficis per la venda de maquinària: 400 €

Ingressos:

- Vendes: 10 000 €
- Ingressos per arrendaments: 1 200 €

Resultats financers: només hi ha despeses financeres:

- Interessos de deutes a llarg termini: 500 €
- Altres despeses financeres: 200 €
- Pèrdues amb operacions amb accions: 50 €

Una vegada finalitzat aquest pas, es confecciona el model per a pimes del *compte de pèrdues i guanys*.

El resultat es calcula una vegada les despeses s'han anotat al deure del compte i els ingressos a l'haver, tots classificats segons la seva naturalesa. Considerem d'aplicació el tipus impositiu general de l'impost sobre societats del 25 %.

(continua)

+ Més dades Rapple

Els **descomptes per pagament immediat** concedits als clients o pels proveïdors, estiguin o no inclosos a la factura, s'anoten restant, en el compte de pèrdues i guanys, a les partides d'import net del negoci o a la d'aprovisionament, respectivament (no tenen la consideració de despesa financera).

Exemple 2 *(continuació)*

El compte de pèrdues i guanys de Bonasort, SL, corresponent a l'exercici acabat el 31 de desembre de 2018, seria el següent:

Compte de pèrdues i guanys	(Deure) Haver	
1. Import net de la xifra de negocis		**9 700**
Vendes de mercaderies	10 000	
Ràpels sobre vendes	(300)	
4. Aprovisionaments		**(4 800)**
Compra de mercaderies	(4 000)	
Variació d'existències de mercaderies	(800)	
5. Altres ingressos d'explotació		**1 200**
Ingressos per arrendaments	1 200	
6. Despeses de personal		**(3 000)**
Sous i salaris	(2 000)	
Seguretat Social empresa	(1 000)	
7. Altres despeses d'explotació		**(860)**
Arrendaments	(160)	
Subministraments	(600)	
Transports	(100)	
8. Amortització de l'immobilitzat		**(340)**
Amortització de l'immobilitzat material	(340)	
11. Deteriorament i resultat per alienacions de l'immobilitzat		**450**
Beneficis per alienació de l'immobilitzat	450	
A) RESULTAT D'EXPLOTACIÓ BENEFICI ABANS D'INTERESSOS I IMPOSTOS (BAII) (1 + 4 + 5 + 6 + 7 + 8 + 11)		**2 350**
13. Despeses financeres		**(700)**
Interessos de deutes	(500)	
Altres despeses financeres	(200)	
16. Deteriorament i resultat per alienacions d'instruments financers		**(50)**
Pèrdues per operacions amb accions	(50)	
B) RESULTAT FINANCER (13 + 16)		**(750)**
C) RESULTAT ABANS D'IMPOSTOS (A + B) BENEFICI ABANS D'IMPOSTOS (BAI)		**1 600**
17. Impostos sobre beneficis		**(400)**
D) RESULTAT DE L'EXERCICI (C + 17) BENEFICI NET (BN)		**1 200**

Fig. 4.8. Un cop obtingut el resultat del compte de pèrdues i guanys es pot saber si l'empresa ha tingut pèrdues o beneficis.

Activitats

8> Explica la finalitat del compte de pèrdues i guanys.

9> De la comptabilitat d'una empresa que comercialitza material d'oficina s'han extret al final d'un exercici els comptes següents:

- Altres ingressos financers: 18 000 €
- Amortització d'immobilitzat material: 6 500 €
- Arrendaments i cànons: 15 000 €
- Descomptes sobre compres: 12 000 €
- Compres de mercaderies: 46 500 €
- Seguretat Social a càrrec empresa: 13 100 €
- Ingressos per arrendaments: 3 000 €
- Devolució de vendes: 15 000 €
- Sous i salaris: 41 000 €
- Subministraments: 14 600 €
- Variació (EF < EI) d'existències: 5 000 €
- Interessos de deutes: 8 000 €
- Vendes de mercaderies: 200 000 €

Elabora el compte de pèrdues i guanys.

4. La memòria

Tant el balanç com el compte de pèrdues i guanys donen una informació quantitativa de l'empresa, ja que n'indiquen els comptes i la seva quantificació. La *memòria* és un document que es confecciona a partir dels comptes anuals i que complementa la informació que hi ha als estats comptables.

Tot seguit expliquem amb més detall què ha de contenir cada un d'aquests estats comptables, tot i que en aquest manual d'introducció a la comptabilitat no els posarem en pràctica.

4.1. El contingut de la memòria

La **memòria** és un document de caràcter explicatiu que amplia el contingut dels altres comptes anuals i que, com més amplis siguin aquests comentaris, més ajudaran els destinataris i els usuaris de la informació a entendre la situació de l'empresa.

Igual que per als altres comptes anuals, estudiarem el model per a pimes.

El contingut de la memòria no està limitat, però com a mínim ha de contenir informació sobre els temes següents:

- **Activitat de l'empresa.** En aquest apartat s'ha de descriure l'objecte social de l'empresa, és a dir, l'activitat o les activitats a les quals es dedica.
- **Bases de presentació dels comptes anuals.** Dins d'aquest apartat s'inclouen uns subapartats que serveixen per aclarir decisions que poden influir en la imatge fidel de la realitat de l'empresa i aclarir, també, la informació que està expressada en el compte de pèrdues i guanys.
- **Normes de registre i valoració.** Aquí s'indiquen els criteris comptables aplicats amb relació a diferents partides de la comptabilitat, com ara l'immobilitzat intangible, l'immobilitzat material, les inversions immobiliàries, les existències, etc.
- **Immobilitzat material intangible i inversions immobiliàries.** Aquí es detalla l'anàlisi del moviment de les partides de l'actiu immobilitzat en el decurs de l'exercici, i s'informa sobre l'amortització i la variació.
- **Actius financers.** S'anota el valor comptable de cada una de les categories dels actius financers assenyalades a les normes de registre i valoració, i s'informa sobre el seu desglossament i l'anàlisi dels moviments.
- **Passius financers.** S'inclou el valor comptable de cada una de les categories dels passius financers assenyalades a les normes de registre i valoració, i s'informa sobre el seu desglossament i l'anàlisi dels moviments, com ara els detalls sobre els deutes i els préstecs pendents de pagament.
- **Fons propis.** Quan hi hagi diverses classes d'accions o participacions en el capital, cal indicar el nombre i el valor nominal de cada una, diferenciant-les per classes, com també els drets atorgats a cada una i les restriccions que puguin tenir. Cal indicar els desemborsaments pendents per a cada tipus d'accions o participacions i, també, la data d'exigibilitat.
- **Situació fiscal.** S'informa de detalls sobre l'impost de societats i altres impostos als quals l'empresa ha de fer front.
- **Operacions amb parts vinculades.** Inclou informació sobre operacions en empreses del grup o parts vinculades i es donen detalls com ara l'entitat dominant, altres empreses del grup, negocis conjunts en els quals la companyia sigui partícip, empreses associades o empreses amb control conjunt o influència significativa sobre la companyia.
- **Altra informació.** S'hi inclouen informacions diverses, com ara el nombre mitjà de persones ocupades en el curs de l'exercici, expressat per categories, o la naturalesa i el propòsit de negoci dels acords de l'empresa sobre els quals no s'hagi informat anteriorment en la memòria.

Fig. 4.9. La *memòria* és un document explicatiu que ajuda a entendre el funcionament i la realitat de l'empresa i permet interpretar i contextualitzar la informació que se'ns dona.

Activitats

10> Explica la finalitat que té la memòria.

11> Digues com es poden repartir els beneficis en una societat.

La utilitat dels comptes anuals per a la imatge empresarial

Durant aquestes setmanes, la majoria de les societats d'aquest país publiquen els seus comptes anuals i els dipositaran en el Registre Mercantil. Aparentment sembla ser un pur tràmit més, una d'aquelles obligacions que suposen una càrrega administrativa més de les que han de patir les empreses i, de fet, moltes empreses ho viuen així.

Però el cert és que els comptes anuals estan a l'abast de tothom en el Registre Mercantil i haurien de formar part de l'estratègia de màrqueting i d'imatge de les empreses perquè és difícil pensar que un banc, un proveïdor o un client important no tingui la temptació d'adreçar-se al Registre per poder veure com va l'empresa i quina és la seva imatge. I no parlo únicament de la «imatge fidel» dels seus comptes en l'àmbit comptable, sinó també de la imatge de seriositat i qualitat que pot transmetre la societat mitjançant els seus comptes.

Per exemple, si l'empresa se cenyeix als comptes estàndard, que semblen fotocòpies calcades les unes de les altres, amb escassa informació, plens de «literatura» que no diu res, sense detalls informatius clau per al lector, aquesta empresa dona una imatge d'ocultació, de desídia i de manca de transparència.

Si, en canvi, l'empresa elabora uns comptes personalitzats, on hi hagi els detalls necessaris per entendre'ls, on a més es doni imatge del que és i del que vol fer l'empresa, i on el lector trobi respostes a les preguntes que es faria qualsevol persona interessada, aportarà una imatge de seriositat i professionalitat de l'empresa que, sens dubte, la predisposarà millor en les seves relacions.

Cal, doncs, veure la publicació dels comptes no pas com una càrrega, sinó com una oportunitat de poder vendre millor el que som i el que volem fer, de manera que aquests completin l'estratègia corporativa.

Enric Rius, *Via empresa*

- Enumera quins documents formen part dels comptes anuals i explica en què consisteixen.
- Quina ha de ser la funció dels comptes anuals, segons l'article?
- A què es refereix l'autor quan diu que l'empresa hauria d'elaborar uns comptes personalitzats?

Fig. 4.10. La imatge d'una empresa depèn de molts factors, un dels quals és la presentació dels comptes anuals. Les dades d'aquests comptes donen una idea de la situació econòmica i financera de l'empresa.

Activitats finals

1. Digues quan una empresa pot aplicar el Pla general de comptabilitat per a pimes.

2. Indica què posaries en el balanç de situació en l'apartat «Deutors comercials i altres comptes per cobrar».

3. Explica què és el resultat d'explotació d'una empresa.

4. Comenta com s'obté el resultat financer en un exercici econòmic.

5. Explica si totes les empreses tenen l'obligació de presentar la memòria.

6. Digues què s'ha d'incloure en l'apartat «Creditors comercials i altres comptes que cal pagar» del balanç de situació.

7. Ordena el balanç de situació de la informació següent:

(570) Caixa: 1 000 €

(572) Bancs i institucions de crèdit: 2 500 €

(300) Mercaderies: 4 000 €

(216) Mobiliari: 8 000 €

(281) Amortització acumulada de mobiliari: 480 €

(2816) Aplicacions informàtiques: 1 200 €

(2806) Amortització acumulada d'aplicacions informàtiques: 200 €

(430) Clients: 1 000 €

(102) Capital: 1 500 €

(170) Deutes a ll/t amb entitats de crèdit: 12 000 €

(401) Proveïdors: 300 €

(476) Organismes de la Seguretat Social, creditors: 700 €

(475) Hisenda pública, creditora per conceptes fiscals: 500 €

(129) Resultat de l'exercici: 2 020 €

8. L'empresa Z, SA presenta la informació següent de la seva comptabilitat:

Mobiliari, 1 800 €; proveïdors, 500 €; elements de transport, 2 000 €; proveïdors, efectes per pagar, 800 €; construccions, 8 000 €; Hisenda pública, creditora per conceptes fiscals, 300 €; mercaderies, 9 000 €; amortització. acum. de construccions, 1 500 €; clients, efectes per cobrar, 500 €; clients, 800 €; maquinària, 15 000 €; banc, 1 000 €.

Fes el balanç de situació i troba el capital.

9. La Bombeta és una societat anònima l'activitat principal de la qual és la venda de bombetes led. S'ha fet un inventari general dels seus béns amb data 31 de desembre de 2018. La descripció dels elements patrimonials i la valoració de l'empresa són els següents:

- Un edifici on es realitza l'activitat professional: valorat en 11 000 €
- Saldos a favor de l'empresa en comptes corrent bancaris: 1 000 €
- Bombetes destinades a la venda: 2 320 €
- Mobiliari: 300 €
- Ordinadors: 300 €
- Valor efectiu de les accions de l'empresa en el moment de la constitució: 9 000 €
- Inversions de caràcter permanent en accions d'altres empreses: 800 €
- Beneficis no distribuïts dels últims anys, en caràcter voluntari: 8 140 €
- Diners a compte per part d'un client: 2 000 €
- Drets de cobrament sobre compradors de mercaderies: 5 000 €
- Maquinària: 710 €
- Diners a la caixa de l'empresa: 630 €
- Programes informàtics: 790 €
- Obligacions de pagament amb proveïdors de mercaderies: 3 000 €
- Efectes comercials per cobrar pendents: 1 400 €
- S'ha entregat a un proveïdor diners a compte d'un subministrament: 250 €
- Deutes amb un banc per un préstec a sis anys: 5 000 €
- Amortització acumulada de l'edifici principal: 5 360 €
- Edifici que no s'utilitza en la producció: valorat en 8 000 €

Fes el balanç de situació amb data 31 de desembre de 2018.

10. Fes el compte de pèrdues i guanys amb les dades següents:

- Compres totals de mercaderies A per 3 000 € i encara deu diners per valor de 800 €.
- Compres totals de mercaderies B per 1 800 € dels quals deu 500 €.
- Les vendes totals de l'exercici han pujat a 8 000 €; encara té factures pendents de cobrar per 2 000 €.
- Ha pagat sous per 4 000 €.
- Va demanar un préstec al principi d'any de 1 000 € que ha de tornar després de 2 anys. Aquest any ha pagat 50 € d'interessos.

- Ha pagat rebuts de l'aigua i electricitat per 150 €.
- Ha amortitzat el 10 % de la maquinària, que li va costar 3 000 € (aquest és el tercer any que la té i sempre ha amortitzat el mateix).
- Va comprar mobiliari per 1 000 €, dels quals encara deu 300 €. Aquest any n'amortitzarà el 5 %.
- Les existències finals de les mercaderies A són de 500 € i les del tipus B, de 400 €. Al començament només hi havia al magatzem mercaderies B per valor de 100 €.
- El capital és de 2 000 €.
- Al banc té 400 €, i en efectiu en té 100 €.
- Es va vendre la maquinària a final d'any (un cop feta l'amortització d'aquest any) per 3 000 €.

11. De la comptabilitat d'una empresa que comercialitza productes informàtics a la vegada que presta servei a altres empreses, s'han extret al final d'un exercici els comptes següents:

Altres ingressos financers, 12 700 €; ingressos per arrendaments, 55 000 €; amortització maquinària, 7 500 €; publicitat, propaganda i relacions públiques, 28 000 €; arrendaments i cànons, 22 000 €; descompte sobre vendes, 12 000 €; compres de mercaderies, 46 500 €; Seguretat Social a càrrec empresa, 14 000 €; serveis de prof. independents, 17 000 €; devolució de compres, 15 000 €; sous i salaris, 52 000 €; subministres, 18 000 €; ingressos per serveis diversos, 8 000 €; variació (estoc final < estoc inicial) d'existències, 7 000 €; interessos per deutes, 14 600 €; vendes de mercaderies, 157 000 €.

Fes el compte de pèrdues i guanys.

12. L'empresa Comercial del Suro, SA, proporciona la informació següent:

- Vendes de mercaderies: 300 €
- Compres de mercaderies: 178 €
- Consum d'energia: 15 €
- Elements de transport: 160 €
- Amortització acumulada d'elements de transport: 64 €
- Despeses d'amortització: 14 €
- Clients, efectes per cobrar: 10 €
- Clients: 17 €
- Deutes a llarg termini amb entitats de crèdit: 47 €
- Hisenda pública, creditora per conceptes fiscals: 15 €
- Proveïdors: 15 €
- Sous i salaris: 45 €
- Despeses financeres: 12 €
- Mercaderies: 32 €
- Diners al banc: 58 €
- Aportacions dels socis: 85 €
- Reserves: 15 €

Elabora:

a) El balanç de situació.

b) El compte de pèrdues i guanys.

13. L'empresa R. X., SA, presenta el 31 de desembre de 2018 el balanç de saldos següent:

Núm.	Compte	Saldo deutor	Saldo creditor
100	Capital social		12 730
112	Reserva legal		3 200
170	Deutes a ll/t amb entitats de crèdit		5 630
213	Maquinària	5 600	
210	Terrenys i béns naturals	12 000	
2813	Amortització acumulada de maquinària		1 680
300	Mercaderies	10 000	
401	Proveïdors, efectes que cal pagar		20 400
430	Clients	18 400	
572	Bancs i inst. de crèd. c/c vista, euros	7 200	
600	Compres de mercaderies	23 200	
640	Sous i salaris	6 240	
664	Interessos per descompte d'efectes	1 040	
700	Vendes de mercaderies		32 400
610	Variació d'existències de mercaderies		3 000
608	Devolucions de compres i operacions similars		
681	Amortització de l'immobilitzat material	560	5 200
	Total	**84 240**	**84 240**

Elabora:

a) El compte de pèrdues i guanys.

b) El balanç de situació de l'any 2018.

Comprova el teu nivell

1. Els comptes anuals que han de presentar obligatòriament les pimes són:

a) Balanç de situació i compte de pèrdues i guanys.

b) Balanç de situació, compte de pèrdues i guanys i memòria.

c) Balanç de situació, compte de pèrdues i guanys, estat de canvis de patrimoni net i memòria.

d) Només el balanç de situació.

2. Una empresa per poder presentar els models de comptes anuals per les pimes ha de complir els requisits següents durant dos anys consecutius:

a) Un actiu de < 2 000 000 €, volum de facturació < < 8 000 000 € i nombre treballadors > = 50.

b) Un actiu de <2 000 000 €, volum de facturació < < 4 000 000 € i nombre treballadors > = 100.

c) Un actiu de <4 000 000 €, volum de facturació < < 8 000 000 € i nombre treballadors > = 50.

d) Un actiu de <2 000 000 €, volum de facturació < < 8 000 000 € i nombre treballadors > = 50.

3. Una empresa mostra els saldos comptables següents dels elements patrimonials:

- Maquinària: 5 000 €
- Proveïdors: 2 100 €
- Capital social: 7 000 €
- Bancs: 1 900 €
- Clients: 2 500 €
- Equips informàtics: 1 400 €
- Préstec a llarg termini: 1 700 €

Assenyala'n la resposta correcta:

a) El net patrimonial és de 7 000 € i el passiu corrent és de 1 700 €.

b) L'actiu no corrent és de 5 000 € i el passiu corrent és de 2 100 €.

c) L'actiu corrent és de 4 400 € i el net patrimonial és de 7 000 €.

d) L'actiu no corrent és de 6 400 € i el passiu no corrent de 8 700 €.

4. Una empresa té un balanç de situació amb les dades següents:

- Actiu no corrent: 10 000 €
- Actiu corrent: 7 000 €
- Passiu no corrent: 6 500 €
- Passiu corrent: 4 000 €
- Capital: 3 500 €

Quin serà el patrimoni net?

a) 3 000 €

b) 6 000 €

c) 3 500 €

d) 6 500 €

5. En el compte de pèrdues i guanys s'hi anota:

a) Només comptes de despeses.

b) Només comptes d'ingressos.

c) Comptes de despeses i comptes d'ingressos.

d) Comptes de despeses i comptes d'ingressos i el capital.

6. En el compte de pèrdues i guanys, els comptes s'agrupen:

a) Segons la naturalesa que representen.

b) De més gran a més petit segons la codificació que tenen.

c) De més a menys liquiditat.

d) Cap resposta és correcta.

7. El compte de pèrdues i guanys ens mostra la informació següent: resultat d'explotació, 7 000 €; resultat financer, 250 €. Quin és el resultat abans d'impostos?

a) 7 250 €

b) 6 750 €

c) 725 €

d) 8 020 €

8. Amb les dades de l'exercici anterior, quin seria l'import de l'impost sobre el benefici si considerem un tipus impositiu del 25 %?

a) 2 175 €

b) 2 025 €

c) 1 812,5 €

d) 1 560 €

9. Uns clients fan una devolució de les vendes fetes per una empresa proveïdora; en el compte de pèrdues i guanys, on anotaries aquest compte?

a) Com que per mi és una despesa, el compte l'afegiria amb els aprovisionaments.

b) El posaria a «Altres despeses d'explotació».

c) El posaria a l'import net de la xifra de negoci restant-lo.

d) No el posaria, és a dir, restaria la quantitat directament de les vendes.

10. Quan una empresa té pèrdues:

a) Les despeses d'explotació són més grans que els ingressos d'explotació.

b) El resultat financer és negatiu.

c) El resultat financer és més petit que el resultat d'explotació.

d) No s'ha de pagar l'impost de societats.

Prepara la prova

1. Una empresa presenta els saldos següents en els seus comptes valorats:

- Mercaderies: 9 000 €
- Caixa: 2 500 €
- Mobiliari: 5 400 €
- Reserves legals: 20 000 €
- Elements de transport: 33 000 €
- Proveïdors d'immobilitzat a llarg termini: 7 000 €
- Construccions: 54 000 €
- Propietat industrial: 25 000 €
- Creditors per prestacions de serveis: 1 000 €
- Bancs c/c: 8 500 €
- Proveïdors: 5 000 €
- Clients: 6 000 €
- Deutors: 5 000 €
- Deutes amb entitats de crèdit a curt termini: 4 000 €
- Proveïdors, efectes comercials que cal pagar: 3 400 €
- Deutes a llarg termini: 8 000 €

Es demana:

a) Determina el net patrimonial de l'empresa. (0,5 punt)

b) Indica quin és el valor de l'actiu no corrent, l'actiu corrent i el passiu corrent. (0,5 punt)

c) Presenta el model abreujat del balanç de situació per a pimes. (1 punt)

2. A partir de la informació següent fes el model oficial del compte de pèrdues i guanys: (2 punts)

- Vendes: 300 €
- Compres de mercaderies: 278 €
- Consum d'energia: 15 €
- Elements de transport: 160 €
- Amortització acumulada d'elements de transport: 64 €
- Despeses d'amortització: 24 €
- Clients, efectes a cobrar: 10 €
- Clients: 17 €
- Deutes a llarg termini amb entitats de crèdit: 43 €
- Hisenda pública creditora per conceptes fiscals: 15 €
- Proveïdors: 15 €
- Sous i salaris: 45 €
- Despeses financeres: 22 €
- Mercaderies: 32 €
- Diners al banc: 58 €
- Aportacions dels socis 85 €
- Reserves: 15 €
- Variació d'existències: 30 € (ExF > ExI)

3. Explica què s'anota en un balanç de situació i en el compte de pèrdues i guanys. (1 punt)

4. Explica què són:

a) Els resultats financers. (1 punt)

b) El resultat d'explotació. (1 punt)

5. A partir de les dades del balanç de comprovació de saldos següent, fes el compte de pèrdues i guanys i el balanç de situació oficials: (2 punts)

Comptes	Deutor	Creditor
Capital		1 000
Maquinària	300	
Mercaderies	400	
Clients	150	
Proveïdors		300
Bancs i inst. crèdit	800	
Vendes mercaderies		480
Compres mercaderies	90	
Variació existències		30
Sous i salaris	40	
Interessos de deutes	30	
Sumes	**1 810**	**1 810**

6. Completa les frases següents amb el terme que consideris més convenient:

a) Els comptes anuals són uns estats financers que tenen la missió d'informar de la situació ··· (patrimonial), la situació ··· (financera) i els ··· (resultats) de l'empresa.

b) Els comptes anuals de les pimes estan formats pel balanç de situació, el ··· (compte pèrdues i guanys) i la memòria.

c) El compte de pèrdues i guanys ha de contenir, amb una separació adequada, els ··· (ingressos) i les ··· (despeses) de l'exercici i, a més, el resultat (benefici o pèrdua).

d) El benefici abans d'interessos i impostos és el mateix que el ··· (beneficis abans d'impostos / resultat explotació).

e) L'empresa, en cas que tingui guanys, ha de restar del ··· (resultat abans impostos) l'impost de societats per obtenir el ··· (resultat exercici).

f) La ··· (memòria) és un document de caràcter explicatiu que amplia el contingut dels altres comptes anuals.

5

L'ANÀLISI DELS ESTATS FINANCERS DE L'EMPRESA I: ANÀLISI PATRIMONIAL I ANÀLISI FINANCERA

Què hi aprendré?

- Què és l'anàlisi dels estats financers.
- L'anàlisi patrimonial.
- L'anàlisi financera.
- El fons de maniobra.
- Les ràtios financeres.
- La tresoreria de l'empresa.

Solvència, en termes financers, significa capacitat per generar la liquiditat necessària per respondre als compromisos adquirits. Hi ha diversos indicadors que ens diuen que les empreses han millorat considerablement el seu nivell de solvència i, per tant, la capacitat de respondre als seus compromisos. La contínua davallada del nombre de concursos voluntaris presentats als jutjats, la xifra més baixa dels darrers anys, és un indicador clar d'aquesta capacitat. Les dades parlen per si soles: disminueix el nombre d'empreses concursades tant en grans societats com en petites i mitjanes empreses i hi ha menys procediments concursals, tant necessaris com voluntaris.

JOAN DÍAZ, *Cinco Días,* 15 de desembre de 2017

1. Què és la *solvència,* segons aquest text?
2. Explica quina relació té la *solvència* amb la *liquiditat*, segons el que s'extreu del text.
3. Fes una recerca per Internet sobre els *procediments concursals* a què fa referència el text. Esbrina de què es tracta i relaciona-ho amb el concepte de *solvència*.

1. Introducció a l'anàlisi dels estats comptables

L'**estudi dels estats comptables** es du a terme amb l'objectiu d'aconseguir informació que tingui utilitat per als diferents agents econòmics relacionats amb l'empresa.

1.1. L'estudi dels estats comptables

Per estudiar la situació economicofinancera de l'empresa cal tenir present quina és la *finalitat global* de l'empresa i quins són els *objectius bàsics* que persegueix.

- **Finalitat global de l'empresa**. És la seva supervivència al mercat i el creixement de la seva capacitat econòmica.
- **Objectius bàsics.** S'engloben en la consecució del màxim benefici (o màxim benestar social si és una empresa sense ànim de lucre), és a dir, en obtenir la màxima rendibilitat de les seves inversions a l'activitat econòmica i presentar una situació solvent que permeti afrontar amb seguretat els deutes i les obligacions.

Per controlar i verificar l'èxit d'aquests objectius i finalitats és necessària l'**anàlisi dels estats comptables**. El **procés comptable** està format per un conjunt de tasques i procediments, que són:

1. **Registre comptable de la informació de l'empresa**, generada per l'activitat econòmica (a càrrec del personal comptable).
2. **Verificació de la informació recollida** i control de la seva manipulació i elaboració (a càrrec dels serveis de control i d'auditoria interna i externa).
3. **Anàlisi i interpretació de la informació comptable** corresponent a l'activitat de l'empresa (a càrrec del personal financer de l'empresa o d'altres interessats).

En aquesta unitat estudiarem aquest tercer àmbit del procés comptable, l'anàlisi i la interpretació de la informació comptable, que permet conèixer la situació economicofinancera de l'empresa.

> L'**estudi dels estats comptables** comprèn l'anàlisi del balanç de situació, del compte de pèrdues i guanys i d'altres documents comptables complementaris.

Aquest estudi consisteix en l'**anàlisi de la informació economicofinancera**, mitjançant tècniques i procediments analítics, per obtenir conclusions a partir de la interpretació d'aquestes observacions, que permeten conèixer diversos aspectes de la situació de l'empresa a l'àmbit patrimonial, financer o econòmic.

L'orientació i la profunditat de l'estudi dependran de l'agent interessat a obtenir la informació i de l'ús que pretengui fer-ne. Generalment es consideren una sèrie d'**etapes** que caracteritzen l'estudi dels estats comptables:

1. **Tractament de la informació** objecte de l'estudi i elaboració dels càlculs adequats.
2. **Anàlisi de les dades obtingudes** amb l'ajuda de tècniques, com el *càlcul de percentatges i de variacions*, la *representació gràfica* o el *càlcul de mesures relatives* (les ràtios).
3. **Interpretació i comparació dels resultats** per obtenir conclusions útils.
4. **Previsió i proposta de millores** d'acord amb les conclusions obtingudes.

Aquestes etapes es desenvolupen a l'empresa en diferents moments i situacions durant l'exercici econòmic, ja que no es tracta d'un esquema de treball tancat, sinó d'una ordenació dels continguts que componen l'anàlisi dels estats comptables. A més, les característiques concretes de cada empresa determinen la manera d'aplicar aquestes etapes i el sistema de treball.

Recorda

Qui està interessat en l'estudi dels estats comptables?

Els diferents agents econòmics relacionats amb l'empresa se'ls coneix com a *grup d'interès* o *stakeholders*, i són:

- **Propietaris o accionistes.** Volen saber quin és l'estat de les seves inversions, els resultats i la futura evolució de l'empresa.
- **Administradors o gestors de l'empresa.** Volen conèixer el resultat de la seva gestió per proposar millores o correccions en la direcció de l'empresa.
- **Treballadors i treballadores.** Volen saber la situació de l'empresa on treballen, ja que de la seva viabilitat en depèn el seu lloc de treball.
- **Inversors potencials.** Volen saber si la seva inversió serà profitosa.
- **Creditors.** Sobretot els bancs, que volen saber si l'empresa té capacitat per atendre els seus deutes i les seves obligacions; és a dir, si pot pagar en els terminis establerts.
- **Altres grups d'interès.** Conjunt d'agents com ara els auditors, els sindicats, l'Administració tributària, etc., que tenen interès a conèixer la situació economicofinancera de l'empresa i la seva evolució per raons diverses.

Més dades

Hi ha altres estats comptables que formen part dels comptes anuals, com la **memòria**, l'**estat de canvis al patrimoni net** o l'**estat de fluxos d'efectiu**, que no són exclusius d'un tipus d'anàlisi, ja que tenen la funció de complementar, ampliar i emfatitzar la informació presentada als altres estats comptables essencials (el balanç de situació i el compte de pèrdues i guanys).

1.2. Tipus d'anàlisi dels estats comptables

Fig. 5.1. L'anàlisi dels estats comptables ens permet saber si una empresa està en condicions d'assolir el seu objectiu.

L'estudi de la situació economicofinancera de l'empresa es pot realitzar amb diferents tipus d'anàlisi, utilitzant dades diverses i obtenint resultats molt relacionats entre ells. Però és necessari disposar de la màxima informació de l'empresa proporcionada per cada tipus d'anàlisi.

Bàsicament, l'anàlisi dels estats comptables és de tres tipus:

- **Anàlisi patrimonial.** Té com a finalitat estudiar l'estructura i la composició de l'actiu (*estructura econòmica*) i del patrimoni net i el passiu (*estructura financera*), les relacions entre les diferents masses patrimonials, i l'equilibri financer i de les inversions de l'empresa.
- **Anàlisi financera.** Examina els estats comptables de l'empresa (especialment el balanç) i té com a finalitat determinar la *solvència* i la *liquiditat* de les seves inversions, és a dir, la capacitat de l'empresa per atendre les seves obligacions a curt i a llarg termini. Es tracta de comprovar si hi ha estabilitat financera a l'empresa.
- **Anàlisi econòmica.** Estudia els resultats de l'empresa a partir del compte de pèrdues i guanys per obtenir una visió conjunta de la rendibilitat, la productivitat, el creixement de l'empresa i les expectatives de futur.

A la Taula 5.1 es mostra aquesta distinció entre les diferents anàlisis, els aspectes que analitzen i les tècniques que s'utilitzen.

Claus i consells

L'*anàlisi patrimonial* i l'*anàlisi financera* es treballen en aquesta unitat, i l'*anàlisi econòmica* es treballa a la Unitat 6.

Tipus d'anàlisi	Objectius	Estat comptable analitzat	Tècniques utilitzades
Patrimonial	• Estudia l'estructura patrimonial de l'empresa, les variacions i les tendències. • Analitza la composició i el pes relatiu del patrimoni net, l'actiu i el passiu.	Balanç de situació	• Percentatges comparatius • Variacions absolutes i relatives • Representació gràfica
Financera	• Analitza la capacitat de l'empresa per atendre les seves obligacions de pagament (solvència). • Analitza si els recursos financers utilitzats per l'empresa són els més adequats per garantir un flux eficient de fons (liquiditat).	Balanç de situació	• Fons de maniobra • Ràtios financeres
Econòmica	• Analitza l'evolució dels resultats de l'empresa i dels seus components (ingressos i despeses). • Analitza la rendibilitat de les inversions i dels capitals emprats a l'empresa.	Compte de pèrdues i guanys	• Percentatges comparatius • Variacions absolutes i relatives • Representació gràfica • Rendibilitats

Taula 5.1. Resum dels aspectes de l'anàlisi comptable.

Sabies que...

A més d'analitzar els estats financers, també existeix una anàlisi que supera l'àmbit econòmic, es tracta de l'**anàlisi social**.

Consisteix a analitzar el balanç social de l'empresa i en general l'abast de la seva responsabilitat social corporativa (RSC), per comprovar com s'integra l'empresa als reptes socials i mediambientals que genera la seva activitat econòmica.

Activitats

1> Explica què significa que l'etapa final del procés d'estudi dels estats comptables sigui de previsió.

2> Si una empresa vol saber com han evolucionat les seves masses patrimonials i la seva importància relativa dins el balanç, quin tipus d'anàlisi ha d'aplicar-hi? En canvi, si vol saber-ne l'evolució i conèixer-ne l'estructura dels resultats, així com la rendibilitat obtinguda, quin tipus d'anàlisi utilitzarà?

2. Anàlisi patrimonial

L'**anàlisi patrimonial** del balanç de l'empresa té com a objectiu estudiar l'estructura i la composició del balanç, analitzant l'evolució de les seves masses patrimonials.

Aquesta anàlisi es pot fer des de dues perspectives diferents:

- **Anàlisi estàtica**. Des d'un punt de vista determinat i en un moment concret, sense comparacions.
- **Anàlisi dinàmica.** Mitjançant comparacions amb altres períodes o amb altres empreses.

Per dur a terme aquesta anàlisi cal aplicar un conjunt de tècniques i de procediments de tractament de la informació que permeten obtenir unes dades comparables i amb capacitat interpretativa. Aquestes **eines analítiques** són els *percentatges*, les *variacions* i la *representació gràfica*.

Més dades

Hem de tenir en compte una sèrie d'aspectes abans de fer-ne l'anàlisi:

- **Variacions dels preus.** La seva incidència comptable pot alterar el significat de les dades; cal treballar amb balanços deflactats o conèixer l'índex de preus i la seva variació.
- **Incidència de les variacions estacionals,** en el cas d'empreses amb una activitat la demanda de la qual varia notablement durant l'any.
- **Incidència de les variacions accidentals.** Són situacions conjunturals atípiques que comporten resultats extraordinaris, que cal neutralitzar o eliminar.
- **Diferències sectorials.** Si es comparen empreses de diferents sectors econòmics, cal considerar les característiques inherents a cada sector per evitar anàlisis errònies.

A. Percentatges per comparar l'evolució de dos exercicis econòmics

Es calcula la importància relativa de cada massa patrimonial (en %) en relació amb el total de l'actiu o del patrimoni net i passiu.

Exemple 1

Actiu	Any *n*	%	Any *n* + 1	%
Actiu no corrent				
Immobilitzat material	9390	68,3	11800	69
Actiu corrent				
Existències	800	5,8	925	5,4
Realitzable	600	4,4	675	3,9
Disponible	2965	21,5	3700	21,7
	13755	**100**	**17100**	**100**

Patrimoni net i passiu	Any *n*	%	Any *n* + 1	%
Recursos propis	8437	61,3	10000	58,5
Passiu no corrent	3000	21,8	4200	24,6
Passiu corrent	2318	16,9	2900	16,9
	13755	**100**	**17100**	**100**

B. Variacions absolutes i relatives

Es calcula quant ha variat cada massa patrimonial (en euros i en percentatges) respecte de les dades de l'exercici comptable anterior.

Exemple 2

	Imports		Variacions	
			Absolutes	Relatives
Actiu	Any *n*	Any *n* + 1	€	%
Actiu no corrent				
Immobilitzat material	9390	11800	2410	25,7
Actiu corrent				
Existències	800	925	125	15,6
Realitzable	600	675	75	12,5
Disponible	2965	3700	735	24,8
	13755	**17100**	**3345**	**24,3**

(continua)

! Important

Per simplificar la notació, es considera que l'*immobilitzat* és la massa patrimonial principal de l'actiu no corrent. Per aquesta raó, en general considerem que les masses patrimonials essencials de l'**actiu** són l'*immobilitzat*, les *existències*, el *realitzable* i el *disponible*.

Així mateix, considerarem que *recursos propis*, *passiu no corrent* (exigible a llarg termini) i *passiu corrent* (exigible a curt termini) són les masses patrimonials essencials del **patrimoni net** i el **passiu**.

Exemple 2 *(continuació)*

Patrimoni net i passiu	Any *n*	Any *n* + 1	€	%
Recursos propis	8 437	10 000	1 563	18,5
Passiu no corrent	3 000	4 200	1 200	40
Passiu corrent	2 318	2 900	582	25,1
	13 755	**17 100**	**3 345**	**24,3**

C. Representació gràfica

Es mostren les masses patrimonials proporcionals a la seva importància en dos rectangles idèntics que representen l'actiu i el patrimoni net passiu.

Exemple 3

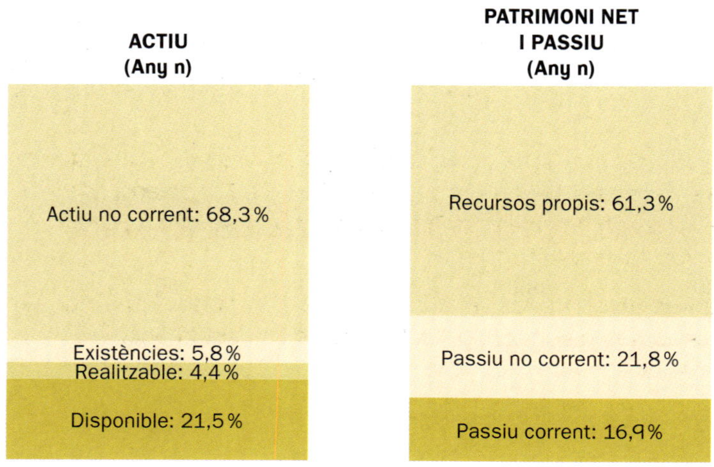

En aquest exemple es podrien fer diversos comentaris en relació amb l'anàlisi patrimonial del seu balanç de situació.

Observem que hi ha hagut una disminució relativa de la importància dels recursos propis de l'empresa, ja que per a l'any *n* era d'un 61,3 % i, en canvi, per a l'any *n* + 1 era d'un 58,5 %.

Així mateix, hi observem que ha crescut la importància de l'exigible a llarg termini, ja que passa de ser un 21,8 % del passiu a un 24,6 %. Contràriament, la rellevància de l'exigible a curt termini no ha variat perquè la proporció per a ambdós anys és la mateixa.

Activitats

3> Què significa que l'anàlisi patrimonial pugui ser dinàmica?

4> Aplica les tècniques d'anàlisi patrimonial (percentatges, variacions i representació gràfica) per al balanç següent per dos anys consecutius (expressats en euros).

Actiu	2018	2019	Patrimoni net i passiu	2018	2019
Caixa	600	1 350	Resultat de l'exercici	13 500	15 000
Mercaderies	32 000	22 500	Proveïdors	19 500	29 700
Terrenys i béns naturals	22 500	25 000	Reserves	4 250	4 900
Clients	6 000	12 300	Proveïdors efectes a pagar	19 000	22 650
Mobiliari	7 000	9 500	Capital social	60 000	60 000
Hisenda pública deutora	4 000	6 000	Deutes a c/t	6 000	2 000
Elements de transport	1 500	4 500	Hisenda pública creditora	2 500	3 300
Bancs	2 250	3 000	Deutes a ll/t	25 000	35 000
Construccions	76 000	82 000	Organismes Seg. Social creditors	600	2 800
Matèries primeres	6 000	2 000	Proveïdors d'immobilitzat a ll/t	30 000	36 000
Participacions a ll/t	22 500	43 200			
	180 350 €	**211 350 €**		**180 350 €**	**211 350 €**

3. Anàlisi financera

L'**anàlisi financera** té com a objectiu fonamental estudiar la *solvència* i la *liquiditat* de l'empresa, que són dos conceptes crucials:

La **solvència** és la capacitat que té l'empresa per pagar els seus deutes amb la garantia de les seves inversions (actiu), és a dir, si el valor de liquidació del seu actiu és superior al total del seu passiu (exigible).

La **liquiditat** és la capacitat que té l'empresa per convertir les seves inversions (actiu) en mitjans de pagament totalment líquids (caixa o bancs). D'aquesta manera, es pot comprovar si és possible assegurar el pagament dels deutes de manera diligent. Com més líquid sigui un actiu, més fàcilment es podrà convertir en diners per pagar deutes.

Fig. 5.2. L'equilibri en l'estructura econòmica i financera d'una empresa és bàsic per a la consecució dels seus objectius de manera sostinguda.

Perquè una empresa tingui una bona situació cal que disposi del finançament oportú de les inversions que permeti el funcionament òptim de la seva activitat, però farà falta que aquest finançament estigui acompanyat d'una situació de solvència i de liquiditat, per evitar problemes com la suspensió de pagaments o la fallida de l'empresa, que estudiarem en aquesta mateixa unitat.

El **finançament amb patrimoni net (no exigible)** té la particularitat que no genera endeutament, és a dir, no planteja problemes especials pel que fa a la liquiditat o a la solvència de l'empresa. Això no vol dir que sigui el tipus de finançament més adequat, ja que un cert grau d'endeutament permet disposar de més recursos financers.

En canvi, el **finançament amb passiu (exigible)** implica l'endeutament de l'empresa. I si hi ha endeutament o obligació de pagar els deutes en un termini establert i a un cost financer específic, els conceptes de *solvència* i *liquiditat* tenen més rellevància.

Les dues tècniques més utilitzades per fer l'anàlisi financera són el *fons de maniobra* i les *ràtios financeres*, que estudiarem a continuació.

3.1. El fons de maniobra

Hi ha una manera senzilla i resumida per relacionar les masses patrimonials, de manera que la coneguda relació d'equilibri global en actiu i patrimoni net i passiu representi un equilibri entre els orígens dels recursos i les aplicacions de les inversions. Ens referim al *fons de maniobra*.

El **fons de maniobra** és la part de l'actiu corrent (inversions a curt termini) que és finançada amb fons del patrimoni net i passiu no corrent (recursos propis i exigible a llarg termini). També es coneix com a *fons de rotació*, *capital corrent* o *capital de treball*.

Analíticament, el fons de maniobra és la diferència entre l'actiu corrent (*AC*) i el passiu corrent (*PC*):

$$FM = AC - PC$$

També es pot entendre com la diferència entre el patrimoni net (*PN*) i el passiu no corrent (*PnC*) i l'actiu no corrent (*AnC*), és a dir, l'actiu permanent existent dins l'actiu corrent:

$$FM = (PN + PnC) - AnC$$

El fons de maniobra té un doble sentit:

- És l'actiu corrent necessari per sostenir el ritme de l'activitat de l'empresa.
- És la quantitat de recursos permanents (patrimoni net i passiu no corrent) que l'empresa ha de destinar per aconseguir l'estabilitat de funcionament a la seva activitat.

Conceptes bàsics

Recursos permanents. Són els recursos que normalment no varien durant l'exercici econòmic i que estan compostos pel *net patrimonial* (el no exigible, format majoritàriament pels recursos propis) i el *passiu no corrent* (exigible a llarg termini).

A causa del **caràcter permanent** o **a llarg termini** del fons de maniobra, és necessari que aquest sigui finançat amb recursos permanents o a llarg termini. El *fons de maniobra* és un concepte molt genèric i, per tant, pot servir per fer una anàlisi financera, com veurem en aquesta unitat, juntament amb les ràtios financeres que analitzen la liquiditat i la solvència de l'empresa.

Lògicament, el fons de maniobra pot ser *positiu* o *negatiu.*

A. Fons de maniobra positiu

A continuació hi ha la representació gràfica d'un balanç amb les masses patrimonials reflectides de manera proporcional a la seva importància (recordem l'apartat de la representació gràfica del balanç).

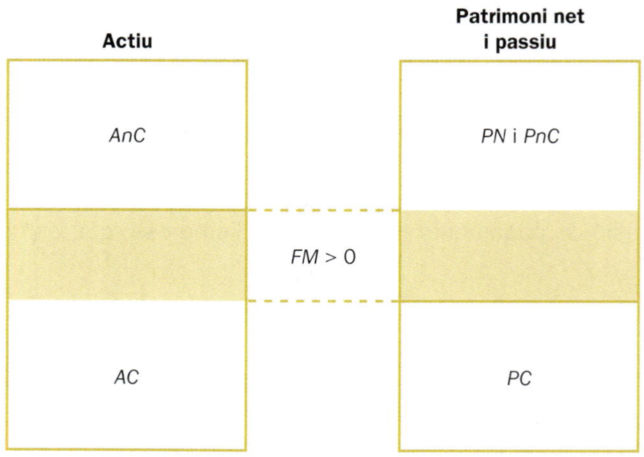

Fig. 5.3. Representació gràfica d'un balanç amb fons de maniobra positiu.

> **! Important**
>
> Una situació és **equilibrada** quan els recursos que financen aquesta part de l'actiu corrent (*fons de maniobra*) no presenten exigibilitat a l'exercici (*recursos permanents*, com ara recursos propis, préstecs o crèdits a llarg termini, emprèstits d'obligacions, etc.). En canvi, la resta d'inversions de l'actiu corrent són a curt termini, la qual cosa significa que els seus rendiments també ho són i que es recuperaran en aquest període; aquesta part és finançada amb recursos de passiu corrent.

Fons de maniobra positiu:

FM = *AC* – *PC* > 0   o bé   *FM* = (*PN* + *PnC*) – *AnC* > 0

En aquesta representació gràfica els rectangles que mostren l'actiu no corrent i l'actiu corrent, així com el patrimoni net i el passiu no corrent i el passiu corrent, estan relacionats amb el fons de maniobra, el qual es marca ombrejat. El fons de maniobra es reflecteix tant a l'actiu com al patrimoni net i el passiu: a l'actiu és la part de l'actiu corrent finançada pel patrimoni net i el passiu no corrent, i al passiu és la part del patrimoni net i el passiu no corrent que finança l'actiu corrent. En aquest gràfic es mostra un fons de maniobra positiu, ja que l'actiu corrent és superior al passiu corrent.

Un **fons de maniobra positiu** dona un **marge operatiu** a l'empresa, ja que amb l'actiu corrent pot liquidar la totalitat de l'exigible a curt termini (passiu corrent) i encara disposa d'aquest marge.

El fons de maniobra pot ser positiu, negatiu o igual a zero, i això pot ser específic per a cada empresa o per a les empreses d'un mateix sector econòmic.

En general, el fons de maniobra hauria de ser positiu i representar la part dels recursos permanents que financen la fracció de l'actiu corrent que es podria considerar com una inversió a llarg termini, com ara l'estoc de seguretat de les existències de l'empresa o els saldos mínims que habitualment es concedeixen com a crèdit per als clients de l'empresa. Són exemples de partides de l'actiu corrent que tenen una permanència a llarg termini a l'empresa i, per això, és convenient que siguin finançades per una part del patrimoni net i el passiu no corrent.

> **+ Més dades**
>
> Es pot considerar una regla sobre el finançament de l'empresa en general, resumida en tres aspectes:
>
> - **Les inversions permanents** *(AnC)* s'han de finançar amb *PN* i *PnC,* que són recursos vinculats a l'empresa de forma permanent.
> - **Les inversions temporals** a l'activitat pròpia de l'empresa (a curt termini, *AC*) han de finançar-se amb recursos a curt termini (*PC*).
> - **La part fixa i estable de les inversions temporals** (manteniment de saldos mínims fixos d'existències, crèdits a clients o disponibilitats líquides mínimes) s'han de finançar amb recursos permanents (*PN* i *PnC*). Aquesta part és el fons de maniobra.

Fig. 5.4. El fons de maniobra permet a l'empresa operar en la seva activitat habitual.

Exemple 4

L'empresa comercial Contínua, SL, presenta el balanç següent:

Actiu		Patrimoni net i passiu	
Actiu no corrent		**Patrimoni net**	
Maquinària	1 000	Capital	1 100
– AA maquinària	(110)	Reserves	170
Actiu corrent		**Passiu no corrent**	
Mercaderies	410	Deutes a ll/t ent. de crèdit	130
Clients	380	**Passiu corrent**	
Bancs	120	Proveïdors	185
		Proveïdors, efectes a pagar	215
	1 800 €		**1 800 €**

L'actiu corrent és:

$$AC = 410 + 380 + 120 = 910\,€$$

El passiu corrent és:

$$PC = 185 + 215 = 400\,€$$

Podem comprovar que la totalitat de les fonts de finançament a curt termini (proveïdors i efectes comercials a pagar) només financen una part de les inversions a curt termini (existències, clients, i bancs i caixa), és a dir, la suma de 400 €.

La resta de l'actiu corrent, 910 – 400 = 510 €, és finançat per fonts de finançament a llarg termini (capital, reserves i préstec a ll/t).

Aquesta diferència (510 €) és el fons de maniobra.

$$FM = AC - PC$$

$$FM = 910 - 400 = 510\,€$$

$$FM = (PN + PnC) - AnC$$

$$FM = (1\,100 + 170 + 130) - (1\,000 - 110) = 1\,400 - 890 = 510\,€$$

La representació gràfica de l'actiu i del passiu és la següent:

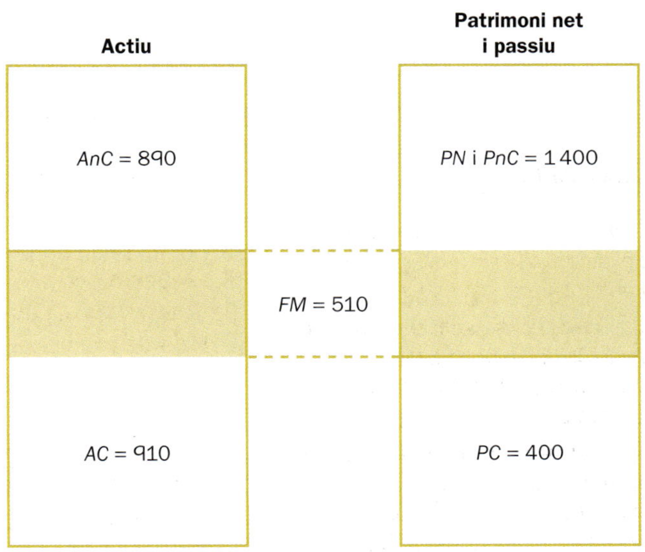

Observem que es tracta d'una situació equilibrada, ja que una part de les inversions en corrent és finançada amb recursos permanents o a llarg termini (patrimoni net i passiu no corrent).

Perquè hi hagi un **equilibri patrimonial** a la relació entre actiu i passiu s'han de complir les condicions bàsiques següents:

1. Els recursos financers permanents i a llarg termini (patrimoni net i passiu no corrent) han de finançar les inversions a llarg termini (actiu no corrent) i una part de l'actiu corrent (fons de maniobra).

2. Els recursos financers a curt termini (passiu corrent) han de finançar una part de les inversions a curt termini (la part restant de l'actiu corrent).

Però, quins són els components d'aquesta part de l'actiu corrent denominada *fons de maniobra* que és finançada amb recursos financers permanents o a llarg termini? Principalment, una fracció dels *saldos d'existències*, de *clients*, o de *bancs* i *caixa* que són permanents a l'empresa.

Observem la taula següent:

Comptes	Interpretació del saldo que forma part del fons de maniobra
Existències	Representa un estoc de seguretat que permet el funcionament i la circulació del procés productiu en cas que succeeixi alguna ruptura o algun desajust imprevist. Aquesta quantitat hauria de ser una fracció estable, és a dir, una inversió permanent dins l'actiu corrent.
Clients	És el crèdit mínim mitjà que es concedeix habitualment als clients com un valor afegit més de l'activitat; això també és una inversió permanent dins l'actiu corrent.
Bancs i caixa	És una part fixa que permet una liquiditat immediata dins l'empresa; sempre s'ha de disposar de diner líquid per a afrontar pagaments i reembossaments inesperats i poc importants.

Taula 5.2. Composició del fons de maniobra.

Per tots aquests motius, hi ha d'haver un **fons de recursos financers** destinat a finançar aquesta part de l'actiu corrent que són inversions permanents: una part del patrimoni net i passiu no corrent ha de finançar aquesta part de l'actiu corrent, com a necessitat permanent per mantenir els saldos fixos de les existències, dels clients o de bancs i caixa.

Fig. 5.5. El fons de maniobra positiu garanteix l'equilibri patrimonial, ja que part de les inversions es fan amb els recursos permanents d'aquest fons.

El **fons de maniobra** és la part dels recursos permanents que finança les inversions permanents de l'actiu corrent.

B. Fons de maniobra negatiu

El fons de maniobra ha de ser suficient per assegurar el funcionament a curt termini de l'empresa i per garantir l'estabilitat de la seva estructura financera. Un **fons de maniobra negatiu** significaria que una part de les inversions a llarg termini (actiu no corrent) seria finançada amb l'exigible a curt termini, i això provocaria que l'empresa tingués problemes per a pagar els deutes i estigués prop de la suspensió de pagaments.

A la representació gràfica següent observem una estructura de balanç amb un fons de maniobra negatiu (*FM* < 0), ja que l'actiu corrent és més baix que el passiu corrent, és a dir, una part del passiu corrent finança l'actiu no corrent de l'empresa.

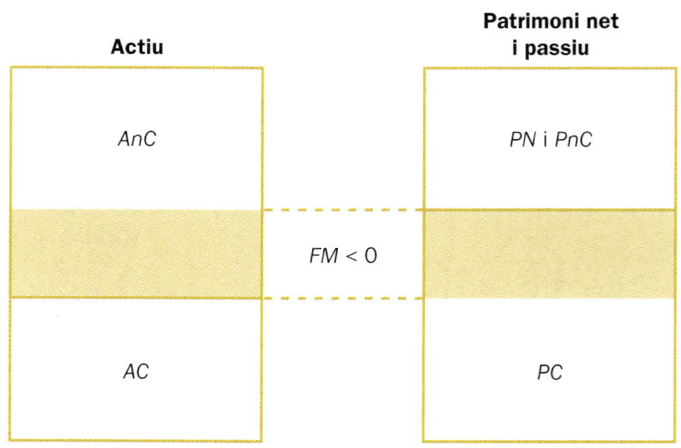

Fig. 5.6. Representació gràfica d'un balanç amb un fons de maniobra negatiu.

Això explica perquè el fons de maniobra s'ombreja a l'actiu no corrent i al passiu corrent.

Fons de maniobra negatiu:

$$FM = AC - PC < 0 \quad \text{o bé} \quad FM = PN + PnC - AnC < 0$$

No obstant això, hi ha empreses que funcionen amb un fons de maniobra molt petit o negatiu, la qual cosa pot ser habitual en certs sectors econòmics. Per exemple, un hipermercat manté un volum de deutes amb els proveïdors a un termini bastant llarg (90 dies) i, contràriament, cobra la majoria de les vendes al comptat o a un termini curt (menys de 30 dies). Si les seves disponibilitats líquides (bancs i caixa) són molt ajustades, el component principal de l'actiu corrent el formen les existències de mercaderies.

Recorda

El **fons de maniobra** és el conjunt de recursos que l'empresa necessita per a finançar-se durant el període que hi ha entre el moment que es paga els proveïdors i el moment que es cobra dels clients. Per això, com més curt sigui aquest període, més petit serà el fons de maniobra necessari.

Depenent de la política d'inventaris que segueixi l'empresa (si adopta un sistema *just-in-time*, les existències seran mínimes), el seu fons de maniobra serà molt petit o negatiu.

En aquest cas, es tracta d'una situació normal per a l'empresa o el sector, ja que, encara que el fons de maniobra sigui negatiu, la situació de l'empresa serà normal sempre que el termini de pagament (proveïdors i creditors) sigui superior al termini de cobrament (clients i deutors).

En el cas de l'hipermercat, la seva situació amb un fons de maniobra negatiu no és preocupant, ja que presenta una circumstància singular: el període mitjà de pagament a proveïdors és superior a la durada del seu **cicle d'explotació**. Per tant, quan ha de pagar els proveïdors ja ha recuperat àmpliament els recursos destinats a comerciar amb les mercaderies venudes.

Exemple 5

Una empresa comercial presenta el balanç següent (en euros):

Actiu		Patrimoni net i passiu	
Actiu no corrent		**Patrimoni net**	
Maquinària	4 110	Capital	2 000
– AA maquinària	(110)	Reserves	1 000
Actiu corrent		**Passiu no corrent**	
Mercaderies	2 700	Deutes a l/p ent. de crèdit	500
Clients	1 000	**Passiu corrent**	
Bancs	800	Proveïdors	3 000
		Proveïdors, efectes a pagar	2 000
	8 500 €		**8 500 €**

$$FM = AC - PC$$

$$FM = (2\,700 + 1\,000 + 800) - (3\,000 + 2\,000) = 4\,500 - 5\,000 = -500\text{ €}$$

$$FM = PN + PnC - AnC$$

$$FM = (2\,000 + 1\,000 + 500) - (4\,110 - 110) = 3\,500 - 4\,000 = -500\text{ €}$$

La representació gràfica de l'actiu i del passiu és la següent:

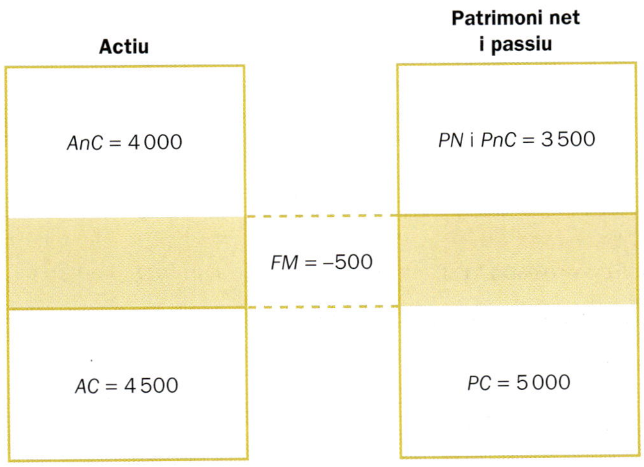

El fons de maniobra és negatiu (*FM* = –500). Això significa que una part de les inversions de l'empresa a llarg termini (actiu no corrent) és finançada amb l'exigible a curt termini. És una situació patrimonial desequilibrada perquè hi ha un risc manifest d'arribar a la suspensió de pagaments, és a dir, de no poder fer front a les obligacions de pagament a curt termini (passiu corrent) liquidant l'actiu corrent, ja que és insuficient.

Recorda

El **sistema *just-in-time*** de gestió d'inventaris té com a objectiu bàsic reduir les existències a l'inventari, relacionant-les amb la satisfacció immediata de les comandes de clients o de les ordres de fabricació.

Conceptes bàsics

Cicle d'explotació. És el període que passa des que es produeixen les entrades de materials al magatzem per iniciar l'activitat pròpia de l'empresa, fins que es cobren les factures dels clients corresponents a les vendes dels productes generats per l'empresa. Aquest concepte també s'anomena *període de maduració*.

Claus i consells

El *cicle d'explotació* o *període de maduració* s'estudiarà amb més profunditat a la Unitat 9.

Fig. 5.7. El fons de maniobra negatiu provoca un desequilibri patrimonial que posa en perill la viabilitat de l'empresa.

3.2. Les situacions financeres

Un cop s'ha definit el patrimoni de l'empresa i identificat un indicador analític tan ampli com el fons de maniobra, només falta estudiar les diferents situacions financeres en les quals es pot trobar l'empresa.

Com hem vist, la necessària i equilibrada correlació patrimonial entre les masses patrimonials d'actiu i de passiu implica que la situació òptima de l'empresa en aquest àmbit és la que permeti maximitzar els rendiments lligats als recursos proporcionats per l'estructura financera (patrimoni net i passiu) i invertits en aplicacions de l'estructura econòmica (actiu), garantint que es pugui fer front als compromisos i a les obligacions de pagament als terminis previstos.

Estudiarem les diferents situacions en què es pot trobar el patrimoni d'una empresa: *estabilitat financera total* i *normal*, *suspensió de pagaments*, *desequilibri financer a llarg termini* i *fallida*.

! Important

La recomanació principal que fins ara es pot argumentar respecte de la gestió del patrimoni i la recerca de l'**equilibri patrimonial** és la següent: l'agregació de totes les partides de l'actiu no corrent i del capital corrent (*fons de maniobra*) s'haurien de finançar amb fons del patrimoni net i el passiu no corrent (*recursos propis* i *exigible a llarg termini*), i deixar que l'exigible a curt termini (*passiu corrent*) proporcioni finançament per compensar les inversions al vessant dinàmic de l'actiu corrent i els dèficits momentanis de tresoreria.

A. Estabilitat financera total

És la situació en la qual l'actiu no corrent i l'actiu corrent són finançats totalment per recursos propis (capital i reserves), sense haver-hi passiu corrent. En aquest cas l'estabilitat és total, ja que no hi ha passiu per tornar:

$$AnC + AC = RP \qquad \text{Passiu} = 0$$

El fons de maniobra és positiu, potser excessiu ($FM = AC > 0$). Habitualment, aquesta situació es produeix quan una empresa inicia la seva activitat, però no és gaire freqüent en un altre moment posterior.

La representació gràfica de la composició del balanç d'aquesta situació financera és la que es pot veure tot seguit.

Tingues en compte

L'**estabilitat financera total** s'acostuma a produir abans d'iniciar l'activitat empresarial amb motiu de la fundació o constitució de l'empresa.

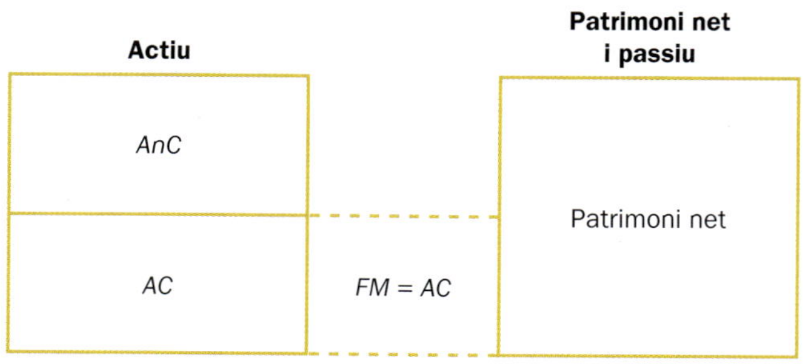

Fig. 5.8. Representació gràfica del balanç d'una situació financera d'estabilitat total.

Cas resolt 1

Una empresa presenta el balanç següent. Representa gràficament la composició i comenta la situació financera.

Solució:

Actiu		Patrimoni net i passiu	
Actiu no corrent		**Patrimoni net**	**7600**
Immobilitzat material	5000	**Passiu no corrent**	–
Actiu corrent		**Passiu corrent**	–
Existències	900		
Realitzable	700		
Disponible	1000		
	7600		**7600**

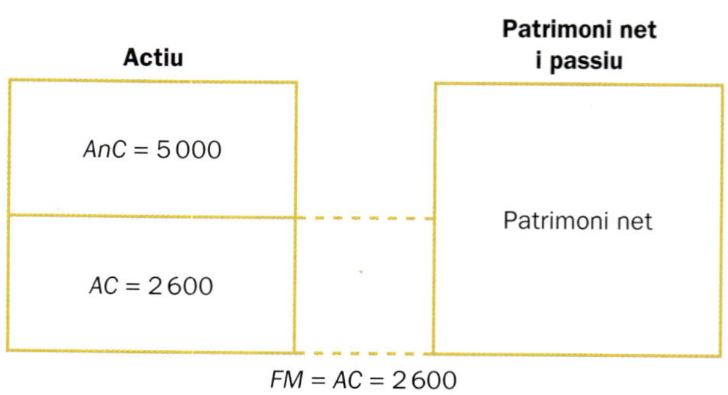

El balanç mostra una estabilitat financera total. Les fonts de finançament estan formades exclusivament per recursos propis, la qual cosa dona una gran seguretat; però en aquest cas és excessiva, ja que amb un cert endeutament la gestió de l'empresa pot ser més dinàmica i obtenir més rendibilitat.

B. Estabilitat financera normal

Situació ideal en la qual el patrimoni net i el passiu no corrent finança l'actiu no corrent i el capital corrent (fons de maniobra, que en aquest cas és positiu).

$$FM = AC - PC, \text{ com que } AC > PC, \text{ llavors } FM > 0$$

La dimensió del fons de maniobra està en funció de les necessitats de l'empresa i de les característiques del sector d'activitat. Hem de recordar que la dimensió del fons de maniobra depèn de cada empresa, de la seva activitat i dels terminis mitjans de pagament i de cobrament.

Fig. 5.9. Una empresa pot travessar diferents situacions patrimonials en un moment donat, que en comprometen o en garanteixen l'activitat.

La representació gràfica de la composició del balanç d'aquesta situació ideal és la següent:

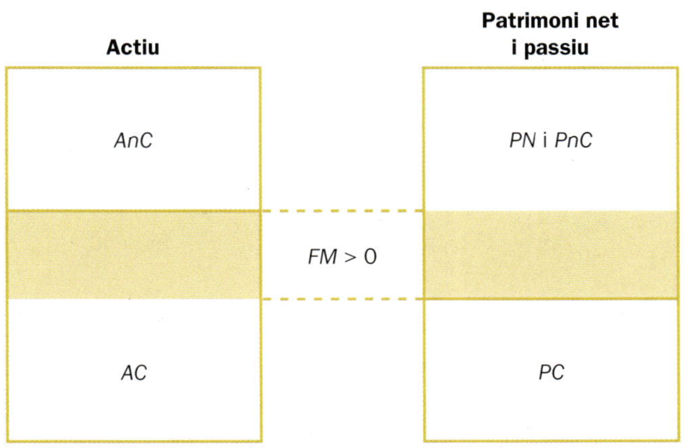

Fig. 5.10. Representació gràfica del balanç d'una situació financera d'estabilitat normal.

Per aquesta raó no es pot recomanar una dimensió específica per al fons de maniobra, ja que això depèn de factors endògens i exògens en relació amb les característiques de cada empresa. Ja hem vist que una empresa pot tenir una bona situació financera amb un fons de maniobra negatiu. Existeix una tècnica per determinar de forma teòrica el fons de maniobra que hauria de tenir una empresa en funció de les característiques del seu cicle d'explotació i altres variables de l'empresa. Això s'estudiarà a la Unitat 9.

Cas resolt 2

Una empresa presenta el balanç següent. Representa gràficament la composició i comenta la situació financera.

Solució:

Actiu		Patrimoni net i passiu	
Actiu no corrent		**Patrimoni net**	**3 500**
Immobilitzat material	5 000	**Passiu no corrent**	**2 200**
Actiu corrent		**Passiu corrent**	**1 900**
Existències	900		
Realitzable	700		
Disponible	1 000		
	7 600		**7 600**

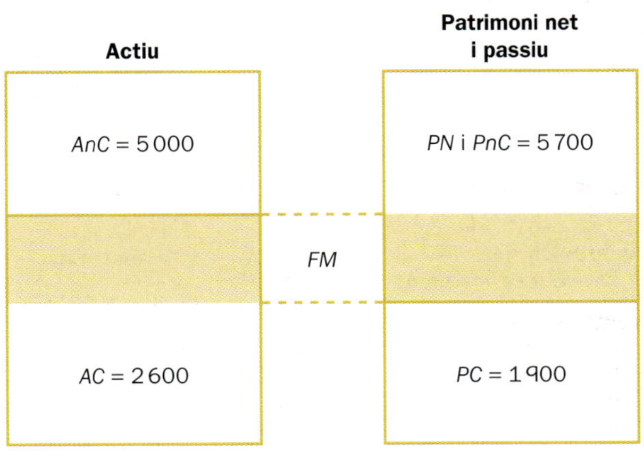

$FM = 2\,600 - 1\,900 = 700$

El balanç mostra una estabilitat financera normal perquè s'observa un cert equilibri patrimonial, ja que una part de l'actiu corrent (fons de maniobra positiu) és finançat amb recursos permanents (recursos propis i passiu no corrent) i això dona un marge operatiu a l'activitat de l'empresa.

C. Suspensió de pagaments

Situació de desequilibri financer a curt termini, ja que el passiu corrent finança el fons de maniobra (negatiu), el qual, amb caràcter permanent al corrent, posa en perill la capacitat de l'empresa per afrontar les seves obligacions de pagament a curt termini. És a dir, els deutes amb els proveïdors i creditors són superiors als saldos de clients de cobrament més immediat i la tresoreria de l'empresa, per la qual cosa l'empresa no pot fer front als pagaments.

Una empresa en situació de suspensió de pagaments té **problemes de liquiditat a curt termini**. Pot sortir d'aquesta situació mitjançant un increment del finançament permanent (recursos propis) o a llarg termini (passiu no corrent), fins que recuperi la capacitat de pagament a curt termini.

$FM = AC - PC$, com que $AC < PC$, llavors $FM < 0$

La representació gràfica de la composició del balanç en aquesta situació és:

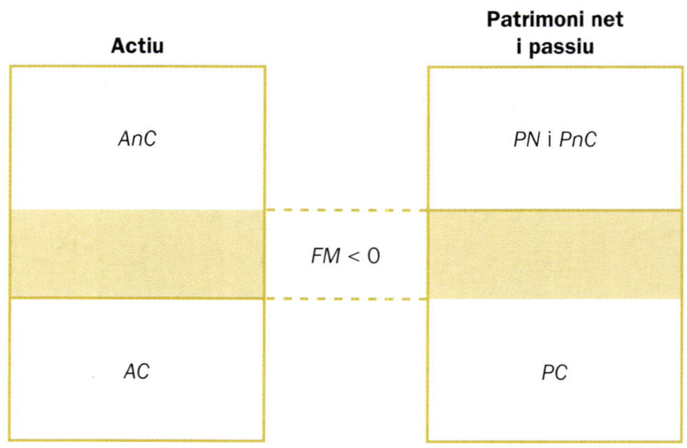

Fig. 5.11. Representació gràfica del balanç d'una situació financera en suspensió de pagaments.

> **Conceptes bàsics**
>
> **Concurs de creditors.** És el procediment judicial que regula la suspensió de pagaments i que té per objecte evitar la declaració de fallida mitjançant acords de moratòries o una disminució de deute amb els creditors.
>
> Se sol·licita a empreses que, sent el seu actiu superior al passiu, passen dificultats per fer front als seus deutes.

Cas resolt 3

Una empresa presenta el balanç següent. Representa gràficament la composició i comenta la situació financera.

Solució:

Actiu		Patrimoni net i passiu	
Actiu no corrent		**Patrimoni net**	**3 500**
Immobilitzat material	5 000	**Passiu no corrent**	**1 100**
Actiu corrent		**Passiu corrent**	**3 000**
Existències	900		
Realitzable	700		
Disponible	1 000		
	7 600		**7 600**

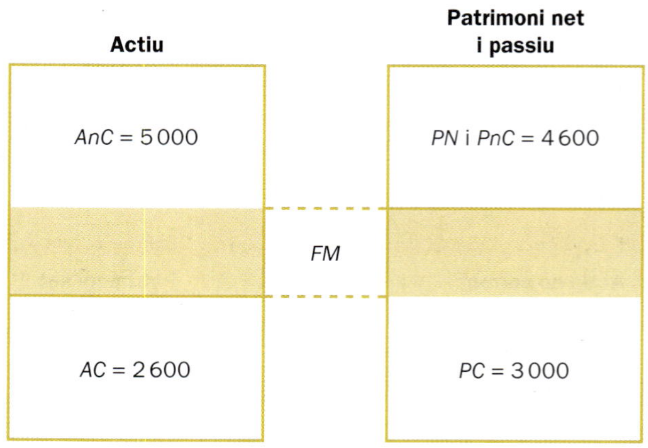

$FM = 2\,600 - 3\,000 = -400$

L'empresa té un problema a curt termini, ja que els deutes d'aquest tipus (3 000 €) no es poden cobrir amb les seves disponibilitats a curt termini (1 000 €), més els deutes de clients que estan a punt de cobrar-se, és a dir, no té prou liquiditat per pagar els deutes. En canvi, a llarg termini la situació es mostra solvent. L'empresa hauria de renegociar els deutes amb els proveïdors i planificar millor la disponibilitat de l'actiu corrent. Això pot aconseguir-ho reduint existències (estimulant les vendes), reduint el crèdit concedit a clients (relacionant-lo amb el crèdit atorgat pels proveïdors) i obtenint el disponible necessari per atendre les obligacions de pagament més immediates.

ampliació capital
demanar préstec

D. Desequilibri financer a llarg termini

Situació d'inestabilitat financera causada per **problemes de solvència**, ja que l'empresa està descapitalitzada (no té recursos propis) i tot el finançament és passiu.

La falta de solvència significa que per afrontar les obligacions de pagament per l'endeutament hauria de liquidar tot l'actiu, és a dir, tots els béns de l'empresa. La situació de fallida està molt pròxima. La representació gràfica és la que es mostra a Figura 5.12.

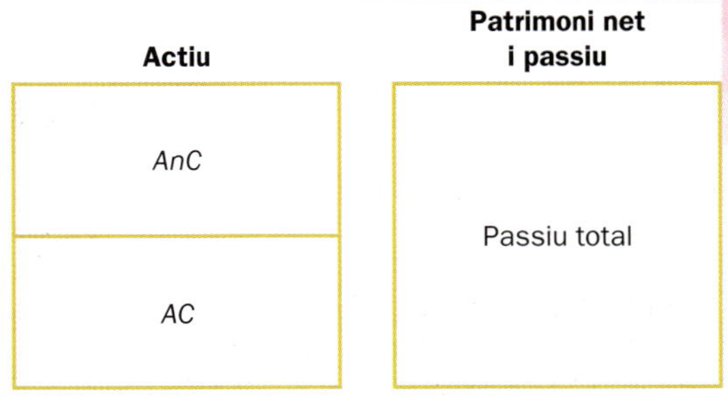

Fig. 5.12. Representació gràfica del balanç d'una situació de desequilibri financer a llarg termini.

Cas resolt 4

Una empresa presenta el balanç següent. Representa gràficament la composició i comenta la situació financera.

Solució:

Actiu		Patrimoni net i passiu	
Actiu no corrent		**Patrimoni net**	–
Immobilitzat material	5 000	**Passiu no corrent**	**4 200**
Actiu corrent		**Passiu corrent**	**3 400**
Existències	900		
Realitzable	700		
Disponible	1 000		
	7 600		**7 600**

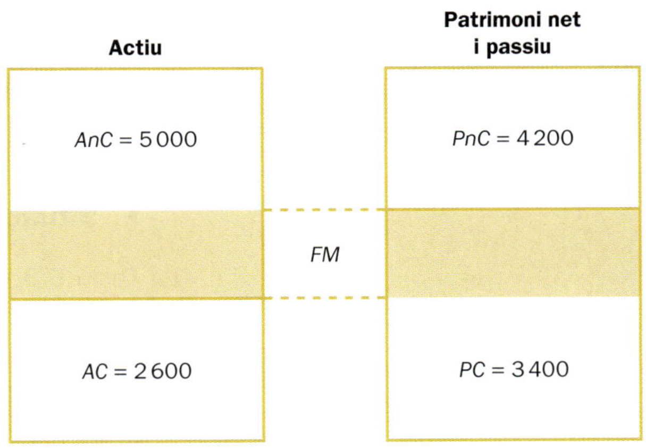

FM = 2 600 – 3 400 = –800 (en aquest cas, el fons de maniobra és negatiu, però també podria ser positiu i ens trobaríem la mateixa situació patrimonial).

Com que tot el finançament és passiu, per pagar els deutes caldria liquidar tots els actius de l'empresa. La situació és molt difícil, perquè caldria renegociar els deutes amb els creditors, incrementar els recursos propis (amb una ampliació de capital) i, sobretot, reconsiderar l'activitat de l'empresa per solucionar el problema.

E. Fallida

Situació de desequilibri financer greu, perquè l'empresa està totalment descapitalitzada i, a més a més, una part del passiu s'ha destinat a finançar un actiu fictici que no dona cap rendiment, per exemple, pèrdues acumulades. Ja no disposa de capital, sinó que, a més a més, l'acumulació de pèrdues fa que el patrimoni net sigui negatiu.

Per aquesta raó, al balanç es resta el passiu total. L'empresa està condemnada a desaparèixer, atès que les mesures per solucionar la situació impliquen augmentar el capital de manera que es compensin les pèrdues i s'estableixi una base per a la recuperació financera de l'empresa; a més, caldria renegociar els deutes amb els creditors i revisar l'activitat de l'empresa.

La representació gràfica de la situació és la següent:

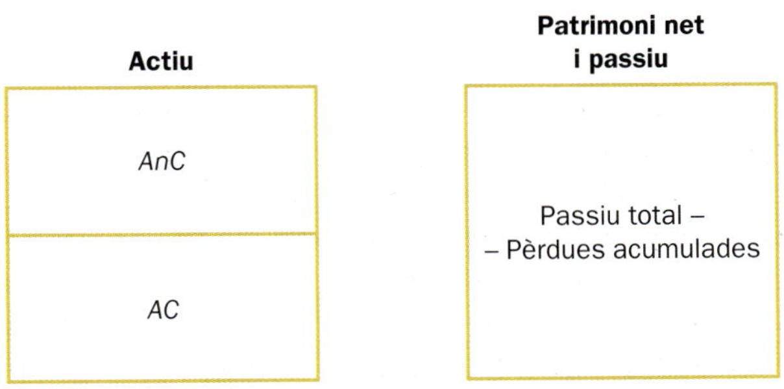

Fig. 5.13. Representació gràfica del balanç d'una situació de fallida.

Conceptes bàsics

Fallida. És un procediment judicial d'execució forçosa perquè l'empresa es troba en un estat d'insolvència definitiva.

Aquesta declaració judicial té com a objecte liquidar el patrimoni empresarial per a fer front als creditors.

Cas resolt 5

Una empresa presenta el balanç següent. Representa gràficament la composició i comenta la situació financera.

Solució:

Actiu		Patrimoni net i passiu	
Actiu no corrent		**Patrimoni net**	**(5 600)**
Immobilitzat material	2 000	**Passiu no corrent**	**3 200**
Actiu corrent		**Passiu corrent**	**7 000**
Existències	900		
Realitzable	700		
Disponible	1 000		
	4 600		**4 600**

Actiu

AnC = 2 000

AC = 2 600

Patrimoni net i passiu

Passiu total –
– Pèrdues acumulades

10 200 – 5 600 =
= 4 600

FM = 2 600 – 7 000 = –4 400

Com que no hi ha recursos propis i les pèrdues acumulades d'altres exercicis són tan abundants, la situació és de desaparició de l'empresa, ja que no podria pagar el total de l'endeutament encara que liquidés tot l'actiu.

F. Situacions financeres: quadre comparatiu

La Taula 5.3 resumeix les situacions financeres, les causes, les conseqüències i les solucions.

Situació financera	Causa	Conseqüència	Solució
Estabilitat financera total	Excés de finançament propi: l'empresa es finança només amb recursos propis.	Total seguretat, però no es pot beneficiar de l'efecte positiu de l'endeutament.	Endeutar-se moderadament per utilitzar capitals aliens i augmentar així la rendibilitat.
Estabilitat financera normal	AC > PC FM positiu	És la situació ideal per a l'empresa.	Només ha de vigilar que el fons de maniobra sigui el necessari per a l'activitat.
Suspensió de pagaments	AC < PC FM negatiu	No pot pagar els deutes a curt termini.	Ampliar el termini de pagaments als proveïdors, planificar millor la tresoreria, renegociar els deutes amb els creditors i/o vendre immobilitzat improductiu.
Desequilibri financer a llarg termini	FM negatiu. Acumulació de pèrdues. El patrimoni net és zero (l'actiu és igual que el passiu).	Descapitalització. Solvència exigua.	Renegociar els deutes amb els creditors i/o augmentar el capital.
Fallida	FM negatiu. Acumulació de pèrdues i el passiu (passiu total) és superior a l'actiu total.	Descapitalització. Pèrdua total de la solvència.	Solució molt difícil. Augmentar el capital i redefinir l'activitat. L'empresa desapareix.

Taula 5.3. Causes, conseqüències i solucions per a les diferents situacions financeres.

3.3. Les ràtios financeres

Continuant amb l'anàlisi financera, estudiem ara les *ràtios financeres*, que són el complement a l'anàlisi precedent fet amb el fons de maniobra.

Una **ràtio** és una relació entre dues magnituds vinculades, la qual cosa permet fer una comparació explicativa.

Amb el càlcul de les ràtios s'aconsegueix un indicador sintètic que resumeix una informació sobre la situació financera de l'empresa. Les ràtios no es poden utilitzar de manera aïllada per fer interpretacions generals, sinó que s'han d'acompanyar d'altres indicadors que permeten fer comparacions i interpretacions orientatives i prudents.

Les ràtios també es poden utilitzar per a comparar-les amb les d'un altre període, amb la finalitat de conèixer l'evolució de la situació de l'empresa. Així mateix, també es poden fer servir per comparar-les amb les ràtios de les empreses del mateix sector econòmic i examinar desviacions. Cada sector mostra uns valors òptims de les seves ràtios, que poden diferir dels d'un altre sector.

Fig. 5.14. La ràtio de tresoreria indica la solvència de l'empresa a curt termini.

Les ràtios financeres permeten analitzar la capacitat de l'empresa per liquidar els deutes d'una manera solvent i als termes fixats prèviament amb els proveïdors i els creditors.

A continuació coneixerem les principals ràtios financeres: *ràtio de tresoreria*, *ràtio de liquiditat* i *ràtio de garantia*.

A. Ràtio de tresoreria *(T)*

També es coneix com a *ràtio de solvència immediata* o *acid-test*, i indica la capacitat de l'empresa per liquidar els deutes a curt termini sense risc de suspensió de pagaments.

$$T = \frac{\text{Realitzable + Disponible}}{\text{Passiu corrent}}$$

Per evitar problemes de liquiditat, el valor de la ràtio ha de ser prop d'1. Si és inferior, hi ha un risc manifest de suspensió de pagaments perquè amb els recursos a curt termini l'empresa no pot pagar els deutes a curt termini. Si el valor de la ràtio és molt superior a la unitat, indica que hi ha un excés de liquiditat, és a dir, que l'empresa té actius sense rendiment.

!! Atenció

En conjunt, els **valors òptims** exposats en les ràtios són orientatius, ja que hem de considerar el tipus d'empresa, l'evolució recent i el resultat d'altres ràtios per fer-ne una interpretació més precisa.

B. Ràtio de liquiditat *(L)*

Es compara l'actiu corrent amb el passiu corrent i mostra la situació de liquiditat de la tresoreria de l'empresa, però no d'una manera tan immediata com la ràtio de tresoreria. També es coneix com a *ràtio de fons de maniobra* o de *solvència a curt termini*.

$$L = \frac{\text{Actiu corrent}}{\text{Passiu corrent}} = \frac{\text{Existències + Realitzable + Disponible}}{\text{Passiu corrent}}$$

Per allunyar-se del risc de suspensió de pagaments, el valor de la ràtio ha de ser superior a 1 i pròxim a 2.

C. Ràtio de garantia o solvència *(G)*

El total de les inversions (actiu) es relaciona amb el total de l'endeutament de l'empresa. Aquesta ràtio mesura la capacitat total de l'empresa per a afrontar els deutes. També es coneix com a *ràtio de solvència a llarg termini* o de *distància a la fallida*.

$$G = \frac{\text{Actiu}}{\text{Passiu}}$$

El valor òptim ha de ser superior a 1 i pròxim a 2, com a mínim. Per sota d'1 implica un risc manifest de fallida de l'empresa.

Exemple 6

Podem aplicar aquestes ràtios amb l'exemple d'una empresa que presenta el balanç següent:

Actiu		Patrimoni net i passiu	
Maquinària	31 000	Capital	18 000
Mercaderies	12 000	Reserves	7 000
Clients	16 000	Préstec a 1/p	14 000
Bancs i caixa	8 000	Proveïdors	20 000
		Proveïdors, efectes a pagar	8 000
	67 000		**67 000**

El càlcul de les ràtios és el següent:

$$\text{Ràtio de tresoreria: } T = \frac{(16\,000 + 8\,000)}{(20\,000 + 8\,000)} = 0{,}86 < 1$$

El resultat de la ràtio mostra que l'empresa té problemes de tresoreria.

$$\text{Ràtio de liquiditat: } L = \frac{(12\,000 + 16\,000 + 8\,000)}{(20\,000 + 8\,000)} = 1{,}29 > 1$$

Es comprova que la liquiditat de l'empresa és ajustada.

$$\text{Ràtio de garantia: } G = \frac{67\,000}{(14\,000 + 20\,000 + 8\,000)} = 1{,}6 > 1$$

Aquest resultat mostra que la solvència a llarg termini està assegurada.

Per tant, l'empresa presenta la situació següent:

- Hi ha problemes de liquiditat a curt termini, perquè la tresoreria mostra poca capacitat de pagament dels deutes a curt termini (T = 0,86), és a dir, hi ha un risc important de suspensió de pagaments.
- La situació de liquiditat menys immediata no és tan preocupant (L = 1,29), ja que liquidant l'actiu corrent l'empresa té una capacitat de pagament sobrada per a cobrir l'exigible a curt termini.
- La ràtio de garantia (G = 1,6) indica una situació de solvència contrastada a llarg termini, ja que el valor de l'actiu compensa àmpliament la suma total de l'exigible.

La situació de l'empresa es podria solucionar amb les mesures següents:

- Reconsiderant la composició de l'exigible, és a dir, passant els deutes de curt termini a llarg termini.
- Duent a terme una millor planificació de la tresoreria, ja que el problema de risc de suspensió de pagaments es pot compensar amb la bona solvència de l'empresa.
- Fent una política promocional per convertir les existències en realitzables o disponibles.
- Venent actius improductius, com per exemple elements de l'actiu no corrent (maquinària, edificis o vehicles) que aporten una rendibilitat nul·la o molt baixa.

Les ràtios que hem vist fins ara es complementen amb altres que permeten fer una anàlisi financera de l'empresa més completa: la *ràtio de disponibilitat*, la *ràtio d'endeutament* i la *ràtio d'estructura del deute*.

D. Ràtio de disponibilitat *(D)*

Mostra la proporció dels deutes a curt termini que es podrien liquidar amb els comptes de tresoreria de l'empresa (bancs i caixa).

$$D = \frac{\text{Disponible}}{\text{Passiu corrent}}$$

El valor òptim és molt relatiu, i depèn del tipus d'empresa i del sector econòmic, però diversos autors el fixen entorn de 0,3-0,4. En general, com més baix sigui el valor, més dificultat tindrà l'empresa per fer front als pagaments més immediats, i com més alt sigui, més seguretat hi haurà enfront del risc de suspensió de pagaments, encara que tindrà uns actius poc rendibles (ja que els saldos de bancs i de caixa gairebé no aporten ingressos financers).

E. Ràtio d'endeutament *(E)*

Mostra la relació entre els deutes de l'empresa i el total del patrimoni net i el passiu. És a dir, indica quina proporció de l'estructura financera de l'empresa és endeutament.

$$E = \frac{\text{Passiu}}{\text{Patrimoni net + Passiu}}$$

Aquesta ràtio serveix per comprovar la qualitat del finançament de l'empresa, al sentit de la seva dependència respecte de l'endeutament o el finançament extern.

El valor òptim tampoc no està gaire definit, però es podria establir un valor orientatiu dins l'interval 0,2-0,8, considerant que l'empresa presenta més dependència del finançament com més alt sigui el valor.

F. Ràtio d'estructura del deute *(Q)*

Indica la proporció dels deutes de l'empresa que són exigibles a curt termini.

$$Q = \frac{\text{Passiu corrent}}{\text{Passiu}}$$

El valor òptim tampoc no es pot indicar amb exactitud: com més baixa sigui la ràtio, l'endeutament serà de més qualitat, tenint en compte que, en general, com més gran sigui el termini de pagament dels deutes de l'empresa, més marge operatiu i més capacitat de pagament tindrà.

Exemple 7

Veurem l'aplicació d'aquestes ràtios en el cas de l'empresa de l'Exemple 6. El càlcul de les ràtios és el següent:

$$D = \frac{8\,000}{20\,000 + 8\,000} = 0{,}29$$

El resultat mostra que l'empresa podria tenir problemes de tresoreria.

$$E = \frac{14\,000 + 20\,000 + 8\,000}{67\,000} = 0{,}63$$

Del resultat es dedueix que l'empresa té poca autonomia financera.

$$Q = \frac{20\,000 + 8\,000}{14\,000 + 20\,000 + 8\,000} = 0{,}67$$

Es comprova que l'empresa té massa exigible a curt termini.

Com havíem observat a l'estudi de les altres ràtios financeres, cal millorar la situació de la tresoreria de l'empresa per allunyar el risc de suspensió de pagaments. La ràtio d'endeutament mostra una situació de notable dependència del finançament exigible ($E = 0{,}63$) i, particularment, de l'endeutament a curt termini ($Q = 0{,}66$), ja que el 66 % de l'endeutament és a curt termini.

En general, la situació de l'empresa és solvent, però caldria solucionar els problemes de tresoreria i reconsiderar la composició de l'endeutament, especialment per la importància relativa que té l'excessiu endeutament a curt termini.

G. Ràtios financeres: quadre comparatiu

La Taula 5.4 presenta de manera resumida la informació referida a les ràtios financeres.

Ràtio	Càlcul	Significat	Valor òptim orientatiu
Tresoreria *(T)*	$T = \frac{\text{Realitzable + Disponible}}{\text{Passiu corrent}}$	Liquiditat immediata.	(0,8 – 1,2)
Liquiditat *(L)*	$L = \frac{\text{Actiu corrent}}{\text{Passiu corrent}}$	Solvència a curt termini.	(1,5 – 1,8)
Garantia *(G)*	$G = \frac{\text{Actiu}}{\text{Passiu}}$	Solvència a llarg termini.	(1,7 – 2)
Disponibilitat *(D)*	$D = \frac{\text{Disponible}}{\text{Passiu corrent}}$	Capacitat de cobrir deutes amb els saldos més líquids (caixa i bancs) a curt termini.	(0,3 – 0,4)
Endeutament *(E)*	$E = \frac{\text{Passiu}}{\text{Patrimoni net + Passiu}}$	Grau de dependència respecte del finançament aliè (endeutament).	(0,2 – 0,8)
Estructura del deute *(Q)*	$Q = \frac{\text{Passiu corrent}}{\text{Passiu}}$	Percentatge del passiu que és corrent (a c/t).	(0,2 – 0,5)

Taula 5.4. Ràtios financeres més importants.

Hi ha empreses amb situacions diverses i dins sectors molt diferents que mostren valors òptims que poden no coincidir amb els indicats. A la Taula 5.5 es mostren les mesures correctores que normalment es posen en pràctica quan les empreses presenten desequilibris financers.

Desequilibri financer	Possibles mesures correctores
Excés de liquiditat	És possible que tingui actius líquids (disponible o realitzable) que proporcionen una rendibilitat nul·la o baixa, per la qual cosa s'haurà d'aconsellar a l'empresa que faci inversions que li proporcionin més rendibilitat.
Dèficit de liquiditat	Depenent de les circumstàncies particulars de cada empresa es poden aconsellar diverses mesures.
	En cas que la ràtio de tresoreria sigui baixa, però la de liquiditat superi la unitat àmpliament, s'haurà d'aconsellar a l'empresa que apliqui una política que afavoreixi la venda d'existències i el cobrament a curt termini (promocions, baixades de preus, etc.).
	Si la ràtio de liquiditat és més petita que la unitat, però l'empresa no té problemes de solvència, es poden aplicar diverses mesures: *a)* Renegociar el deute a curt termini per a convertir-lo en exigible a llarg termini. *b)* Vendre actius improductius de l'empresa i cobrar-los en efectiu o a curt termini. *c)* Demanar un préstec a llarg termini per liquidar els deutes a curt termini. *d)* Sol·licitar una línia de crèdit bancària per disposar de fons a curt termini.
Excés de solvència	No és un problema greu, però, com passa amb l'excés de liquiditat, hi ha el risc de mantenir actius improductius o amb baixa rendibilitat. La solució és similar.
Dèficit de solvència	En aquest cas l'empresa ha d'aconseguir finançament propi i/o subvencions, ja que està molt endeutada. Sortir d'una situació d'insolvència no és fàcil, perquè és complicat trobar inversors que estiguin disposats a arriscar els seus recursos. Es pot complementar amb un procés de renegociació del deute a llarg termini per canviar les condicions; per exemple, convertir deute en recursos propis mitjançant l'oferta als creditors de titulitzar els seus saldos en forma d'accions.

Taula 5.5. Mesures correctores enfront dels desequilibris financers.

3.4. La tresoreria de l'empresa i el flux de caixa *(cash-flow)*

La **tresoreria de l'empresa** es compon dels elements del disponible; és a dir, dels actius més líquids de l'empresa: bancs i caixa (el diner líquid).

Amb l'ajuda de les ràtios i altres indicadors s'ha constatat que l'empresa ha de mantenir una certa tresoreria per tal d'afrontar els pagaments dels deutes vençuts, però tenint en compte que un excés de tresoreria implica mantenir actius improductius.

Un nivell molt baix de tresoreria significa que l'empresa no té prou liquiditat a curt termini per pagar els seus deutes, amb la qual cosa l'empresa se situaria en un risc manifest de suspensió de pagaments. Pot ser la conseqüència d'una mala planificació de les previsions de tresoreria.

Un nivell excessiu de tresoreria allunya l'empresa del risc de suspensió de pagaments i li proporciona garantia i tranquil·litat, però potser no contribueix gaire a la rendibilitat global de l'empresa, ja que els actius del disponible (caixa i bancs) donen molt poc rendiment (els tipus d'interès dels comptes corrents són dels més baixos del sistema bancari) o cap rendiment (els saldos de diners en efectiu en caixa no aporten cap rendiment).

Per tot això, el nivell de tresoreria òptim no és un indicador que es pugui determinar directament, ja que varia molt segons les característiques de l'empresa, del sector econòmic i de l'entorn conjuntural de l'economia. En general, és el nivell necessari per complir amb les previsions de pagament de deutes i, a més a més, el nivell per cobrir imprevistos o pagaments poc importants.

A. El flux de caixa

Amb relació a la tresoreria i els fluxos que genera el seu funcionament, hi ha un indicador força utilitzat en l'àmbit financer de l'empresa; es tracta del *cash-flow* o *flux de caixa*.

El **flux de caixa** és la capacitat de l'empresa per generar recursos que es destinen a finançar les necessitats de la seva activitat.

Bàsicament es pot fer la distinció entre dos tipus de flux de caixa:

- **Flux de caixa financer.** És la diferència entre els cobraments i els pagaments de l'empresa durant un període. És tracta del flux de diners en efectiu registrat per la tresoreria de l'empresa i per les variacions durant un període determinat.
- **Flux de caixa econòmic.** És la suma dels beneficis i de les amortitzacions. En aquest cas s'està considerant el flux de recursos generats per l'empresa en un exercici econòmic. S'utilitza molt sovint per tenir una estimació de la capacitat d'autofinançament de l'empresa, ja que precisament es tracta de la capacitat que té l'empresa per generar recursos susceptibles d'utilitzar-se com a autofinançament.

La Taula 5.6 mostra que el flux de caixa es pot interpretar com la capacitat d'autofinançament de l'empresa, atès que, d'una banda, les amortitzacions del període constitueixen l'aportació a la capacitat productiva de l'empresa i, de l'altra, els beneficis, si no es reparteixen, són un element de finançament intern.

Ingressos		
Despeses	Amortitzacions	Flux de caixa
	Beneficis	

Taula 5.6. Elements que formen el flux de caixa.

Activitats

5> Observa el balanç següent per dos anys consecutius:

Actiu	Any *n*	Any *n* + 1
Maquinària	7000	10500
Mercaderies	4000	?
Clients	2500	3000
Bancs	1500	2000
	15000	**?**

Patrimoni net i passiu	Any *n*	Any *n* + 1
Capital social	9000	10000
Deutes a ll/t	2000	?
Proveïdors	4000	6000
	15000	**?**

a) Calcula el fons de maniobra pel primer any i comenta el resultat obtingut.

b) Si en el segon any el fons de maniobra ha estat de 5000 €, calcula els imports que falten aplicant la definició de fons de maniobra.

c) Com haguessin canviat les dades si el fons de maniobra hagués estat igual a –100?

6> Observa les dades comptables següents d'una empresa per dos anys consecutius:

Comptes comptables	2018	2019
Productes acabats	32000	15000
Deutors	12000	7000
Hisenda pública creditora	1500	1000
Deutes a ll/t	125000	147000
Proveïdors	24000	45000
Caixa	1500	2000
Reserves	45000	5000
Mercaderies	5000	10000
Instal·lacions tècniques	25000	25000
Deutes a c/t	18000	21000
Bancs i institucions de crèdit	20000	16000
Terrenys i béns naturals	12500	15000
Clients	11500	18000
Elements de transport	30000	45000
Organismes Seg. Social creditors	1000	2000
Construccions	63000	90000
Matèries primeres	43000	9000
Imposicions a ll/t	20000	35000
Capital	59000	59000
Resultats de l'exercici	2000	7000

a) Confecciona el balanç de situació i realitza una anàlisi patrimonial.

b) Fes una anàlisi financera completa (fons de maniobra i ràtios financeres).

c) Comenta l'evolució de la situació financera de l'empresa.

Activitats finals

1. Indica a quina estructura patrimonial d'empresa (estructura econòmica o estructura financera) pertanyen els elements de balanç següent:

- Capital social
- Mobiliari
- Proveïdors
- Deutes a c/t
- Clients
- Mercaderies
- Proveïdors d'immobilitzat a ll/t
- Hisenda pública deutora
- Caixa, euros
- Reserves

2. Una empresa que es dedica a la comercialització d'electrodomèstics presenta les dades següents en referència al seu balanç de situació per dos exercicis consecutius:

Comptes comptables	2018	2019
Maquinària	27 000	32 000
Caixa	2 500	3 000
Mercaderies	21 500	11 000
Construccions	70 000	77 000
Terrenys i béns naturals	44 000	45 000
Organismes Seg. Social deutors	7 500	3 000
Bancs	18 000	25 000
Creditors per prestació de serveis	700	1 000
Clients	16 000	25 000
Proveïdors	8 800	36 000
Reserves	30 000	30 000
Clients efectes comercials a cobrar	9 000	4 000
Deutes a ll/t	53 000	55 000
Hisenda pública creditora	34 000	16 500
Elements de transport	12 000	16 000
Equips de processament d'informació	2 000	3 500
Capital social	90 000	90 000
Resultats de l'exercici	10 000	16 000

a) Confecciona el balanç pels dos anys.

b) Realitza una anàlisi patrimonial i financera utilitzant les eines treballades a la unitat.

c) Comenta l'evolució de la situació financera de l'empresa.

3. Posa un exemple d'una empresa que presenti un balanç amb situació de suspensió de pagaments.

4. Explica quina relació hi ha entre el *fons de maniobra* i els *fons de finançament permanents* i *a llarg termini*.

5. Considera el cas d'una empresa que presenta un fons de maniobra de 7 000 €. Si l'import de l'actiu corrent és de 28 000 €:

a) Quin és l'import del passiu no corrent?

b) Sabent que l'actiu no corrent és de 52 000 € i el patrimoni net és de 40 000 €, quin és l'import del patrimoni net?

c) Confecciona el balanç ordenat per masses patrimonials i calcula'n les ràtios de liquiditat i de garantia.

6. Explica per què la definició del *flux de caixa econòmic* (beneficis més amortitzacions) té relació amb l'autofinançament de l'empresa.

7. Analitza i comenta l'evolució de la situació financera d'una empresa que presenta els balanços següents de dos anys consecutius:

Actiu	*n*	*n* + 1
Immobilitzat	18 585	22 500
Existències	2 250	3 000
Realitzable	5 400	12 750
Disponible	10 890	3 000
	37 125	**41 250**

Patrimoni net i passiu	*n*	*n* + 1
Recursos propis	14 550	14 550
Passiu no corrent	7 500	7 500
Passiu corrent	15 075	15 075
	37 125	**41 250**

8. Explica la raó per la qual l'excés de liquiditat és un problema. Com es pot solucionar?

9. Calcula el fons de maniobra i les ràtios financeres del balanç de l'empresa següent per a quatre anys i comenta l'evolució de la situació financera:

*	2016	2017	2018	2019
Immobilitzat	1 050	1 125	1 350	1 645
Existències	750	675	935	1 275
Realitzable	935	1 200	1 500	2 550
Disponible	335	450	600	300
Recursos propis	750	865	1 170	1 200
Passiu no corrent	1 645	1 685	515	295
Passiu corrent	675	900	2 700	4 275

10. Explica la relació que hi ha entre la planificació de la tresoreria de l'empresa i els valors òptims de les ràtios de liquiditat, de tresoreria i de solvència.

11. Llegeix la frase següent i digues si és certa o falsa, i justifica la resposta:

«Un dels objectius d'una bona direcció financera de l'empresa és aconseguir tenir el fons de maniobra el més gran possible.»

12. Una empresa presenta una ràtio de liquiditat d'1,5; una ràtio de tresoreria d'1; i una ràtio de disponibilitat de 0,4. Respon les qüestions següents:

a) Quin és el valor del fons de maniobra si sabem que la suma del seu passiu corrent és de 10 000 €?

b) Utilitzant les dades disponibles, calcula els imports dels components de l'actiu corrent: existències, realitzable i disponible.

13. Considera el següent balanç:

Actiu	n	n + 1
Immobilitzat	55 000	?
Existències	15 000	10 000
Realitzable	20 000	30 000
Disponible	10 000	5 000
	100 000	**?**

Patrimoni net i passiu	n	n + 1
Recursos propis	40 000	45 000
Passiu no corrent	30 000	20 000
Passiu corrent	30 000	?
	100 000	**?**

a) Calcula el fons de maniobra pel primer exercici i després omple els interrogants considerant que pel segon exercici la ràtio de liquiditat ha estat de 0,9.

b) Comenta l'evolució de la situació financera, afegint un estudi de les ràtios.

14. Quina relació hi ha entre el *fons de maniobra* i la *ràtio de liquiditat*? Posa un exemple que ho mostri.

15. Quins canvis proposaries a una empresa per millorar la seva ràtio de liquiditat?

16. Observa els balanços per masses patrimonials de tres empreses d'un mateix sector d'activitat:

Actiu	A	B	C
Immobilitzat	10 000	14 000	27 000
Existències	5 000	6 000	2 000
Realitzable	7 000	8 000	2 000
Disponible	2 000	1 000	1 000
	24 000	**29 000**	**32 000**

Patrimoni net i passiu	A	B	C
Patrimoni net	10 000	10 000	10
Passiu no corrent	3 000	3 000	10 990
Passiu corrent	11 000	16 000	21 000
	24 000	**29 000**	**32 000**

a) Calcula el fons de maniobra per cada empresa.

b) Comenta la situació financera de cada empresa.

c) Explica quines mesures correctives aplicaries en cada cas.

17. Indica quin efecte tindria cada una de les operacions empresarials següents sobre el fons de maniobra. Comenta i justifica les teves respostes.

Operació empresarial	↓ FM	= FM	↑ FM
Ajornar el cobrament d'un deute de 9 mesos a 18 mesos.			
Comprar mercaderies a crèdit a 30 dies.			
Vendre un edifici de l'empresa cobrant en efectiu.			
Avançar el pagament d'un deute de 24 mesos a 6 mesos.			
Dotar l'amortització acumulada de l'immobilitzat.			
Augmentar les existències amb crèdits a c/t.			
Fer una ampliació de capital per ampliar instal·lacions (70 %) i tenir més tresoreria (30 %).			
Adquirir maquinària amb un préstec a ll/t.			
Venda productes acabats (40 % comptat, 40 % a 6 mesos i la resta a 18 mesos).			
Fer una venda (a preu de cost).			
Adquisició d'un ordinador al comptat.			
Pagar en efectiu un deute amb un proveïdor.			
Renegociar un préstec a 6 mesos i per tal que sigui a 15 mesos.			
Descomptar una lletra de canvi en un banc.			
Fer una venda (amb benefici).			

Comprova el teu nivell

1. La ràtio de liquiditat relaciona l'actiu corrent amb el:

a) Passiu no corrent.

b) Passiu corrent.

c) Patrimoni net i passiu no corrent.

d) Actiu no corrent.

2. Si l'actiu corrent és més gran que el passiu corrent:

a) El fons de maniobra és positiu.

b) El fons de maniobra és negatiu.

c) No influeix sobre el fons de maniobra.

d) La solvència disminueix.

3. Si es liquida un deute amb un proveïdor mitjançant un pagament en efectiu:

a) El fons de maniobra augmenta.

b) El fons de maniobra disminueix.

c) El fons de maniobra queda igual.

d) El fons de maniobra desapareix.

4. La ràtio de tresoreria relaciona el realitzable i el disponible amb el:

a) Passiu no corrent.

b) Passiu corrent.

c) Patrimoni net i passiu no corrent.

d) Passiu.

5. Una empresa presenta un fons de maniobra de 20 000 €, el seu patrimoni net és de 5 000 €, el passiu corrent és de 10 000 € i l'actiu és de 70 000 €. Quina resposta és correcta?

a) El passiu no corrent és 40 000 €.

b) L'actiu no corrent és 25 000 €.

c) L'actiu corrent és 10 000 €.

d) L'actiu corrent és 25 000 €.

6. Si una empresa es troba en risc de suspensió de pagaments, quines mesures proposaries?

a) Renegociar el deute amb els creditors i analitzar les causes d'aquesta situació.

b) Ampliar el capital.

c) Declarar-se en fallida i tancar l'empresa.

d) Reduir el capital.

7. La relació entre passiu i la suma del patrimoni i el passiu mostra:

a) La ràtio de garantia.

b) La dependència del finançament aliè.

c) La solvència a curt termini.

d) La ràtio de solvència.

8. Que una empresa es trobi en concurs de creditors implica que:

a) El fons de maniobra és positiu.

b) La seva situació financera és equilibrada.

c) Es troba en situació de suspensió de pagaments.

d) L'actiu corrent és superior al passiu corrent.

9. La relació entre actiu i passiu mostra:

a) L'estructura del deute de l'empresa.

b) La solvència a llarg termini.

c) La liquiditat immediata.

d) El fons de maniobra.

10. Per estudiar el grau de dependència financer respecte del finançament extern, s'ha de fer amb la ràtio de:

a) Autonomia financera.

b) Solvència a llarg termini.

c) Qualitat del deute.

d) Liquiditat.

Prepara la prova

1. Una empresa mostra la informació següent sobre el seu patrimoni:

- Reserves voluntàries: 3 000 €
- Bancs i institucions de crèdit c/c vista, euros: 1 500 €
- Caixa, euros: 900 €
- Clients: 30 000 €
- Proveïdors: 25 300 €
- Deutes a llarg termini: 70 000 €
- Construccions: 50 000 €
- Terrenys i béns naturals: 35 000 €
- Mercaderies: 1 500 €
- Maquinària: 18 000 €
- Equips per a processos d'informació: 4 800 €
- Capital social: a determinar

D'acord amb les dades anteriors, es demana:

a) El balanç de situació ordenat per masses patrimonials, determinant el valor del capital social. (1 punt)

b) El fons de maniobra, amb la interpretació del seu significat. (0,5 punt)

c) Les ràtios de tresoreria, liquiditat i garantia, amb la seva interpretació. (0,5 punt)

2. La taula següent mostra la situació patrimonial d'una empresa i l'evolució en dos exercicis:

	2017	2018		2017	2018
Actiu no corrent	270	320	Patrimoni net	150	250
Existències	90	100	Passiu no corrent	100	270
Realitzable	80	140	Passiu corrent	210	110
Disponible	20	70			
	460	**630**		**460**	**630**

a) Calcula el fons de maniobra i comenta'n l'evolució. (0,75 punts)

b) Fes el mateix per a la ràtio de tresoreria. (0,75 punts)

c) Quina relació hi ha entre ambdós indicadors? (0,5 punt)

3. Considera el cas d'una empresa que es troba en una situació financera millorable, ja que té un fons de maniobra negatiu de 18 000 €. La directora financera estudia les següents alternatives de què disposa per millorar la seva situació:

a) Utilitzar un préstec a pagar en cinc anys de 29 000 € bonificat sense interessos a pagar, que prové d'un programa oficial d'ajudes a les empreses amb dificultats. L'import d'aquest finançament el destinaria a liquidar deutes ja vençuts amb proveïdors per valor de 14 000 €, i la part restant s'utilitzaria per millorar la disponibilitat ingressant-ho en un compte corrent.

b) Obtenir un ajornament de 18 mesos del pagament de deutes amb Hisenda per impostos pendents per valor de 7 500 €. El cost d'aquesta operació és del 5 % del deute.

c) Obtenir 32 000 € de la venda d'unes instal·lacions industrials que no intervenen significativament en l'activitat de l'empresa. L'immobilitzat estava comptabilitzat per 25 000 €. Els ingressos de la venda es distribuiran amb un cobrament en efectiu del 30 %, un cobrament a nou mesos del 40 % i la resta es cobraria al cap de 18 mesos.

Es demana:

a) Analitza com es modifica el balanç de l'empresa en cadascuna de les tres opcions anteriors. (0,75 punts)

b) Alguna de les opcions implica canvis en el compte de resultats? Si és així, quantifica l'import. (0,5 punt)

c) Estudia com cadascuna de les opcions contribueix a millorar la situació financera de l'empresa. Determina quina és la millor i raona la resposta. (0,75 punts)

4. Considera la situació financera de fallida:

a) És irreversible? (0,5 punt)

b) Hi ha alguna possibilitat de millorar la situació financera de l'empresa? Argumenta la resposta. (0,5 punt)

5. És el mateix el flux de caixa que els beneficis de l'empresa? Raona la resposta. (1 punt)

6. Completa les frases següents amb el terme que trobis més adequat. (2 punts)

a) La … és la capacitat que té l'empresa per pagar els seus … .

b) Un augment del fons de … implica una millora de la situació … de l'empresa.

c) La situació de … de pagaments implica que el fons de maniobra sigui … .

d) La ràtio de liquiditat és el quocient entre … corrent i … corrent.

e) La … a llarg termini s'estudia amb la ràtio de … .

6

L'ANÀLISI DELS ESTATS FINANCERS DE L'EMPRESA II: ANÀLISI ECONÒMICA

Què hi aprendré?

- Què és l'anàlisi econòmica.
- Analitzar el compte de pèrdues i guanys o compte de resultats.
- La rendibilitat econòmica.
- La rendibilitat financera.
- El palanquejament i l'endeutament.

Quan es parla de rendibilitat empresarial ens referim a la capacitat que té una empresa per poder generar els beneficis suficients, en relació amb les vendes, els actius o els recursos propis, per considerar-la rendible; és a dir, que la diferència entre els ingressos i les despeses és suficient per mantenir-se en el temps de manera sostenible i seguir creixent. El més eficient a l'hora de mesurar una rendibilitat és avaluar la relació que hi ha entre les utilitats i els beneficis, i els recursos que s'han emprat per obtenir-la. La rendibilitat de les empreses que pertanyen a una determinada economia és un factor determinant que influirà en la salut macroeconòmica del territori en qüestió, ja que una gran part de la feina existent dependrà de manera directa de la salut de les empreses.

MyTripleA

1. Què és la *rendibilitat* segons aquest text?
2. Quina relació hi ha entre la *sostenibilitat* i el *creixement* d'una empresa amb la seva *rendibilitat*?
3. En el text es diu que per mesurar la rendibilitat s'ha de calcular la relació entre els beneficis i els recursos que s'han utilitzat. Quins són aquests recursos?

1. Estudi del compte de resultats

L'objectiu fonamental a l'hora de fer l'**anàlisi econòmica** és determinar quins són els resultats de l'activitat de l'empresa, com s'estructuren i de quina manera s'obtenen.

1. En primer lloc, s'estudia la font d'informació principal per a l'anàlisi econòmica: el compte de pèrdues i guanys, també denominat ***compte de resultats de l'empresa***, a què s'afegeixen certs conceptes per facilitar-ne l'anàlisi.
2. Després, s'apliquen diverses tècniques d'estudi per ordenar i racionalitzar la informació obtinguda de l'anàlisi del compte de pèrdues i guanys, com ara l'expressió dels resultats en percentatges respecte de les vendes i la representació gràfica.
3. Finalment es fa una anàlisi de les rendibilitats per estudiar de manera relativa els resultats obtinguts per l'empresa.

El model de presentació del compte de resultats més utilitzat és una versió del compte de pèrdues i guanys que disposa el Pla general de comptabilitat, que ja hem estudiat a la Unitat 4. S'hi afegeixen els conceptes de *benefici abans d'interessos i impostos (BAII), benefici abans d'impostos (BAI)* i *benefici net (BN)*. A continuació es mostren i es defineixen els nous conceptes (Taula 6.1):

Compte de pèrdues i guanys	
+ Ingressos d'explotació (1) Import net de la xifra de negoci Altres ingressos d'explotació	
– Despeses d'explotació (2) Aprovisionaments Despeses de personal Amortitzacions Altres despeses d'explotació	
A) RESULTAT D'EXPLOTACIÓ (1) – (2)	**= BENEFICI ABANS D'INTERESSOS I IMPOSTOS (BAII)**
+ Ingressos financers (3) **– Despeses financeres (4)**	
B) RESULTAT FINANCER (3) – (4)	
C) RESULTAT ABANS D'IMPOSTOS (A) + (B)	**= BENEFICI ABANS D'IMPOSTOS (BAI)**
– Impost sobre beneficis	
D) RESULTAT DE L'EXERCICI (C) – IMPOST	**= BENEFICI NET (BN)**

Taula 6.1. Incorporació de les denominacions BAII, BAI i BN al compte de pèrdues i guanys. Tot i que no les preveu la normativa del Pla general de comptabilitat, són d'ús molt comú a l'àmbit empresarial.

1.1. Tècniques de l'anàlisi del compte de resultats

Després de definir l'esquema de treball per analitzar els resultats de l'empresa, que és el compte de pèrdues i guanys, cal començar a processar aquesta informació per facilitar la comprensió i l'anàlisi de les dades. De manera similar al tractament que s'ha fet amb el balanç de situació en aquesta unitat, s'hi apliquen tres tècniques anàlogues: l'*expressió dels resultats en percentatges respecte de les vendes*, el *càlcul de variacions* i la *representació gràfica del compte de pèrdues i guanys.*

- **Percentatges respecte de les vendes.** Es calcula la importància relativa (en percentatge) de cada component del compte de pèrdues i guanys respecte de les vendes.
- **Càlcul de variacions.** Es calcula quant ha variat cada component (en euros i en percentatge) respecte de les dades de l'exercici anterior.
- **Representació gràfica.** Es mostren els components proporcionals a la seva importància en dos rectangles idèntics que representen les vendes i les despeses.

Sabies que...

El **compte de pèrdues i guanys** és la denominació formal i normativa que ja vam estudiar a la Unitat 4. També és molt habitual denominar-lo ***compte de resultats***. Ambdues denominacions són igualment vàlides, són sinònimes i designen el mateix concepte: el resum del resultat de l'empresa i els seus elements característics.

Tingues en compte

Normalment, l'**import de les vendes** és el component principal dels ingressos d'explotació i, per aquesta raó, s'utilitza per analitzar els resultats de l'empresa. També es consideren les vendes netes o la xifra de negoci quan es dedueix del total de vendes l'import dels descomptes i els ràpels concedits als clients.

Exemple 1

Considerem que les existències inicials són superiors a les existències finals (les existències inicials de l'any 2018 són 7 700, les finals de l'any 2018 són 6 200 i les finals de 2019 són 4 800). Per tant, la variació d'existències es considera una despesa en ambdós exercicis.

	2018	2019
Compres de matèries primeres	3 700	4 100
Variació d'existències	1 500	1 400
Vendes de mercaderies	45 000	57 000
Compres de mercaderies	3 100	3 700
Amortització de l'immobilitzat	2 600	2 900
Sous i salaris	9 600	10 300
Interessos de deutes	1 900	2 700
Impost sobre beneficis	4 020	6 130
Arrendaments i cànons	950	1 000
Subministraments	870	980
Ràpels sobre vendes	2 900	3 300
Transports	1 800	2 100

El compte de resultats, amb el càlcul del percentatge per a cada concepte respecte de les vendes del període, s'obté per als dos períodes i s'expressa tal com mostra la taula de la dreta.

En aquest cas s'han aplicat les tècniques dels percentatges respecte de les vendes i les variacions en una mateixa taula, de manera que es poden analitzar els resultats de manera més compacta.

	2018	%	2019	%	Var %
+ Ingressos d'explotació	**42 100**	**100**	**53 700**	**100**	**27,6**
Vendes de mercaderies	45 000		57 000		
– Ràpels sobre vendes	–2 900		–3 300		
– Despeses d'explotació	**–24 120**	**57,3**	**–26 480**	**49,3**	**9,8**
Aprovisionaments					
Compres de matèries primeres	3 700		4 100		
Compres de mercaderies	3 100		3 700		
Variació d'existències	1 500		1 400		
Despeses de personal					
Sous i salaris	9 600		10 300		
Amortitzacions					
Amortitzacions de l'immobilitzat	2 600		2 900		
Altres despeses d'explotació					
Subministraments	870		980		
Transports	1 800		2 100		
Arrendaments i cànons	950		1 000		
= BENEFICI ABANS D'INTERESSOS I IMPOSTOS (BAII)	**17 980**	**42,7**	**27 220**	**50,7**	**51,4**
– Despeses financeres	**–1 900**	**4,5**	**–2 700**	**5,0**	**42,1**
Interessos de deutes	1 900		2 700		
= BENEFICI ABANS D'IMPOSTOS (BAI)	**16 080**	**38,2**	**24 520**	**45,7**	**52,5**
– Impost sobre beneficis	**–4 020**	**9,5**	**–6130**	**11,4**	**52,5**
= BENEFICI NET (BN)	**12 060**	**28,6**	**18 390**	**34,2**	**52,5**

Continuant amb l'exemple, observarem concretament els percentatges de cada concepte del resultat de l'empresa respecte de les vendes del període. A continuació representarem, per cada any, els conceptes que reflecteixen el resultat de l'empresa mitjançant rectangles, amb una altura proporcional a la seva importància relativa, tal com mostra la figura.

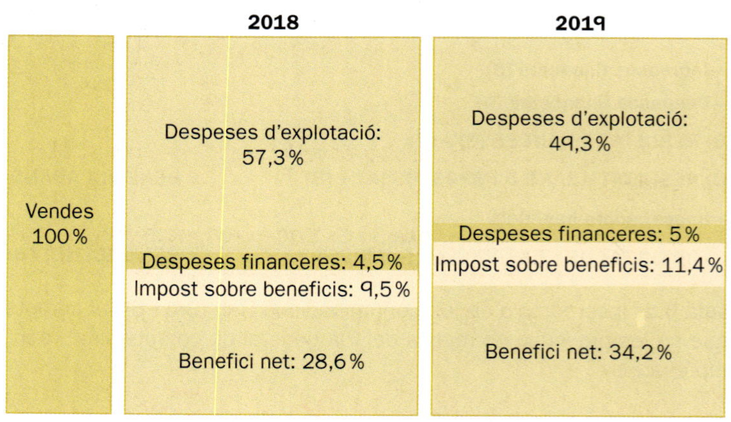

Tingues en compte

La **variació d'existències** es considera un ***ingrés,*** si les existències finals són superiors a les existències inicials, i es tractarà d'una ***despesa*** en el cas contrari.

Activitats

1> A partir de la informació següent sobre l'activitat d'una empresa:

a) Confecciona l'esquema de treball del compte de resultats de l'empresa.

b) Calcula els percentatges i les variacions observades.

c) Comenta'n els resultats.

	2018	2019		2018	2019
Compres de mercaderies	25 100	27 000	Interessos de deutes	1 225	1 900
Vendes	87 500	99 000	Impost sobre beneficis	8 445	9 000
Lloguers	3 050	3 200	Serveis de professionals	655	725
Amortitzacions	1 170	1 400	Seguretat Social empresa	670	1 100
Sous i salaris	28 700	35 000	Transport	2 800	2 900

2. Anàlisi de la rendibilitat de l'empresa

L'*anàlisi de la rendibilitat de l'empresa* és un estudi en termes relatius dels resultats de l'empresa, que relaciona els beneficis amb les inversions o els recursos propis de l'empresa, i així es dedueix si l'activitat és eficient.

D'aquesta manera, la rendibilitat posa en relació les variables de beneficis, vendes, actiu i recursos propis, i s'obtenen els indicadors següents: *rendibilitat econòmica* i *rendibilitat financera*.

Fig. 6.1. L'anàlisi de la rendibilitat compara la proporcionalitat entre l'esforç que fa l'empresa i el rendiment que en treu.

2.1. La rendibilitat econòmica

La **rendibilitat econòmica** de l'empresa és el rendiment de l'actiu, és a dir, de les inversions totals de l'empresa. Es relacionen els beneficis abans d'interessos i impostos (BAII) amb l'actiu.

La rendibilitat econòmica es calcula de la manera següent:

$$re = \frac{\text{BAII}}{\text{Actiu}}$$

Aquesta relació es pot expressar com el rendiment de les inversions o dels actius de l'empresa, ja que és el rendiment obtingut per l'empresa de cada unitat monetària invertida a la seva activitat, és a dir, la taxa amb la qual són remunerats els actius de l'empresa. Si aquesta relació es fa més gran, significa que l'empresa obté més rendiments de les inversions.

A partir de l'expressió de la rendibilitat econòmica, es pot ampliar el concepte descomponent la fórmula per arribar a una interpretació més àmplia, introduint les vendes a l'expressió:

$$re = \frac{\text{BAII}}{\text{Actiu}} \cdot \frac{\text{Vendes}}{\text{Vendes}} \Rightarrow re = \underbrace{\frac{\text{BAII}}{\text{Vendes}}}_{\textbf{Marge}} \cdot \underbrace{\frac{\text{Vendes}}{\text{Actiu}}}_{\textbf{Rotació}}$$

El primer component que resulta és el **marge**, que indica els beneficis per unitat monetària ingressada per vendes.

El segon component és la **rotació** de l'actiu respecte de les vendes, mostra les unitats monetàries de vendes que es poden obtenir per cada unitat monetària invertida.

Aquesta desagregació permet determinar com es pot augmentar la rendibilitat econòmica de l'empresa:

Component	Com incrementa
Marge	S'augmenta el preu de venda, mantenint constants els costos unitaris, o bé disminuint els costos unitaris, però mantenint constant el preu de venda.
Rotació	S'augmenten les vendes en una proporció més gran que l'actiu, o bé es redueixen les inversions (també es poden reduir les inversions sense alterar les vendes). És a dir, per augmentar la rotació caldria tenir més vendes amb la mateixa estructura econòmica (actiu), aprofitant millor la capacitat productiva, o bé caldria mantenir el nivell de vendes, però amb menys actiu (reduint existències o saldos de clients).

Taula 6.2. Maneres d'incrementar la rendibilitat econòmica a l'empresa.

Segons el tipus d'activitat de cada empresa, una o altra de les dues estratègies anteriors serà la més adequada per millorar la rendibilitat econòmica. Hi ha empreses que, en operar en un entorn molt competitiu on els marges són molt reduïts, es troben que l'única possibilitat per millorar la rendibilitat econòmica és mitjançant la **rotació**.

El cas contrari seria el de les empreses que no poden millorar la rotació, ja que operen al màxim rendiment de les seves instal·lacions, per la qual cosa la seva opció estratègica serà millorar el **marge**, operant al cost més baix possible i venent al màxim preu possible.

Més dades

La **rendibilitat de les vendes (*rv*)** és el que sovint es coneix com a *marge* o *marge sobre vendes,* i s'utilitza de manera complementària per indicar quina ha estat l'aportació relativa de les vendes al nivell de beneficis.

Com a indicador del benefici s'utilitza el resultat d'explotació o BAII (benefici abans d'interessos i impostos), però també es pot utilitzar el benefici net:

$$rv = \frac{\text{BAII}}{\text{Vendes}}$$

Exemple 2

Un restaurant que basa el seu negoci a l'elaboració de menús de migdia i que té la competència d'altres restaurants pròxims, potser no té capacitat de millorar a través del marge, ja que els costos estan molt ajustats i no es poden abaixar més sense que minvi la qualitat del producte. La seva opció estratègica és potenciar la *rotació,* això és, servir el màxim de menús per taula ocupada. En canvi, una empresa d'obres públiques que construeix ponts, carreteres, viaductes i altres infraestructures pot incrementar el seu rendiment millorant el *marge d'explotació.*

Cas resolt 1

Una empresa mostra les dades econòmiques següents:

Compres de mercaderies	2 100
Vendes de mercaderies	7 500
Arrendaments i cànons	250
Amortitzacions de l'immobilitzat	270
Sous i salaris	1 200
Seguretat Social a càrrec de l'empresa	500
Interessos de deutes	325
Impost sobre beneficis	550
Altres tributs	175
Subministraments	710
Transports	400
Actiu	22 000

a) Formalitza el compte de resultats.

b) Calcula i interpreta la rendibilitat econòmica.

Solució:

a)

Compte de pèrdues i guanys	
+ Ingressos d'explotació	**7 500**
Vendes de mercaderies	7 500
– Despeses d'explotació	**–5 605**
Aprovisionaments	
Compres de mercaderies	2 100
Despeses de personal	
Sous i salaris	1 200
Seguretat Social a càrrec de l'empresa	500
Amortitzacions	
Amortitzacions de l'immobilitzat	270
Altres despeses d'explotació	
Subministraments	710
Transports	400
Arrendaments i cànons	250
Altres tributs	175
= BENEFICI ABANS D'INTERESSOS I IMPOSTOS (BAII)	**1 895**
– Despeses financeres	**–325**
Interessos de deutes	325
= BENEFICI ABANS D'IMPOSTOS (BAI)	**1 570**
– Impost sobre beneficis	**–550**
= BENEFICI NET (BN)	**1 020**

(continua)

Cas resolt 1 *(continuació)*

b) Càlcul i interpretació de la rendibilitat econòmica.

- El càlcul de la rendibilitat econòmica és:

$$re = \frac{1\,895}{22\,000} = 0{,}086\ (8{,}6\,\%)$$

Aquest resultat indica que les inversions de l'empresa (actiu) han generat recursos en un percentatge del 8,6 %.

Si introduïm les vendes a l'expressió, el resultat és:

$$re = \underbrace{\frac{1\,895}{7\,500}}_{\textbf{Marge}} \cdot \underbrace{\frac{7\,500}{22\,000}}_{\textbf{Rotació}} = 0{,}253 \cdot 0{,}341 = 0{,}086\ (8{,}6\,\%)$$

- El marge de 0,253 indica que cada 100 € de venda generen 25,3 € de beneficis (BAII).
- La rotació de 0,341 indica que cada 100 € d'inversió en actius generen 34,1 € de vendes.
- La rendibilitat econòmica de 0,086 (el producte d'ambdós) indica que cada 100 € d'inversió en actiu generen 8,6 € de beneficis (BAII).

- Interpretació del càlcul: la millora de la rendibilitat econòmica de l'empresa es pot aconseguir de dues maneres: incrementant el marge i/o la rotació mitjançant els procediments exposats teòricament (augmentar el preu de venda, reduir les inversions sense alterar les vendes, etc.). En tot cas, sempre és interessant comparar totes aquestes dades amb les d'altres empreses del sector.

Fig. 6.2. L'activitat econòmica a què es dedica una empresa i la seva dimensió són factors que determinen el tipus d'estratègia a seguir per incrementar la rendibilitat econòmica.

Exemple 3

La rendibilitat econòmica d'una empresa en quatre períodes consecutius, amb la desagregació corresponent en marge i rotació, és la següent:

Període	1	2	3	4
Vendes **BAII** **Actiu**	25 000 3 750 75 000	25 000 5 000 75 000	25 000 3 750 50 000	25 000 5 000 50 000
Marge **Rotació**	0,15 0,33	0,2 0,33	0,15 0,5	0,2 0,5
Rendibilitat econòmica	0,05 (5 %)	0,066 (6,6 %)	0,075 (7,5 %)	0,1 (10 %)

Les característiques de cada període i els canvis registrats són:

- **Període 1:** es comença amb una rendibilitat del 5 % com a conseqüència d'una rotació del 0,33 i d'un marge del 0,15.
- **Període 2:** ha augmentat la rendibilitat (6,6 %) quan s'ha millorat el marge, és a dir, s'han obtingut més beneficis (BAII) amb les mateixes vendes. Això s'aconsegueix incrementant el preu de venda i mantenint els costos de les vendes, o bé mantenint el preu de venda i reduint els costos de les vendes.
- **Període 3:** augmenta la rendibilitat (7,5 %) quan millora la rotació, és a dir, es redueixen les inversions sense alterar les vendes, amb més eficiència de les inversions.
- **Període 4:** augment de la rendibilitat (10 %) com a conseqüència de millorar el marge. Així s'obté més benefici (BAII) i menys inversió (actiu) sense alterar les vendes.

D'aquesta manera, l'empresa té diverses opcions al seu abast per millorar la rendibilitat econòmica.

2.2. La rendibilitat financera

La **rendibilitat financera** és la relació entre el benefici net (amb els interessos i els impostos ja descomptats) i els recursos propis (capital i reserves) de l'empresa. També s'anomena *rendibilitat del capital,* ja que mostra el benefici generat per l'empresa en relació amb els recursos permanents de l'empresa.

Per tant, calculem la rendibilitat financera així:

$$rf = \frac{\text{Benefici net}}{\text{Recursos propis}} = \frac{\text{Benefici net}}{\text{Patrimoni net}}$$

Altres autors proposen el **benefici abans d'impostos (BAI)** en la fórmula de la rendibilitat financera. Amb això es pretén eliminar en aquesta ràtio l'efecte de l'impost sobre beneficis per així poder realitzar comparacions amb empreses d'altres països sotmeses a diferents legislacions fiscals en aquest sentit.

Considerem que els recursos propis són la massa patrimonial principal del patrimoni net, que en aquest cas igualment pot caracteritzar la fórmula de la rendibilitat financera. També en aquest supòsit es poden introduir a l'expressió altres components que influeixen a la rendibilitat financera (vendes i actiu). Així, es descompon i se n'amplia la interpretació:

$$rf = \frac{\text{Benefici net}}{\text{Recursos propis}} \cdot \frac{\text{Vendes}}{\text{Vendes}} \cdot \frac{\text{Actiu}}{\text{Actiu}} \Rightarrow$$

$$\Rightarrow rf = \underbrace{\frac{\text{Benefici net}}{\text{Vendes}}}_{\textbf{Marge}} \cdot \underbrace{\frac{\text{Vendes}}{\text{Actiu}}}_{\textbf{Rotació}} \cdot \underbrace{\frac{\text{Actiu}}{\text{Recursos propis}}}_{\textbf{Palanquejament}}$$

Com hem vist abans, el primer component és el **marge de vendes**, és a dir, el percentatge de beneficis nets sobre cada unitat monetària de vendes. Cal assenyalar que aquest marge és diferent de l'estudiat a la rendibilitat econòmica, encara que el denominem igualment per no complicar la notació. El segon component és la **rotació** de l'actiu sobre les vendes. I el tercer component és el **palanquejament**, que es defineix com la relació entre les inversions (actiu) i els recursos propis de l'empresa.

Mitjançant aquesta desagregació es determina com es pot millorar la rendibilitat financera de l'empresa actuant sobre aquests tres components, ja que, si s'incrementen de manera individual o conjuntament, s'aconsegueix una rendibilitat financera més favorable. Les possibilitats serien les que mostra la taula següent:

Component	Com incrementa
Marge	Pujant els preus de venda i/o reduint els costos.
Rotació	Reduint l'actiu i/o incrementant les vendes.
Palanquejament	Incrementar la relació entre l'actiu i els recursos propis implica augmentar l'endeutament de l'empresa; aquest increment dels recursos aliens pot tenir un efecte positiu sobre la rendibilitat financera en unes situacions determinades.

Taula 6.3. Maneres d'incrementar la rendibilitat financera de l'empresa.

Qualsevol combinació de les tres possibilitats que comporti, com a mínim, millorar-ne una, encara que la resta es mantingui sense canvis, representarà una millora de la rendibilitat financera.

+ *Més dades*

Hi ha altres indicadors que estudien les vendes de l'empresa, que són les ràtios de vendes:

- Expansió de vendes:

$$\frac{\text{Vendes de l'empresa}}{\text{Vendes de l'any anterior}}$$

- Quota de mercat:

$$\frac{\text{Vendes de l'empresa}}{\text{Vendes del sector}}$$

- Vendes mitjanes per client:

$$\frac{\text{Vendes anuals}}{\text{Nombre de clients}}$$

- Capacitat de producció:

$$\frac{\text{Vendes de l'any}}{\text{Capacitat productiva}}$$

- Cobertura del llindar de rendibilitat:

$$\frac{\text{Vendes}}{\text{Punt mort}}$$

Tingues en compte

Hi ha una ràtio, anomenada **rendibilitat de l'accionista**, que mostra quin és el rendiment relatiu que obtenen els propietaris de l'empresa en relació amb el benefici que s'ha repartit, és a dir, els dividends rebuts.

$$R_{acc} = \frac{\text{Benefici distribuït}}{\text{Capital desemborsat}}$$

Per tant, si una empresa vol millorar la seva rendibilitat financera, ha de saber que no n'hi haurà prou amb millorar en una de les tres estratègies, sinó que haurà d'observar la influència de les seves mesures a les altres.

El **palanquejament** pot tenir un efecte positiu (multiplicador) sobre la rendibilitat financera de l'empresa, ja que, si es comprova numèricament, veiem que aquesta augmenta amb un creixement de l'endeutament.

És paradoxal que un increment dels recursos aliens (endeutament) pugui augmentar la rendibilitat financera de l'empresa: això només passa si el cost del capital que es demana en préstec és inferior al rendiment de les inversions (rendibilitat econòmica).

Més endavant veurem que el palanquejament té un efecte singular sobre la rendibilitat de l'empresa.

Sabies que...

Hi ha molts negocis que treballen en un ambient altament competitiu que implica operar amb marges molt reduïts. En aquests casos, si el **palanquejament** no es pot ampliar, un increment de la rotació permet millorar la rendibilitat, tal com hem vist en el cas de l'Exemple 2.

Fig. 6.3. Una de les opcions per millorar la rendibilitat financera de l'empresa és augmentar el marge de beneficis en les vendes.

Exemple 4

Si considerem el compte de resultats següent d'una empresa i calculem la rendibilitat financera, sabent que els recursos propis són 69 670 € i l'actiu és 150 000 €, obtenim:

+ Ingressos d'explotació – Despeses d'explotació	45 000 –27 020
BENEFICI ABANS D'INTERESSOS I IMPOSTOS (BAII)	**17 980**
– Despeses financeres	–1 900
BENEFICI ABANS D'IMPOSTOS (BAI)	**16 080**
– Impost sobre beneficis	–5 630
BENEFICI NET (BN)	**10 450**

Per calcular la rendibilitat financera fem el càlcul següent:

$$rf = \frac{10\,450}{69\,670} = 0{,}15\ (15\,\%)$$

Aquest resultat indica que els recursos propis de l'empresa han generat beneficis en un percentatge del 15 %, és a dir, per cada 100 € de recursos propis s'han obtingut 15 € de beneficis.

Si hi introduïm les vendes i l'actiu, el resultat és:

$$re = \underbrace{\frac{10\,450}{45\,000}}_{\textbf{Marge}} \cdot \underbrace{\frac{45\,000}{150\,000}}_{\textbf{Rotació}} \cdot \underbrace{\frac{150\,000}{69\,670}}_{\textbf{Palanquejament}} = 0{,}2322 \cdot 0{,}3 \cdot 2{,}153 = 0{,}15\ (15\,\%)$$

- El marge de 0,2322 indica que cada 100 € de venda generen 23,22 € de beneficis nets.
- La rotació de 0,3 indica que cada 100 € d'inversió en actiu generen 30 € de vendes.
- El palanquejament de 2,153 expressa la relació entre actiu i recursos propis, és a dir, l'actiu de l'empresa és més de dues vegades (2,153) més gran que els recursos propis.
- La rendibilitat financera de 0,15 (el producte dels tres) indica que cada 100 € de recursos propis generen 15 € de beneficis.

La millora de la rendibilitat financera de l'empresa es pot aconseguir de tres maneres: incrementant el marge i/o la rotació i/o el palanquejament mitjançant els procediments exposats teòricament (augmentar el preu de venda, reduir les inversions sense alterar les vendes, incrementar els recursos aliens, etc.). En tot cas, sempre és interessant comparar totes aquestes dades amb les d'altres empreses del sector.

2.3. Palanquejament i endeutament

Amb la desagregació de la rendibilitat financera en tres expressions (marge, rotació i palanquejament) sorgeix un concepte nou: el *palanquejament*.

El **palanquejament** és la relació entre actiu i recursos propis: la inversió (actiu) que s'ha fet a l'empresa per cada unitat monetària de recursos propis.

En el cas de l'Exemple 4, el palanquejament era de 2,153 (actiu = 150 000 €, recursos propis = 69 670 €). Això significa que l'empresa ha fet inversions per un valor de 2,153 vegades (215,3 %) per cada euro provinent dels recursos propis. És a dir, de cada 2,15 € d'actiu, 1 € prové dels recursos propis i la resta, 1,15 €, prové de recursos aliens (endeutament).

Com que sabem que l'actiu és igual al patrimoni net i el passiu, la diferència de recursos propis fins a arribar a 150 000 € són recursos aliens, és a dir, endeutament de l'empresa (passiu).

Comprovarem amb un nou exemple l'efecte singular que té el palanquejament sobre la rendibilitat financera.

Exemple 5

Observem les situacions en les quals es pot trobar una empresa on es determina la rendibilitat financera a partir dels diferents elements que la componen:

Període	Situació 1	Situació 2	Situació 3	Situació 4
Vendes	25 000	25 000	26 000	25 000
Benefici net	15 000	16 000	15 600	14 000
Actiu	200 000	200 000	200 000	200 000
Recursos propis	100 000	100 000	100 000	80 000
Marge	0,6	0,64	0,6	0,56
Rotació	0,125	0,125	0,13	0,125
Palanquejament	2	2	2	2,5
Rendibilitat financera	0,15 (15 %)	0,16 (16 %)	0,156 (15,6 %)	0,175 (17,5 %)

- **Situació 1.** És la situació de referència que serveix com a base per veure com es pot millorar la rendibilitat financera modificant de manera alternativa diverses variables.
- **Situació 2.** Suposem que l'empresa ha implementat millores al sistema productiu que han permès disminuir els costos de producció, la qual cosa s'ha manifestat en un augment del benefici net. Això implica una millora del marge (rendibilitat de les vendes), que fonamenta que la rendibilitat financera passi del 15 % al 16 %.
- **Situació 3.** L'empresa manté el marge de benefici, però aconsegueix incrementar el volum de les vendes, per exemple, com a conseqüència de canvis a les polítiques de màrqueting, encara que amb el mateix actiu. Això representa una millora de la rotació, i provoca que la rendibilitat financera passi d'un 15 % a un 15,6 %.
- **Situació 4.** Suposem que l'empresa ha fet canvis al finançament de les inversions, incrementant l'endeutament i reduint la importància del finançament no exigible (recursos propis). Això comporta una reducció del benefici net com a conseqüència de l'augment de les despeses financeres. Però aquesta disminució del marge queda compensada i superada per l'increment del palanquejament, que fa que la rendibilitat financera passi d'un 15 % a un 17,5 %.

A l'exemple anterior, el palanquejament ha tingut un efecte positiu, ja que, amb l'augment de l'endeutament, ha millorat la rendibilitat financera, tot i que altres components que també la determinen (marge i rotació) havien empitjorat de manera relativa.

L'**endeutament** és la utilització de fonts de finançament alienes que comporten un cost financer concret.

! Important

L'**endeutament** de l'empresa pot tenir un efecte positiu si la rendibilitat econòmica és superior al tipus d'interès mitjà que li costa. Podem comparar aquest finançament amb unes «xanques» o un suport extra que permet a l'empresari arribar on abans no podia. Però si la rendibilitat fos inferior al tipus d'interès, s'enfonsaria.

+ *Més dades*

Hi ha una manera alternativa de determinar si l'efecte palanquejament és positiu o negatiu. Consisteix a utilitzar l'expressió següent, que constitueix una manera diferent de determinar el palanquejament:

$$\frac{\text{BAI}}{\text{BAII}} = \frac{\text{Actiu}}{\text{Recursos propis}}$$

Observant-ne el resultat es pot determinar l'efecte de l'endeutament sobre la rendibilitat:

Més endeutament millorarà la rendibilitat financera de l'empresa?	
> 1	Sí
=	Indiferent: sense efecte sobre la rendibilitat
< 1	No

Fig. 6.4. L'endeutament tindrà un efecte positiu o negatiu sobre la rendibilitat financera en funció de la relació que hi hagi entre el cost del finançament i la rendibilitat econòmica.

L'*endeutament* determina la rendibilitat financera de l'empresa, això és el que es coneix com a **efecte de palanquejament**. Així, aquest efecte serà positiu quan l'endeutament millori la rendibilitat financera, i negatiu quan no ho faci.

Per això, cal considerar el **cost mitjà del finançament aliè de l'empresa (*CFA*)** o **cost d'endeutament**:

$$CFA = \frac{\text{Despeses financeres}}{\text{Exigible total}} = \frac{\text{Despeses financeres}}{\text{Passiu}}$$

Considerant aquesta ràtio, podem determinar l'efecte palanquejament, ja que es pot observar relacionant el cost mitjà del finançament aliè de l'empresa, o cost d'endeutament, amb la rendibilitat econòmica d'aquesta, que mesura la capacitat de l'empresa per generar beneficis.

Un dels factors que més influeix sobre l'efecte de palanquejament és l'aparició de costos financers (interessos de l'endeutament) per retribuir l'exigible de l'empresa. Així, si el cost del finançament aliè és inferior a la rendibilitat econòmica de l'empresa, l'efecte de palanquejament és **positiu** (rendibilitat econòmica > CFA); en cas contrari, serà **negatiu** (rendibilitat econòmica < CFA). Per això, si la rendibilitat dels actius de l'empresa és superior al cost relatiu de l'endeutament, el palanquejament aportarà un augment de la rendibilitat financera.

Fig. 6.5. L'efecte de palanquejament s'anomena *vaixell de vela,* perquè als temps de bonança econòmica impulsa l'empresa, ja que la rendibilitat financera és superior al cost de demanar en préstec. Però aquesta pràctica es pot girar en contra de l'empresa si les inversions no són capaces de generar la liquiditat suficient per atendre el pagament d'interessos del capital aliè.

L'endeutament permet, per mitjà del palanquejament, millorar la rendibilitat financera de l'empresa, sempre que la rendibilitat econòmica sigui superior al cost del finançament aliè. Això significa que l'endeutament aporta un element dinàmic a l'estructura financera i de rendiments de l'empresa, però amb dues conseqüències que poden ser adverses per a l'empresa:

Conseqüència negativa	Com es produeix
Cost financer	La utilització de fonts de finançament exigible comporta el pagament d'interessos per aquests capitals. Si aquest cost és superior a la rendibilitat econòmica, es provoca un efecte negatiu sobre la rendibilitat financera. Si, en canvi, la capacitat econòmica pot compensar-los amb una rendibilitat econòmica superior al cost relatiu, llavors la situació és favorable per a l'empresa.
Risc financer	Tot endeutament implica una disminució de l'autonomia financera de l'empresa inherent a una utilització més gran de finançament exigible.

Taula 6.4. Conseqüències negatives de l'endeutament.

En definitiva, el palanquejament és **positiu** en la mesura que l'endeutament permet millorar la rendibilitat financera. Però no ofereix cap informació sobre la situació patrimonial i financera de l'empresa perquè un endeutament excessiu pot provocar problemes per tornar els préstecs, encara que la rendibilitat sigui bona, ja que empitjora la solvència de l'empresa.

Hi ha un concepte similar al *palanquejament financer*: és el de **palanquejament operatiu**. Es calcula com el quocient entre el creixement del BAII (%) i el creixement de les vendes netes (%) i mostra un altre efecte palanca: com més importants siguin els costos fixos d'una empresa, més sensibles seran els resultats davant les millores de les vendes de l'empresa.

Sabies que...

Tot i que l'**endeutament** pot ser bo per a obtenir beneficis, també pot empitjorar la situació patrimonial, pel fet de disminuir l'autonomia financera.

Activitats

2> Considera la situació d'una empresa que presenta una rendibilitat econòmica del 9 %. Està analitzant la possibilitat de realitzar una important inversió que li permetrà incrementar les vendes, mantenint la rendibilitat econòmica. Per finançar l'operació pensa a demanar un préstec a ll/t al 7 %.

a) Quin efecte creus que tindrà sobre la rendibilitat financera?

b) I si el tipus d'interès fos del 10 %?

Raona les respostes.

3> Calcula les rendibilitats de l'exemple de la taula, comenta la solució i explica què proposes per millorar-les.

	2018	2019
Compres de matèries primeres	25 100	27 000
Vendes de productes acabats	87 500	99 000
Arrendaments i cànons	3 050	3 200
Amortitzacions de l'immobilitzat	1 170	1 400
Sous i salaris	1 700	2 000
Interessos de deutes	1 225	1 900
Impost sobre beneficis	8 445	9 000
Subministraments	655	725
Ràpels sobre vendes	670	1 100
Transports	2 800	2 900
Actiu	127 000	135 000
Recursos propis	73 000	80 000

Activitats finals

1. Considerant les dades econòmiques de l'empresa El Flaviol, SA, durant un exercici econòmic, formula el compte de pèrdues i guanys i calcula les rendibilitats.

- El lloguer dels edificis ha augmentat a 81 000 €.
- S'han venut mercaderies per valor d'1 400 000 €.
- Els interessos per un préstec a ll/t són 36 000 €.
- S'han fet reparacions als equips productius per 90 000 €.
- S'han comprat mercaderies per valor de 450 000 €.
- Les despeses de personal han pujat 18 000 € i la cotització de l'empresa a la Seguretat Social, 9 000 €.
- L'estoc inicial de mercaderies al magatzem és de 55 000 € i el final, de 72 000 €.
- Els subministraments han estat 36 000 €.
- S'han pagat assegurances diverses per 3 600 €.
- L'impost de societats és del 25 %.
- El patrimoni net és 2 700 000 € i l'actiu és 3 600 000 €.

2. Explica per què es calcula la rendibilitat econòmica i la financera de manera diferenciada. Quan interessa estudiar un tipus de rendibilitat més que no pas l'altre?

3. L'empresa Pimpampum, SA, presenta la informació econòmica següent, expressades en euros:

Amortització de l'immobilitzat	180
Proveïments	1 800
Import net de la xifra de negocis	?
Altres ingressos d'explotació	3 150
Benefici net	4 500
Despeses de personal	4 320
Ingressos financers	1 620
Impost sobre beneficis	540
Despeses financeres	1 800
Actiu	216 000
Patrimoni net	720 000

a) Formula el compte de pèrdues i guanys i determina quin és l'import de la xifra de negocis.

b) Fes una anàlisi econòmica completa amb la informació disponible.

4. Suposem que el tipus impositiu de l'impost sobre societats passa del 30 % al 25 %. Això té efecte sobre la rendibilitat? Raona la resposta i posa'n un exemple.

5. Fixa't en les dades següents. Tenint en compte que l'impost sobre el benefici és del 25 %, completa el compte de resultats d'aquesta empresa i analitza'n l'estructura i la composició.

	2018	2019
+ Ingressos d'explotació – Despeses d'explotació	154 000 80 000	225 000 133 000
= BENEFICI ABANS D'INTERESSOS I IMPOSTOS (BAII)	**?**	**?**
– Despeses financeres	7 200	14 000
= BENEFICI ABANS D'IMPOSTOS (BAI)	**?**	**?**
– Impost sobre beneficis	?	?
= BENEFICI NET (BN)	**?**	**?**
Actiu Patrimoni net	430 000 € 1 800 000 €	478 000 € 2 050 000 €

6. Realitza un estudi detallat de les rendibilitats i de l'evolució de l'activitat anterior.

7. Fes un esquema amb totes les estratègies per millorar la rendibilitat econòmica d'una empresa. Posa'n exemples.

8. La rendibilitat econòmica d'una empresa és d'un 12,5 %. Si les vendes han estat de 165 000 € i l'actiu de l'empresa és 275 000 €, calcula'n els beneficis (BAII), el marge i la rotació.

9. Com canviaria la resposta de l'exercici anterior si les vendes fossin de 235 000 € i la rotació de 0,4?

10. Si volguessis comprar accions d'una empresa, a quin tipus de rendibilitat et fixaries més? Raona la resposta.

11. Si el palanquejament d'una empresa és d'1,87, els recursos propis són 57 000 €, les vendes han estat de 27 000 € i el marge del 22 %, quina serà la rendibilitat financera? Desagrega tots els components, tenint en compte que l'impost sobre beneficis és d'un 25 %.

12. Una empresa té com a únic element de patrimoni net i passiu 750 000 € de capital. Preveu obtenir uns beneficis abans d'interessos i d'impostos de 150 000 €, però per dur-ho a terme ha de fer una inversió que li permeti tenir el doble de patrimoni net i passiu. Per finançar l'operació se li presenten tres alternatives:

a) Ampliar el capital.

b) Obtenir un préstec bancari al 8 %.

c) Aconseguir-ne la meitat amb una ampliació de capital i la resta amb una emissió d'obligacions amb un interès del 9 %.

Determina quina és la millor alternativa de finançament i comenta la resposta relacionant ambdós tipus de rendibilitats. L'impost sobre beneficis és d'un 25 %.

13. Si una empresa té una rendibilitat financera del 9,75 % i una rendibilitat econòmica del 7 %, com la deu afectar el fet d'incrementar l'endeutament amb un préstec bancari a llarg termini a un interès del 8,25 %? I si fos del 6,25 %?

14. El resultat d'explotació de Ferrer i Síndria, SL, va ser durant 2018 de 25 400 €. A més a més, les vendes durant el mateix exercici van ser de 298 000 €, i l'actiu de l'empresa és de 340 000 €. Sabem que els capitals propis són de 190 000 €, i que el benefici abans d'impostos va ser de 15 200 €.

a) Calcula'n la rendibilitat econòmica i comenta el resultat obtingut.

b) Determina'n la rendibilitat financera i comenta el resultat obtingut.

15. Una empresa presenta la informació comptable següent:

- Despeses de personal: 140 000 €
- Import net de la xifra de negocis: 350 000 €
- Consums d'explotació: 190 000 €
- Despeses financeres: 4 500 €
- Actiu no corrent: 75 000 €
- Actiu corrent: 30 000 €
- Passiu: 60 000 €

Calcula'n la rendibilitat econòmica i la rendibilitat financera. Interpreta també el resultat del palanquejament i explica la seva relació amb l'efecte de palanquejament. Considerem que l'impost de beneficis és del 25 %.

16. Amb les dades de dos exercicis econòmics que presenta una empresa fes un estudi dels resultats i de les rendibilitats, incloent-hi un comentari dels resultats i de la seva evolució. Aplica el 25 % d'impost de beneficis.

	2018	2019
Vendes de mercaderies	9 500	14 100
Ingressos financers	300	325
Reparacions i conservació	810	1 025
Variació d'existències (EI<EF)	360	430
Devolucions de vendes	340	75
Serveis bancaris	425	475
Interessos de deutes	450	300
Amortitzacions de l'immobilitzat	590	630
Sous i salaris	1 450	1 550
Ràpels sobre vendes	975	110
Seguretat Social empresa	590	630
Ingressos per arrendaments	280	150
Actiu	180 000	210 000
Recursos propis	880 000	115 000

17. Considera les afirmacions següents i indica si són vertaderes o falses, raonant les respostes:

a) Si la rotació de l'actiu és 0,25, el marge és 0,9 i el palanquejament és 1,05, aleshores la rendibilitat econòmica és de 25 %.

b) Una baixada del tipus impositiu de l'impost de beneficis no té cap efecte sobre la rendibilitat econòmica.

c) Si la rendibilitat financera és 18 % i els recursos propis són 150 000 €, aleshores el BAII és de 27 000 €.

d) L'efecte de palanquejament és positiu per a l'empresa sempre que la rendibilitat econòmica sigui superior al cost mitjà del finançament alliè.

e) Si la rendibilitat econòmica és 10, el marge és 0,5 i la rotació és 0,25.

f) Una altra forma d'anomenar la rendibilitat financera és la rendibilitat de les inversions, dels actius.

g) Si les vendes pugen en una proporció superior a la variació de l'actiu, es pot comprovar que la rotació tindrà un efecte positiu sobre la rendibilitat.

h) El resultat d'explotació també es pot dir BAI (benefici abans d'impostos).

i) Una millora del palanquejament sempre es traduirà en una millor rendibilitat financera.

j) Si el BAII ha estat de 30 000 € i els actius 800 000 €, la rendibilitat financera és 3,75 %.

18. Observa la taula següent i omple els espais amb interrogant:

Període	n	n + 1
Vendes	120 000	150 000
Benefici net	36 000	60 000
Actiu	300 000	300 000
Recursos propis	200 000	200 000
Marge	?	?
Rotació	?	?
Palanquejament	?	?
Rendibilitat financera	?	?

5/10

Comprova el teu nivell

1. El palanquejament és positiu si:

a) El cost de l'endeutament és superior a la rendibilitat econòmica.

b) El cost de l'endeutament és inferior a la rendibilitat financera.

c) El cost de l'endeutament és inferior a la rendibilitat econòmica.

d) Mai no pot ser positiu.

2. Què és la rendibilitat?

a) És el nivell de beneficis que pot aconseguir l'empresa.

b) És la mesura relativa dels beneficis de l'empresa.

c) És la relació entre els beneficis de l'empresa i el grau d'endeutament.

d) És la mesura absoluta dels beneficis de l'empresa.

3. La rendibilitat financera és:

a) El quocient entre el benefici net i les inversions.

b) La relació entre el benefici net i els recursos propis.

c) La relació entre el BAII i el valor total de l'actiu de l'empresa.

d) El quocient entre el BAII i els recursos propis.

4. La rendibilitat econòmica estudia:

a) El rendiment de les aportacions dels socis.

b) La capacitat de generar recursos propis.

c) El rendiment de l'actiu de l'empresa.

d) La capacitat d'invertir de l'empresa.

5. Si el patrimoni net és 105 000 € i el benefici net és de 7 350 €:

a) La rendibilitat econòmica és del 7 %.

b) La rendibilitat financera és del 7 %.

c) El fons de maniobra és negatiu.

d) La rotació és d'1,8.

6. La rendibilitat econòmica és 15 % i l'actiu és de 150 000 €:

a) El benefici net és de 22 500 €.

b) El BAII és de 22 500 €.

c) El BAI és d'1 000 000 €.

d) El BAII és d'1 500 000 €.

7. L'efecte palanquejament es defineix com:

a) La manera com canvia la rendibilitat econòmica en incrementar els recursos propis.

b) L'efecte que té l'endeutament sobre el benefici net de l'empresa.

c) L'efecte que tenen les vendes sobre la rendibilitat financera.

d) La manera com canvia la rendibilitat econòmica en reduir els recursos propis.

8. Un increment de la rotació provoca una millora de la rendibilitat financera:

a) No, provoca una baixada de la rendibilitat econòmica.

b) Sí, sempre que no en baixin ni el marge ni el palanquejament.

c) No, provoca una baixada de la rendibilitat financera.

d) Sí, només en el cas que el palanquejament no canviï.

9. L'efecte de palanquejament permet incrementar la rendibilitat financera si:

a) La rendibilitat econòmica és superior a la rotació.

b) La rendibilitat econòmica és inferior al marge.

c) La rendibilitat econòmica és superior al cost del finançament aliè.

d) La rendibilitat econòmica és inferior al cost del finançament aliè.

10. Si l'efecte de palanquejament és negatiu, això significa que un increment de l'endeutament:

a) Empitjora la rendibilitat financera.

b) Empitjora la rendibilitat econòmica.

c) Millora la rendibilitat financera.

d) Millora la rendibilitat econòmica.

Prepara la prova

1. Explica el significat dels conceptes següents: (1,5 punt)

a) Rendibilitat econòmica.

b) Efecte de palanquejament.

c) Rendibilitat financera.

2. Considerem el cas d'una empresa que presenta una rendibilitat financera del 17 %:

a) Quin va ser el benefici net obtingut si els recursos propis són de 35 000 €? (1 punt)

b) Quina va ser la rendibilitat o marge de les vendes si aquestes han sigut de 700 000 €? (1 punt)

3. Una empresa que fabrica material per produir bicicletes mostra la informació següent sobre el seu compte de pèrdues i guanys:

- Els ingressos per vendes van pujar a 420 000 €.
- Les compres de matèria primera van ser de 62 000 €.
- El lloguer de la planta va ascendir a 60 000 €.
- Els rebuts d'electricitat, aigua i altres subministraments van sumar un total de 12 5000 € per a tot l'exercici.
- El banc li va abonar en compte corrent 270 € per interessos.
- Els salaris del personal van ser 120 000 € i les quotes empresarials a la Seguretat Social, 45 000 €.
- Un incendi inesperat al magatzem va comportar una pèrdua total de 1 400 € en mercaderia.
- Els interessos de préstecs van ser d'un total de 945 €.
- Es van dotar 25 000 € d'amortització de l'immobilitzat material.

Amb aquestes dades:

a) Elabora el compte de pèrdues i guanys de l'empresa i calcula el resultat d'aquest exercici, si se sap que el tipus de l'impost de societats que cal aplicar-hi és del 25 %. (0,5 punt)

b) Calcula la rendibilitat econòmica, explica'n el significat i comenta el resultat obtingut si sabem que l'actiu total de l'empresa ascendeix a 450 000 €. (0,75 punts)

c) Calcula la rendibilitat financera, explica'n el significat i comenta el resultat obtingut si sabem que els recursos propis de l'empresa són de 250 000 €. (0,75 punts)

4. A partir del detall de les partides següents del compte de pèrdues i guanys d'una empresa:

Concepte	Import
Vendes netes i altres ingressos	725 000
Despeses de personal	160 000
Despeses d'explotació	35 000
Compres netes	180 000
Dotació per amortitzacions	61 000
Variació d'existències (EF < EI)	25 000
Ingressos financers	134 000
Despeses financeres	115 000
Impost sobre beneficis	98 000

a) Calcula el benefici abans d'interessos i impostos (BAII), el benefici abans d'impostos (BAI) i el resultat de l'exercici. (1 punt)

b) Si la rendibilitat econòmica és d'un 14 % i l'endeutament (o passiu de l'empresa) és de 790 000 €, calcula el cost mitjà de l'endeutament i la rendibilitat financera d'aquesta empresa. (1 punt)

5. Completa les frases següents amb el terme que trobis més adequat: (1 punt)

a) La rendibilitat ... és el quocient entre el BAII i el valor de l' ... .

b) Un ... de la rotació permet millorar la ... econòmica.

c) L'efecte de palanquejament és ... si la rendibilitat ... és superior al cost mitjà del finançament aliè.

d) La ... és la relació entre les vendes i l' ... .

e) Si les ... milloren i l' ... no canvia, el marge serà més gran.

6. Troba les errades del text següent: (1 punt)

Les rendibilitats es poden subdividir en uns components.

La rendibilitat econòmica és el producte de marge, rotació i palanquejament. En canvi la rendibilitat financera és el producte entre rotació i marge.

A més per calcular la rendibilitat econòmica farem el quocient entre benefici net i actiu. I la rendibilitat financera és el quocient entre el benefici abans d'interessos i impostos (BAII) i els recursos propis.

També s'ha de tenir en compte el palanquejament, que és la relació existent entre les despeses financeres i els recursos propis.

Per saber si l'endeutament és positiu o negatiu per a l'empresa, s'ha de comparar la rendibilitat financera amb el cost mitjà del finançament aliè. Si el primer és superior al segon, llavors l'efecte de palanquejament és negatiu.

Això vol dir que l'endeutament permet millorar la rendibilitat econòmica de l'empresa.

Passem a l'acció

Inditex és una de les companyies més grans de distribució de moda del món. Té unes 7 504 botigues operant a 94 mercats diferents. El grup està format per vuit marques que segurament coneixes: Zara, Pull & Bear, Massimo Dutti, Bershka, Stradivarius, Oysho, Zara Home i Uterqüe.

Ara et proposem que valoris la situació financera i econòmica d'Inditex, tenint en compte el que has après en les sis unitats sobre comptabilitat, i que en facis un informe. Per això et presentem el resultat del compte de pèrdues i guanys i el del balanç de situació dels exercicis 2015-2016 publicats per la companyia a la memòria anual que han de presentar totes les empreses.

PLANIFICACIÓ

- Feu grups de quatre alumnes. Agrupeu-vos de dos en dos i cada subgrup pot analitzar un dels anys, tant del balanç de situació com del compte de pèrdues i guanys.
- Cal confeccionar l'informe que contingui l'anàlisi econòmica i financera que heu fet de l'empresa Inditex.
- Cal preparar una exposició oral per presentar els documents elaborats.

ORIENTACIONS

- Analitzeu el compte de pèrdues i guanys per cada any, tenint present que haureu de:
  - Transformar el compte amb el model més simplificat per poder-hi treballar.
  - Calcular la rendibilitat econòmica i la rendibilitat financera amb els seus components.
- Analitzeu el balanç de situació per cada any, tenint en compte que haureu de:
  - Transformar els balanços inicials en un de més senzill agrupant les diferents masses d'actiu i PN i passiu.
  - Calcular el Fons de Maniobra i les ràtios estudiades: primer les de liquiditat i solvència a curt termini, després la solvència a llarg termini i finalment les ràtios d'endeutament.
- Analitzeu les dades obtingudes a partir de les qüestions següents:
  - Valoreu com han evolucionat les vendes d'un any per l'altre. Creieu que aquesta evolució ha estat positiva?
  - Quin dels dos anys Inditex ha aconseguit una major rendibilitat del seu actiu?
  - Suposant que fóssiu un inversor, quin dels dos anys creieu que us interessaria més invertir? Raoneu la resposta.
  - Creieu que l'empresa ha millorat quant a solvència a curt termini de l'any 2015 a l'any 2016?
  - Considereu que l'empresa està molt endeutada? Què és millor per l'empresa, tenir deutes a curt termini o a llarg termini? En el cas d'Inditex, en quina situació es troba?
- Redacteu l'informe final en què es reculli:
  - La variació que s'ha produït en els diferents ingressos i despeses d'aquests dos exercicis i la valoració de la tendència, així com la seva rendibilitat.
  - La situació de liquiditat i solvència de l'empresa l'any 2016 i l'evolució observada des de l'any anterior.

Realitzant aquesta activitat podràs treballar la **competència en gestió i organització**, pròpia de la matèria *Economia de l'empresa*.

Compte de pèrdues i guanys de l'empresa INDITEX exercicis 2015-2016

	Exercici 2016	Exercici 2015
OPERACIONS CONTINUADES:		
Import net de la xifra de negocis	**9 293 959**	**7 920 729**
Vendes	7 515 932	6 383 936
Prestacions de serveis	47 299	28 412
Dividends	1 730 728	1 508 381
Treballs realitzats per l'empresa per a l'actiu	**3 048**	**1 235**
Aprovisionaments	**(5 847 846)**	**(4 919 230)**
Consum de mercaderies	(5 207 511)	(4 377 005)
Consum de matèries primeres i altres matèries consumibles	(558 601)	(483 047)
Treballs realitzats per altres empreses	(81 734)	(59 178)
Altres ingressos d'explotació	**200 727**	**195 510**
Ingressos accessoris i altres de gestió corrent	199 852	194 590
Subvencions d'explotació incorporades al resultat de l'exercici	875	920
Despeses de personal	**(171 306)**	**(169 214)**
Sous, salaris i similars	(148 136)	(149 293)
Càrregues socials	(23 170)	(19 921)
Altres despeses d'explotació	**(998 201)**	**(876 531)**
Serveis exteriors	(989 092)	(873 921)
Tributs	(2 942)	(2 755)
Altres despeses de gestió corrent	(6 167)	145
Amortització de l'immobilitzat i inversions immobiliàries	**(78 326)**	**(75 750)**
Deteriorament i resultat per alienacions de l'immobilitzat	**64**	**(16)**
Resultats per alienacions i altres	64	(16)
Resultats d'inversions en empreses del Grup	–	–
Altres resultats	**(221)**	**(332)**
RESULTAT D'EXPLOTACIÓ	**2 401 898**	**2 076 401**
Ingressos financers	**4 071**	**5 113**
De valors negociables i altres instruments financers	4 071	5 113
– D'empreses del Grup i associades	1 673	2 949
– De tercers	2 398	2 164
Despeses financeres	**(4 496)**	**(5 942)**
Per deutes amb empreses del Grup i associades	(1 352)	(460)
Per deutes amb tercers	(3 144)	(5 482)
Diferències de canvi	**6 327**	**7 738**
Deteriorament i resultat per alienacions d'instruments financers	**–**	**(5 652)**
Deterioraments i pèrdues	–	(5 806)
Resultat per alienació i altres	–	154
RESULTAT FINANCER	**5 902**	**1 257**
RESULTAT ABANS D'IMPOSTOS	**2 407 800**	**2 077 658**
Impostos sobre beneficis	(192 075)	(157 412)
RESULTAT DE L'EXERCICI PROCEDENT D'OPERACIONS CONTINUADES	**2 215 725**	**1 920 246**
RESULTAT DE L'EXERCICI	**2 215 725**	**1 920 246**

Balanç de situació de l'empresa INDITEX exercicis 2015-2016

ACTIU	31-01-2017	31-01-2016
ACTIU NO CORRENT		
Immobilitzat intangible	**83 790**	**66 848**
Patents, llicències, marques i similars	4 040	4 046
Aplicacions informàtiques	45 890	29 109
Bestretes	33 860	33 693
Immobilitzat material	**334 402**	**317 982**
Terrenys i construccions	74 099	75 621
Instal·lacions tècniques i altres immobilitzats materials	197 908	171 737
Immobilitzat en curs i bestretes	62 395	70 624
Inversions immobiliàries	**580 987**	**599 313**
Terrenys	101 845	100 919
Construccions	479 142	469 980
Inversions en curs	–	28 414
Inversions en empreses del Grup, multigrup i associades a llarg termini	**2 533 289**	**2 594 546**
Instruments de patrimoni	2 373 248	2 454 912
Crèdits a empreses	160 022	139 615
Altres actius financers	19	19
Inversions financeres a llarg termini	**200 392**	**189 343**
Instruments de patrimoni	1 717	1 717
Altres actius financers	198 675	187 626
Actius per impostos diferits	**18 635**	**18 868**
Total actiu no corrent	**3 751 495**	**3 786 900**
ACTIU CORRENT		
Existències	**766 534**	**663 772**
Comercials	703 201	600 755
Matèries primeres i altres aprovisionaments	63 333	63 017
Deutors comercials i altres comptes per cobrar	**509 377**	**295 816**
Clients per vendes i prestacions de serveis	114 509	94 848
Clients, empreses del Grup i associades	265 328	165 318
Personal	464	246
Actius per impostos corrents	138	2 803
Altres crèdits amb les Administracions Públiques	128 938	32 601
Inversions en empreses del Grup, multigrup i associades a curt termini	**1 096 968**	**906 938**
Crèdits a empreses	1 080 587	906 546
Altres actius financers	16 381	392
Inversions financeres a curt termini	**46 147**	**20 744**
Derivats	46 147	18 143
Altres actius financers	-	2 601
Periodificacions a curt termini	**7 795**	**5 131**
Efectiu i altres actius líquids equivalents	**2 049 211**	**1 742 057**
Tresoreria	2 045 807	1 741 253
Altres actius líquids equivalents	3 404	804
Total actiu corrent	**4 476 032**	**3 634 458**
TOTAL ACTIU	**8 227 527**	**7 421 358**

PATRIMONI NET I PASSIU	31-01-2017	31-01-2016
PATRIMONI NET		
FONS PROPIS	**3 693 175**	**3 374 667**
Capital	**93 500**	**93 500**
Capital escripturat	93 500	93 500
Prima d'emissió	**20 379**	**20 379**
Reserves	**1 450 682**	**1 413 896**
Reserva legal i estatutària	18 700	18 700
Altres reserves	1 431 982	1 395 196
Accions pròpies i participacions en patrimoni pròpies	**(87 111)**	**(73 354)**
Resultat de l'exercici	**2 215 725**	**1 920 246**
AJUSTAMENTS PER CANVI DE VALOR	**3 361**	**13 631**
Operacions de cobertura	3 361	13 631
SUBVENCIONS, DONACIONS i LLEGATS REBUTS	**1 130**	1 243
Total patrimoni net	**3 697 666**	**3 389 541**
PASSIU NO CORRENT		
Provisions a llarg termini	**6 954**	**1 318**
Altres provisions	6 954	1 318
Deutes a llarg termini	**608**	**21**
Altres passius financers	608	21
Deutes amb empreses del Grup, multigrup i associades a llarg termini	**5 569**	**4 899**
Passius per impost diferit	**20 513**	**28 430**
Periodificacions a llarg termini	**864 433**	**987 741**
Total passiu no corrent	**898 077**	**1 022 409**
PASSIU CORRENT		
Deutes a curt termini	**63 674**	**31 950**
Creditors per arrendament financer		1 503
Derivats	10 421	4 689
Altres passius financers	53 253	25 758
Deutes amb empreses del Grup, multigrup i associades a curt termini	**1 541 340**	**1 248 677**
Creditors comercials i altres comptes a pagar	**1 904 088**	**1 606 099**
Proveïdors	593 694	577 890
Proveïdors d'empreses del Grup i associades	747 657	590 121
Creditors diversos	112 356	101 694
Personal, remuneracions pendents de pagament	27 724	62 383
Passius per impost corrent	86 781	-
Altres deutes amb les Administracions Públiques	335 876	274 011
Periodificacions a curt termini	**122 682**	**122 682**
Total passiu corrent	**3 631 784**	**3 009 408**
TOTAL PATRIMONI NET I PASSIU	**8 227 527**	**7 421 358**

7

La inversió en l'empresa

Què hi aprendré?

- El concepte d'*inversió* i les característiques bàsiques d'una inversió.
- Els tipus d'inversions empresarials.
- Els mètodes de selecció d'inversió estàtics.
- Els mètodes de selecc[illegible]N i TIR.
- L'ús del full de càlcul [illegible]l'una inversió.

L'empresa catalana Plasgom –fabricant de compostos termoplàstics per a sectors com la construcció, l'automoció o els béns de consum– inverteix en una nova línia de fabricació de materials avançats que, junt amb l'impuls de les exportacions, li permetrà augmentar la facturació un 20 % aquest any.

Plasgom ha destinat 0,5 milions d'euros a una planta pilot per crear materials plàstics innovadors. Segons José Ramón Fernández, director general, es tracta d'una «instal·lació d'avantguarda que permet fer mescles de diferents matèries primeres per aconseguir materials radicalment nous, amb característiques que no són presents avui dia en el mercat».

Premsa Gencat, 26 de juliol de 2015 (adaptació)

1. Què pretén Plasgom destinant 0,5 milions d'euros per crear nous materials plàstics?
2. Creus que sempre que es fa una inversió s'han de posar diners?
3. Quins són els objectius que persegueixen la majoria de les empreses quan fan una inversió?

1. La inversió: concepte i tipus

Per dur a terme les seves activitats, l'empresa necessita un conjunt d'elements o factors de producció. Per fabricar nous productes és necessari adquirir màquines, edificis, elements de transport, matèries primeres, mà d'obra, energia, etc.

L'empresa aconsegueix els recursos que necessita del mercat de capitals. Les famílies, les empreses i l'Estat actuen com a oferents de capital, com podem veure a la figura següent:

Fig. 7.1. El mercat de capitals facilita transaccions entre els qui tenen estalvis i els qui tenen projectes d'inversió capaç de rendibilitzar-los.

Gràcies a l'estalvi dels diferents agents econòmics, les empreses poden aconseguir els recursos que necessiten per dur a terme les seves inversions i, amb això, poden optar a aconseguir uns beneficis. Per tant, perquè es produeixi inversió ha d'haver-hi estalvi.

Encara que s'han donat moltes definicions d'*inversió*, destaquem la proposada per l'economista francès Pierre Massé (1898-1987):

> «La **inversió** és l'acte mitjançant el qual es produeix un canvi d'una satisfacció immediata i certa a què es renuncia per l'esperança que s'adquireix, de la qual el bé adquirit és el suport.»

Exemple 1

Hi ha una empresa que inverteix una certa quantitat de diners en l'adquisició d'una màquina. L'acte de comprar la màquina implica renunciar, per exemple, a pagar factures de proveïdors al comptat, però l'empresa espera aconseguir amb la màquina uns ingressos superiors a la quantitat invertida.

Fig. 7.2. Una empresa que inverteix en maquinària espera aconseguir ingressos superiors del que li representaria tenir aquests diners per a altres usos fent-la servir.

La inversió suposa l'adquisició d'un bé (material, intangible o financer) amb el qual l'empresa podrà: produir altres béns, realitzar un servei o cobrar un rendiment.

Així, en fer una inversió en un moment donat renunciem a consumir en aquest període per l'import d'aquesta mateixa inversió. La intenció és recuperar en el futur una quantitat superior a la invertida.

L'empresa és, per excel·lència, l'agent econòmic que fa inversions; tot el que adquireix l'empresa representa una inversió, ja que la intenció és recuperar el desemborsament dut a terme i obtenir, a més, una rendibilitat positiva o benefici. La inversió de les empreses possibilita el creixement econòmic.

Les inversions es poden classificar tenint en compte diferents criteris, tal com s'exposen en la taula següent:

Criteri	Tipus	Característiques	Exemples
Segons el suport de la inversió	Inversió física	Adquisició d'un actiu material.	Edifici, maquinària, instal·lació, element de transport, matèria primera.
	Inversió immaterial	El suport de la inversió és un actiu intangible.	Patent, marca, programa informàtic.
	Inversió financera	Adquisició d'un actiu financer.	Obligacions, accions, dipòsits bancaris.
Segons el període de temps que dura la inversió a l'empresa	Inversions a llarg termini	Romanen a l'empresa durant un període superior a un exercici econòmic (normalment un any).	Ordinadors, construccions.
	Inversions a curt termini	Estan vinculades a l'empresa per un període inferior a la durada d'un exercici econòmic.	Matèries primeres.
Segons la finalitat de la inversió dins l'empresa	Inversió de reposició o renovació	Es tracta de reemplaçar un actiu vell per un altre de nou.	Substitució de mobiliari antic i danyat per un altre de nou.
	Inversió expansiva	Augmenta la capacitat productiva de l'empresa amb la intenció d'incrementar-ne la participació en el mercat.	Compra d'ordinadors i taules per crear nous llocs de treball.
	Inversió estratègica	Són inversions de modernització que tenen per objectiu adaptar l'empresa als canvis tecnològics i incrementar la seva competitivitat.	Instal·lació d'un servidor molt més potent.
Segons la relació de la inversió amb altres inversions	Inversió substitutiva	El fet de dur a terme una inversió n'impedeix o en limita d'altres.	Instal·lació d'un servidor Linux o Windows.
	Inversió complementària	Dur a terme una inversió facilita d'alguna manera el compliment d'una altra.	Comprar un vehicle per proveir-se de matèries primeres sense intermediari.
	Inversió independent	Dur a terme una inversió no afecta ni positivament ni negativament la realització d'una altra inversió.	Renovar els ordinadors i les impressores.

Taula 7.1. Classificació de les inversions.

Activitats

1> Classifica, segons els diferents criteris, les inversions següents:

a) Compra d'una furgoneta, ja que l'anterior que tenia l'empresa era antiga i ha deixat de funcionar.

b) Adquisició d'una maquinària que permet incrementar les vendes de l'empresa.

c) Inversió a la modernització de les instal·lacions d'una empresa.

d) Adquisició de fusta per una empresa que es dedica a fabricar mobles d'oficina.

2> Compara les inversions següents:

a) Adquisició d'accions d'una societat que cotitza en borsa com a inversió temporal.

b) Adquisició d'una patent per poder fabricar un producte.

2. Característiques d'una inversió

Qualsevol projecte d'inversió comporta la immobilització d'uns recursos durant un període més o menys llarg, amb l'esperança d'obtenir uns ingressos superiors a la immobilització dels diners. Per això, tota la inversió es caracteritza (des del punt de vista financer) pel corrent de pagaments i cobraments que genera a l'empresa mentre dura. Les característiques financeres d'una inversió són les següents:

Característiques d'una inversió	Descripció
Desemborsament inicial	Es representa amb D_0 i és la quantitat que l'empresa paga al moment d'adquirir els elements d'actiu. És l'anomenat *moment zero* i sol ser el pagament més alt. En el cas d'una inversió que es du a terme al comptat, aquest és l'únic pagament que es farà.
Durada temporal	És el nombre d'anys, representat amb n, durant els quals es produiran entrades i sortides de diners com a conseqüència de l'execució del projecte d'inversió.
Fluxos nets de caixa o quasirendes	Se simbolitzen amb F_i i representen la diferència entre els cobraments (C_i) i els pagaments (P_i) que suporta l'empresa al llarg de cadascun dels n períodes que dura la inversió com a resultat del desenvolupament del projecte. Dins els *pagaments* no es tenen en compte les despeses financeres que originen els capitals invertits al projecte. Són la diferència entre els cobraments i els pagaments, i no entre els ingressos i les despeses. L'*ingrés* és el dret que té l'empresa que li siguin pagats uns diners, mentre que el *cobrament* és la materialització d'aquest dret, és a dir, la percepció dels diners. La diferència entre la despesa i el pagament és similar: la despesa és l'obligació que contreu l'empresa com a conseqüència de l'execució d'un projecte i el pagament és la sortida efectiva de diners com a compliment d'aquesta obligació.
Valor residual	És el valor del bé al final de la vida de la inversió. Pot ocórrer que aquest valor sigui zero, en el cas que el bé no tingui cap acceptació al mercat. Es representa per R. Aquest valor se sumarà als cobraments de l'últim flux de caixa.

Taula 7.2. Característiques financeres d'una inversió.

A. Representació gràfica de les característiques financeres d'una inversió

En un segment horitzontal es representa la durada temporal de la inversió, que es divideix en n períodes determinats.

Els pagaments representen la sortida de diners de l'empresa i porten signe negatiu (–), mentre que els cobraments representen entrades de diners i tenen signe positiu (+).

$-D_0$	F_1	F_2	. . .	$F_n = C_n + R - P_n$
0	1	2	. . .	n

Recorda

El flux net d'un any i (F_i) és:

$$F_i = C_i - P_i$$

Al *moment inicial* o *moment zero* es produeix el primer pagament (desemborsament inicial); durant cadascun dels n períodes hi ha uns cobraments i uns pagaments que donen com a resultat el flux de caixa que correspon al període i que normalment és positiu.

Cas resolt 1

Una empresa compra una màquina que té un valor de 500 € per dur a terme un projecte d'inversió que durarà cinc anys. Lliura 200 € en el moment de l'adquisició i espera obtenir en cadascun dels anys uns cobraments de 300 € i fer uns pagaments de 150 €. Al final del cinquè any espera que la màquina tingui un valor residual de 50 €.

Representa gràficament les característiques financeres d'aquesta inversió.

Solució:

La representació gràfica d'aquesta inversió és la següent:

–200	150	150	150	150	200
0	1	2	3	4	5

Activitats

3> Enumera els elements principals que defineixen una inversió.

4> Explica què s'entén per *valor residual*.

volr que té la inversió al final d'aquesta en els actius

5> Fes la representació gràfica del projecte d'inversió següent: adquisició d'una nau industrial valorada en 1 000 € que durarà quatre anys. El desemborsament inicial és de 400 € i els fluxos de caixa que s'esperen són de 200 €, 300 €, 400 € i 500 €, respectivament, cadascun dels quatre anys.

3. Mètodes de valoració i selecció d'inversions

Els recursos de què disposa l'empresa per fer una inversió són limitats, per aquest motiu no pot dur a terme totes les inversions que voldria fer. Per seleccionar la inversió més convenient d'entre totes les desitjades, cal establir uns criteris rigorosos que vagin més enllà de la intuïció de l'empresari.

La **selecció d'inversions** és la tria de la millor inversió basada en l'objectiu d'aconseguir la màxima rendibilitat dels diners invertits.

La direcció financera és l'encarregada de valorar i seleccionar la inversió que més convingui. Aquesta selecció es pot fer a partir de dos raonaments clarament diferenciats: l'*estàtic* i el *dinàmic*.

Raonament	Característiques
Estàtic	Es basa en el fet que el valor dels diners és constant al llarg del temps. Es treballa com si els diners que es cobren en diferents moments tinguessin el mateix valor.
Dinàmic	Té en compte el diferent valor dels diners segons el moment en què es produeix el flux de caixa (sigui positiu o negatiu). Els criteris es basen en la premissa financera que diu que el diner no té el mateix valor en el temps.

Taula 7.3. Raonaments de selecció d'inversions.

Realment una mateixa quantitat de diners no té un valor igual si es compara en moments diferents. Per exemple, 1 000 € avui i 1 000 € d'aquí a dos anys no es poden considerar iguals, no tenen el mateix valor.

Això és a conseqüència de:

- **El tipus d'interès.** Això fa que una quantitat del moment actual es pugui capitalitzar a una determinada taxa d'interès i aconseguir una quantitat de diners més alta. Per tant, serà millor tenir 1 000 € avui que els mateixos 1 000 € a final d'any, ja que els 1 000 € d'avui a, per exemple, un 3 % d'interès anual serien equivalents a 1 030 € de final d'any.
- **La inflació.** La pujada generalitzada dels preus fa que el poder adquisitiu d'una quantitat de diners actual sigui més gran que la mateixa quantitat en un moment futur. Tenint en compte només la inflació, si per exemple en un any és del 2 %, al final de l'any serien necessaris 1 020 € per adquirir el mateix que al principi de l'any costava 1 000 €.

Claus i consells

Consulteu l'apartat 2.1 de la unitat inicial en el que es revisa el concepte d'*interès nominal* i *real*.

Fig. 7.3. El tipus d'interès determina la quantitat de diners que s'ha de pagar d'un préstec en un període de temps determinat (any, semestres, mes...).

3.1. Mètodes de selecció estàtics

Aquests mètodes no tenen en compte el factor temps; per tant, els fluxos de caixa tenen el mateix valor encara que es produeixin en diferents moments.

Els mètodes de selecció d'inversions estàtics no s'haurien d'utilitzar, ja que poden conduir a decisions equivocades. Tot i això, és important de conèixer-los, ja que a la pràctica s'utilitzen per obtenir una primera valoració i fer una selecció prèvia de les diferents alternatives que es presenten.

A partir d'un projecte d'inversió general representat per:

$-D_0$	F_1	F_2	...	F_n
0	1	2	...	n

Els criteris estàtics més utilitzats són els que es descriuen a continuació.

Fig. 7.4. En els mètodes de selecció estàtics no es preveu el factor temps en el flux d'entrada i sortida de diners de caixa.

A. Criteri del termini de recuperació o *pay-back (T)*

El ***pay-back*** és el temps que es triga a recuperar el desemborsament inicial. El resultat es pot donar en anys, mesos, ~~dies o una combinació dels tres~~.

El càlcul és senzill i força intuïtiu. Es tracta de comparar el desemborsament inicial amb la suma dels fluxos de caixa que es produeixen.

- En cas que tots els **fluxos de caixa siguin constants,** llavors el termini de recuperació T s'obté dividint el desemborsament inicial entre el flux anual. El resultat donarà directament el nombre d'anys que es triga a recuperar la inversió.
- En cas que els **fluxos de caixa siguin diferents,** T s'obté de l'acumulació dels diferents fluxos de caixa fins a arribar al desemborsament inicial.

Si el nombre d'anys no dona un resultat exacte, es fa una aproximació considerant que el flux de caixa es recupera de manera contínua durant l'any.

Exemple 2

Si en un període es recuperen 600 € i falten 200 € per arribar al desemborsament inicial, es considera que els 600 € es recuperen de manera constant durant l'any i, per tant, els 200 € s'hauran recuperat quan hagi passat un terç de l'any, és a dir, en quatre mesos.

En general, per trobar la part d'any que falta per acabar de recuperar el desemborsament inicial, cal:

1. Localitzar entre quins dos anys es recupera el desemborsament inicial.
2. Calcular l'import que falta, és a dir, trobar la diferència entre el desemborsament inicial i el total acumulat a l'inici del període seleccionat.
3. Es poden seguir dos procediments:
   a) Dividir entre dotze el que es recupera en el període seleccionat per trobar el que es recupera en un mes i després dividir el que falta per recuperar entre aquest valor; això dona el nombre de mesos que falten.
   b) Calcular la proporció (quocient) entre el que falta per recuperar i el total que es recupera en aquell any, que coincideix amb la fracció d'any que falta. Si aquesta fracció es multiplica per dotze, dona el nombre de mesos.

El valor de T serà els anys i mesos que han passat fins a la recuperació del desemborsament inicial.

Claus i consells

En el Cas resolt 2 trobaràs un exemple pràctic sobre els procediments que cal seguir per trobar el valor *T*.

Criteri de selecció

Cal triar la inversió que doni un valor de T més baix, això vol dir que es recupera la inversió inicial més ràpidament i s'han de rebutjar aquells projectes en què no es recuperi la inversió o el desemborsament inicials.

B. Criteri del flux total de caixa per unitat monetària invertida (*r*)

El **flux total de caixa per unitat monetària invertida** és el quocient entre la suma de tots els fluxos nets de caixa del projecte i el desemborsament inicial.

$$r = \frac{F_1 + F_2 + \ldots + F_n}{D_0}$$

Dona una idea de la rendibilitat total de la inversió, és a dir dels euros que es recuperen per cada euro invertit.

Criteri de selecció

Segons aquest criteri, per acceptar un projecte d'inversió, r ha de tenir un valor més alt que 1, ja que si és menor vol dir que no es recupera la inversió inicial. D'entre aquells projectes d'inversió que tinguin $r > 1$ és millor el que tingui r més alt. Si $r = 1$ es considera indiferent.

! Important

r i r' donen una idea de la rendibilitat de la inversió, però $\boldsymbol{r}$ mostra una rendibilitat global del projecte i $\boldsymbol{r'}$ una rendibilitat anual.

C. Criteri del flux mitjà de caixa per unitat monetària invertida (*r'*)

El **flux mitjà de caixa per unitat monetària invertida** és el quocient entre el flux de caixa mitjà anual i el desemborsament inicial.

r' subministra una informació aproximada de la rendibilitat anual de la inversió, és a dir, dels euros que es recuperen de mitjana cada any per cada euro invertit.

Per calcular r' primer s'ha de calcular el flux mitjà anual.

El flux de caixa mitjà anual ($\bar{F}$) s'obté de la divisió de la suma de tots els fluxos entre el nombre total d'anys en què es generen (n):

$$\bar{F} = \frac{(F_1 + F_2 + \ldots + F_n)}{n}$$

$$r' = \frac{\bar{F}}{D_0}$$

!! Atenció

Inconvenients dels mètodes estàtics

Si dos criteris d'inversió donen un mateix valor de T o de r o de r' en principi són igual de vàlids i els triaríem com a indiferents. Però si, per exemple, es produeixen només dos fluxos de caixa, l'un de 500 i l'altre de 200, és millor recuperar abans el més alt, ja que així es pot treballar amb els diners i treure'n una rendibilitat superior.

Criteri de selecció

Si r' és menor que $\frac{1}{n}$ la inversió es refusarà, ja que no s'arribarà a recuperar la inversió inicial, mentre que si és superior s'acceptarà. Es considera que una inversió és millor com més alt sigui el valor de r' en projectes de la mateixa durada.

Fig. 7.5. La rendibilitat d'una inversió comença en el moment que es recuperen els diners de la inversió inicial.

Cas resolt 2

Una empresa de reciclatge de plàstics vol seleccionar la millor inversió per a la seva empresa i presenta les dades següents (en milers d'euros) per a tres tipus d'inversió.

Raona quina serà la millor inversió segons els criteris *pay-back*, flux total de caixa per unitat monetària invertida i flux mitjà de caixa per unitat monetària invertida.

Inversió	D_0	F_1	F_2	F_3
A	400	200	200	200
B	500	100	150	200
C	700	300	350	300

Solució:

Criteri *pay-back*

- **Inversió A**

  El desemborsament inicial (400) es recupera al final del segon any; per tant, el *pay-back* és igual a 2 anys.

- **Inversió B**

  La suma de tots els fluxos (100 + 150 + 200 = 450) no arriba al desemborsament inicial; per tant, amb aquest projecte no es recupera la inversió inicial.

- **Inversió C**

  La inversió es recupera entre el segon i el tercer any.

  Fins al final del segon any s'han recuperat 650 milers d'euros (300 + 350).

  Falten 50 milers d'euros (700 – 650) per recuperar.

  Per calcular el que falta d'any, ho podem fer de dues formes:

  a) En un mes es recuperen: $\frac{300}{12} = 25$ milers d'euros, per recuperar els 50 milers d'euros que falten han de passar: $\frac{50}{2} = 2$ mesos.

  b) Durant el tercer any es recuperen 300 milers d'euros; per tant, la proporció d'any en què es recupera el que falta és: $\frac{50}{300}$, és a dir, un sisè d'any, és a dir, 2 mesos.

  El *pay-back* és, per tant, 2 anys i 2 mesos.

- **Conclusió:** segons el *pay-back*, la millor inversió és la A i després la C. La B no es podria dur a terme, ja que no permet recuperar el desemborsament inicial.

Criteri flux total de caixa per unitat monetària invertida (*r*)

- **Inversió A:** $r = \frac{200 + 200 + 200}{400} = 1{,}5$
- **Inversió B:** $r = \frac{100 + 150 + 200}{500} = 0{,}9$
- **Inversió C:** $r = \frac{300 + 350 + 300}{700} = 1{,}35$

- **Conclusió:** segons el flux total de caixa, la millor inversió és la A i en segon lloc, la C. La inversió B té un *r* inferior a 1, la qual cosa mostra que no s'arriba a recuperar el desemborsament inicial; per tant, s'ha de descartar.

Criteri flux mitjà de caixa per unitat monetària invertida (*r'*)

- **Inversió A:** $r' = \frac{\frac{200 + 200 + 200}{3}}{400} = 0{,}5 > \frac{1}{3}$
- **Inversió B:** $r' = \frac{\frac{100 + 150 + 200}{3}}{500} = 0{,}3 < \frac{1}{3}$
- **Inversió C:** $r' = \frac{\frac{300 + 350 + 300}{3}}{700} = 0{,}45 > \frac{1}{3}$

- **Conclusió:** segons el flux mitjà de caixa, la millor inversió és la A, ja que té la mateixa durada que C i dona un resultat més elevat. En el cas del projecte B, la rendibilitat és inferior a 1/3 i, per tant, no és acceptable.

3.2. Mètodes de selecció dinàmics

Aquests mètodes tenen en compte el moment concret en què es produeix l'entrada o la sortida de les quantitats monetàries. Representen un plantejament molt més realista que els mètodes anteriors. Tal com s'ha dit anteriorment, dues quantitats monetàries iguals que s'obtenen en un temps diferent tenen valor diferent, ja que els diners es poden capitalitzar a un tipus d'interès real determinat i, a més, el poder adquisitiu dels diners varia en diferents períodes a causa de la inflació.

Abans de comentar els principals mètodes dinàmics plantejarem un exercici d'homogeneïtzació de quantitats monetàries aplicant les fórmules de capitalització i descompte.

Claus i consells

Consulteu l'apartat 2.2 de la unitat inicial on es parla de *capitalització* i *actualització d'una quantitat a un tipus d'interès donat*.

Exemple 3

Se suposa que una empresa té uns capitals disponibles en uns períodes determinats indicats a la taula següent:

Capitals (€)	Moments
8 000	Actual (0)
10 000	D'aquí a 1 any
12 000	D'aquí a 2 anys
14 000	D'aquí a 3 anys
16 000	D'aquí a 4 anys

El càlcul del valor d'aquests capitals en el moment actual i d'aquí a dos anys, tenint en compte un tipus d'interès nominal del 4 %, és el següent:

Moment actual

En el moment actual, la primera quantitat té el mateix valor i la resta s'ha d'actualitzar un, dos, tres i quatre anys, respectivament. Gràficament, la situació es pot representar tal com es mostra:

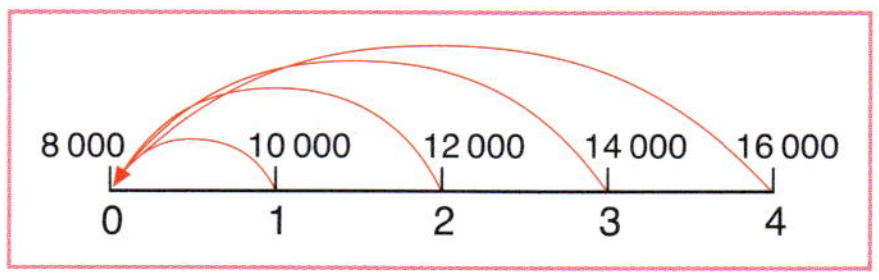

El valor dels capitals en el moment actual és:

$$8\,000 + \frac{10\,000}{(1+0{,}04)^1} + \frac{12\,000}{(1+0{,}04)^2} + \frac{14\,000}{(1+0{,}04)^3} + \frac{16\,000}{(1+0{,}04)^4} = 54\,832{,}87\ €$$

Valor dels capitals d'aquí a dos anys

Els 12 000 € tindran el mateix valor. Les altres quantitats s'hauran de capitalitzar o actualitzar segons que es trobin abans o després del moment en què es vol conèixer el valor dels capitals.

La representació gràfica d'aquesta situació és la següent:

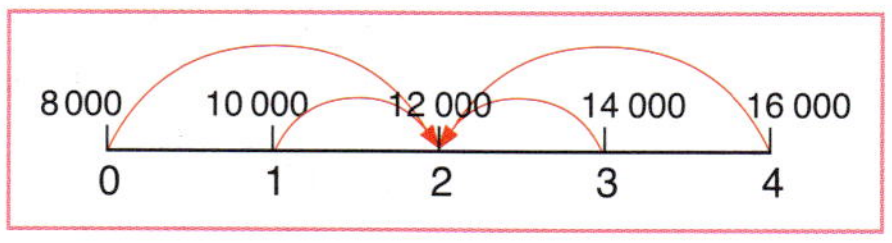

El valor dels capitals d'aquí a dos anys serà:

$$8\,000\,(1+0{,}04)^2 + 10\,000\,(1+0{,}04) + 12\,000 + \frac{14\,000}{(1+0{,}04)} + \frac{16\,000}{(1+0{,}04)^2} =$$
$$= 59\,307{,}24\ €$$

Fig. 7.6. En els mètodes de selecció dinàmics es té present el moment en què es produeix l'entrada o la sortida de diners de caixa. D'aquesta manera se sap en tot moment quina és la liquiditat disponible.

A. Criteri del valor actual net (VAN) o valor capital (VC)

El **valor actual net (VAN)** d'una inversió és la suma de les entrades i les sortides de diners que implica el projecte d'inversió, actualitzades en el moment inicial.

Per calcular-lo cal actualitzar tots els fluxos nets de caixa al moment actual (moment zero) i obtenir el valor capital en aquest moment. Les quantitats s'han de sumar o restar segons que representin entrades o sortides monetàries provocades per la inversió. Es tracta d'un criteri que necessita la fixació d'una taxa de descompte o taxa d'actualització (i) per poder-lo realitzar.

En cas que el tipus d'actualització o descompte sigui el mateix per a tots els períodes, l'expressió del VAN queda:

$$\text{VAN} = -D_0 + \frac{F_1}{(1+i)} + \frac{F_2}{(1+i)^2} + \frac{F_n}{(1+i)^n}$$

Si es considera que cada any la taxa d'actualització o descompte és diferent per a cada un dels períodes futurs, cal treballar amb la fórmula següent:

$$\text{VAN} = -D_0 + \frac{F_1}{(1+i_1)} + \frac{F_2}{(1+i_1)(1+i_2)} + \dots + \frac{F_n}{(1+i_1)(1+i_2)\dots(1+i_n)}$$

Atenció

Normalment en els exercicis s'utilitza una taxa d'actualització mitjana igual per a tots els períodes.

Si al final de la vida de la inversió l'actiu tingués un valor residual, la fórmula s'expressaria de la manera següent:

$$\text{VAN} = -D_0 + \frac{F_1}{(1+i)} + \frac{F_2}{(1+i)^2} + \dots + \frac{F_n}{(1+i)^n} + \frac{VR}{(1+i)^n} \rightarrow$$

$$\text{VAN} = -D_0 + \frac{F_1}{(1+i)} + \frac{F_2}{(1+i)^2} + \dots + \frac{F_n + VR}{(1+i)^n}$$

La taula següent mostra els possibles resultats del VAN i la justificació del criteri de selecció que s'ha d'aplicar.

Resultat	Criteri	Justificació
VAN negatiu	No s'efectuarà la inversió.	La inversió donaria pèrdues, ja que la suma total de les sortides de diners que provoca el projecte d'inversió, valorades en el moment actual, és superior a la suma de les entrades de diners, valorades també en el moment inicial.
VAN igual a 0	És indiferent fer la inversió.	Amb la inversió ni es guanya ni es perd, ja que la suma de les sortides de diners que implica el projecte d'inversió és exactament igual a la suma de les entrades de diners quan totes les quantitats estan valorades en el moment inicial.
VAN positiu	La inversió es pot fer.	La inversió donarà beneficis, ja que la suma de les sortides de diners, valorades en el moment inicial, és inferior a la suma de les entrades també valorades en el moment inicial.

Taula 7.4. Criteris de selecció segons els resultats del VAN.

Criteri de selecció

D'entre els projectes que presentin un valor del VAN positiu se seleccionarà aquell que tingui un resultat més elevat, ja que vol dir que el benefici que es pot aconseguir és major.

Fig. 7.7. Abans d'invertir cal valorar la necessitat i els possibles beneficis d'una inversió.

Cas resolt 3

Un restaurant vol fer una inversió i necessita valorar-ne la millor segons el criteri del VAN. Quina seleccionarà d'entre les següents?

Inversió	D_0	F_1	F_2	F_3
A	800	500	600	700
B	1 000	250	300	400
C	1 200	600	800	1 000

Solució:

Si es considera una taxa d'actualització constant per a tots els períodes igual al 6 %, s'obté:

$$VAN_A = -800 + \frac{500}{(1+0{,}06)} + \frac{600}{(1+0{,}06)^2} + \frac{700}{(1+0{,}06)^3} = 793{,}42\,€$$

$$VAN_B = -1\,000 + \frac{250}{(1+0{,}06)} + \frac{300}{(1+0{,}06)^2} + \frac{400}{(1+0{,}06)^3} = -161{,}3\,€$$

$$VAN_C = -1\,200 + \frac{600}{(1+0{,}06)} + \frac{800}{(1+0{,}06)^2} + \frac{1\,000}{(1+0{,}06)^3} = 917{,}65\,€$$

La inversió B no és viable, ja que presenta un valor del VAN negatiu. De les inversions A i C la millor és la C, ja que dona un resultat del VAN més alt.

B. Criteri del tipus de rendibilitat interna o taxa interna de retorn (TIR)

La **taxa interna de rendibilitat (TIR)** és la taxa d'interès per a la qual les entrades de diners provocades per la inversió, actualitzades amb ella al moment inicial, són exactament iguals a les sortides de diners, també actualitzades amb ella al moment inicial. La TIR indica la rendibilitat anual que s'aconsegueix amb aquella inversió.

La TIR és la *taxa d'actualització* o *descompte*, que s'anomena ***r***, i fa que el valor del VAN sigui 0.

Per obtenir el valor de la TIR fem servir l'expressió següent:

$$VAN = -D_0 + \frac{F_1}{(1+r)} + \frac{F_2}{(1+r)^2} + \frac{F_n}{(1+r)^n} = 0$$

Com que la TIR representa la rendibilitat anual de la inversió, aquesta s'ha de comparar amb l'interès de mercat (i) que és la taxa d'interès que caldria pagar al banc per fer servir els diners.

La rendibilitat (r) és el benefici que s'obté d'una inversió expressat en forma de taxa. L'objectiu de l'empresa és aconseguir una rendibilitat tan gran com sigui possible.

D'altra banda, si no es disposen dels diners per realitzar la inversió, caldrà demanar-los a alguna entitat financera i s'haurà de pagar una taxa d'interès (i).

Així doncs, com més gran sigui la diferència entre r i i més interessant serà la inversió.

Si, per exemple, la nostra inversió genera una rendibilitat del 18 % i el banc ens cedeix els diners a un cost del 7 %, la rendibilitat neta que s'obtindrà és de l'11 %.

• *Criteri de selecció*

D'entre els projectes d'inversió per als quals el valor de r és més alt que i, cal triar aquell que tingui un valor de r superior.

Tal com es pot observar a la fórmula, l'obtenció de la TIR no és un càlcul trivial quan es produeixen més de dos fluxos de caixa. Quan hi ha un o dos fluxos de caixa, el càlcul es fa de manera directa, resolent l'equació de primer o segon grau a què s'arriba. Si hi ha més de dos fluxos de caixa, s'arriba a una equació de grau superior a dos, que es pot resoldre mitjançant programes d'ordinador, amb l'ús de taules financeres o mitjançant el procediment de tempteig, també anomenat *procediment de prova-error*, per al qual pot servir d'ajuda la gràfica del VAN per als diferents valors de r.

L'obtenció de la TIR pel procediment de tempteig a partir de la representació gràfica del VAN és senzilla. La TIR és el valor que pren r quan el VAN és 0.

Es pot fer una taula de valors del VAN per als diferents valors de r i representar-la gràficament com es mostra a la Figura 7.8.

El punt on la gràfica talla l'eix d'abscisses representa el valor de r per al qual el VAN és 0; per tant, el valor de la TIR. Amb la gràfica s'obté l'interval on es troba la TIR.

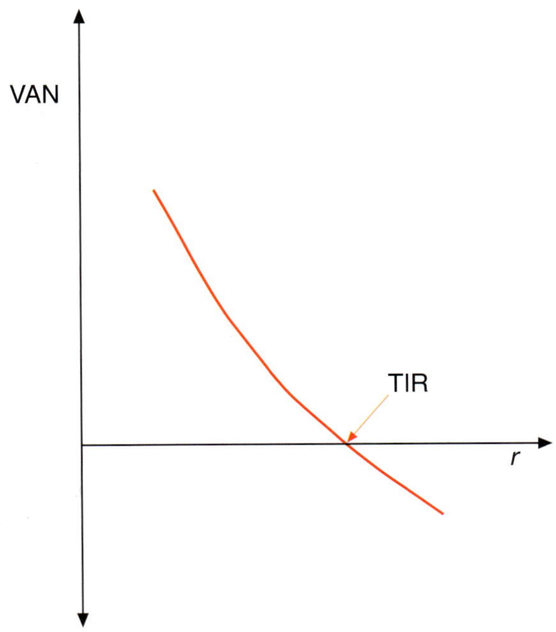

Fig. 7.8. Representació gràfica del valor de r segons els criteris del VAN.

C. Obtenció de la TIR amb el full de càlcul

El full de càlcul és una eina informàtica que permet fer càlculs repetitius de manera ràpida, aconseguir diferents representacions gràfiques a partir de dades disposades en taules, treballar amb funcions... Les múltiples aplicacions que té es poden fer servir en molts àmbits com l'estadística.

En aquest cas el que es pretén és utilitzar aquesta eina per a la selecció d'inversions, fent ús del full de càlcul per tal d'obtenir el valor de la TIR d'una inversió. Per això, cal seguir els passos següents:

1. Des d'una cel·la qualsevol del full es va a «inserir».
2. Elegir funció i seleccionar la categoria de funcions financeres.
3. Un cop dins de les funcions financeres, seleccionar la funció TIR.
4. La TIR s'obté directament donant-li el rang de valors de les cel·les que continguin els valors per als quals es vol calcular la TIR (desemborsament inicial i fluxos de caixa).

Exemple 4

Per calcular la TIR d'un projecte que durarà cinc anys i que presenta un desemborsament inicial de 2 600 € i uns fluxos anuals de 400 €, 500 €, 600 €, 700 € i 800 € respectivament els anys 1, 2, 3, 4 i 5, es procedirà de la manera següent:

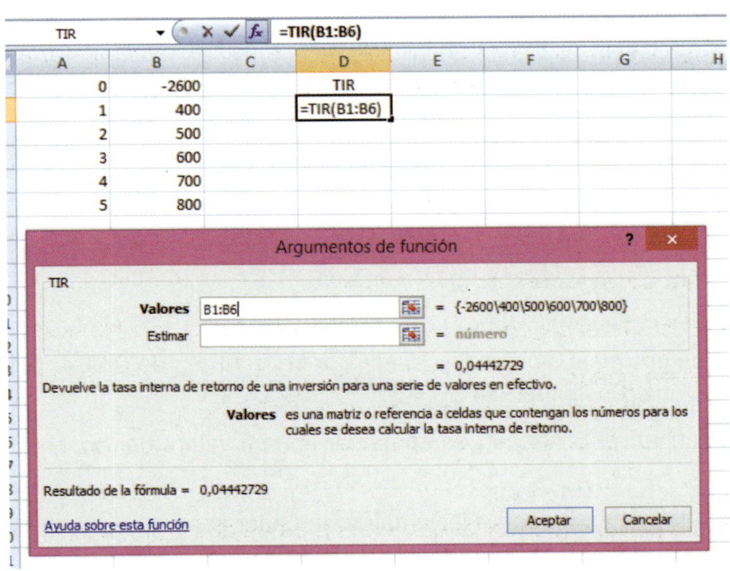

A	B	C	D	E
0	-2600		TIR	
1	400		4,44%	
2	500			
3	600			
4	700			
5	800			

Cas resolt 4

Indica quin és el valor TIR de les inversions següents:

Inversió	D_0	F_1	F_2	F_3	F_4
A	500	300	400		
B	1 000	400	500	600	700

Solució:

Inversió A

$$VAN = -500 + \frac{300}{(1+r)} + \frac{400}{(1+r)^2} = 0$$

Si es fa el canvi $(1 + r) = t$, queda:

$$-500\,t^2 + 300\,t + 400 = 0$$

$t_1 = -0{,}643399$. No pot ser un valor de t negatiu.

$t_2 = 1{,}243398$

Si es fa $(1 + r) = 1{,}243398$, aleshores $r = 0{,}243398$; per tant, la TIR és del **24,3398 %**.

Inversió B

$$VAN = -1\,000 + \frac{400}{(1+r)} + \frac{500}{(1+r)^2} + \frac{600}{(1+r)^3} + \frac{700}{(1+r)^4} = 0$$

Si es fa, com abans, $(1 + r) = t$, s'arriba a l'equació de quart grau següent:

$$VAN = -1\,000 + \frac{400}{t} + \frac{500}{t^2} + \frac{600}{t^3} + \frac{700}{t^4} = 0$$

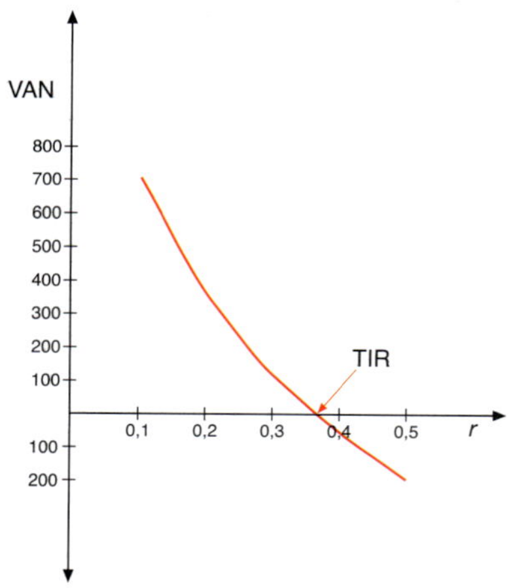

Com que aquesta equació no es pot resoldre per mètodes analítics senzills, s'aplica el procediment de tempteig explicat abans. Si es treballa amb la primera expressió del VAN s'ha de donar diferents valors a r per fer la gràfica i, si es treballa amb la segona, cal donar valors a la t. El resultat, però, serà el mateix. Si es representen gràficament aquests valors, s'obté la gràfica de l'esquerra.

r	t	VAN
0,1	1,1	705,75
0,2	1,2	365,35
0,3	1,3	121,73
0,4	1,4	–58,30
0,5	1,5	–195,06

Tal com es pot observar a la gràfica, la TIR es troba entre 0,3 i 0,4. Per aproximar més aquesta xifra es poden donar valors dins d'aquest interval fins a arribar a un valor del VAN el més aproximat possible a 0:

r	t	VAN
0,340	1,340	43,44
0,360	1,360	7,58
0,370	1,370	–9,58
0,365	1,365	–1,05
0,364	1,364	0,65

Si es tria el valor amb tres xifres decimals significatives, el valor de la TIR és de 0,364; per tant, aquesta inversió presenta una rendibilitat del 36,4 %.

Per aconseguir més xifres significatives s'haurien de continuar donant valors per a r entre 0,364 i 0,365.

Com que la TIR dona un valor relatiu (%), presenta l'avantatge de poder comparar projectes que presentin inversions inicials i períodes completament diferents.

Exemple 5

Una empresa ha de decidir entre dos projectes d'inversió A i B.

El **projecte A** presenta les característiques següents:

Desemborsament inicial	1 000 €	Valor residual	100 €
Cobraments anuals	800 €	Durada temporal	4 anys
Pagaments anuals	400 €		

Del **projecte B** se'n coneixen les dades següents:

Cost d'adquisició	10 000 €	Preu de venda unitari	25 €
Costos fixos anuals	5 000 €	Durada temporal	3 anys
Costos variables unitaris	10 €		

Volum anual de producció i venda:

Any 1	700 u	Any 3	1 100 u
Any 2	900 u		

a) Fem la representació del diagrama temporal dels projectes A i B.

Projecte A

El desemborsament inicial és de 1 000 €.

Els fluxos nets de caixa són constants per a tots els períodes i iguals a 400 € (800 € − 400 €). El flux net de caixa del quart any s'incrementa en 100 €, ja que aquest és el valor residual de la inversió.

El diagrama temporal d'aquesta inversió és el següent:

0	1	2	3	4
−1 000	400	400	400	500

Projecte B

El desemborsament inicial d'aquesta inversió coincideix amb el cost d'adquisició de l'actiu objecte de la inversió, en aquest cas 10 000 €.

Els fluxos de caixa, en aquest cas, són diferents per a cada any.

Flux net de caixa de l'any *i*: F_i = Cobraments - Pagaments de l'any *i*

$$F_1 = 700 \cdot 25 - 700 \cdot 10 - 5\,000 = 5\,500\ €$$
$$F_2 = 900 \cdot 25 - 900 \cdot 10 - 5\,000 = 8\,500\ €$$
$$F_3 = 1\,100 \cdot 25 - 1\,100 \cdot 10 - 5\,000 = 11\,500\ €$$

El diagrama temporal d'aquesta inversió és el següent:

0	1	2	3
−10 000	5 500	8 500	11 500

b) Calcula el temps que es trigarà a recuperar les dues inversions A i B i selecciona la millor segons aquest criteri.

- La **inversió A** es recupera entre el segon i el tercer any.

  Al final del segon any s'han recuperat 800 €; per tant, en falten 200 € per recuperar el desemborsament inicial. Per calcular el temps que ha de passar, podem fer:

  1) En un mes es recupera: $\frac{400}{12} = 33{,}33$ €. Els 200 € que falten es recuperen en $\frac{200}{33{,}33} = 6$ mesos.

  2) Com que durant el tercer any se'n recuperen 400 €, la fracció d'any que ha de passar és una meitat $\frac{200}{400}$; per tant, 6 mesos.

  Pay-back projecte A = 2 anys i 6 mesos.

(continua)

Exemple 5 ***(continuació)***

- La **inversió B** es recupera entre el primer i el segon any.

  Al final del primer any s'han recuperat 5 500 €. Com que el desemborsament inicial era de 10 000 €, falten 4 500 €. Durant el segon any es recuperen 8 500 €. Podem calcular el temps que falta de dues maneres diferents:

  1) $\frac{8\,500}{12}$ = 708,33 € es recuperen en un mes; per tant, han de passar $\frac{4\,500}{708{,}33}$ = 6,35 mesos.

  2) La fracció d'any que ha de passar és $\frac{4\,500}{8\,500}$. És a dir, $\frac{9}{17}$ parts d'any, la qual cosa correspon a 6,35 mesos, o sigui, 6 mesos i 11 dies.

  Pay-back del projecte B = 1 any, 6 mesos i 11 dies.

- **Conclusió:** segons el criteri del *pay-back*, la millor inversió és la que es pot recuperar abans. En aquest cas la millor és la B perquè es recupera gairebé un any abans.

c) Si el cost del capital es considera constant per a tot el temps que duri la inversió i igual al 6 %, seleccionem la millor inversió segons els criteris del VAN i de la TIR.

$$VAN_A = -1\,000 + \frac{400}{(1{,}06)} + \frac{400}{(1{,}06)^2} + \frac{400}{(1{,}06)^3} + \frac{500}{(1{,}06)^4} = 465{,}25\text{ €}$$

$$VAN_B = -10\,000 + \frac{5\,500}{1{,}06} + \frac{8\,500}{(1{,}06)^2} + \frac{11\,500}{(1{,}06)^3} = 12\,409{,}27\text{ €}$$

Segons el criteri del VAN, totes dues inversions són possibles, ja que el valor és positiu. I la millor inversió segons aquest criteri és la B, perquè dona un valor superior.

TIR_A

$$VAN = -1\,000 + \frac{400}{(1+r)} + \frac{400}{(1+r)^2} + \frac{400}{(1+r)^3} + \frac{500}{(1+r)^4} = 0$$

r	VAN
0,200	83,71
0,250	–14,39
0,240	4,00
0,243	–1,57
0,242	0,28

Per obtenir el valor de *r* s'ha de resoldre una equació de quart grau, però, com que no es pot resoldre per mètodes analítics senzills, es fa una aproximació al valor de *r* mitjançant el procediment de prova-error.

Tal com es pot observar a la taula, el valor de *r* que fa el VAN 0 ha d'estar comprès entre 0,242 i 0,243, ja que en aquest interval passa de positiu a negatiu. El procés es pot anar seguint fins a aconseguir l'aproximació desitjada.

Agafant el valor de dues xifres significatives, la TIR és del 24,22 %.

TIR_B

$$VAN = -10\,000 + \frac{5\,500}{(1+r)} + \frac{8\,500}{(1+r)^2} + \frac{11\,500}{(1+r)^3} = 0$$

r	VAN
0,300	4 494,76
0,600	–434,57
0,560	47,58
0,570	–76,74
0,563	10,01
0,564	–2,46

Es fa una aproximació al valor de *r* amb el procediment de prova-error.

El valor de la TIR és entre 0,563 i 0,564. Si es consideren tres xifres significatives, la rendibilitat interna d'aquesta inversió és del 56,3 %.

Tal com es pot observar, tots dos projectes serien factibles segons el criteri de la TIR, ja que en tots dos casos s'obté una rendibilitat superior al cost del capital, que és del 6 %. Si s'hagués de triar una de les dues, es triaria la B, ja que dona una rendibilitat superior.

d) Calculem ara quina hauria de ser la inversió inicial del projecte B perquè la rendibilitat de la inversió fos del 30 % i analitzarem el resultat.

Es tracta de buscar el desemborsament inicial per aconseguir una rendibilitat interna *r* = 0,3:

$$0 = -D_0 + \frac{5\,500}{1{,}3} + \frac{8\,500}{1{,}3^2} + \frac{11\,500}{1{,}3^3} \rightarrow D_0 = 14\,494{,}76\text{ €}$$

En l'apartat *c)* s'ha vist que la rendibilitat de la inversió que s'aconseguia amb un desemborsament inicial de 10 000 € era del 56,3 %. Ara, per aconseguir una rendibilitat del 30 % el desemborsament inicial que s'ha d'efectuar és superior. Com més petita sigui la inversió inicial per aconseguir uns mateixos fluxos de caixa, més gran serà la rendibilitat aconseguida amb aquella inversió.

Activitats

6> Tenint en compte les inversions següents:

Inversió	D_0	F_1	F_2	F_3
A	200	50	100	200
B	300	40	80	140
C	400	200	600	

a) Selecciona la millor inversió segons el flux de caixa total, el flux mitjà de caixa per unitat invertida i el *pay-back*.

b) Selecciona la millor inversió segons el VAN i la TIR. Considera un cost del capital del 5 %.

c) Argumenta si els criteris estàtics i els dinàmics coincideixen sempre en la tria de la millor inversió.

7> Una empresa ha de triar entre dos projectes d'inversió. Els dos necessiten un desemborsament inicial de 1 700 € i duraran tres anys. El primer presenta per a cada un dels tres anys uns fluxos de 400 €, 800 € i 1 000 € respectivament i el segon, 800 €, 400 € i 1 000 € respectivament.

a) Calcula el *pay-back*, el flux total de caixa per unitat monetària invertida i el flux mitjà de caixa per unitat monetària invertida de cada projecte.

b) Atenent els resultats anteriors, hi ha algun projecte que sigui millor que l'altre? Si s'utilitzés un mètode dinàmic, per exemple el VAN, quin projecte seria millor? Per què?

8> Dos projectes d'inversió tenen les característiques següents (en milers d'euros):

Projecte A. Inversió inicial: 2 500; flux de caixa de l'any 1: 500; flux de caixa de l'any 2: 1 000; flux de caixa de l'any 3: 1 500.

Projecte B. Inversió inicial: 3 000; flux de caixa de l'any 1: 1 500; flux de caixa de l'any 2: 1 700; flux de caixa de l'any 3: 1 500.

Es demana:

a) Calcula el termini de recuperació o *pay-back* per a cada projecte.

b) Decideix quin projecte és preferible segons aquest criteri i explica per què.

c) Quin és l'inconvenient principal d'aquest mètode?

9> Un projecte d'inversió suposa un desemborsament inicial de 3 000 €, es preveu una durada de tres anys i els fluxos nets esperats són 1 000, 1 500 i 2 000 € respectivament el primer, segon i tercer any. Considerant un raonament estàtic:

a) Calcula la quantitat mitjana de diner que es recupera cada any per cada euro invertit.

b) Com s'anomena el mètode de selecció d'inversió que has calculat?

c) Quants euros s'han recuperat en els tres anys per cada euro invertit? Com s'anomena aquest valor?

10> Una inversió representa un desemborsament inicial de 5 000 €, es preveu una durada de tres anys i presenta els cobraments i els pagaments següents:

	Any 1	Any 2	Any 3
Cobraments	2 000	300	4 000
Pagaments	800	–	1 200

A partir d'aquesta informació:

a) Calcula els fluxos de caixa de l'any 1 i l'any 3.

b) Quin seria el màxim flux de caixa que es podria produir l'any 2?

c) Calcula el valor que ha de tenir el pagament de l'any 2 perquè el *pay-back* d'aquesta inversió sigui exactament de dos anys i mig.

11> L'empresa Ordinadors Arrova, SA, vol dur a terme un projecte d'inversió amb les característiques següents:

- Desembossament inicial: 850 000 €.
- Durada: 3 anys.
- Fluxos de caixa: 200 000 € el primer any, 300 000 € el segon i 400 000 € el tercer.
- Cost del diner: 8 % anual.

Es demana:

a) Calcula el valor actual net del projecte.

b) Raona la conveniència d'acceptar-lo o no.

12> Calcula quin hauria de ser el desemborsament inicial d'una inversió que durarà tres anys, si els fluxos de caixa que s'esperen per a cada any són, respectivament, 300 000 €, 350 000 € i 420 000 €, i s'obté un valor actual net de 550 000 €, amb un cost del capital del 7 %.

13> Un projecte d'inversió representa un desemborsament inicial de 150 000 € i un altre de posterior de 50 000 € al cap de dos anys. El primer any s'espera un flux net de 80 000 €, al cap de tres anys, 120 000 €, i al cap de quatre, un altre de 160 000 €.

Calcula el VAN d'aquesta inversió i argumenta si la inversió és convenient o no, tenint en compte que el cost del capital és del 6 %.

14> A un empresari se li presenten dues alternatives d'inversió:

a) Dur a terme un projecte que representa una inversió inicial de 4 milions d'euros, amb una durada de dos anys i uns fluxos de caixa de 2 milions d'euros el primer any i 2,5 milions d'euros el segon.

b) Col·locar els 4 milions d'euros en un fons d'inversió de renda fixa durant dos anys, amb una rendibilitat anual garantida del 8,5 %.

Quina de les dues alternatives és més convenient per a l'empresari, segons la rendibilitat?

Activitats finals

1. Llegeix els titulars següents:

«Les famílies inverteixen una mitjana de 653 euros en la tornada a l'escola»

«Gairebé un quart de les famílies espanyoles inverteixen a la borsa»

a) Tenint en compte la definició d'*inversió* que hem estudiat en aquesta unitat, creus que el verb *invertir* està utilitzat de forma correcta en els dos titulars anteriors? Explica per què.

b) Tindria sentit un titular que digués «Moltes famílies inverteixen en loteria per Nadal»? Per què?

2. Una empresa dedicada a la confecció de roba esportiva compra teixits diversos, fils i cremalleres. Classifica aquesta inversió segons els diferents criteris estudiats a la unitat.

3. Una empresa estalvia 50 000 € al 4 % d'interès anual durant quatre anys. Representa gràficament aquesta inversió tenint en compte que cobra els interessos anualment.

4. Explica les diferències fonamentals entre els mètodes estàtics i els mètodes dinàmics per seleccionar una inversió. Quins són més realistes?

5. Una empresa petroquímica està valorant la possibilitat d'ampliar el mòdul de tractament de teles asfàltiques. El desemborsament inicial per a aquesta inversió, que durarà quatre anys, és de 250 000 €; s'estima que els cobraments i pagaments derivats del projecte seran els següents:

	Any 1	Any 2	Any 3	Any 4
Cobraments	200 000	230 000	190 000	270 000
Pagaments	120 000	130 000	200 000	150 000

a) Calcula els fluxos nets de caixa associats a aquesta inversió.

b) Com interpretes un flux de caixa negatiu?

c) Calcula el *pay-back* associat a aquesta inversió.

6. Una empresa vol adquirir un equip productiu del qual té la informació següent:

- Cost d'adquisició .... 300 000 €
- Cobraments anuals .... 400 000 €
- Pagaments anuals .... 250 000 €
- Vida útil .... 3 anys

a) Aplica els diferents mètodes estàtics que coneixes, raona el significat del valor que aporten i raona si convé fer la inversió o no.

b) Aplica els criteris dinàmics de selecció d'inversions i comenta si la inversió és efectuable o no. Considera un cost del capital del 5 %.

7. S'analitzen dos projectes que suposen una mateixa inversió inicial de 5 000 €. Els fluxos finals que presenta cada projecte es mostren a la taula següent:

	Any 1	Any 2	Any 3	Any 4	Any 5	Any 6
Projecte A	2 000	2 000	2 000	2 000		
Projecte B	500	1 000	1 500	2 000	4 000	8 000

a) Compara la durada dels dos projectes d'inversió.

b) Quin dels dos recupera abans la inversió inicial (desemborsament inicial)?

c) Calcula el VAN de cada projecte per a una taxa d'actualització del 6 % i analitza quin dels dos suposa una recuperació de diners més gran.

d) Pel que fa a l'elecció de la millor inversió, coincideixen, en aquest cas, els dos mètodes de selecció d'inversió (*pay-back* i VAN)? Quina és la inversió seleccionada en cada cas?

8. Una empresa estudia un projecte d'inversió que presenta les característiques següents:

- Desemborsament inicial .... 80 000 €
- Flux de caixa del primer any .... 30 000 €

Per a la resta d'anys s'espera que el flux de caixa sigui el 10 % superior al de l'any anterior.

- Durada temporal .... 5 anys
- Valor residual .... 20 000 €
- Cost mitjà del capital .... 6 %

a) Segons el criteri del VAN, es pot dur a terme aquesta inversió?

b) Si l'empresa només accepta aquells projectes que representen una rendibilitat del 5 % superior al cost del capital, creus que farà aquesta inversió?

c) Calcula el desemborsament inicial que hauria de fer perquè la rendibilitat fos del 50 %.

9. La senyora Ferrer vol començar un negoci de confecció de roba esportiva. Per fer-ho necessita comprar diverses màquines, que representaran un import de 15 000 €. També necessitarà comprar un edifici valorat en 20 000 € i una furgoneta que li costarà 4 000 €.

A més a més, haurà d'adquirir matèries primeres com ara fil, roba, botons, etc., per un total de 2 000 €, i l'utillatge necessari (tisores, agulles, etc.) per un import de 2 000 €. Per finançar aquesta inversió disposa de 23 000 €; per a la resta ha de demanar un préstec a una entitat financera. L'entitat financera només li donarà el préstec si el projecte demostra ser rendible econòmicament. Se'n coneixen les dades següents:

- Cost mitjà del capital .... 5 %
- Fluxos nets de caixa anuals .... 10 000 €
- Durada temporal .... 4 anys

L'empresa es liquidarà al final del quart any, amb el valor dels actius en aquest moment de 22 000 €. Aplicant el criteri del VAN, raona si la senyora Ferrer aconseguirà el finançament que necessita; és a dir, si el seu projecte serà rendible econòmicament.

10. Quin hauria de ser el desemborsament inicial d'una inversió, que ha de durar tres anys, si els fluxos de caixa que s'esperen per a cada any són 300, 350 i 420 milers d'euros, respectivament, i se n'obté un valor actual net de 350 milers d'euros, amb un cost del capital del 7 %?

11. Una empresa necessita fer un projecte industrial per a integrar-lo a la cadena de producció. El director financer ha d'escollir una de les propostes basant-se en els dos criteris especificats a la taula:

	VAN	TIR
Projecte 1	–909	9,50 %
Projecte 2	2 024	14,50 %
Projecte 3	0	10,50 %

a) Quines dades econòmiques són imprescindibles per prendre la decisió, basant-se en el criteri de la TIR?

b) Què significa que el valor actual net del projecte 1 sigui –909, el del projecte 2 sigui 2 024 i el del projecte 3 sigui 0? Comenta'n cadascun separadament.

c) Quin projecte escolliries? Per què?

d) A partir de les dades de la taula, podries determinar el valor de la taxa d'actualització que s'ha emprat per a obtenir el VAN?

12. Una escola vol renovar els seus equips informàtics i dubta entre incorporar ordinadors nous o bé tauletes.

El període de vida que es preveu que tinguin aquests dispositius és de tres anys. La taula següent reflecteix els imports corresponents al desemborsament inicial i els fluxos de cada alternativa:

	Desemborsament inicial	Període 1	Període 2	Període 3
Ordinadors	10 000 €	7 000 €	8 000 €	6 000 €
Tauletes	9 200 €	6 500 €	7 300 €	5 800 €

a) Calcula, segons el criteri VAN, quin dispositiu serà millor per l'escola si la taxa de descompte és del 6 %.

b) El proveïdor dels ordinadors ofereix una disminució del desemborsament inicial per la compra dels equips de 1 000 € a canvi de què l'escola col·labori amb una donació de 300 € cada any amb una ONG. Hauria d'acceptar l'escola aquesta oferta des del punt de vista econòmic?

13. Una empresa que es dedica a la fabricació de mobles ha fet un estudi sobre la possibilitat d'especialitzar-se en un tipus concret de mobiliari entre taules, armaris, llits o calaixeres. Els quatre possibles projectes d'inversió suposen el mateix desemborsament inicial i tenen una mateixa durada prevista. L'empresa ha calculat el VAN i la taxa interna de rendibilitat de cada projecte d'inversió i ha obtingut els resultats següents:

Projecte	TIR	VAN
Taules	13,5 %	17 800 €
Armaris	4,7 %	0 €
Llits	9,3 %	7 800 €
Calaixeres	3,2 %	–2 500 €

a) Sabent que s'ha utilitzat la mateixa taxa d'actualització per al càlcul del VAN, justifica quina ha estat aquesta taxa d'actualització.

b) Quin moble recomanaries que fabriqués aquesta empresa en primer lloc?

c) Quin projecte quedaria descartat observant els resultats de la taula?

d) Quin hauria de ser el valor mínim de la taxa d'actualització per tal que cap projecte donés pèrdues?

e) Quina relació hi ha entre el desemborsament inicial del projecte de fabricació de llits i la suma dels fluxos actualitzats?

f) En el cas que l'empresa es dediqués a la fabricació de cadires hauria de fer un desemborsament inicial de 7 000 € i aconseguiria uns fluxos de caixa de 3 500 €, 6 800 € i 7 500 € en el primer, segon i tercer any respectivament. Si la taxa d'actualització és un 5 %, valora si la producció de cadires és una opció millor comparada amb la producció dels altres mobles.

Comprova el teu nivell

1. Una inversió es caracteritza:

a) Pel desemborsament inicial i la durada.

b) Pel desemborsament inicial, la durada i els fluxos nets de caixa.

c) Per la rendibilitat que genera.

d) Per la taxa d'actualització dels fluxos de caixa.

2. Els fluxos nets de caixa són:

a) Els cobraments que té l'empresa com a conseqüència de la inversió.

b) Els ingressos menys les despeses que té l'empresa mentre dura la inversió.

c) Els cobraments menys els pagaments a conseqüència de la inversió.

d) Els pagaments que s'han de fer associats a la inversió.

3. La compra d'un programa informàtic:

a) És una inversió física.

b) És una inversió immaterial.

c) És una inversió financera.

d) No és cap inversió.

4. Els mètodes estàtics de selecció d'inversió:

a) Són el VAN i la TIR.

b) Utilitzen la taxa d'actualització.

c) Consideren constant el valor del diner en el temps.

d) Són el VAN i el *pay-back*.

5. El criteri del flux total de caixa per unitat monetària invertida:

a) És un mètode dinàmic de selecció d'inversions.

b) Se seleccionarà la inversió que tingui un valor més petit.

c) Ha de tenir un valor menor que 1.

d) Se seleccionarà la inversió que tingui un valor més gran, entre les que tenen un valor superior a 1.

6. El *pay-back* d'una inversió:

a) És millor com més gran sigui.

b) Ha de superar la durada de la inversió.

c) És millor com més petit sigui i ha de ser inferior a la durada de la inversió.

d) No té cap relació amb la durada de la inversió.

7. Si el VAN per a una inversió és positiu vol dir:

a) Que la inversió dona pèrdues.

b) Que si baixen els tipus d'interès la inversió pot no ser rendible.

c) Que la TIR és igual a la taxa d'actualització.

d) Que la inversió dona beneficis.

8. Si la TIR d'una inversió dona 7 % vol dir:

a) Que el VAN per a una taxa d'actualització del 8 % donarà positiu.

b) Que el VAN per a una taxa d'actualització del 8 % donarà negatiu.

c) Que el VAN per a una taxa d'actualització del 7 % donarà 0.

d) Són correctes les respostes *b* i *c*.

9. Per a una determinada inversió:

a) El valor del VAN augmenta amb la taxa d'actualització.

b) El valor del VAN disminueix quan augmenta la taxa d'actualització.

c) El valor el VAN és independent de la taxa d'actualització.

d) Si la taxa d'actualització és 0, el VAN és igual a la TIR.

10. Si el VAN d'una inversió és negatiu per una taxa de cost del capital del 6 %:

a) La inversió és aconsellable.

b) La TIR d'aquesta inversió és superior al 6 %.

c) La TIR d'aquesta inversió és inferior al 6 %.

d) És impossible que el VAN d'una inversió surti negatiu.

Prepara la prova

1. Una empresa està analitzant dos projectes d'inversió, dels quals té la informació següent:

- **Projecte 1.** Comporta un desemborsament inicial de 4 000 € que li proporcionarà uns cobraments de 5 000 € el primer any i de 6 000 € el segon any. Els pagaments corresponents a cada any serien de 1 000 € i 2 500 €, respectivament.
- **Projecte 2.** Implica un desemborsament inicial de 8 000 € que proporciona uns cobraments de 9 000 € el primer any i de 7 000 € el segon any, i els pagaments corresponents a aquests anys serien de 2 000 € i 4 000 €, respectivament.

Es demana:

a) Quin dels dos projectes aconsellaries a l'empresa si utilitzem el criteri del VAN i la taxa de cost del capital és el 8 %? (0,5 punt)

b) Calcula quin hauria de ser el valor de desemborsament inicial de la primera inversió si el VAN tingués un valor de 2 000 €. (0,5 punt)

c) Quina alternativa escollirà l'empresa si utilitza el *pay-back* com a criteri de selecció? (0,5 punt)

d) Si anomenem *r* al valor de la TIR, escriu l'expressió que hauríem de resoldre per trobar la TIR. (0,5 punt)

2. Calcula la TIR d'una inversió que implica avui un desemborsament únic de 15 000 € i un cobrament de 20 533,50 € d'aquí a dos anys. (2 punts)

3. Un projecte d'inversió proporciona un VAN = 30 000 € per a una taxa del cost del capital de 9 % i el valor de la TIR és de l'11,4 %.

a) Interpreta'n els dos resultats i justifica la decisió que caldria prendre sobre aquest projecte. (0,5 punt)

b) Si la taxa del cost del capital o taxa d'actualització fos del 12 %. Seria rendible aquest projecte? Justifica per què. (0,5 punt)

c) Quin valor tindria el VAN per a una taxa d'actualització de l'11,4 %? (0,5 punt)

d) Per a una taxa d'actualització del 10 % el valor del VAN serà major o menor que 30 000 €? (0,5 punt)

4. Completa les frases següents amb el terme que consideris més convenient: (0,33 punts cada resposta correcta)

a) Les inversions en elements físics a llarg termini es corresponen amb la massa patrimonial ··· del balanç de situació.

b) Els mètodes de selecció d'inversions ··· consideren que el valor del diner és diferent segons el moment de temps en què es recupera.

c) Una inversió que durarà 4 anys amb fluxos constants de ··· té un *pay-back* de 2 anys quan el desemborsament inicial és de 4000 €.

d) Si el VAN d'una inversió té un valor de signe ···, vol dir que aquella inversió donarà beneficis.

e) Si el VAN d'un projecte d'inversió dona 3 400 € per a una taxa d'actualització del 6 %, vol dir que la TIR d'aquesta inversió és (superior/inferior) ··· al 6 %.

f) Si la TIR d'un projecte d'inversió és 8 %, el valor del VAN calculat per a una taxa d'actualització d'un 8 % val ···.

5. La direcció financera de l'empresa ha fet un informe sobre l'anàlisi de tres projectes d'inversió: A, B i C. A l'informe es pot llegir:

a) La inversió B presenta un flux total de caixa per unitat monetària invertida d'1,24, la qual cosa vol dir que de cada euro que s'ha invertit l'empresa podrà recuperar 1,24 € cada any, sense tenir en compte el diferent valor del diner en el temps.

b) La inversió A té un *pay-back* de 2 anys, la B de 2 anys i 3 mesos i la C de 3 anys. La inversió C serà, per tant, la millor segons aquest criteri de selecció d'inversions.

c) La inversió A presenta una TIR del 7,8 %, això vol dir que de cada euro que s'inverteix l'empresa obté anualment 1,078 €.

d) El VAN de la inversió B és de 1 340 €, per tant aquesta inversió queda descartada, ja que no permet aconseguir beneficis.

e) La TIR de la inversió A és 7,8 %, per aquest motiu el valor del VAN per a una taxa d'actualització del 4 % ha donat un valor positiu i la inversió aporta beneficis.

Digues si aquestes afirmacions són verdaderes i en el cas que hi hagi alguna errada corregeix-la perquè sigui correcta. (0,4 punts cada resposta correcta)

8

El finançament de l'empresa I: les fonts de finançament

Què hi aprendré?

- El concepte de *fonts de finançament*.
- La classificació de les fonts de finançament que utilitzen les empreses.
- El mercat de valors com a instrument de finançament empresarial.
- Criteris per triar una font de finançament.
- Cost del finançament i càlcul del cost segons el tipus de font.

La compra a terminis de vehicles és des de fa temps una opció habitual, que permet assumir de manera més còmoda la despesa que suposa adquirir un automòbil. A més dels préstecs concedits per les entitats bancàries, la majoria de les marques compten amb entitats financeres pròpies que ofereixen crèdits. Les financeres de les marques ofereixen més flexibilitat, comoditat i rapidesa, i gràcies a això els fabricants incrementen el volum de vendes.

Comptar amb tota la informació per finançar és vital per poder conèixer de forma anticipada l'import final a pagar i comparar diferents ofertes en igualtat de condicions, recomana l'OCU.

Organització de Consumidors i Usuaris (OCU)

1. Què entens per *entitat financera*?
2. Amb qui competeixen les entitats financeres de les marques de vehicles?
3. Quin criteri fan servir les famílies o les empreses per triar la millor font de crèdit quan necessiten finançar alguna compra?

1. Fonts de finançament de l'empresa

Són **fonts de finançament** els recursos líquids o els mitjans de pagament a disposició de l'empresa per afrontar les seves necessitats dineràries.

Els recursos financers de l'empresa es poden classificar segons quatre criteris diferents:

Criteri de classificació	Tipus	Característiques	Exemples
Segons el termini de devolució de la font financera	Fonts de finançament a curt termini	Quan el termini de devolució és inferior a l'any.	El crèdit dels proveïdors, els préstecs bancaris, etc.
	Fonts de finançament a llarg termini	Quan el termini de devolució és superior a l'any.	Préstecs a llarg termini i emprèstits. També quan tenen un termini d'exigibilitat indeterminat o indefinit al temps, com els recursos propis de l'empresa: capital i reserves.
Segons la procedència dels recursos	Finançament extern	Els recursos procedeixen de l'exterior de l'empresa.	El capital social, els préstecs, els crèdits de funcionament de l'empresa, etc.
	Finançament intern	Els recursos els genera l'empresa a través de la seva activitat.	Els beneficis no distribuïts (reserves) i les quotes acumulades d'amortització i provisions.
Segons la propietat dels recursos	Mitjans de finançament propis	Són els recursos que pertanyen al o als propietaris de l'empresa.	El capital i les reserves.
	Mitjans de finançament aliens	Són els recursos que s'han de tornar, ja que no pertanyen als propietaris de l'empresa.	Els préstecs, els crèdits i els emprèstits de tota mena, siguin a curt o llarg termini.
Segons la manera d'obtenir els recursos	Fonts de finançament espontani	Són les que sorgeixen dels ajornaments dels pagaments dels deutes.	Les factures que cal pagar als proveïdors a 30 dies o els fons acumulats d'ingressos per IVA fins al moment de la liquidació.
	Fonts de finançament negociat	Són de naturalesa contractual i, per tant, no es produeixen de manera espontània.	Exemples d'aquest tipus de fonts són els crèdits i préstecs que l'empresa contracta.

Taula 8.1. Criteris de classificació dels recursos financers.

! Important

Totes les **fonts de finançament** de l'empresa tenen un cost per a ella. Fins i tot el finançament propi implica un cost. Per això, l'àrea de finançament ha d'escollir la combinació de fonts de recursos que minimitzi els costos financers de l'empresa.

Activitats

1> Classifica, segons els diferents criteris presentats, les fonts de finançament següents:

a) Un préstec bancari que s'ha de tornar en 2 anys.

b) El capital social.

c) El crèdit concedit pels proveïdors a 30 dies.

d) Diners que es deuen a la Seguretat Social.

2> Argumenta en quin sentit els recursos propis de l'empresa es consideren fonts de finançament a llarg termini.

2. Fonts de finançament segons la titularitat

A continuació analitzem les fonts de finançament amb més profunditat. Per fer-ho, les agrupem de la mateixa manera que al balanç de situació: *recursos propis* i *recursos aliens* (Taula 8.2).

Font de finançament	Tipus	Exemple
Recursos propis	Propis amb caràcter extern	Capital, subvencions rebudes.
	Propis amb caràcter intern (autofinançament)	Autofinançament d'enriquiment: reserves. Autofinançament de manteniment: amortització, provisions.
Recursos aliens	A llarg termini	Préstecs a llarg termini, emprèstits d'obligacions, *lísing* i *rènting*.
	A curt termini	Crèdits i préstecs a curt termini, crèdit de proveïdors, descompte d'efectes, *confirming* i *factoring*.

Taula 8.2. Fonts de finançament segons la titularitat.

2.1. Recursos propis o finançament propi

El **finançament propi** són els recursos més estables de què disposa l'empresa, ja que no s'han de tornar en tota la vida d'aquesta perquè estan vinculats a l'empresa de forma permanent. D'altra banda, són els que tenen més risc perquè, en cas de fallida, els socis són els últims a rebre la part corresponent de la liquidació de l'empresa, ja que, en primer lloc cal atendre els treballadors i tots els altres creditors.

Els recursos propis es poden dividir en dues categories: *recursos propis amb caràcter extern* i *recursos propis amb caràcter intern* o *autofinançament*.

A. Recursos propis amb caràcter extern

Estan constituïts pel *capital social*, les *ampliacions del capital social* i les *subvencions* concedides per les administracions públiques.

- **Capital social.** Està format per les aportacions dels socis en constituir-se la societat i, a més, per les successives ampliacions de capital que es puguin produir. Les aportacions de capital poden provenir de persones individuals, d'empreses, de grups d'empreses o, en el cas d'algunes pimes i de manera temporal, de societats de capital de risc (SCR).
- **Subvencions.** Concedides per administracions públiques. Són els fons que rep l'empresa de manera gratuïta i estan destinats a fomentar una activitat determinada.

Més dades

Les **societats de capital de risc (SCR)** són empreses l'activitat de les quals és la d'aportar finançament per crear empreses, per fer-les expandir o per desenvolupar un nou projecte. No es tracta d'un finançament aliè, que s'ha de tornar en un termini determinat, sinó que aporten finançament propi (capital social), ja que entren a formar part de l'accionariat de l'empresa. Quan l'empresa receptora de la inversió comença a créixer en valor, la SCR pot vendre la seva participació al capital i així recuperar la inversió feta, i obtenir els beneficis que són objecte de la seva activitat.

Fig. 8.1. Els recursos financers propis de caràcter extern poden ajudar a millorar la liquiditat de l'empresa.

B. Recursos propis amb caràcter intern o autofinançament

L'**autofinançament** o **finançament intern** està format pels fons que es generen a l'empresa com a conseqüència de la seva activitat. Es distingeixen dos tipus d'autofinançament, per *enriquiment* i per *manteniment*, tal com s'exposa a la taula següent:

Autofinançament	Característiques
Per enriquiment	Constituït pels beneficis generats i no distribuïts entre els socis (reserves) que augmenten el net patrimonial.
Per manteniment	Fons d'amortització i provisions per mantenir inalterat el patrimoni de l'empresa.

Taula 8.3. Tipus d'autofinançament.

- **Reserves.** Són els beneficis no distribuïts per l'empresa. Els beneficis s'obtenen a partir del resultat, el qual s'aconsegueix com a conseqüència del desenvolupament de la seva activitat. Les reserves poden ser de diferents tipus: *legals*, quan la quantitat està fixada per la llei; *estatutàries*, quan estan fixades pels estatuts de l'empresa, i *voluntàries*, quan estan determinades per l'obtenció de beneficis extraordinaris. Les reserves permeten a l'empresa dur a terme inversions noves i, per tant, n'afavoreixen el creixement.

- **Fons d'amortització.** Es calcula segons el valor que va perdent l'immobilitzat al procés de producció. Els béns de l'immobilitzat perden valor pel mateix ús que se'n fa al procés productiu (i que fa que es desgastin físicament), o bé per la seva obsolescència tècnica i funciona a causa dels canvis tecnològics que es produeixen. Quan finalitza un exercici econòmic, es calcula la pèrdua de valor que s'ha produït a l'immobilitzat de l'empresa i s'inclou dins de les despeses del període. A mesura que passin els anys, el fons d'amortització anirà augmentant la quantitat en què s'han depreciat els actius, de manera que, al final de la vida econòmica d'aquests, l'empresa podrà substituir-los fent ús dels diners acumulats en aquest fons.

  Les causes de pèrdua de valor dels actius de l'immobilitzat poden ser bàsicament tres, tal com s'indica a la taula següent:

> ***Recorda***
>
> **Immobilitzat.** Són tots els béns que l'empresa utilitza per produir (edificis, màquines, ordinadors, etc.).
>
> **Amortització.** És el valor que representa la despesa que ha experimentat l'immobilitzat de l'empresa com a conseqüència del seu ús al procés productiu o a causa de l'obsolescència. Cada any, l'empresa comptabilitza la quantitat que correspon a l'amortització i la repercuteix al cost del producte.

Tipus de depreciació	Característiques
Física	Pèrdua de valor per ús i desgast.
Econòmica o obsolescència	El pas del temps (encara que no s'hi utilitzen els elements d'actiu) provoca una disminució del seu valor.
	L'avanç tecnològic resta eficàcia a alguns elements d'immobilitzat, o bé la demanda varia de tal forma que fa innecessari l'ús de determinats equips.

Taula 8.4. Tipus de causes de la depreciació.

- **Fons de provisions.** Són també una part del resultat de l'empresa, que crea un fons per afrontar certes pèrdues que encara no s'han produït, o bé despeses futures. Per exemple, pèrdua dels valors mobiliaris, fons per a indemnitzacions, per cobrir riscos, etcètera.

Cas resolt 1

Una empresa ha adquirit un equip industrial per 200 000 €. S'espera que aquest equip tingui una vida econòmica de 10 anys i que al final tingui un valor residual de 20 000 €. Es considera una depreciació lineal (constant per a cada any) durant la seva vida.

Calcula el fons d'amortització al cap de 5 anys i posa exemples d'aplicació financera per a aquests recursos.

Solució:

Si l'equip ha costat 200 000 € i s'espera que tingui un valor residual de 20 000 €, l'empresa ha d'amortitzar en tota la seva vida econòmica 180 000 €.

Si la depreciació és constant, cada any haurà d'amortitzar:

$$\frac{180\,000}{10} = 18\,000\text{ €}$$

Quan hagin passat 5 anys, el fons d'amortització serà:

$$18\,000 \cdot 5 = 90\,000\text{ €}$$

Quan hagin passat 10 anys l'empresa tindrà els recursos suficients per poder renovar l'equip industrial.

L'empresa durant aquest temps pot utilitzar els recursos estalviats fent inversions financeres que li permetin incrementar la rendibilitat econòmica de l'empresa.

L'**autofinançament** presenta alguns **avantatges** per a l'empresa, com per exemple:

- Atorga a l'empresa més autonomia i llibertat d'acció.
- Per a les pimes constitueix pràcticament l'única manera d'obtenir recursos financers a llarg termini.
- Aporta liquiditat a l'empresa sense que aquesta hagi de recórrer al mercat de capitals.

Entre els **inconvenients** de l'autofinançament podem destacar:

- Disminueix els dividends (repartiment de beneficis) i, per tant, la rendibilitat que percep el soci per la seva aportació de capital.
- Com que no té un cost explícit, hi ha el perill que s'utilitzi en inversions poc rendibles.
- Es genera de manera gradual i lenta.

Els **fons d'amortització i provisions,** a diferència de les reserves, no representen un creixement per a l'empresa, sinó que comporten un autofinançament de manteniment.

Tingues en compte

En **crear fons d'amortització i provisions,** l'empresa estalvia uns diners que li permetran, en el futur, substituir els seus equips i afrontar pèrdues previstes.

El resultat econòmic que aconsegueix l'empresa es reparteix de la forma següent:

Resultat

↓

- Fons d'amortització i provisions
- Impost sobre societats
- Dividends
- Reserves

Fig. 8.2. Repartiment del resultat al final de l'exercici econòmic.

Vocabulari

Dividend. És la fracció dels beneficis d'una empresa o societat que es reconeix als socis com a retribució periòdica del capital que hi han invertit.

2.2. Recursos aliens

Les empreses, generalment, necessiten més recursos dels que proporciona el finançament propi; per això, han de recórrer al finançament alliè.

Web

A **www.ipyme.org** pots trobar informació sobre instruments financers i fonts de finançament, entre altres temes d'interès per a les pimes.

A. Recursos aliens a llarg termini

Els **recursos aliens a llarg termini** són aquells dels quals l'empresa disposa durant un període superior a un exercici econòmic i que, una vegada passat aquest temps, ha de tornar amb els interessos corresponents.

Dins els recursos aliens a llarg termini hi ha els següents:

- **Préstecs a llarg termini.** Les empreses demanen préstecs a les institucions de crèdit (bancs, caixes d'estalvi, cooperatives de crèdit, etc.) per poder finançar-se. Un cop aprovat el préstec, l'empresa pot disposar dels diners de manera immediata. Aquests diners s'han de tornar amb els interessos corresponents, segons les condicions establertes.
- **Emprèstits.** Són els títols de crèdit (obligacions, bons, pagarés, etc.) que emeten les empreses i que són comprats per particulars i altres empreses a canvi d'un interès. A aquests títols se'ls anomena *valors de renda fixa* perquè solen donar, a qui els posseeix, uns interessos prefixats per endavant. Les accions són valors de *renda variable,* ja que no tenen un rendiment establert.

  Quan les empreses necessiten una gran quantitat de diners i les condicions dels préstecs que els ofereixen els intermediaris financers no són econòmicament acceptables, demanen préstecs a particulars emetent **obligacions** i **bons.** Aquests títols (tots de la mateixa quantitat i condicions) són adquirits per un gran nombre d'estalviadors particulars i empreses. Passat un quant temps, l'empresa tornarà els diners més els interessos segons les condicions pactades. Només les grans empreses poden fer servir aquest tipus de finançament.

Més dades

Les **obligacions,** els **bons** i els **pagarés** són títols que representen el deute d'una empresa, la principal diferència entre ells es troba en el termini d'amortització o devolució. Els *pagarés* s'amortitzen abans que els *bons* i les *obligacions* s'amortitzen a més llarg termini (generalment més de cinc anys).

- **El *lísing* o arrendament financer.** És un sistema de finançament mitjançant el qual l'empresa incorpora algun element d'actiu fix a canvi d'una quota d'arrendament. En aquest procés intervenen tres agents econòmics: l'empresa-client, que necessita un bé determinat; l'empresa que fabrica o posseeix el bé, i l'empresa de *lísing*, una institució financera que finança l'adquisició del bé i el lliura a l'empresa-client a canvi d'un lloguer.

  La durada de l'operació de *lísing* coincideix generalment amb la vida econòmica de l'element patrimonial. L'import de les quotes de *lísing* incorpora l'amortització del bé, els interessos del capital productiu, les despeses administratives i una prima de risc per si de cas falla l'empresa arrendatària. Quan acaba el període de lloguer es pot tornar el bé a l'empresa de *lísing*, o bé comprar-lo segons el preu fixat al contracte.

  L'inconvenient principal d'aquesta modalitat de finançament és l'elevat cost que representa. Hi ha moltes empreses, no obstant això, que incorporen elements d'actiu d'aquesta manera, perquè així no s'han de preocupar de buscar els recursos financers i poden obtenir avantatges fiscals, ja que part de les quotes de *lísing* representen una despesa per a l'empresa i el resultat econòmic serà més baix, la qual cosa es tradueix en el fet que pagarà menys impostos.

- **El *rènting*.** És una modalitat semblant al *lísing* que consisteix al lloguer de béns mobles i immobles a mitjà i llarg termini. Al contracte de *rènting*, l'arrendatari es compromet a pagar una renda fixa mensual durant un termini determinat, i l'empresa de *rènting* es compromet a prestar una sèrie de serveis: facilitar l'ús del bé durant el termini contractual, fer el manteniment del bé i contractar una assegurança a tot risc.

  La renda del lloguer mitjançant aquest mètode és una despesa fiscalment deduïble al 100 % i no hi ha durada mínima de l'arrendament. En acabar el contracte, l'empresa de *rènting* ofereix a l'arrendatari l'opció de substituir els equips o renovar el contracte per un nou període a determinar. A diferència del *lísing*, no s'ofereix la possibilitat de compra per a l'arrendatari al final del contracte.

Conceptes bàsics

Alguns conceptes relacionats amb els emprèstits:

- **Valor nominal.** És el que surt al títol, i és sobre el qual és el càlcul en els interessos.
- **Valor d'emissió.** És la quantitat que realment s'abona per l'obligació. Si coincideix amb el valor nominal es diu que és a la par, i si és més baix es diu que és sota par. La diferència s'anomena *prima d'emissió*.
- **Valor de reemborsament.** És la quantitat que abona l'empresa per cada títol al moment de l'*amortització*, que consisteix en el retorn per part de l'empresa de l'import prestat. En el cas de ser superior al valor nominal, la diferència s'anomena *prima de reemborsament*.

Fig. 8.3. Hi ha moltes empreses que recorren al *lísing* o al *rènting* per tenir una flota de cotxes a disposició dels treballadors de la companyia que el necessitin per la seva tasca diària.

Cas resolt 2

Una empresa necessita 100 000 € per fer una inversió. Les condicions dels préstecs que li ofereixen els intermediaris financers representen un cost TAE del 7 %. Es planteja fer una emissió de 1 000 obligacions de 100 € cadascuna, que posarà a la venda als estalviadors particulars a través d'un intermediari financer.

Considerant les despeses i l'interès que ha de pagar, el cost de l'operació serà d'un 5,8 % TAE, quin tipus de finançament convé més a l'empresa?

Solució:

A l'empresa li convé més l'emissió d'un emprèstit que demanar un préstec, ja que el cost total és més baix.

Cas resolt 3

Una empresa necessita renovar part del seu equip industrial i no disposa de recursos dineraris per fer-ne l'adquisició. Es posa en contacte amb una empresa de *lísing*.

Enumera alguns exemples de condicions que podrien aparèixer al contracte.

Solució:

- L'empresa de *lísing* comprarà l'equip industrial que necessita l'empresa i el posarà a la seva disposició durant 3 anys.
- L'empresa pagarà mensualment una quota de 500 € a l'empresa de *lísing* (en aquesta quota s'inclouen, a més de l'amortització del bé, els interessos, les despeses de manteniment, les assegurances, la prima de risc, etc.).
- Al final del tercer any l'empresa tindrà tres opcions: tornar a l'empresa de *lísing* l'equip utilitzat, adquirir-lo per 700 €, o prorrogar el lloguer de l'equip amb una reducció de la quota del 70 %.

! Important

El **curt termini** s'associa a períodes iguals o inferiors a un any, termini que sol coincidir amb el cicle d'explotació de la majoria de les empreses.

@ A Internet

A **www.ico.es** pots trobar informació sobre diferents línies de crèdit que ofereix l'Institut de Crèdit Oficial.

La Generalitat, a través de la Direcció General de Comerç i l'Institut Català de Finances (ICF) ofereix un sistema de finançament per a pimes:

www.icf.cat/ca/inici

Fig. 8.4. Sovint les empreses recorren a les entitats financeres per demanar préstecs o crèdits a curt termini per poder dur a terme l'explotació econòmica de la seva activitat.

Conceptes bàsics

Crèdit comercial. Consisteix a aconseguir l'ajornament del pagament dels subministraments dels proveïdors sense cap cost, per funcionar així amb els fons proporcionats per la venda dels subministraments.

B. Recursos aliens a curt termini

L'empresa disposa també de **recursos aliens a curt termini** que li permeten finançar part del seu cicle d'explotació.

Les fonts de finançament a curt termini més utilitzades per les empreses són les següents:

- **Préstecs a curt termini.** L'empresa demana diners a una entitat financera per cobrir les seves necessitats a curt termini. Passat un quant temps (menys de dotze mesos), l'empresa haurà de tornar els diners i, a més, els interessos pactats.
- **Crèdits bancaris a curt termini.** Dins aquest apartat podem estudiar-ne dues modalitats: el *descobert en compte* i el *compte de crèdit*.
  - **Descobert en compte (o els populars «números vermells»).** És una font de finançament poc habitual que consisteix a la utilització d'un import superior al saldo disponible d'un compte corrent.

    Per exemple, una empresa té un compte corrent bancari amb un saldo de 200 € i expedeix un taló per valor de 300 €. El banc pot pagar la totalitat dels diners i deixar 100 € en números vermells; l'empresa haurà de pagar uns interessos per aquesta quantitat. L'avantatge d'aquesta modalitat financera és que la disposició dels diners s'aconsegueix de manera immediata, sense haver de presentar garanties, encara que els interessos són més alts que en altres mètodes.
  - **Compte de crèdit.** Quan l'empresa vol disposar de mitjans financers per preveure possibles necessitats, però no sap exactament quina quantitat necessitarà, pot demanar un compte o línia de crèdit. En aquesta modalitat l'empresa signa un contracte amb una entitat financera i aquesta posa a la seva disposició un compte corrent amb un límit de diners.

    L'empresa pot disposar dels diners d'aquest compte. Després, tornarà els diners que ha utilitzat, i pagarà interessos per aquesta quantitat i una comissió per la quantitat de què no hagi disposat.
- **Emprèstit de pagarés de l'empresa.** Els pagarés d'empresa són títols de deute que emeten les empreses privades per aconseguir finançament a curt termini (s'emeten, normalment, a un any com a màxim però també hi ha pagarés a divuit mesos i dos anys). L'emissió és al descompte (anomenada de *rendiment implícit*) això vol dir que qui compra el pagaré paga una quantitat menor que el seu valor nominal quan l'adquireix però quan ho recupera se li abona el valor nominal.

  Per exemple, una empresa emet pagarés de 10 000 € a un any. Un estalviador compra el pagaré per 9 500 € i quan passa un any l'empresa li torna els 10 000 €. Durant aquell any l'empresa ha utilitzat els 9 500 € per fer inversions amb les quals preveu aconseguir més dels 10 000 € que haurà de tornar.
- **Crèdit comercial.** És el finançament automàtic que aconsegueix l'empresa quan deixa a deure les compres que fa als proveïdors. L'empresa pot treballar amb els diversos materials i subministraments adquirits, la qual cosa implica un finançament per a l'empresa durant el temps que triga a pagar les factures. Si el proveïdor no fa cap descompte per pagar al comptat, aquest finançament serà gratuït.
- **Descompte d'efectes.** Abans del venciment, els deutes de clients documentats en lletres o pagarés poden cedir-se a una entitat financera, que n'anticiparà l'import en compte un cop deduïdes certes quantitats en concepte de comissions i interessos. L'interès que el banc cobra per anticipar aquest import abans del venciment s'anomena *descompte*, i és el que dona el nom al conjunt de l'operació. No obstant això, si la lletra o el pagaré no es paga, el banc carregarà l'import esmentat, a més de les despeses de devolució, al compte de l'empresa, perquè aquesta ha de respondre a cada moment davant el banc de la solvència dels seus clients.

- ***Factoring* o facturatge.** És una altra manera de finançament empresarial que consisteix a la venda de tots els drets de crèdit sobre clients (factures, lletres, pagarés) a una empresa denominada *factor*, la qual proporciona a l'empresa una liquiditat immediata i li evita el problema dels impagaments i morosos, ja que, a diferència de la modalitat de descompte, l'empresa no respon de l'impagament dels seus clients. L'inconvenient d'aquesta modalitat és l'elevat cost d'interès i de comissió que implica.
- ***Confirming* o confirmació de pagament.** És un servei financer que ofereixen algunes entitats de crèdit a les empreses per gestionar els seus pagaments als proveïdors nacionals, i que inclou, per al creditor, la possibilitat de cobrar les factures abans de la data de venciment. Funciona de la manera següent: l'empresa lliura les seves factures (a pagar) a una entitat de crèdit. El banc serà l'encarregat de pagar-les el dia del venciment traient els diners del compte de l'empresa, per la qual cosa li cobrarà una comissió. A més, el banc envia un comunicat al proveïdor, informant-lo de la data en què cobrarà i oferint-li la possibilitat de cobrar abans del venciment (amb el cobrament d'interessos conseqüent). Es pot considerar una mena de finançament per al proveïdor.
- **Fons espontanis de finançament.** Són, per exemple, les quantitats que l'empresa deu a la Hisenda pública o a la Seguretat Social; o els salaris dels treballadors, que habitualment cobren al final de cada mes, ja que, si els treballadors cobressin diàriament, l'empresa hauria de demanar un préstec bancari per poder mantenir el mateix nivell d'inversions. Els fons espontanis de finançament no requereixen una negociació prèvia, igual que el crèdit amb proveïdors o el descobert en compte.

Cas resolt 4

Una empresa té un pagaré en cartera de 200 € amb venciment el dia 5 de juliol.

Calcula l'efectiu que rebrà l'empresa si el presenta al descompte en un banc el dia 3 de maig. El tipus de descompte que aplica el banc és d'un 7,3 % nominal que es capitalitza per dies i carrega un 0,5 % de comissió sobre el nominal del pagaré.

Solució:

Des del dia 3 de maig fins al 5 de juliol passen 63 dies.

El tipus d'interès diari que cobra el banc és:

$$\frac{7{,}3\,\%}{365} = 0{,}02\,\%$$

El total d'interessos que haurà de pagar l'empresa per a disposar dels diners 63 dies abans del venciment serà:

$$200 \cdot 0{,}02\,\% \cdot 63 = 2{,}52\,€$$

La despesa de comissió serà el:

$$0{,}5\,\% \text{ de } 200 = 1\,€$$

Per tant, l'efectiu que cobrarà l'empresa el dia 3 de maig serà:

$$200 - 2{,}52 - 1 = 196{,}48\,€$$

Vocabulari

Lletres i pagarés. Són documents formals regulats per la Llei canviària i del xec; el signant es compromet a pagar l'import corresponent en un lloc i data donats. La garantia de cobrament és més gran, perquè en cas d'impagament el procés legal de reclamació transcorre per via executiva (procés més ràpid que el judici ordinari que es promou únicament amb la factura).

Més dades

Entre els **avantatges** que presenta per a l'empresa que contracta el ***confirming*** podem destacar:

- La reducció de costos administratius, ja que no s'han de controlar els pagaments ni donar ordres de fer transferències.
- La millora de la imatge de la companyia, que està avalada per una entitat de crèdit. Si el client no paga, el proveïdor no ha de tornar els diners en el cas d'haver-los cobrat anticipadament.

Claus i consells

A l'epígraf 2.2 de la unitat inicial es fa un repàs dels continguts de matemàtica financera relacionats amb els tipus d'**interès nominals.**

Activitats

3> Posa tres exemples de béns que es puguin adquirir amb *lísing* i explica quines són les opcions que té l'empresa quan finalitza el contracte de *lísing*.

4> Explica els avantatges principals que presenta el facturatge com a font de recursos.

5> Calcula l'efectiu que cobrarà una empresa que presenta al descompte, quaranta dies abans del venciment, un pagaré de 500 €, si el tipus de descompte és del 8 % i el banc li aplica una comissió del 0,5 % sobre el valor nominal.

6> Comenta les diferències entre el compte de crèdit i el préstec bancari. Posa un exemple de cadascun.

7> Quina diferència hi ha entre el *confirming i* el *factoring*?

3. Els mercats de valors i les operacions de finançament empresarial

De totes les fonts de finançament que s'han presentat a l'apartat anterior es pot observar una diferència important entre préstecs, *lísing*, *rènting*, facturatge, etc., i les accions o els emprèstits. Aquests últims formen part del que s'anomena *actius financers*.

Tingues en compte

Es pot parlar indistintament d'**actiu** o de **passiu financer.** És el mateix document o títol però des del punt de vista de l'emissor o del comprador.

Un **actiu financer** és un títol emès per una empresa (o govern) que li aporta finançament (passiu). Els compradors d'aquest títol adquireixen el dret a rebre uns ingressos futurs i són, per tant, un mitjà de mantenir riquesa (actiu).

Una classificació bàsica dels actius financers és la següent:

Actiu financer	Característiques	Exemple
De renda fixa	Aporten uns fluxos al llarg del temps, coneguts des del començament.	Obligacions, bons, pagarés, deute públic, etc.
De renda variable	Generen uns fluxos incerts que depenen bàsicament dels beneficis de la companyia repartits en forma de dividends i de la variació de valor del títol.	Accions.

Taula 8.5. Tipus d'actius financers.

El mercat on es col·loquen i negocien aquests actius financers s'anomena **mercat de valors** i es pot dividir en dos tipus, *mercat primari* i *mercat secundari*:

Mercat de valors	Característiques	Exemple
Mercat primari	• Emissió de valors per primera vegada. • Aporta finançament als emissors.	Ampliació de capital. Emissió de bons.
Mercat secundari	• Es negocien els valors que van ser emesos. • Les entitats o persones que posseeixen valors i els venen els genera liquiditat.	Compra o venda d'accions o bons que ja van ser emesos.

Taula 8.6. Mercat de valors.

Tradicionalment, l'únic mercat de valors secundari que hi havia a Espanya era la *borsa de valors*, on es negociaven les accions, les obligacions, els bons i els valors de deute públic. Actualment hi ha diversos mercats de valors i tots es troben sota la supervisió de la **Comissió Nacional del Mercat de Valors (CNMV).** Destaquem alguns dels mercats de valors regulats a Espanya:

- **Borsa de valors.** Fonamentalment negocia accions, drets de subscripció sobre noves accions i altres actius financers. Hi ha quatre borses de valors a Espanya (Madrid, Barcelona, Bilbao i València), les quals han desenvolupat un mercat unificat anomenat *mercat continu* en el qual es negocien les principals accions cotitzades. Els quatre mercats estan connectats a través d'una xarxa informàtica; s'estableix un sistema d'interconnexió borsari d'àmbit estatal.
- **Mercat del deute públic anotat.** És un mercat gestionat pel Banc d'Espanya que té com a únic objectiu la negociació de valors de renda pública.
- **Mercat espanyol de renda fixa privada.** On destaca el mercat AIAF (Associació d'Intermediaris en Actius Financers), que permet negociacions majoristes de determinats actius de renda fixa (bons, obligacions o pagarés d'empresa).

Conceptes bàsics

Mercat continu. És un sistema mitjançant el qual les quatre borses de valors d'Espanya es troben interconnectades com un únic mercat borsari. Aquesta operació és possible gràcies a una plataforma electrònica que possibilita aquesta operació.

- **Mercat Alternatiu Borsari (MAB).** Es va crear el 2006 amb la intenció de donar entrada al mercat secundari a empreses de mitjana dimensió.
- **Mercat Alternatiu de Renda Fixa (MARF).** Es va inaugurar el 7 d'octubre de 2013 amb la intenció de permetre a les pimes solvents accedir al finançament mitjançant l'emissió de bons i pagarés.

3.1. Avantatges per a l'empresa de cotitzar en el mercat de valors

L'admissió a cotització d'una empresa en el mercat de valors incrementa el nombre de canals que té i que li permeten la captació de recursos.

Perquè els valors que emeten les empreses resultin atractius a l'inversor davant d'altres opcions, l'empresa ha de garantir:

- **Rendibilitat.** Que es posarà de manifest amb l'interès en cas de valors de renda fixa o per mitjà de dividends i plusvàlues en el cas dels títols de renda variable.
- **Seguretat.** Que es relaciona amb la probabilitat d'obtenir el rendiment esperat. Normalment, els valors més segurs són els que aporten menor rendibilitat.
- **Liquiditat.** És la garantia que un inversor podrà canviar els títols per diner, en el moment que ho necessiti. La quantitat que obtindrà per la venda dependrà del preu que marqui el mercat.

A la taula següent es mostren els avantatges i els inconvenients que suposa, tant per a l'empresa emissora com pels compradors dels actius financers, el fet de participar en el mercat de valors.

Fig. 8.5. Les empreses que cotitzen en borsa són les que han creat actius financers per poder aconseguir finançament.

	Avantatges	Inconvenients
Empresa emissora	• S'obté finançament a menor cost que altres fonts. • La quantitat de finançament és elevada. • Millora la imatge pública de l'empresa amb la publicitat gratuïta dels mitjans de comunicació i amb informació sobre la marxa de la borsa.	• L'emissió de noves accions que cotitzen en borsa pot comportar una pèrdua de poder en l'empresa per als accionistes fundadors. • Les empreses han de facilitar informació periòdica als accionistes i a la borsa. • Les empreses s'han de sotmetre a l'auditoria externa. • Les accions passen a mans de desconeguts o no volguts pels accionistes fundadors.
Compradors dels actius financers	• Aconseguir liquiditat si es necessita. • Informació, sempre actualitzada, sobre el valor dels títols.	• Risc per la fluctuació de valor.

Taula 8.7. Avantatges i inconvenients de la compra d'actius financers.

Exemple 1

Una empresa que cotitza en borsa:

- Pot fer una ampliació de capital i vendre noves accions a canvi de diners.
- Pot facilitar la liquiditat als antics accionistes de l'empresa si decideix fer una oferta pública de venda, una OPV (entenem per antics accionistes els que no tenen les seves accions circulant en el mercat secundari).
- Si les accions pugen de valor, pot capitalitzar l'empresa, és a dir, que el valor del capital de l'empresa segons el preu que marca el mercat sigui superior.

Fig. 8.6. Les empreses, tant públiques com privades, necessiten finançament per satisfer les necessitats que genera la seva activitat econòmica (demanda). Per cobrir aquesta demanda les empreses emeten al mercat de valors una sèrie d'accions, deute públic o privat, que són comprades pels agents econòmics amb capacitat d'estalvi (oferta) a manera d'inversió.

Activitats

8> Llegeix la notícia següent i a continuació respon les preguntes:

AIAF, el Mercat del Deute Corporatiu de BME, ha admès a cotització una emissió de bons verds d'ADIF-Alta Velocitat, per un import de 600 milions d'euros. L'emissió té un venciment previst de sis anys i abonarà un interès del 0,8 % anual. El nominal unitari dels títols és de 100 000 euros i la col·locació s'ha destinat a inversors institucionals.

El sindicat de col·locadors ha estat format per BBVA, Banco Santander, BNP Paribas i Crédit Agricole. Segons informa la companyia, el 45 % de la demanda prové d'inversors especialistes en aquest tipus de bons.

BORSES I MERCATS ESPANYOLS (BME), 7 de juliol de 2017

a) Quin tipus d'actiu financer són els bons verds?

b) La notícia parla de «la col·locació» i «els col·locadors», això es refereix al mercat primari o al mercat secundari?

c) Quina quantitat haurà d'abonar anualment ADIF als inversors d'aquesta emissió en concepte d'interessos?

9> Llegeix la notícia següent i a continuació respon les preguntes:

Audax energia ha registrat un nou programa d'emissió de pagarés d'empresa en el mercat alternatiu de renda fixa (MARF) per un saldo viu màxim de 50 milions d'euros, cosa que permet a la companyia continuar amb el procés d'ampliació i diversificació de les fonts de finançament a curt termini, després que el juliol de 2014 va emetre a MARF un bo a cinc anys per 21 milions d'euros.

BORSES I MERCATS ESPANYOLS (BME), 18 de gener de 2017

a) De quantes fonts de finançament parla aquesta notícia?

b) Respecte al termini de devolució, quina diferència hi ha entre elles?

10> Llegeix la notícia següent i tot seguit respon les preguntes:

Oryzon tanca una ampliació de capital de 18 milions d'euros

Entraran a l'accionariat de la biofarmacèutica fons institucionals i especialitzats tant d'Espanya com internacionals

Oryzon Genomics, la companyia biofarmacèutica de Barcelona centrada en el desenvolupament de teràpies de malalties no resoltes, ha anunciat aquest divendres un acord per augmentar el seu capital per un import efectiu total de 18,2 milions d'euros mitjançant l'emissió de més de 5,7 milions d'accions ordinàries [...].

La subscripció s'ha realitzat a un preu d'emissió de 3,20 euros per acció, segons ha informat la companyia. L'augment de capital s'ha fet a través de la col·locació privada dirigida a inversors institucionals i han anat a parar a mans d'inversors qualificats nord-americans, europeus i espanyols, i també de fons especialitzats en la indústria biofarmacèutica nord-americans i europeus. De fet, la majoria de les accions s'han fet amb països estrangers.

Segons ha explicat la companyia, els diners es destinaran a finançar programes clínics de l'àrea de la neurodegeneració i la neuroinflamació, entre altres, però també per alleugerir les despeses de funcionament ordinari. [...]

NATÀLIA VILA, *Ara*, 31 de març de 2017

a) Quin tipus de finançament suposa per a l'empresa Oryzon Genomics aquesta ampliació de capital?

b) Identifica el mercat primari d'aquesta operació.

c) Què ha de fer una persona particular si vol adquirir accions d'Oryzon Genomics?

4. Cost d'una font de finançament

La majoria de recursos de què disposa l'empresa comporten un cost per a aquesta empresa. L'empresa sempre intentarà aconseguir aquella font de finançament que impliqui el cost més baix possible.

4.1. Càlcul de la taxa de cost d'una font de finançament

Moltes de les fonts de finançament que utilitzen les empreses impliquen una contractació amb alguna entitat financera. En el contracte s'especifiquen les condicions del préstec amb l'interès que cal pagar i el cost TAE que suposa.

En el cas de no tenir la TAE del cost de la font, es pot calcular d'una manera molt semblant a la que hem utilitzat per calculat la TIR d'una inversió.

El **cost d'una font de finançament** és la taxa d'interès ***(c)*** per a la qual s'iguala la quantitat rebuda ***F*** (finançament) en el moment inicial amb les successives devolucions ***(D_i)*** actualitzades amb aquesta taxa ***c.***

La representació del finançament serà:

F	$-D_1$	$-D_2$	...	$-D_n$
0	1	2	...	n

El cost c s'obté de resoldre la fórmula següent mitjançant el full de càlcul o el procediment de prova error explicats en la unitat anterior:

$$0 = F - \frac{D_1}{(1+c)} - \frac{D_2}{(1+c)^2} - \dots - \frac{D_n}{(1+c)^n}$$

A continuació aprofundirem en el cost que representen per a l'empresa les diferents fonts de finançament estudiades en l'apartat anterior.

4.2. Cost dels recursos financers propis

Les aportacions dels socis o les reserves no impliquen per a l'empresa el compromís de pagar un interès o un dividend determinat; és per això que algú podria pensar que aquests recursos no tenen cost.

El **cost dels recursos propis** es pot calcular a partir de la rendibilitat que aconsegueix un soci de l'empresa tenint en compte l'aportació feta i els successius dividends cobrats fins que deixa de ser soci.

Fig. 8.7. D'entre els recursos que pot necessitar, l'empresa tria generalment el que li suposa un cost més baix, per maximitzar el rendiment de la inversió realitzada.

! Important

Segons la divisió del temps, **c** es trobarà com a taxa anual (TAE) o trimestral, mensual, etc. (que caldrà passar a anual equivalent).

Cas resolt 5

El soci d'una empresa va adquirir accions per 200 € i després de quatre anys les va vendre per 300 €, havent cobrat cada any un dividend de 20 €. Calcula el cost dels recursos propis per a l'empresa tenint en compte el que s'acaba d'exposar.

Solució:

El diagrama temporal d'aquesta situació és:

200	−20	−20	−20	−20 + (−300)
0	1	2	3	4

Per trobar el cost que ha representat per a l'empresa l'aportació d'aquest accionista, s'ha de resoldre:

$$0 = 200 - \frac{20}{(1+c)} - \frac{20}{(1+c)^2} - \frac{20}{(1+c)^3} - \frac{320}{(1+c)^4}$$

Aplicant-hi el mètode iteratiu explicat en la unitat anterior, es dedueix que:

$$c = 19{,}39\,\%$$

4.3. Cost dels recursos aliens a llarg termini

Les **fonts alienes a llarg termini** normalment estan documentades amb un contracte en el qual s'especifiquen les condicions del préstec amb l'interès que cal pagar.

Per trobar-ne el cost efectiu corresponent (TAE), s'han de tenir en compte les possibles despeses (comissions, interessos, etc.) que es puguin produir.

Exemple 2

Una empresa necessita 98 000 € per fer una inversió. Ha de decidir entre demanar un préstec a una entitat financera, la qual cosa li comportarà un cost efectiu anual (TAE) del 5 %, o bé fer un emprèstit de 1 000 obligacions de 100 € cada una al 4 % d'interès anual durant cinc anys, al final dels quals es tornaran els diners als obligacionistes. L'emissió de l'emprèstit suposa per a l'empresa unes despeses de 2 000 €.

Ara cal determinar quina de les dues opcions ha de triar l'empresa si es basa exclusivament en el criteri de cost.

El cost efectiu del préstec bancari és del 5 %. Ara s'ha de trobar quin és el cost efectiu que implica l'emprèstit per a l'empresa. La quantitat total de diners que obtindrà aquesta empresa mitjançant l'emissió de les obligacions serà de 100 000 € (1 000 obligacions · 100 €/obligació).

Fer un emprèstit comportarà una sèrie de despeses importants per a l'empresa; en aquest cas, pugen a 2 000 € i, per tant, l'empresa realment ingressarà per l'emprèstit 98 000 € (100 000 – – 2 000).

Cada any l'empresa haurà de pagar el 4 % en concepte d'interessos; per tant, pagarà 4 000 € (4 % de 100 000). Al final del cinquè any l'empresa pagarà els interessos i tornarà la quantitat demanada.

El diagrama temporal d'aquesta operació per a l'empresa es pot representar de la manera següent:

98 000	–4 000	–4 000	–4 000	–4 000	–104 000
0	1	2	3	4	5

Per trobar el cost efectiu, és a dir, la taxa anual equivalent d'aquesta operació es fa:

$$0 = 98\,000 - \frac{4\,000}{(1+c)} - \frac{4\,000}{(1+c)^2} - \frac{4\,000}{(1+c)^3} - \frac{4\,000}{(1+c)^4} - \frac{104\,000}{(1+c)^5}$$

Utilitzant el mètode de prova-error es dedueix que $c = 4{,}45\,\%$. Es pot observar que per trobar el cost de l'operació se segueix el mateix procediment que per calcular la rendibilitat d'una inversió, ja que, en certa manera, el cost és una rendibilitat negativa.

Aquesta empresa farà l'emprèstit, ja que el cost que representa, el 4,45 %, és inferior al que suposaria demanar un préstec, el 5 %.

Exemple 3

Una empresa incorporarà una màquina al seu actiu en la modalitat de *lísing* i amb les condicions següents:

- Valor de la màquina: 1 000 €
- Durada temporal de l'operació: 5 anys
- Quotes de *lísing* anuals: 260 €
- Opció de compra de la màquina al final del cinquè any: 40 €

S'ha de trobar el cost efectiu que representa aquesta adquisició per a l'empresa.

La representació gràfica d'aquesta situació financera és:

1 000	–260	–260	–260	–260	–300
0	1	2	3	4	5

Per trobar el cost de l'operació es fa:

$$0 = 1\,000 - \frac{260}{(1+c)} - \frac{260}{(1+c)^2} - \frac{260}{(1+c)^3} - \frac{260}{(1+c)^4} - \frac{300}{(1+c)^5}$$

Fent proves per als diferents valors de *c* es dedueix que el cost de l'operació és del 10,4 %.

Claus i consells

Les entitats financeres han de donar el **valor de la TAE** de tots els préstecs que ofereixen.

El concepte *de taxa anual equivalent* (TAE) i el procediment de càlcul ho pots repassar a l'epígraf 2.2 de la unitat inicial.

4.4. Cost dels recursos aliens a curt termini

Dins de les **fonts financeres a curt termini** s'han de diferenciar aquelles que requereixen algun tipus de negociació de les que són espontànies.

En el cas de les *fonts espontànies*, com ara els salaris dels treballadors, els diners que es deuen a organismes públics (Hisenda i Seguretat Social), els crèdits que concedeixen els proveïdors quan no ofereixen cap tipus de descompte per pagar al comptat, etc., són fonts de recursos que tenen un cost igual a zero. La resta de recursos a curt termini comporten un cost per a l'empresa.

Fig. 8.8. Les existències que utilitzen les empreses en la seva activitat quotidiana s'acostumen a finançar per fonts a curt termini.

Exemple 4

Una empresa demana al banc X un préstec a curt termini per poder pagar unes factures pendents. Les condicions del préstec són les següents:

- Import: 500 €
- Taxa d'interès nominal: 6 %, que es paga per mesos
- Durada temporal: 4 mesos
- Amortització: al final del quart mes
- Comissió: 1 % de la quantitat demanada

Com que és una operació a curt termini, el diagrama temporal s'ha de dividir en períodes de temps inferiors a l'any. En aquest cas, com que es tracta d'un préstec que implica el pagament mensual d'interessos, se subdivideix en mesos i es treballa amb una taxa d'interès mensual.

La quantitat que realment rep l'empresa és de 495 €, ja que hi ha una comissió de l'1 %. L'1 % de 500 és 5.

L'interès nominal que donen és: $i_{12} = 6\,\%$. Per obtenir l'interès mensual es fa:

$$I_{12} = \frac{6}{12} = 0{,}5\,\%$$

L'empresa ha de pagar cada mes i durant quatre mesos:

$$0{,}005 \cdot 500 = 2{,}5\,€$$

Al final del quart mes, a més dels interessos ha de tornar els 500 €.

El diagrama temporal d'aquest préstec és:

495	−2,5	−2,5	−2,5	−502,5	
0	1	2	3	4	(mesos)

El cost d'aquesta operació s'obtindrà de fer el següent (*):

$$0 = 495 - \frac{2{,}5}{(1 + C_{12})} - \frac{2{,}5}{(1 + C_{12})^2} - \frac{2{,}5}{(1 + C_{12})^3} - \frac{502{,}5}{(1 + C_{12})^4}$$

Aplicant-hi el mètode iteratiu de prova-error es dedueix un valor de $C_{12} = 0{,}75\,\%$; aquest seria el cost efectiu mensual. Per obtenir l'efectiu anual s'aplica la fórmula de l'equivalència financera estudiada en la unitat anterior:

$$(1 + c) = (1 + 0{,}0075)^{12} \qquad c = 9{,}38\,\%$$

(*) Designarem C_{12} el cost efectiu mensual i c el cost anual (TAE).

Exemple 5

S'ha de trobar el cost que representa per a l'empresa descomptar un pagaré de 200 € que té en cartera si la porta al banc el dia 3 de maig de 2018 i el seu venciment és el dia 5 de juliol del mateix any. El tipus de descompte que aplica el banc és del 7,3 % anual amb capitalització diària (c_{365}). Es cobra una comissió del 0,5 % sobre el nominal de la lletra.

Des del 3 de maig fins al 5 de juliol hi van 63 dies.

La taxa d'interès diari que cobra el banc és:

$$\frac{7,3}{365} = 0,02\,\%$$

L'interès diari que cal pagar pels 200 € és:

$$0,02\,\% \text{ de } 200 = 0,04\,€$$

L'interès que cal pagar pels 63 dies que falten fins al venciment és:

$$63 \cdot 0,04 = 2,52\,€$$

La despesa per comissió puja a: $0,5\,\% \text{ de } 200 = 1\,€$

L'empresa cobra el 3 de maig: $200 - 2,52 - 1 = 196,48\,€$

Per obtenir el cost de l'operació cal trobar la taxa d'interès diari que fa equivalents els 196,48 € del 3 de maig als 200 € del 5 de juliol.

Es pot representar, també, un diagrama temporal de la manera que es mostra:

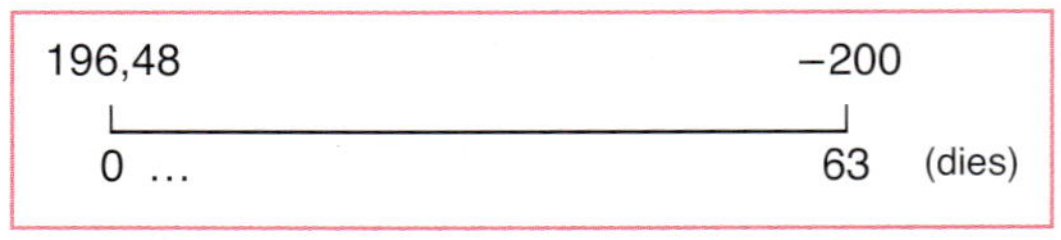

En el moment 0 (3 de maig), l'empresa cobra 196,48 €. Passats els 63 dies, el banc cobrarà els 200 € de pagaré que tenia l'empresa. Des del punt de vista de l'empresa, els 200 € es posen amb signe negatiu, ja que representen una sortida de diners per a l'empresa. És com si l'empresa tornés al banc el préstec que li va fer 63 dies abans; de fet, el 5 de juliol la lletra es podrà cobrar per la totalitat del seu import.

L'efectiu diari representat per C_{365} es pot obtenir si es fa el següent:

$$0 = 196,48 - \frac{200}{(1 + C_{365})^{63}}$$

Aïllant C_{365} dona 0,0002818 en tant per u, és a dir, 0,02818 %.

Per trobar el cost anual es calcula la taxa anual equivalent: $(1 + 0,0002818)^{365} = (1 + c)$; aïllant-lo resulta $c = 0,108$, és a dir, que el cost (TAE) d'aquesta operació és del 10,8 % per a l'empresa.

Exemple 6

Un proveïdor ofereix a l'empresa la possibilitat de pagar al comptat amb un descompte del 5 % sobre l'import de la factura, o bé pagar la totalitat a tres mesos. Per calcular quin cost comporta per a l'empresa el finançament dels proveïdors, si paga habitualment als cap de tres mesos i la mitjana de l'import de les factures és de 500 €, procedirem de la manera següent

Si l'empresa pagués al comptat una factura de 500 € abonaria:

$$500 - 5\,\% \text{ de } 500 = 475\,€$$

Es pot interpretar aquesta situació financera com si es tractés d'un préstec que l'empresa demana per 475 € durant tres mesos, passats els quals haurà de tornar 500 €.

Es pot representar la situació financera de la manera següent:

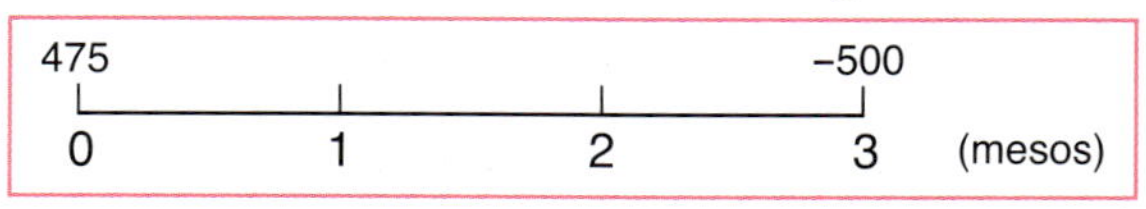

Per trobar el cost efectiu mensual (C_{12}) que comporta aquest finançament es fa:

$$0 = 475 - \frac{500}{(1 + C_{12})^{3}}$$

Aïllant C_{12} de l'equació anterior dona igual a 0,0172447 en tant per u.

Per trobar l'equivalent anual es calcula:

$$(1 + 0,0172447)^{12} = (1 + c); \text{ d'on } c = 22,77\,\%$$

El cost al qual s'ha arribat, amb les condicions d'aquest exemple, és molt elevat si es compara amb les condicions actuals del mercat dels préstecs. En aquest cas es recomanaria a l'empresa que pagués al comptat i que demanés a una entitat financera un préstec o un crèdit per l'import de les factures.

4.5. Cost mitjà ponderat dels recursos financers

Tal com acabem de veure, els diferents recursos financers que formen el passiu de l'empresa representen un cost diferent. Per trobar el cost mitjà de tots els recursos, es pot fer una mitjana ponderada dels diferents costos si es pren com a ponderació el tant per cent que cada font financera representa sobre el total del patrimoni net i passiu.

En la unitat anterior hem estudiat diferents mètodes de selecció d'inversions; per acceptar o no una inversió es comparava la rendibilitat amb l'interès de mercat. De fet, perquè una inversió comporti riquesa per a l'empresa ha de ser capaç de generar uns fluxos de caixa prou elevats per afrontar el cost de les fonts financeres que es facin servir. Només s'acceptaran aquelles inversions que superin el cost mitjà ponderat dels recursos financers de què disposa l'empresa; en cas de no tenir aquest valor, l'interès de mercat en serà una aproximació.

Quan l'interès de mercat baixa, el cost dels recursos aliens també baixa i, per tant, el cost mitjà ponderat dels recursos financers serà més baix. En aquesta situació hi haurà més projectes d'inversió que siguin rendibles i, com a conseqüència d'això, augmentarà la inversió de les empreses.

Fig. 8.9. El cost de cada font de finançament ponderat, segons la participació de cada una, permet obtenir el cost mitjà ponderat dels recursos financers.

Cas resolt 6

Una empresa ha calculat que el cost dels recursos propis és del 15 %; el dels recursos aliens a llarg termini, del 10 %, i el dels recursos aliens a curt termini, del 9 %. Els recursos propis representen el 54 % del patrimoni net i passiu; els recursos aliens a llarg termini, el 30 %, i els recursos aliens a curt termini, el 16 %.

Quin és el cost mitjà ponderat dels recursos financers d'aquesta empresa?

Solució:

$$\text{Cost mitjà} = 15 \cdot 0{,}54 + 10 \cdot 0{,}3 + 9 \cdot 0{,}16 = 12{,}54\,\%$$

Activitats

11> Una empresa demana un préstec a una entitat financera amb les condicions següents:

- Import: 1 000 €
- Durada temporal: 2 anys
- Taxa d'interès: 8 % anual
- Comissió inicial: 1 % sobre la quantitat prestada
- Amortització del préstec: al final del segon any

a) Calcula quant rep realment l'empresa.

b) Calcula la quantitat que ha de pagar anualment l'empresa en concepte d'interès.

c) Representa'n gràficament la situació financera.

d) Calcula el cost efectiu que representa per a l'empresa.

12> Una empresa vol descomptar un pagaré de 400 € que té en cartera cinquanta dies abans del seu venciment. El banc li cobra el 10,95 % d'interès anual i una comissió del 0,5 % sobre el nominal del pagaré. Calcula el que cobrarà l'empresa si descompta el pagaré, i troba el cost que implica aquesta operació per a l'empresa.

13> Una empresa ha de decidir entre pagar al comptat els proveïdors amb un descompte del 3 % sobre l'import de les factures o pagar trenta dies després la totalitat del seu import. Si la mitjana de l'import de les factures dels proveïdors és de 400 € i el cost efectiu per demanar un crèdit al banc és del 10 %, quina opció aconsellaries a l'empresa?

14> Raona per què quan pugen els interessos baixen les inversions que fan les empreses.

Activitats finals

1. Què és l'*autofinançament*? Enumera'n els avantatges i els inconvenients com a mitjà de finançament.

2. Explica la diferència entre *autofinançament d'enriquiment* i *autofinançament de manteniment*.

3. Emplena la taula següent, la qual permet classificar diverses fonts de finançament sota diferents criteris:

	Segons termini devolució		Segons procedència		Segons propietat	
	c/t	**ll/t**	**Ext.**	**Int.**	**Pròpia**	**Aliena**
Capital		X	X		X	
Amortitzacions		X		X	X	
Préstec a 3 anys		X	X			X
Emprèstit	X		X			X
Crèdit comercial	X		X			X
Lísing		X	X			X

4. Argumenta per què l'amortització acumulada d'immobilitzat que apareix en el balanç de situació és una font de finançament.

5. La senyora Marquès té una petita empresa familiar. A causa dels mals resultats obtinguts la temporada passada, es planteja demanar finançament a curt termini. Sap que si les vendes van relativament bé no necessitarà disposar de tot el finançament, només d'una part; però no pot assegurar si les vendes li aniran bé la temporada d'estiu. Davant aquesta situació, quina de les dues opcions següents aconsellaries a la senyora Marquès? Raona la resposta.

A. Demanar un préstec a curt termini.

B. Demanar una línia de crèdit.

6. L'empresa Pintobe, SA, es dedica a l'exposició i venda d'obres pictòriques. De l'anàlisi financera de l'últim exercici s'obté que presenta una ràtio d'endeutament de 0,9. L'empresa necessita un nou local per fer més exposicions.

a) Quina informació subministra la ràtio d'endeutament sobre l'estructura financera d'aquesta empresa?

b) Argumenta avantatges i inconvenients de finançar l'adquisició del local amb un préstec a llarg termini.

c) Argumenta avantatges i inconvenients d'incorporar el local utilitzant el *lísing*.

d) Argumenta avantatges i inconvenients de finançar la compra del local amb un increment de capital.

7. Llegeix la notícia i a continuació respon les preguntes:

> **MeQuedoUno amplia el capital en 800 000 €**
>
> La plataforma de comerç electrònic de gangues MeQuedoUno ha fet una ampliació de capital per valor de 800 000 €, a la qual han acudit diversos dels socis actuals de l'empresa, així com nous inversors privats (Bizangels i Familyoffices).
>
> L'objectiu de l'ampliació és consolidar la seva posició en el mercat del comerç electrònic amb descomptes a Espanya i començar l'expansió a Europa, a partir d'aliances amb grans empreses digitals, algunes de les quals amb estratègies globals.
>
> ÁLVARO GUTIÉRREZ, *ecommerce-news.es*, 23 de març de 2017

a) Classifica el tipus de finançament que representen els 800 000 € per a MeQuedoUno.

b) Qui ha aportat aquest finançament i per què creus que ho han fet?

c) Quins tipus d'inversions pretén l'empresa amb aquest finançament?

8. Llegeix el següent fragment extret d'una notícia i a continuació respon les preguntes:

> Liberbank continua el seu procés de sanejament. L'entitat va anunciar ahir que ampliarà el capital en 500 milions d'euros i vendrà actius immobiliaris per valor de 800 milions abans de final d'any, segons va comunicar a la Comissió Nacional del Mercat de Valors (CNMV).
>
> *El País*, 6 de setembre de 2017

a) Com afecten aquestes mesures a l'endeutament de Liberbank?

b) Com afecten aquestes mesures a la liquiditat de Liberbank?

c) Quin creus que és l'objectiu (o objectius) principal d'aquesta companyia amb aquestes dues mesures?

9. Llegeix el següent fragment extret d'una notícia i respon a les preguntes que es plantegen:

> Les principals empreses no financeres espanyoles cotitzades contribueixen a construir un sistema financer més equilibrat, flexible i resistent. D'acord amb l'anàlisi elaborada pel Servei d'Estudis de BME a partir dels comptes auditats d'un conjunt homogeni de companyies no financeres de l'IBEX 35, entre 2010 i 2015 els recursos propis d'aquest grup van augmentar un 15,4 % i l'endeutament financer que tenia es va reduir un 12,2 %, amb un descens de gairebé el 40 % en crèdit bancari i un augment paral·lel del 23 % en les emissions de renda fixa.
>
> BORSES I MERCATS ESPANYOLS (BME), 26 d'octubre de 2016

a) Com poden les empreses augmentar els recursos propis?

b) Posa exemples de fonts de finançament que utilitzen les empreses i que poden estar recollides en la categoria de crèdits bancaris en general.

c) Quines emissions de renda fixa poden fer les empreses?

d) Quin paper juga el mercat de valors en l'increment d'emissions de renda fixa per part de les empreses?

e) Quins avantatges proporciona a un estalviador el fet que existeixi el mercat secundari de valors?

10. Una empresa amb una ràtio de solvència de 3,5 vol fer una inversió que consisteix en la compra d'un magatzem. Argumenta quines fonts de finançament serien més adequades.

11. Llegeix la notícia següent i respon les preguntes que hi ha a continuació:

Santander pagarà el tercer dividend de l'exercici l'1 de febrer

L'entitat abonarà 0,06 € bruts per acció en efectiu. [...] En conjunt, el banc preveu repartir un dividend amb càrrec a l'exercici 2017 de 0,22 € per acció. Representa un augment del 5 % sobre els 0,21 € abonats amb càrrec al 2016.

Santander té 4,07 milions d'accionistes. La rendibilitat per dividend de l'entitat se situa en el 3,8 %, segons dades de Bloomberg.

Expansión, 20 de desembre de 2017

a) Quina quantitat de diners haurà cobrat en total, el 2017, un accionista del Santander si té 10 500 accions?

b) De totes les dades subministrades en aquesta notícia, n'hi ha alguna que es pugui relacionar amb el cost dels recursos propis del Santander?

12. Llegeix el fragment següent extret d'una notícia i a continuació respon les preguntes que es plantegen:

El Corte Inglés ha registrat un nou programa de pagarés al Mercat Alternatiu de Renda Fixa (MARF) per un import de 500 milions d'euros. [...]

El grup de distribució que presideix Dimas Gimeno paga per aquest finançament entre el 0,23 % i el 0,27 % anual, cosa que és una fórmula per aconseguir recursos molt avantatjosa comparada amb l'estàndard del mercat [...].

El Periódico, 14 de desembre de 2017

a) Si no tenim en compte les despeses que provoca l'emissió dels pagarés de El Corte Inglés. Quin cost tenen?

b) A quina fórmula d'aconseguir recursos estàndard es pot referir la notícia?

13. Una empresa fa una emissió de 5 000 obligacions de 100 € cada una. Les despeses de l'emissió pugen a 5 000 €. Les condicions de l'emprèstit són:

- Interès nominal del 4 %, que es paga anualment durant quatre anys.
- Amortització de totes les obligacions al final del quart any.

Troba el cost que representa aquesta font de finançament per a l'empresa.

14. Troba el cost efectiu que representa per a l'empresa el descompte d'un pagaré de 15 000 € que té en cartera a 60 dies al 7 % d'interès i una comissió del 0,5 %.

15. Un préstec de 6 000 € s'ha de tornar en dos anys. En concepte de devolució del préstec i interessos ha de pagar 3 600 € d'aquí a un any i 3 600 € d'aquí a dos anys. Calcula el cost anual d'aquest préstec per a l'empresa.

16. Un proveïdor ofereix a l'empresa dues alternatives de pagament:

a) Pagar el nominal de la factura al cap de noranta dies de la recepció.

b) Un descompte per pagament immediat del 5 %.

Argumenta quina alternativa és la més convenient per a l'empresa. Per fer els càlculs pots considerar un volum qualsevol de compres, per exemple, 100 €.

17. Una empresa demana a un banc un préstec de 2 000 € per cobrir una necessitat transitòria de tresoreria durant tres mesos. La institució financera li planteja les condicions següents:

- Comissió inicial: 0,5 %.
- Despeses d'estudi: 0,4 %.
- Interès nominal del 12 %, que es paga mensualment: durada temporal tres mesos.
- L'amortització del préstec es farà al final del tercer mes.

Troba el cost efectiu que representa per a l'empresa aquesta operació financera.

18. El cost mitjà dels recursos financers que té una empresa és de l'11,5 %. Aconsellaries a l'empresa de fer una inversió que li proporcionés el 10 % de rendibilitat? Raona la resposta.

19. Una empresa té les partides de passiu següents:

Capital	10 000 €
Reserves	5 000 €
Proveïdors	3 000 €
Préstecs a c/t	4 000 €

El cost anual de cada partida de passiu és:

Capital	15 %
Reserves	15 %
Proveïdors	12 %
Préstecs a c/t	17 %

Calcula el cost mitjà dels recursos financers d'aquesta empresa.

7/10

Comprova el teu nivell

1. Les fonts de finançament de l'empresa es corresponen amb:

a) Els elements d'actiu.

b) Els elements de gestió de despesa.

c) Els elements de patrimoni net i passiu.

d) Els elements de gestió d'ingrés.

2. El capital és una font de finançament:

a) Pròpia i interna.

b) Pròpia i externa.

c) Aliena i interna.

d) Aliena i externa.

3. L'autofinançament de manteniment està format per:

a) Les reserves i les amortitzacions.

b) Els préstecs a curt termini.

c) Les amortitzacions i les provisions.

d) Les provisions i les reserves.

4. Les reserves:

a) Provenen dels beneficis no distribuïts per l'empresa.

b) Són autofinançament intern.

c) També s'anomenen *autofinançament d'enriquiment*.

d) Totes les respostes anteriors són correctes.

5. El *lísing*:

a) És un tipus d'arrendament financer.

b) Es pot aplicar sobre béns mobles i immobles.

c) En el *lísing*, es pot exercir l'opció de compra quan finalitza el contracte.

d) Totes les respostes anteriors són correctes.

6. El crèdit comercial:

a) És el finançament que atorguen els proveïdors.

b) És el finançament que procedeix d'una entitat financera.

c) Acostuma a tenir cost zero.

d) Les respostes *a* i *c* són correctes.

7. Les obligacions són:

a) Una font de finançament espontània.

b) Una font de finançament a curt termini.

c) Una font de finançament intern.

d) Una font de finançament extern a llarg termini.

8. La compra de 200 accions d'Endesa en borsa per part d'una família és:

a) Un exemple d'operació de mercat primari.

b) Una operació de mercat secundari.

c) Una operació amb valors de renda fixa.

d) Una operació poc habitual a la borsa.

9. El cost d'una font de finançament és:

a) La taxa d'interès que iguala la quantitat que es rep inicialment amb les amortitzacions actualitzades segons aquesta taxa.

b) La relació entre la quantitat que es rep inicialment i el primer retorn.

c) Més elevat com més quantitat es demana.

d) Més baix com més quantitat es demana.

10. La diferència principal entre un crèdit i un préstec és que:

a) El crèdit és a curt termini i el préstec sempre és a llarg termini.

b) El crèdit és una font de finançament propi i el préstec és una font aliena.

c) El crèdit és una quantitat de diners que l'empresa té a la seva disposició i pot utilitzar o no, mentre que el préstec són diners que rep l'empresa.

d) El préstec té un cost però el crèdit no.

Prepara la prova

1. L'empresa Envaspals, SA, es dedica a l'elaboració d'envasos de plàstic per vendre a altres empreses. Es planteja la compra d'una màquina nova que li permetrà incrementar la producció en el 20 %. El cost d'aquesta màquina és de 42 000 €. L'empresa estudia diferents possibilitats de finançar aquesta adquisició:

A. Demanar un préstec a una entitat bancària de 42 300 € amb les condicions següents: 300 € de despeses d'estudi i comissions; dos pagaments, un de 24 000 € al final del primer any i un altre de 28 000 € al final del segon any.

B. Emetre 430 obligacions de 100 € cada una, amb les condicions següents: despeses de l'emissió, 1 000 €; pagament del 10 % d'interès al final del primer any, i amortització de totes les obligacions al final del segon any, més el 10 % d'interès.

a) Calcula la quantitat que realment rep l'empresa en cada alternativa i representa en un diagrama temporal el que ha de tornar en cada moment. (0,5 punt)

b) Escriu l'expressió matemàtica que permet calcular el cost de cada alternativa, anomenant c_A el cost de l'alternativa A i c_B el cost de l'alternativa B. (0,5 punt)

c) Calcula el cost de cada alternativa de finançament. (Recorda que pots fer el canvi de variable $(1 + c) = t$.) (0,5 punt)

d) Aconsella a l'empresa quina alternativa serà la millor d'acord amb el resultat obtingut en l'apartat anterior. (0,5 punt)

2. A partir de la notícia següent contesta les preguntes que es plantegen:

> Telefónica ha col·locat aquest dimarts un deute per import de 1 750 milions d'euros en bons amb venciment a vuit i dotze anys, segons ha informat la companyia en un comunicat enviat a la Comissió Nacional del Mercat de Valors (CNMV).
>
> Concretament, la companyia ha col·locat a l'euromercat bons amb venciment el 17 de gener de 2025 per un import de 1 250 milions d'euros, amb un cupó anual del 1,528 % i un preu d'emissió a la par. Al mateix temps, ha col·locat un deute per import de 500 milions d'euros en bons amb venciment el 17 d'octubre de 2028, amb un cupó anual del 2,318 i un preu d'emissió a la par. [...]
>
> A més, el passat 28 de desembre Telefónica va realitzar una emissió privada de bons per import de 150 milions d'euros amb un cupó del 4 % amb venciment a 35 anys, el termini més gran assolit per una emissió de la companyia en tota la seva història. [...]
>
> *El Confidencial*, 10 de gener de 2017

a) Explica el que entens per *col·locat* i *venciment*. (0,4 punts)

b) Per què els bons de Telefónica són una font de finançament per a l'empresa? (0,4 punts)

c) Classifica la font *bons* quant a la titularitat, procedència interna o externa i termini de devolució. (0,4 punts)

d) Què pots argumentar sobre l'endeutament de la companyia? (0,4 punts)

e) Per què creus que el tipus d'interès que paga Telefónica és més elevat quan més llarg és el termini de devolució? (0,4 punts)

3. Raona les qüestions següents:

a) Per què el cost de la font de finançament és una variable important a l'hora de fer l'elecció? (0,5 punt)

b) Existeixen fonts de finançament que tinguin cost zero? Explica totes les que coneguis. (0,5 punt)

c) Si l'objectiu d'una empresa és incrementar la rendibilitat financera, quines fonts de finançament són més aconsellables? (0,5 punt)

d) Si l'objectiu és millorar la solvència de l'empresa, quines fonts de finançament són més adequades? (0,5 punt)

4. Completa les frases següents amb el terme que consideris més convenient: (0,4 punts cada resposta correcta)

a) Les reserves són un exemple de finançament ··· també anomenat *autofinançament* ··· .

b) Els préstecs bancaris a ··· termini formen part del passiu no corrent.

c) Una modalitat d'arrendament financer que ofereix l'opció de compra s'anomena: ··· .

d) El ··· consisteix a vendre tots els drets de cobrament a una empresa denominada ··· .

e) La borsa de valors on es compren i venen accions d'empreses és un exemple de mercat ··· .

5. Digues si aquestes afirmacions són certes, i en el cas que hi hagi alguna errada modifica-la perquè sigui correcta. (0,33 punts cada resposta correcta)

a) Els diners que es deuen a Hisenda són una font de finançament a llarg termini.

b) Els diners que es deixen a deure a proveïdors també s'anomenen *crèdit comercial*.

c) Els actius financers són una forma de mantenir riquesa per a l'empresa que els emet i una font de finançament per a les persones o empreses que els adquireixen.

d) L'empresa tria la font de finançament que presenta un major cost.

e) El nostre proveïdor ens permet pagar totes les compres a 30 dies sense cap interès afegit. En aquest cas el cost del finançament és zero.

f) Si una empresa està molt endeutada i vol millorar la seva solvència, és aconsellable demanar un préstec a llarg termini.

9

El finançament en l'empresa II: els cicles interns

Què hi aprendré?

- Els cicles interns de l'empresa relacionats amb les seves inversions: cicle llarg i cicle curt.
- Durada del cicle llarg.
- Durada del cicle curt o període mitjà de maduració.
- Diferència entre període mitjà de maduració econòmic i financer.
- Càlcul del període mitjà de maduració a partir del càlcul dels diferents subperíodes que el formen.
- Relació entre el període mitjà de maduració i el fons de maniobra necessari.

Les empreses espanyoles, les terceres que més triguen a pagar factures. L'Administració pública d'Espanya és la quarta de la UE que presenta un endarreriment més gran. Les empreses espanyoles, així com l'Administració pública, estan en el grup de les que més triguen a pagar de la UE, segons l'informe de la Plataforma Multisectorial contra la Morositat (PMcM). Les empreses espanyoles són les terceres que més dies d'endarreriment presenten (115 dies), només superades per les de Portugal (126) i Grècia (123). Pel que fa a la demora de l'Administració pública, l'espanyola és la quarta per la cua (78 dies), en una classificació negativa que encapçala Grècia (103), Itàlia (95) i Portugal (95), segons les dades d'Intrum Justitia.

[...] Antoni Cañete, president de la PMcM, reconeix que Espanya ha avançat en la darrera dècada, ja que el 2007 era la segona pitjor Administració pública, amb gairebé el doble de demora que en l'actualitat (166 dies).

Hugo Gutiérrez, *El País,* 14 d'agost de 2017

1. Què suposa per a un proveïdor que hi hagi una mitjana de demora en el pagament de les factures de 115 dies?
2. Des del punt de vista del client, creus que és positiu o negatiu?
3. La demora de 115 dies en el pagament de les factures quin tipus de finançament és per a l'empresa que ha de pagar?

1. Els cicles de l'empresa

L'empresa du a terme inversions constantment. L'activitat empresarial comença amb l'aportació, d'un o més socis, d'una quantitat de diners amb la qual es fan diferents inversions. L'empresa adquireix, d'una banda, *elements d'immobilitzat*: instal·lacions, maquinària, mobles, etc.; i, d'una altra, *elements de circulant*: matèries primeres i altres proveïments. Amb aquestes inversions i la contractació de mà d'obra, l'empresa comença la seva activitat.

Gràcies a les funcions de producció i màrqueting que porta a terme, l'empresa aconsegueix fabricar i vendre un producte; quan cobra l'import de les vendes, recupera els diners. Aquest procés es repeteix de manera continuada durant tota la vida de l'empresa, la qual cosa dona lloc a dos cicles: el *cicle llarg* i el *cicle curt*.

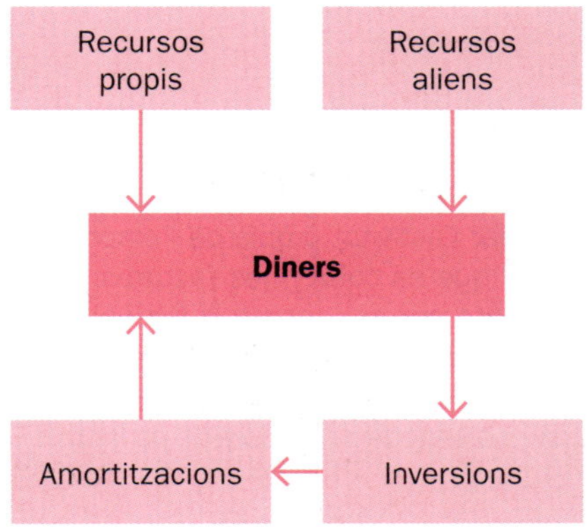

Fig. 9.1. Al *cicle llarg*, l'empresa recupera els diners que ha immobilitzat a les inversions a través de les amortitzacions. L'import de les amortitzacions forma part del cost del producte. Al moment en què l'empresa cobra l'import de les vendes, es produeix aquesta recuperació.

A. El cicle llarg

El **cicle llarg** de l'empresa comença amb la captació de recursos dineraris i la immobilització corresponent en béns d'actiu fix: edificis, instal·lacions i maquinària. Tots aquests béns es van desgastant amb el pas del temps per l'ús, l'obsolescència, etc. L'amortització anual s'incorpora al cost del producte, la qual cosa permet recuperar cada any una part de la inversió. Quan els béns estan totalment amortitzats, el fons d'amortització s'utilitza per renovar-los, la qual cosa dona lloc a un altre cicle.

La durada del cicle per a cada element d'immobilitzat és diferent, ja que no es pot preveure la mateixa durada, per exemple, per a un edifici d'oficines que per a una furgoneta. Als dos casos, no obstant això, es parla de cicle llarg, ja que la recuperació es produeix després de diversos exercicis econòmics.

Cas resolt 1

Una empresa que inverteix 25 000 € en una furgoneta per fer el repartiment de mercaderies espera que la inversió duri 4 anys i que, al final d'aquest període, la furgoneta es pugui vendre per un valor de 3 000 €.

a) Si hi aplica una amortització lineal, és a dir, constant, quant amortitza cada any?

b) Què representa aquesta quantitat?

c) Quant dura el cicle llarg per a aquest immobilitzat?

Solució:

a) La quota d'amortització anual serà: $\frac{25\,000 - 3\,000}{4} = 5\,500$ €

b) La furgoneta perd valor cada any com a conseqüència de l'ús i del desfasament tecnològic. L'empresa guarda cada any 5 500 € del seu resultat i el va acumulant per al moment en què hi hagi de renovar-la. Els 5 500 € representen la quantitat que l'empresa va recuperant cada any de la inversió feta.

c) El cicle llarg dura 4 anys, ja que al final del quart any l'empresa tindrà un fons acumulat d'amortització de 22 000 €, i obtindrà per la venda de la furgoneta 3 000 €; per tant, haurà recuperat la totalitat de la inversió.

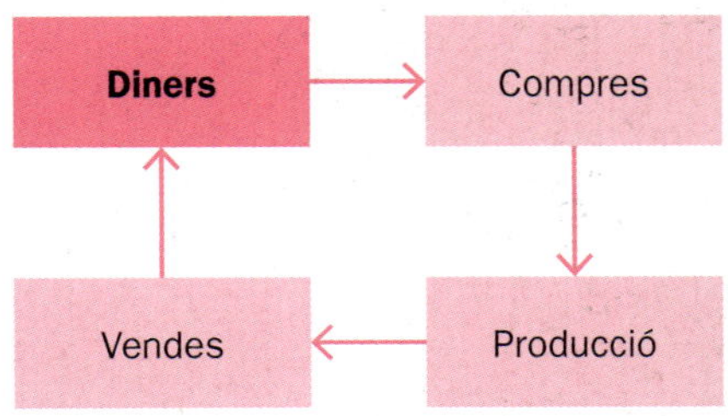

Fig. 9.2. El *cicle curt* comença amb la immobilització de recursos a l'adquisició de matèries primeres i altres proveïments; continua amb la producció, la comercialització i la venda del producte i acaba amb el cobrament de les factures a clients, que implica la recuperació dels diners invertits a la compra d'existències. La durada mitjana del cicle d'explotació s'anomena *període mitjà de maduració*.

B. El cicle curt

El **cicle curt** també s'anomena *cicle d'explotació*, *cicle comercial* o *cicle diners-mercaderia-diners*. S'anomena *cicle curt* perquè es produeix diverses vegades dins un cicle econòmic i, per tant, té una durada inferior a l'any. Les empreses han d'intentar que el seu cicle curt sigui com més breu millor, ja que cada vegada que finalitza un cicle s'aconsegueix recuperar els diners invertits més el marge de benefici.

Activitats

1> Explica la relació que hi ha entre el cicle llarg de l'empresa i l'amortització.

2> Explica en què consisteix el cicle diners-mercaderia-diners.

2. Període mitjà de maduració

El **període mitjà de maduració** és el temps que generalment triga l'empresa a recuperar els diners que ha invertit al procés productiu; és a dir, el nombre de dies de mitjana en què els elements d'actiu corrent completen una *volta* o *cicle d'explotació*.

Recorda

El **cicle d'explotació** és el període que passa des que es produeixen les entrades de materials al magatzem per iniciar l'activitat pròpia de l'empresa, fins que es cobren les factures dels clients corresponents a les vendes dels productes generats per l'empresa. Aquest concepte també s'anomena *període de maduració econòmic.*

Exemple 1

Si un taller de confecció triga una mitjana de setanta dies des que ha pagat als seus proveïdors fins que cobra la venda de la roba que ha confeccionat a partir dels teixits que ha adquirit, el *període mitjà de maduració* serà de setanta dies.

2.1. Subperíodes que formen el període mitjà de maduració

Si considerem una **empresa de tipus industrial,** podem descompondre el *període mitjà de maduració* en **cinc subperíodes:**

- **Període mitjà de proveïment.** Representa el nombre de dies que generalment es guarda al magatzem la matèria primera esperant a ser utilitzada. Es representarà com a $\mathbf{PM_a}$.
- **Període mitjà de fabricació o producció.** És el nombre de dies que normalment es triga a fabricar els productes. Es representa com a $\mathbf{PM_f}$.
- **Període mitjà de venda.** És el nombre de dies que generalment es triga a vendre els productes una vegada fabricats. Es representa com a $\mathbf{PM_v}$.
- **Període mitjà de cobrament.** És el nombre de dies que generalment es triga a cobrar les factures als clients. Es representa com a $\mathbf{PM_c}$.
- **Període mitjà de pagament.** És el nombre de dies que normalment es triga a pagar les factures als proveïdors. Es representa com a $\mathbf{PM_p}$.

Podem representar esquemàticament aquests subperíodes de la manera següent:

PM_a **Aprovisionament**	PM_f **Producció**	PM_v **Venda**	PM_c **Cobrament**
PM_p **Pagament**			

Fig. 9.3. Representació esquemàtica dels subperíodes del període mitjà de maduració.

Fig. 9.4. Un taller de confecció compra teixits, fils, etc., i amb tot això confecciona roba que després ha de vendre i cobrar. El temps que transcorre des que el taller paga els teixits i els altres aprovisionaments als seus proveïdors fins que cobra la roba que ha venut és l'anomenat *període mitjà de maduració*.

2.2. Càlcul del període mitjà de maduració

Aquest procediment consisteix a calcular en primer lloc el nombre de **rotacions** que es produeixen en cadascuna de les etapes elementals en les quals s'ha subdividit el cicle d'explotació. Una vegada obtingut el nombre de rotacions, es calcula el nombre de dies que dura cada rotació.

Per calcular el **nombre de rotacions** d'una etapa qualsevol del cicle s'aplica la fórmula següent:

$$\text{Rotació } (n) = \frac{\text{Flux total del període}}{\text{Mitjana de les existències del període}}$$

Vocabulari

Rotació. Representa el nombre de vegades que el nivell mitjà d'existències es renova en un any.

La **mitjana de les existències** del període es calcula fent una mitjana aritmètica entre els saldos inicial i final de cadascuna de les masses considerades: existència de matèries primeres, productes en curs de fabricació, productes acabats, comptes de drets de cobrament i proveïdors.

$$\text{Mitjana de les existències} = \frac{\text{Saldo inicial + Saldo final}}{2}$$

El **nombre de dies** que dura una rotació es calcula:

$$\text{Nombre de dies} = \frac{365}{n}$$

A. Càlcul del període mitjà de proveïment (PM_a)

Es considera n_a el nombre de vegades que es consumeix la mitjana de l'estoc de matèries primeres durant l'exercici econòmic:

$$n_a = \frac{\text{Consum anual de matèries primeres}}{\text{Mitjana de l'estoc de matèries primeres}} \qquad PM_a = \frac{365}{n_a}$$

El període mitjà d'aprovisionament serà menor com més gran sigui la rotació de magatzem, és a dir, com menor sigui la mitjana d'existències del període.

B. Càlcul del període mitjà de fabricació (PM_f)

Es considera n_f el nombre de vegades que es renova la mitjana de l'estoc de productes fabricats durant l'exercici:

$$n_f = \frac{\begin{array}{c}\text{Cost anual de la producció}\\ \text{(Consum de matèria primera + Despeses de fabricació +}\\ \text{+ Amortització)}\end{array}}{\text{Mitjana de l'estoc de productes en curs de fabricació}} \qquad PM_f = \frac{365}{n_f}$$

El període mitjà de fabricació serà menor com més gran sigui la rotació de productes en curs, és a dir, com menor sigui l'estoc mitjà de productes en curs de fabricació.

Fig. 9.5. Per fer càlculs dels períodes mitjans de maduració, aprovisionament, venda, etc., cal tenir en compte diverses variables.

C. Càlcul del període mitjà de venda (PM_v)

Es considera n_v el nombre de vegades que es renova la mitjana de l'estoc de productes acabats durant l'exercici:

$$n_v = \frac{\text{Volum anual de vendes valorades a preu de cost (Consum de matèria primera + Despeses de fabricació + + Amortització + Despeses generals)}}{\text{Mitjana de l'estoc de productes acabats valorats a preu de cost}}$$

$$PM_v = \frac{365}{n_v}$$

El període mitjà de venda serà menor com menor sigui l'estoc de productes acabats en el magatzem.

D. Càlcul del període mitjà de cobrament (PM_c)

Es considera n_c el nombre de vegades que es renova la mitjana dels drets de cobrament sobre clients durant l'exercici:

$$n_c = \frac{\text{Volum anual de vendes de l'exercici valorades a preu de venda}}{\text{Mitjana del saldo dels crèdits comercials (Clients + Efectes comercials a cobrar)}}$$

$$PM_c = \frac{365}{n_c}$$

El període mitjà de cobrament serà menor com menor sigui el saldo mitjà dels drets de cobrament sobre clients.

E. Càlcul del període mitjà de pagament (PM_p)

Es considera n_p el nombre de vegades que es renova la mitjana del deute dels proveïdors durant l'exercici:

$$n_p = \frac{\text{Volum de compres fetes durant l'exercici}}{\text{Mitjana del saldo del deute dels proveïdors (Proveïdors + Proveïdors efectes comercials a pagar...)}}$$

$$PM_p = \frac{365}{n_p}$$

El període mitjà de pagament serà menor com menor sigui el saldo mitjà de les obligacions de pagament sobre proveïdors.

Per calcular el període mitjà de maduració es diferencia entre *període mitjà de maduració econòmic* (**PMME**) i *període mitjà de maduració financer* (**PMM**).

El **període mitjà de maduració econòmic (PMME)** és el temps que dura tot el cicle d'explotació, des que es produeix l'entrada dels materials al magatzem fins que es cobren les factures i les lletres als clients.

El **període mitjà de maduració financer** o **període mitjà de maduració (PMM)** és el temps que generalment l'empresa triga a recuperar els diners que ha invertit a comprar materials per a la producció. És el nombre de dies que ha de finançar totalment l'empresa.

El **període mitjà de maduració econòmic** s'obté mitjançant la suma següent:

$$PMME = PM_a + PM_f + PM_v + PM_c$$

Si l'empresa no paga les seves compres al comptat, durant uns quants dies pot treballar sense que hi hagi sortida de diners; és a dir, l'empresa rep finançament dels proveïdors mentre dura el període mitjà de pagament, PM_p.

Per obtenir el **període mitjà de maduració financer** s'ha de restar al *període mitjà de maduració econòmic* el *període mitjà de pagament*:

$$PMM = PM_a + PM_f + PM_v + PM_c - PM_p$$

Fig. 9.6. El cicle d'explotació està format per diverses etapes. Calcular el temps que triga cadascuna d'aquestes etapes dona a l'empresa un seguit d'informació, com la de saber quant de temps triga a completar-se el cicle d'explotació o bé a partir de quin moment es recupera la inversió inicial, per exemple.

+ *Més dades*

El **finançament que aporten els proveïdors** és important per a totes les empreses. El període mitjà de pagament depèn de factors com ara el sector d'activitat, la competència entre els diferents proveïdors, la capacitat de negociació de l'empresa, etc.

!! *Atenció*

Al càlcul del **període mitjà de maduració financer,** tots els subperíodes se sumen a excepció del període mitjà de pagament, que s'ha de restar.

Podem representar gràficament el període mitjà de maduració financer i el període mitjà de maduració econòmic, tal com es mostra a la Figura 9.7:

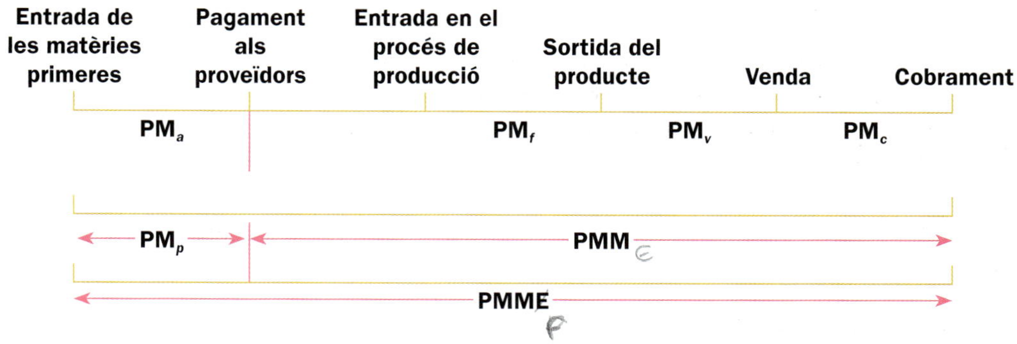

Fig. 9.7. Representació gràfica del període mitjà de maduració financer i econòmic.

Cas resolt 2

Les compres i els consums de matèria primera de l'empresa Moteca, SA, durant l'any han estat de 5 000 € i la mitjana de les existències de matèria primera de l'any és de 1 000 €. La mitjana de les existències de productes en curs de fabricació és de 1 500 € i la mitjana de productes acabats és de 3 000 €. Les despeses directes de fabricació són de 2 500 € i l'amortització del període és de 500 €. Les despeses generals han estat de 800 €.

Les vendes totals de l'empresa han estat de 12 000 €. La mitjana del saldo dels drets de cobrament de l'empresa és de 2 000 € i la mitjana del saldo de proveïdors és de 500 €.

Calcula els diversos períodes que formen el període mitjà de maduració, així com els períodes mitjans de maduració econòmic i financer.

Solució:

Nombre de vegades que es renova anualment el magatzem de matèries primeres:

$$n_a = \frac{5\,000}{1\,000} = 5 \text{ rotacions}$$

La mitjana de temps que dura cada rotació és:

$$PM_a = \frac{365}{5} = 73 \text{ dies}$$

Els materials esperen una mitjana de 73 dies al magatzem de l'empresa abans de passar a la cadena de producció.

$$n_f = \frac{5\,000 + 2\,500 + 500}{1\,500} = 5{,}3 \text{ rotacions}$$

$$PM_f = \frac{365}{5{,}3} = 68{,}43 \text{ dies}$$

Una vegada començada la producció, l'empresa triga una mitjana de 68,43 dies a obtenir el producte.

$$n_v = \frac{5\,000 + 2\,500 + 500 + 800}{3\,000} = 2{,}93 \text{ rotacions}$$

$$PM_v = \frac{365}{2{,}93} = 124{,}43 \text{ dies}$$

Una vegada fabricats els productes, aquests romanen una mitjana de 124,43 dies al magatzem de productes acabats fins que es venen.

$$n_c = \frac{12\,000}{2\,000} = 6 \text{ rotacions} \qquad PM_c = \frac{365}{6} = 60{,}83 \text{ dies}$$

L'empresa triga una mitjana de 60,83 dies a cobrar les factures i els efectes dels clients.

$$n_p = \frac{5\,000}{500} = 10 \text{ rotacions} \qquad PM_p = \frac{365}{10} = 36{,}5 \text{ dies}$$

L'empresa paga generalment al cap de 36,5 dies d'haver fet la compra als proveïdors.

El període mitjà de maduració econòmic és:

$$PMME = 73 + 68{,}43 + 124{,}43 + 60{,}83 = 326{,}69 \text{ dies}$$

El període mitjà de maduració financer és:

$$PMM = 326{,}69 - 36{,}5 = 290{,}19 \text{ dies}$$

El cicle d'explotació de l'empresa dura 326,69 dies, dels quals l'empresa ha de finançar 290,19 dies.

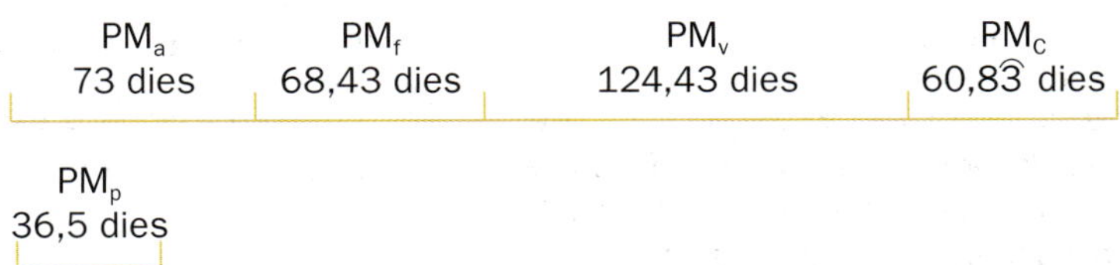

2.3. Període mitjà de maduració d'una empresa comercial

Les **empreses** que es dediquen a la **compravenda** no tenen procés productiu, per tant, només tenen **tres subperíodes**:

- **Període de proveïment o emmagatzemament (PM_a).** És el temps que les mercaderies són al magatzem de l'empresa fins que es venen. Aquest subperíode és equivalent al de venda d'una empresa industrial; la diferència rau en el fet que una empresa industrial fabrica els seus propis productes, mentre que l'empresa comercial compra el producte ja acabat, en forma de mercaderies.
- **Període de cobrament (PM_c).** És el temps que triga l'empresa a cobrar les factures i els efectes dels clients.
- **Període de pagament (PM_p).** És el temps que triga l'empresa a pagar els proveïdors.

El període mitjà de maduració financer d'aquest tipus d'empresa es calcula de la manera següent:

$$PMM = PM_a + PM_c - PM_p$$

Cada vegada que l'empresa acaba un cicle d'explotació obté un benefici, ja que amb l'import de les vendes del producte l'empresa recupera tots els costos i, a més, obté el marge de benefici. Per aquest motiu, l'empresa ha d'intentar que la durada del cicle sigui com més curta millor. Com més rotacions del circulant faci l'empresa durant un exercici, més gran serà la rendibilitat que obtindrà dels seus recursos.

Sabies que...

El **període de proveïment** també es podria denominar *període mitjà de venda*, ja que és el que precedeix el de cobrament.

Tingues en compte

Quan una empresa comercial aconsegueix vendre ràpidament les mercaderies i cobrar al comptat, pot ocórrer que presenti un **període mitjà de maduració negatiu**. Això suposa que els proveïdors financen tot el cicle d'explotació de l'empresa i a més poden finançar altres inversions.

Recorda

El ***just-in-time* (JIT)** es basa en la reducció de les existències al mínim necessari per evitar una ruptura d'estocs. Amb l'aplicació del JIT s'aconsegueix reduir la durada del període mitjà de maduració i, per tant, augmentar la rendibilitat de l'empresa.

Cas resolt 3

Una empresa de cristalleria compra mercaderies per valor de 30 000 €. La mitjana del nivell d'existències al magatzem és de 3 000 € i es pot considerar constant per a tot l'exercici (els consums de mercaderies són iguals a les compres fetes).

El volum de vendes de l'exercici ha estat de 80 000 € i la mitjana dels saldos de clients i proveïdors és de 1 000 € i 2 000 €, respectivament. Calcula el nombre de dies que l'empresa ha de finançar el seu cicle comercial.

Solució:

S'ha de calcular el període mitjà de maduració financer.

Període mitjà de proveïment:

$$n_a = \frac{30\,000}{3\,000} = 10 \text{ rotacions} \qquad PM_a = \frac{365}{10} = 36{,}5 \text{ dies}$$

Període mitjà de cobrament:

$$n_c = \frac{80\,000}{1\,000} = 80 \text{ rotacions} \qquad PM_c = \frac{365}{80} = 4{,}56 \text{ dies}$$

Període mitjà de pagament:

$$n_p = \frac{30\,000}{2\,000} = 15 \text{ rotacions} \qquad PM_p = \frac{365}{15} = 24{,}3 \text{ dies}$$

El cicle comercial de l'empresa dura:

$$36{,}5 + 4{,}56 = 41{,}06 \text{ dies}$$

D'aquests, 24,33 dies són finançats pels proveïdors. Per tant, els dies que l'empresa ha de finançar són:

$$41{,}06 - 24{,}33 = 16{,}73 \text{ dies}$$

2.4. Capital mínim o fons de maniobra necessari

En general, es considera que el *fons de maniobra* ha de ser positiu, ja que hi ha una part dels elements d'actiu corrent que ha de ser finançada per recursos permanents (patrimoni net més passiu no corrent).

El fons de maniobra necessari per finançar aquesta part de l'actiu corrent està íntimament relacionat amb el període mitjà de maduració financer de l'empresa. Com més llarg sigui el temps que l'empresa trigui a recuperar la inversió al seu cicle d'explotació (període mitjà de maduració financer), més gran serà també el fons de maniobra que necessita, i al revés.

El **fons de maniobra (FM)** és el conjunt de recursos que l'empresa necessita per finançar-se durant el període de maduració financer. Per això, com més curt sigui el període de maduració, més petit serà el fons de maniobra necessari.

Fig. 9.8. El càlcul de la rotació de les masses financeres serveix per preveure el marge de seguretat que ha de garantir el funcionament de l'empresa.

Com es pot calcular el capital mínim o fons de maniobra necessari a partir del període mitjà de maduració? El fons de maniobra es calcula així:

$$\text{Fons de maniobra} = \text{Actiu corrent} - \text{Passiu corrent}$$

Per calcular el mínim necessari, es pot suposar que l'actiu corrent de l'empresa està format per les existències i els drets de cobrament sobre clients, i que el passiu corrent està format per les obligacions de pagament als proveïdors.

Per calcular el saldo mitjà de les partides anteriors es pot considerar la fórmula següent:

$$\text{Saldo mitjà de la massa patrimonial } (i) = \frac{\text{Flux anual de la massa } (I)}{365} \cdot PM_{(i)}$$

El **fons de maniobra (FM) mínim** necessari queda:

$$FM \text{ (mínim)} = \frac{A}{365} \cdot PM_a + \frac{F}{365} \cdot PM_f + \frac{V}{365} \cdot PM_v + \frac{C}{365} \cdot PM_c - \frac{P}{365} \cdot PM_p$$

Més dades

Valors del càlcul del **fons de maniobra**, en què:

A: Consums totals del període

F: Cost de la producció de l'exercici o flux total de productes semielaborats

V: Cost de les vendes de l'exercici

C: Vendes anuals

P: Compres totals del període

Cas resolt 4

Calcula el capital mínim o fons de maniobra necessari d'una empresa que presenta les dades següents: vendes: 15 000 €; compres de matèries primeres: 9 000 €; despeses directes de fabricació: 3 000 €; consum de matèries primeres: 7 000 €; amortització de l'exercici: 600 €, despeses generals: 900 €. L'empresa estableix que vol dedicar a cada fase del cicle d'explotació els dies següents: PM_a = 35 dies; PM_f = 25 dies; PM_v = 30 dies; PM_c = 60 dies, PM_p = 30 dies.

Solució:

Tenint en compte exclusivament els saldos d'existències, els drets de cobrament sobre clients i les obligacions de pagament amb proveïdors, si apliquem la fórmula del fons de maniobra mínim, aquest serà:

$$FM \text{ (mínim)} = \frac{7\,000}{365} \cdot 35 + \frac{7\,000 + 3\,000 + 600}{365} \cdot 25 + \frac{7\,000 + 3\,000 + 600 + 900}{365} \cdot 30 + \frac{15\,000}{365} \cdot 60 - \frac{9\,000}{365} \cdot 30 = 4\,068{,}50\,€$$

El *fons de maniobra mínim* d'aquesta empresa ha de ser de **4 068,50 €.**

Activitats

3> L'empresa Del porc s'aprofita tot, SL, es dedica a comprar porc i desfer-lo per vendre la carn fresca i fer botifarres, pernils, etc. que també venen. Cobra les vendes al comptat i paga a la granja als 20 dies.

a) Explica quines parts formen el període mitjà de maduració d'aquesta empresa.

b) I si es dediqués exclusivament a la compra i venda de carn envasada?

4> Una empresa que fabrica mòduls de mobles observa el següent: els taulons de fusta que utilitza estan una mitjana de 15 dies en el magatzem. La producció dels mòduls a partir dels taulons adquirits dura 7 dies. Els mòduls ja fabricats es guarden una mitjana de 10 dies en el magatzem. Els clients triguen a pagar una mitjana de 20 dies i l'empresa paga als seus proveïdors a 30 dies. Calcula el PMM econòmic i financer d'aquesta empresa.

Activitats finals

1. Una empresa compra una màquina l'1 de gener per 4 800 €. Amortitza 800 € cada any.

a) Quin és el valor de l'amortització acumulada de la màquina al cap de tres anys d'adquirir-la?

b) Quant dura el cicle llarg de l'empresa en relació amb aquesta màquina? Per què?

2. Una empresa decideix pagar totes les seves factures al comptat i cobrar també al comptat als seus clients.

a) De quins factors depèn que el seu període mitjà de maduració sigui més llarg o més curt?

b) Quina diferència hi haurà entre el seu període mitjà de maduració econòmic i el financer?

3. Una empresa facilita la informació següent:

- Nombre de dies que les matèries primeres romanen al magatzem: 35 dies.
- Nombre de dies que dura la producció: 15 dies.
- Nombre de dies que els productes acabats romanen al magatzem: 40 dies.
- Termini de pagament als proveïdors: 20 dies.
- Termini de cobrament als clients: 60 dies.

a) Calcula el període mitjà de maduració econòmic i financer.

b) Si les condicions del crèdit que ofereix als clients canvien i cobra a 30 dies, quina variació es produirà en el fons de maniobra d'aquesta empresa? Raona la resposta.

4. L'empresa MANIX, SA, presenta el balanç de situació i el compte de pèrdues i guanys següents:

BALANÇ DE SITUACIÓ

ACTIU	
Immobilitzat	6 500 €
Existències	600 €
Matèries primeres	200 €
Productes semiacabats	100 €
Productes acabats	300 €
Realitzable	175 €
Clients	100 €
Efectes comercials per cobrar	75 €
Disponible	70 €
Bancs	50 €
Caixa	20 €
TOTAL ACTIU	7 345 €

BALANÇ DE SITUACIÓ

PATRIMONI NET I PASSIU	
Recursos propis	5 345 €
Capital	4 000 €
Reserves	1 000 €
Resultat de l'exercici	345 €
Exigible a ll/t	1 800 €
Proveïdors d'immobilitzat	1 800 €
Exigible a c/t	200 €
Proveïdors	200 €
TOTAL PATRIMONI NET I PASSIU	7 345 €

COMPTE DE PÈRDUES I GUANYS

Vendes	1 700 €
Compres	800 €
Despeses directes de fabricació	300 €
Amortitzacions	100 €
Despeses generals	155 €
Resultat d'explotació	345 €

Es considera que el valor de les existències no augmenta ni disminueix al llarg de l'exercici econòmic.

a) Troba el període mitjà de maduració econòmic i financer.

b) Se sap que una altra empresa del sector presenta un període mitjà de maduració financer de 200 dies. A quines conclusions arribes respecte a la rendibilitat de les dues empreses? Raona la resposta.

5. La comptabilitat de l'empresa Ernest Puig i fills, SL, presenta les dades següents:

- Matèries primeres: existències inicials, 3 000 €; existències finals, 2 500 €.
- Dades de fabricació: consum de matèries primeres, 42 000 €; altres despeses de fabricació, 13 000 €; estocs mitjans de productes en curs, 2 500 €.
- Productes acabats: existències inicials, 10 000 €; productes venuts a preu de cost, 66 000 €; existències finals de productes acabats, 12 000 €.
- Comptes amb clients: inicial, 2 000 €; vendes, 84 000 €; cobraments realitzats, 75 000 €.
- Comptes amb proveïdors: saldo inicial, 3 000 €; saldo final, 5 500 €.

a) Calcula el saldo mitjà de matèries primeres i el subperíode d'aprovisionament.

b) Calcula el subperíode de fabricació.

c) Calcula el saldo mitjà de productes acabats i el subperíode de venda.

d) Calcula el saldo final del compte de clients, el saldo mitjà de l'exercici i el subperíode de cobrament.

e) Calcula el valor de les compres de matèries primeres tenint en compte els consums i les existències inicials i finals.

6. Una empresa comercial que es dedica a la compra i venda de taules de menjador ha comprat taules durant l'exercici per un import de 120 000 € i ha mantingut un saldo mitjà de taules, durant l'any, per valor d'11 000 €.

Ha venut, per un import de 185 000 €, el 90 % de les taules adquirides. El saldo mitjà de clients ha estat un 15 % de les vendes i el de proveïdors, un 20 % de l'import de les compres.

Calcula el període mitjà de maduració econòmic i financer d'aquesta empresa.

Dels comptes anuals reals de l'empresa automobilística Seat, extrets del seu informe anual corresponent al 2016, es coneixen les dades següents:

Balanç de situació en milions d'euros	
Existències*	382,10
Deutors comercials	697,50
Creditors comercials	1 791,90
Compte de pèrdues i guanys en milions d'euros	
Ingressos d'explotació	9 189,00
Proveïment	6 561,60
Despeses de personal	823,50
Altres despeses d'explotació	1 408,10
Amortitzacions	323,30
Despeses financeres	13,20

* La divisió de les existències no es facilita. Considerem per fer el càlcul: un 20 % matèria primera, un 30 % producció en curs i un 50 % producte acabat.

Considerant que la mitjana dels saldos mostrats són força constants al llarg del període, es demana el següent:

a) Calcula els períodes mitjans d'aprovisionament i de fabricació.

b) Calcula els períodes mitjans de venda i de cobrament.

c) Calcula el període mitjà de pagament.

d) Calcula el PMM econòmic i financer.

e) Redacta un resum explicatiu del cicle curt d'aquesta empresa automobilística.

f) Després d'haver analitzat les dades, creus que Seat utilitza el *just-in-time* com a d'altres empreses automobilístiques?

7. Una empresa ens facilita informació sobre els seus comptes anuals. Del balanç de situació falten unes dades però sabem que els saldos que falten són els mateixos que en començar l'exercici econòmic:

Balanç de situació			
Actiu		**PN i passiu**	
ACTIU NO CORRENT	1 100 000	PN	?
ACTIU CORRENT	?	PASSIU NO CORRENT	250 000
Existències	?	PASSIU CORRENT	?
Clients	?	Proveïdors	?
Disponible	12 000		
Total actiu	**?**	**Total PN i passiu**	**?**

Compte de pèrdues i guanys	
Vendes	3 300 000
Proveïment	–1 150 000
Despeses personal	–950 000
Amortitzacions	–150 000
Altres despeses generals	–450 000
Resultat exercici	**600 000**

A més, l'empresa ha calculat el període mitjà de maduració i ha obtingut els valors parcials següents:

- (sub)període de pagament = 60 dies
- (sub)període de cobrament = 35 dies
- (sub)període d'emmagatzematge = 28 dies

Amb les dades de l'enunciat es demana el següent:

a) Calcula el saldo mitjà que l'empresa deu als seus proveïdors.

b) Calcula el saldo mitjà dels clients.

c) Calcula el saldo mitjà de les existències.

d) Acaba d'omplir les dades que falten del balanç de situació.

Comprova el teu nivell

1. El cicle llarg està associat amb:

a) La inversió en elements d'actiu circulant.

b) La inversió en elements d'actiu immobilitzat.

c) Les amortitzacions, que permeten recuperar cada any part de la inversió feta.

d) Les respostes *b* i *c* són correctes.

2. La durada del cicle curt de l'empresa s'anomena:

a) Període mitjà d'aprovisionament.

b) Període mitjà d'explotació.

c) Període mitjà de maduració.

d) Període mitjà de pagament.

3. Si el període mitjà de cobrament d'una empresa és 0, vol dir:

a) Que l'empresa no ven res.

b) Que totes les vendes les cobra al comptat.

c) Que totes les compres les paga al comptat.

d) Que és una empresa industrial.

4. Donat un consum anual de matèries primeres, com més gran sigui el valor de la mitjana d'existències que es mantenen en el magatzem:

a) Més gran serà el període mitjà de pagament.

b) Més petit serà el període mitjà de pagament.

c) Més gran serà el període mitjà d'aprovisionament.

d) Més petit serà el període mitjà d'aprovisionament.

5. El consum anual de matèries primeres:

a) És igual a les compres de l'exercici menys la variació d'existències.

b) És igual a les compres de l'exercici més la variació d'existències.

c) Coincideix amb les compres quan la variació d'existències és igual a 0.

d) Les respostes *a* i *c* són correctes.

6. El període mitjà de cobrament relaciona:

a) El volum de compres totals de l'exercici amb el saldo mitjà de proveïdors.

b) El volum total de compres de l'exercici amb el saldo de clients i altres crèdits comercials.

c) El volum total de vendes de l'exercici amb el saldo mitjà de proveïdors.

d) El volum total de vendes de l'exercici amb el saldo mitjà de clients i altres crèdits comercials.

7. El període mitjà de maduració d'una empresa comercial:

a) És, normalment, més curt que el d'una empresa industrial.

b) És, normalment, més llarg que el d'una empresa industrial.

c) Està format per més subperíodes que el d'una empresa industrial.

d) Està format pels mateixos subperíodes que el d'una empresa industrial.

8. Una empresa té un període mitjà de maduració econòmic de 50 dies i el període mitjà de pagament és de 20 dies:

a) El període mitjà de maduració financer és de 70 dies.

b) El període mitjà de maduració financer és de 30 dies.

c) El període mitjà de maduració financer és de 60 dies.

d) Cap de les respostes anteriors no és correcta.

9. El període mitjà de maduració financer:

a) És sempre més gran que el període mitjà de maduració econòmic.

b) És sempre més petit o igual que el període mitjà de maduració econòmic.

c) Coincideix amb el període mitjà de maduració econòmic si el període mitjà de pagament és igual a 0.

d) Les respostes *b* i *c* són correctes.

10. El capital mínim o fons de maniobra mínim que necessita una empresa:

a) Augmenta en augmentar el període mitjà de maduració financer.

b) Disminueix en augmentar el període mitjà de maduració financer.

c) Únicament es relaciona amb el període mitjà de pagament.

d) No té cap relació amb el període mitjà de maduració.

Prepara la prova

1. Una empresa que comercialitza llaunes de tomàquet i que obre els 365 dies de l'any va ingressar l'any 2018 un total de 2 800 000 € després d'haver venut el total de llaunes que va comprar als seus proveïdors aquell any i per les quals va pagar 1 700 000 €.

Va mantenir unes existències mitjanes de 60 000 € durant l'any i un saldo mitjà de clients de 170 000 €.

a) Calcula el període mitjà de maduració econòmic d'aquesta empresa. (0,5 punt)

b) Calcula el període mitjà de maduració financer si el saldo mitjà que va mantenir amb els proveïdors va ser de 140 000 €. (0,5 punt)

c) Explica què passarà amb el PMM financer i calcula'n el valor si el proveïdor exigeix pagar al comptat totes les compres (el saldo mitjà de proveïdors serà 0 €). (0,5 punt)

d) Calcula el saldo mitjà d'existències que mantindria aquesta empresa si el període mitjà d'aprovisionament fos de 20 dies. (0,5 punt)

2. Respon raonadament les preguntes següents:

a) Enumera els subperíodes que formen el període mitjà de maduració econòmic d'una empresa industrial. (0,5 punt)

b) Explica la diferència entre el subperíode mitjà d'aprovisionament i el subperíode mitjà de venda. (0,5 punt)

c) Com s'obté el període mitjà de maduració financer a partir del període mitjà de maduració econòmic? (0,25 punts)

d) Què representa el període mitjà de maduració financer? (0,25 punts)

e) Explica la diferència entre el subperíode mitjà de cobrament i el subperíode mitjà de pagament. (0,5 punt)

3. D'una empresa industrial sabem que en un any:

- Renova 15 vegades el magatzem de matèries primeres.
- La producció en curs es renova 12 vegades i el magatzem de productes acabats es renova 10 vegades.
- Les vendes totals són de 600 000 € i les compres totals són de 450 000 €.
- El saldo mitjà de clients és de 120 000 € i el de proveïdors, de 100 000 €.

Calcula:

a) Períodes mitjans d'aprovisionament, de fabricació i de venda. (0,5 punt)

b) Quantes vegades es renova a l'any el saldo de clients i el de proveïdors? (0,5 punt)

c) Calcula els períodes mitjans de cobrament i pagament. (0,5 punt)

d) Calcula el període mitjà financer d'aquesta empresa i interpreta aquest valor que has obtingut. (0,5 punt)

4. Completa les frases següents amb el terme que consideris més convenient: (0,33 punts cada resposta correcta)

1. El cicle ··· està relacionat amb els elements d'immobilitzat que utilitza l'empresa.
2. El cicle d'explotació està relacionat amb els elements d'actiu ··· .
3. Si el període mitjà de cobrament és de 20 dies, vol dir que l'empresa ··· als 20 dies d'haver efectuat una ··· .
4. Si el període mitjà de maduració financer d'una empresa és de 50 dies i el període mitjà de maduració econòmic és de 70 dies, vol dir que el ··· és de 20 dies.
5. Les empreses comercials no tenen període mitjà ··· .
6. Si augmenta el saldo mitjà de deutors comercials per a un mateix volum de vendes anuals, el període mitjà de ··· també augmentarà.

5. Digues si aquestes afirmacions són verdaderes i en el cas que hi hagi alguna errada modifica-la perquè sigui correcta. (0,25 punts cada resposta correcta)

1. Una reducció de 10 dies en el període mitjà de cobrament d'una empresa reduirà en més de 10 dies el període mitjà de maduració financer.
2. El període mitjà de pagament d'una empresa és més gran com més petit sigui el saldo mitjà de les obligacions de pagament amb proveïdors.
3. Si una empresa es planteja aplicar el *just-in-time* en la gestió del seu magatzem, tindrà un període mitjà d'aprovisionament més elevat.
4. Si una empresa paga totes les seves compres al comptat, els seus períodes mitjans de maduració econòmic i financer coincidiran.
5. Els consums anuals de matèria primera estan relacionats amb el període mitjà d'aprovisionament, mentre que les compres de matèria primera estan relacionades amb el període mitjà de pagament.
6. Si el període mitjà de maduració econòmic d'una empresa és de 87 dies i el període mitjà de maduració financer és de 57 dies, vol dir que el període mitjà de pagament de l'empresa és de 30 dies.
7. El període mitjà d'aprovisionament d'una empresa comercial està relacionat amb el període mitjà de venda d'una empresa industrial, ja que és el període anterior al període mitjà de cobrament.
8. Per a un determinat nivell de compres, com més petit sigui el saldo d'existències en el magatzem major serà el període mitjà d'aprovisionament.

Passem a l'acció

Dia i Mercadona són dos supermercats amb una gestió empresarial ben diferent, que competeixen en el sector de l'alimentació.

Ara et proposem que analitzis els resultats financers i el cicle econòmic de cada empresa. Per això et presentem el compte de resultats de l'exercici 2016 de cada supermercat.

PLANIFICACIÓ

- Feu grups de quatre alumnes.
- Prepareu un informe comparatiu de la situació financera de les dues empreses: recursos financers que utilitzen, percentatge d'inversions a curt i llarg termini, períodes mitjans d'emmagatzematge, cobrament i pagament, durada del cicle d'explotació i període mitjà de maduració... i que reculli si les hipòtesis inicials que heu fet es confirmen o es rebutgen.

ORIENTACIONS

- Establiu hipòtesis a partir de la informació dels comptes anuals d'ambdues empreses, presentats al final de l'exercici econòmic del 2016.
- Realitzeu els càlculs que es demanen:
  - Tenen les dues empreses percentatges semblants pel que fa a la procedència dels seus recursos financers: patrimoni net, passiu no corrent i passiu corrent?
  - El percentatge de les inversions en actiu corrent és semblant o diferent en les dues cadenes?
  - Quina de les dues té una rotació del magatzem més gran i per tant un període mitjà d'aprovisionament més curt?
  - Quina de les dues triga més temps a pagar els seus proveïdors?
- Feu els càlculs que es demanen a partir de les dades facilitades per cada supermercat. En el moment de fer els càlculs heu de tenir present que la mitjana dels saldos es manté aproximadament constant.
- Feu un debat entre els diferents equips de treball sobre quina empresa creieu que aplica una política financera més adequada, justificant punts a favor i en contra de les diferències que presenten les dues empreses pel que fa a tots els resultats obtinguts.

Realitzant aquesta activitat podràs treballar la **competència en gestió i organització** pròpia de la matèria *Economia de l'empresa.*

Dia %

Compte de resultats final del 2016 (milers d'euros)	
Import net de la xifra de negoci	8 867 621
Altres ingressos	110 976
TOTAL INGRESSOS	**8 978 597**
Consum de mercaderies i altres consumibles	−6 942 007
Despeses de personal	−846 103
Despeses d'explotació	−653 549
Amortitzacions	−232 953
Deteriorament	−13 262
Resultats procedents de l'immobilitzat	4 336
RESULTATS D'EXPLOTACIÓ	**295 059**
Ingressos financers	12 089
Despeses financeres	−64 121
Resultat de societats pel mètode de la participació	93
BENEFICI ABANS D'IMPOSTOS D'ACTIVITATS CONTINUADES	**243 120**
Impost sobre beneficis	−69 119
BENEFICI NET	**174 001**

MERCADONA

Compte de resultats final del 2016 (milers d'euros)	
Import xifra de negocis	19 802 382
Aprovisionaments	−15 028 974
Altres ingressos d'explotació	21.133
Despeses de personal	−2 502 267
Altres despeses d'explotació	−1 199 952
Amortització immobilitzat	−312 977
RESULTAT D'EXPLOTACIÓ	**779 345**
Ingressos financers	26 161
Deteriorament i resultats	−2.594
RESULTAT FINANCER	**23 567**
RESULTAT ABANS D'IMPOSTOS	**802 912**
Impost sobre beneficis	−166 652
RESULTAT DE L'EXERCICI	**636 260**

Dia %

Dades final 2016 (expressades en milers d'euros)		
ACTIU		
ACTIU NO CORRENT		**2 507 262**
Immobilitzat material	1 469 078	
Fons de comerç	557 818	
Altres actius intangibles	37 505	
Inversions comptabilitzades aplicant el mètode de la partició	185	
Deutors comercials i altres comptes a cobrar	69 345	
Altres actius financers no corrents	58 657	
Crèdits al consum d'activitats financeres	401	
Actius per impost diferit	314 273	
ACTIU CORRENT		**1 409 067**
Existències	669 592	
Deutors comercials i altres comptes a cobrar	260 862	
Crèdits al consum d'activitats financeres	6 220	
Actius per impostos corrents	71 087	
Actius per impostos sobre guanys corrents	8 832	
Altres actius financers corrents	19 734	
Altres actius	8 140	
Efectiu i altres actius líquids equivalents	364 600	
TOTAL ACTIU		**3 916 329**
PATRIMONI NET I PASSIU		
PATRIMONI NET		**392 098**
Capital	62 246	
Reserves	261 108	
Accions pròpies	–66 571	
Altres instruments de patrimoni propi	21 013	
Benefici net del període	174 043	
Diferències de conversió	–59 773	
Ajustament de valor per operacions de cobertura	92	
Patrimoni net atribuït a tenedores d'instruments de la dominant	392 158	
Participacions no dominants	–60	
PASSIU NO CORRENT		**1 155 008**
Deute financer no corrent	1 062 273	
Provisions	45 841	
Altres passius financers no corrents	2 785	
Passius per impostos diferits	44 109	
PASSIU CORRENT	**2 369 223**	
Deute financer corrent	180 734	
Creditors comercials i altres comptes a pagar	1 952 848	
Passius per impostos corrents	85 494	
Passius per impostos sobre guanys corrents	15 505	
Altres passius financers	134 642	
TOTAL PASSIU PATRIMONI NET		**3 916 329**

MERCADONA

Dades final 2016 (en milers d'euros)		
ACTIU		
ACTIU NO CORRENT		**3 945 720**
Immobilitzat	3 898 464	
Actius per impost diferit	47 256	
ACTIU CORRENT		**4 248 917**
Existències	716 407	
Deutors	128 180	
Inversions financeres	102 520	
Efectiu i altres actius líquids equivalents	3 301 810	
TOTAL ACTIU		**8 194 637**
PATRIMONI NET I PASSIU		
PATRIMONI NET		**4 911 843**
Capital	15 921	
Reserves	4 259 662	
Resultat de l'exercici	636 260	
PASSIU NO CORRENT		**91 743**
Provisions i deutes a llarg termini	25 272	
Passius per impost diferit	66 471	
PASSIU CORRENT		**3 191 051**
Proveïdors	2 266 580	
Creditors	339 318	
Administracions públiques	337 440	
Personal	247 713	
TOTAL PATRIMONI NET I PASSIU		**8 194 637**

Fig. 9.9. La transformació dels hàbits de consum, l'explosió tecnològica i l'entrada de forts competidors en el tauler de joc estan revolucionant el sector dels supermercats, que experimenta una profunda transformació en l'àmbit logístic i comercial.

10

La direcció estratègica de l'empresa

Què hi aprendré?

- Què és la direcció estratègica.
- Els nivells d'estratègia.
- El procés de la direcció estratègica.
- Les estratègies competitives.
- La creació de valor.

Tothom, en algun moment de la seva carrera professional, ha sentit algú esmentar la famosa estratègia empresarial. La majoria en sap el nom, però n'hi ha pocs que li posin cara. Imaginem que vols construir-te una casa. A grans trets, quin procediment seguiries? Segurament faries un esbós del que vols i de com ho vols, i buscaries un arquitecte per tal que te'n fes els plànols. Un cop els tinguessis, buscaries un constructor que edifiqués l'habitatge i un aparellador que supervisés l'obra. Tot plegat ho faries amb un objectiu: tenir una casa nova, perfectament feta i al teu gust, oi? Aleshores, perquè no fas el mateix amb la teva empresa?

María Melchor, *Infoautónomos.es*, 11 de juliol de 2014

1. Què és l'*estratègia empresarial* segons aquest article?
2. Quina relació té la definició d'una estratègia amb la creació d'una empresa?
3. Totes les empreses tenen una estratègia?
4. Quina estratègia utilitzes per preparar-te els exàmens?

1. Què és l'estratègia?

Abans de definir què és la *direcció estratègica* convé treballar una mica el concepte d'*estratègia*.

La paraula *estratègia* s'associa a conceptes com ara *maniobra* o *tàctica*. Una definició de diccionari d'*estratègia* és «pla general d'acció per arribar a uns objectius». Podem observar que en aquesta definició s'esmenta la paraula *objectiu* associada a estratègia; no té sentit parlar d'una tàctica, actuació, etc., si no està associada a un **objectiu.** Per tant, la primera conclusió que podem obtenir és que una estratègia empresarial és una maniobra, una tàctica, un pla d'actuació que fa una empresa per arribar a un objectiu.

Fig. 10.1. Les decisions que pren i els criteris que segueix una empresa responen a una estratègia per aconseguir uns objectius determinats.

Quan davant d'un fet es presenten diverses alternatives possibles, cal escollir la que pot ser més avantatjosa per a l'empresa. Hi ha moltes decisions que afecten totes les àrees de l'empresa, des de triar el millor proveïdor de material d'oficina fins a definir el posicionament que volem aconseguir amb el nostre producte al mercat.

Una **estratègia** és el conjunt de decisions que una empresa pot prendre sobre les actuacions que cal fer i sobre els recursos que pot utilitzar per dur-les a terme. Tot això pretén arribar a una sèrie d'objectius empresarials a diversos àmbits relacionats amb l'èxit.

Però l'empresa ha de gestionar els recursos disponibles observant una sèrie d'estratègies possibles tenint en compte uns objectius i unes metes que haurà d'assolir en el present i en la seva evolució futura com a empresa. És per això que és necessari que l'empresa defineixi la *missió*, la *visió* i els *valors corporatius*.

La **missió** és la raó de ser d'una empresa, el conjunt d'objectius que vol assolir en el present i quins factors essencials són necessaris per assolir l'èxit.

La **visió** consisteix en la imatge de futur de l'empresa, com vol esdevenir a llarg termini i les metes que pretén aconseguir.

Els **valors corporatius** són els principis ètics que fonamenten les pautes de comportament de l'empresa.

! Important

La **missió** hauria de definir les prioritats de l'estratègia i les diferents contribucions que els elements de l'empresa hauran de mobilitzar per assolir els objectius en el present. **Què hem de fer.**

En canvi, la **visió** suposa la definició de la posició on l'empresa vol arribar en el futur, configurant un conjunt d'elements de motivació i d'inspiració als membres de l'organització. **Què volem ser.**

I els **valors** configuren els principis de la cultura corporativa que han d'observar i fomentar tant l'empresa com tots els seus membres. **En què creiem.**

Cas resolt 1

En Miquel és el propietari del restaurant La forquilla. Es va formar com a cuiner i ha treballat sempre en el sector de l'hostaleria. Com que feia temps que volia obrir el seu propi restaurant, ara ho ha pogut fer, aprofitant tota la seva experiència. El seu negoci principal són els menús de migdia, ja que el restaurant està ubicat en un lloc força cèntric on hi ha moltes oficines i activitat laboral. Però en un futur li agradaria que fos un restaurant de cuina d'autor, per poder desenvolupar la seva creativitat gastronòmicament. A més vol que els seus plats siguin equilibrats, elaborats amb productes de proximitat i basats en la dieta mediterrània.

Quines són la missió, la visió i els valors del seu negoci?

Solució:

La **missió** d'aquest negoci és desenvolupar el restaurant en el sector de l'hostaleria, oferint menús de migdia equilibrats, variats i fonamentats en la dieta mediterrània i dirigits a treballadors de la zona on es troba l'establiment.

La **visió** de l'empresa és aconseguir ser el restaurant més ben valorat per l'originalitat i la creativitat dels seus plats, que el facin únic a la zona.

I els **valors** del negoci són el respecte, la integritat, la qualitat i la proximitat com a atributs que fonamenten les operacions i les decisions de l'empresa.

A continuació podem observar com empreses i corporacions conegudes defineixen la missió, la visió i els valors. La informació s'ha extret de les seves webs corporatives, on es mostren tal com són, com volen ser i com fomenten la seva cultura corporativa.

Empresa / Corporació	Missió	Visió	Valors
CaixaBank	Satisfer íntegrament les necessitats financeres del major nombre de clients per mitjà d'una oferta de productes adequada i completa, i d'una qualitat de servei excel·lent, amb el compromís d'aportar valor a clients, accionistes, empleats i al conjunt de la societat.	Ser el grup financer líder a Espanya, amb vocació global, reconegut per la responsabilitat social, la qualitat de servei, la solidesa financera i la capacitat d'innovació.	• Qualitat • Confiança • Compromís social
ZARA	Mantenir-se com a líder en el sector tèxtil, avançar-se a la moda i crear dissenys nous, mitjançant una estratègia d'integració vertical. També oferir productes a un preu acordat amb la qualitat.	Ser una empresa líder en la confecció, la comercialització i la distribució de peces de roba que puguin arribar a qualsevol zona on hi hagi un nínxol de clients, perquè puguin obtenir els diferents dissenys i modes.	• Orientació al resultat • Implicació • Superació • Honestedat • Treball en equip
GREENPEACE	Organització independent, políticament i econòmicament, que utilitza l'acció directa no violenta per atraure l'atenció pública cap a problemes globals del medi ambient i impulsar les solucions necessàries per tenir un futur verd i en pau.	• Protegir la biodiversitat en totes les seves formes. • Prevenir la contaminació i l'abús dels oceans, les terres, l'aire i l'aigua dolça. • Posar fi a totes les amenaces nuclears. Promoure la pau, el desarmament mundial i la no violència.	• Responsabilitat personal i no violència. • Independència política i econòmica. • No tenim aliats o adversaris permanents.
Condis	Contribuir al progrés econòmic i social, aportant solucions de comerç i distribució intel·ligents, sostenibles i integradores que afavoreixen un model urbà més humà, i fomentar l'emprenedoria a través d'un model mixt de botiga pròpia-franquícia. El creixement mitjançant la col·laboració amb la indústria alimentària i el sector primari.	Ser el supermercat de proximitat preferit pels nostres clients i clients franquiciats amb una proposta propera, autèntica i competitiva.	• Proximitat • Col·laboració • Passió • Integritat • Excel·lència
Ajuntament de Barcelona	Impulsar, organitzar i articular internament i externament el procés de prestació dels serveis socials bàsics de responsabilitat municipal adreçats a la ciutadania, i això amb uns paràmetres de qualitat i equitat que contribueixin a garantir el benestar de totes les persones que viuen i conviuen a la ciutat.	Volem ser el referent principal en l'execució de les polítiques públiques i en la gestió dels serveis socials bàsics a la ciutat de Barcelona.	• Justícia social i equitat • Retorn econòmic i social • Orientació a les persones • Eficiència • Qualitat del servei • Simplificació • Avaluació del rendiment • Retre comptes

Taula 10.1. Exemples de missió, visió i valors de diferents empreses i corporacions.

Activitats

1> Realitza una recerca per Internet, consulta les webs de tres empreses i com defineixen la seva missió, la seva visió i els seus valors. Fes una taula comparativa amb la informació que trobis.

2. Què és la direcció estratègica?

L'empresa defineix les seves estratègies tenint com a referent la missió i la visió com a guia d'actuació en el futur. A més, ha de tenir en compte l'entorn econòmic, el tecnològic i el social. També cal considerar quines són les possibles reaccions de la competència davant les accions estratègiques de l'empresa.

La **direcció estratègica** és el procés de gestió d'una estratègia (o un conjunt d'estratègies) dins l'empresa, que s'ha d'adaptar a un entorn canviant i a la interacció amb la competència, tenint en compte el llarg termini. La direcció de l'empresa té com a finalitat principal aconseguir l'èxit de l'empresa, les seves funcions consisteixen a millorar la posició competitiva de l'empresa i a solucionar problemes que amenacen l'organització.

Cas resolt 2

Continuem considerant el cas del restaurant La forquilla. En Miquel es troba que el seu restaurant està situat molt a prop d'un altre que li pot fer la competència. Després d'un temps, en Miquel constata la baixada de clients, en especial per dinar-hi al migdia. Es planteja de quina manera pot actuar per fer front a la competència: fer un menú molt semblant al del seu competidor principal, abaixar els preus dels menús o especialitzar-se en menús amb una orientació dietètica. Com durà a terme la seva direcció estratègica?

Solució:

Els diferents plans d'acció que té al seu abast són les estratègies. En Miquel ha decidit abaixar els preus, però de manera que la qualitat es pugui mantenir. Quan ja ha estudiat la seva estratègia, la posa en funcionament mitjançant un pla d'acció que li pot permetre arribar al seu objectiu, que en aquest cas és l'increment de clients dels menús de migdia.

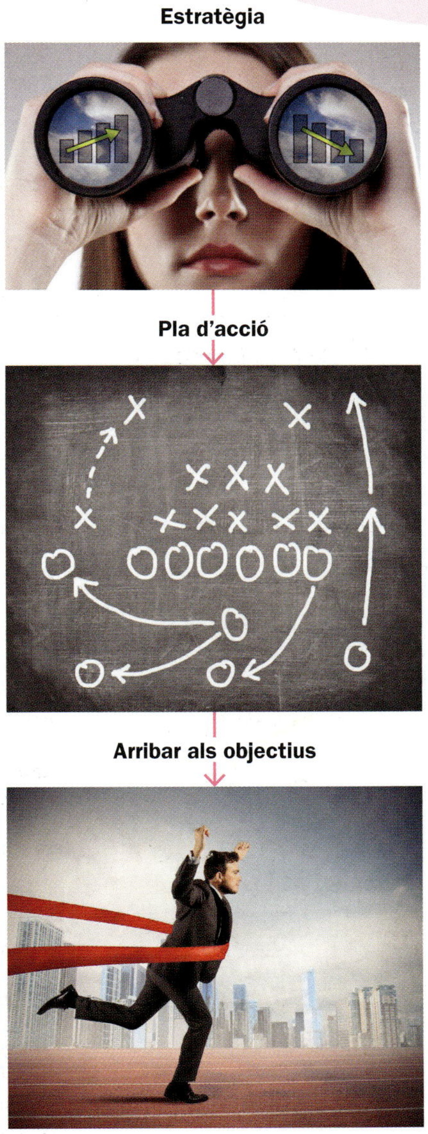

Fig. 10.2. Components que intervenen en la direcció estratègica: estratègia, pla d'acció i assoliment d'objectius.

2.1. El procés de la direcció estratègica

La direcció estratègica no s'encarrega únicament de prendre les decisions que afecten els problemes principals de l'empresa, sinó que també ha de garantir que l'estratègia es dugui a terme. Així doncs, la **direcció estratègica** es compon d'un procés format per tres etapes: l'*anàlisi estratègica*, l'*elecció estratègica* i la *implantació de l'estratègia*.

1. **Anàlisi estratègica.** Abans de definir una estratègia i de començar a traçar-ne la direcció, cal estudiar un conjunt d'elements que fonamenten la base d'una bona gestió estratègica:
   - **Entorn econòmic, social, polític o tecnològic.** Les característiques de tot el que envolta l'empresa defineixen el conjunt d'amenaces que cal salvar, i el de les oportunitats que s'han d'aprofitar.
   - **Capacitat estratègica.** Són els recursos de què disposa l'empresa i el conjunt de capacitats i competències que es poden desenvolupar a escala d'organització. En aquest cas, es tracta de factors interns que determinen l'estratègia, és a dir, els punts febles que cal evitar i els punts forts que s'han de potenciar.
   - **Expectatives dels promotors o emprenedors del negoci.** És fonamental que els propietaris de l'empresa o els seus gestors professionals defineixin de manera clara i prèvia a quins objectius o metes cal arribar, pel que fa a la millora del nivell de beneficis, de la posició competitiva o de la valoració de les accions de l'empresa al mercat de valors.
2. **Elecció estratègica.** Cal determinar quin tipus d'estratègia es vol implantar, ja que cada tipologia estratègica respon a unes característiques de l'empresa o del seu entorn. Fonamentalment, es distingeixen tres tipus d'estratègies: *corporativa*, *de negoci* i *operativa*. Més endavant les explicarem en detall.
3. **Implantació de l'estratègia.** Es tracta de definir i planificar de quina manera s'ha d'aplicar l'estratègia de l'empresa pel que fa als recursos que cal destinar i a l'organització del procés (quins departaments de l'empresa han de participar-hi), definint un pla temporal de les accions estratègiques que cal desenvolupar.

Conceptes bàsics

Recursos disponibles. A l'àmbit de capacitat estratègica són el conjunt de recursos materials, humans i organitzatius de què disposa l'empresa per desenvolupar una estratègia empresarial.

Aquests tres elements se succeeixen de manera consecutiva i incorporen un conjunt d'etapes que constitueixen tot el procés de la direcció estratègica, tal com s'exposa a la figura següent:

Anàlisi estratègica

- **Definició dels objectius.** Cal determinar clarament quins objectius concrets, mesurables i factibles es volen assolir.
- **Avaluació dels recursos interns.** Quins són els recursos disponibles per l'empresa per assolir els objectius fixats. En aquest sentit, és molt important saber quines fortaleses internes s'han de potenciar i quines febleses s'han de neutralitzar.
- **Avaluació dels recursos externs.** Cal identificar quins elements de l'entorn poden tenir influència sobre el grau d'assoliment o èxit de l'empresa, en especial quins són oportunitats que es poden aprofitar o quins són amenaces que s'han d'evitar.
- **Anàlisi de l'entorn competitiu.** És molt important fer un bon estudi de la competència de l'empresa pel que fa a l'estratègia que es vol implantar. Si es coneix la competència i se'n pot determinar l'estratègia, l'empresa pot ajustar més bé la seva pròpia estratègia a una escala competitiva de manera que s'assoleixin els objectius.

Elecció estratègica

- **Elaboració dels escenaris de futur.** És també fonamental que l'empresa, dins de la planificació, defineixi una sèrie d'accions estratègiques que tinguin com a base diferents tipus d'escenaris o situacions (optimista, neutra o pessimista) per poder fer una projecció a curt, mitjà i llarg termini. Aquest esforç de previsió és fonamental si es vol que l'estratègia tingui prou capacitat d'adaptació a l'entorn canviant.
- **Formulació de l'estratègia.** Una vegada definits els passos previs, cal establir amb concreció i determinació quina és l'estratègia que es vol aplicar, fixant-ne de manera clara les característiques genèriques.
- **Avaluació de les alternatives estratègiques.** És molt útil definir estratègies suplementàries que serveixin d'alternativa a l'estratègia descrita en primer lloc, de manera que es tingui un conjunt d'alternatives que es puguin implantar en cada cas o situació específica de l'entorn.

Implantació de l'estratègia

- **Eines estratègiques.** Cal planificar l'execució de les estratègies seleccionant convenientment les eines que cal utilitzar i, sobretot, definint els elements que constitueixen tot el procés. Per exemple, utilitzant la gràfica GANTT o la tècnica PERT-CPM, que vam estudiar el curs anterior.
- **Control estratègic.** Cal observar el grau d'assoliment de l'estratègia, tant a escala quantitativa com a escala qualitativa, registrant les desviacions observades i definint les mesures correctores que s'haurien d'implantar per tal de millorar-la.

Fig. 10.3. Etapes del procés de la direcció estratègica.

Cas resolt 3

Continuem considerant el cas del restaurant La forquilla. En Miquel, davant l'amenaça del nou competidor, ha hagut de posar en pràctica el procés de la direcció estratègica.

En què ha consistit la direcció estratègica adoptada per en Miquel?

Solució:

1. **Anàlisi estratègica.** En Miquel ha definit l'objectiu, incrementar els menús del migdia; ha avaluat els seus recursos, estudiant amb el cuiner les possibilitats de millora; i, finalment, ha estudiat el restaurant que li fa més competència, identificant-ne i analitzant-ne les característiques.
2. **Elecció estratègica.** En Miquel considera les possibles estratègies que es poden posar en pràctica; fa una previsió dels diferents escenaris que es pot trobar; i finalment, tria una estratègia, una abaixada dels preus dels menús de migdia, tot i que no descarta altres estratègies alternatives.
3. **Implantació de l'estratègia.** En Miquel defineix les eines que té al seu abast per poder arribar al seu objectiu; això implica la posada en marxa d'un programa de racionalització de les despeses que permeti un estalvi sense que la qualitat baixi. Finalment, al cap d'un temps, caldrà analitzar si l'estratègia seleccionada ha tingut èxit, si cal fer-hi ajustos o si cal descartar-la i aplicar-ne una altra de nova.

Fixa-t'hi

Si una empresa vol aplicar una estratègia competitiva basada en preus més baixos que la competència amb l'objectiu d'augmentar les vendes, primer ha d'avaluar els **recursos disponibles** que té per saber si disposa de prou capacitat financera per poder funcionar durant un cert temps, atès que els marges de benefici seran més baixos, o bé ha de tenir els coneixements tecnològics que li permetin reduir els costos.

2.2. Els nivells de l'estratègia

Es poden definir els *nivells de l'estratègia* en relació amb els objectius que es volen assolir i els recursos que es volen utilitzar. Habitualment, es distingeixen tres **nivells d'estratègia** o **tipus d'estratègies genèriques:** *corporativa*, *de negoci* i *operativa*. A la taula que hi ha a continuació es descriuen.

Nivells d'estratègia	Descripció	Exemple
Corporativa	S'encarrega de prendre les decisions relacionades amb l'objectiu o abast global de l'empresa, amb la intenció de satisfer les expectatives dels propietaris o dels gestors i afegir valor a les diferents àrees de l'empresa.	Una empresa que fabrica vehicles i maquinària per a l'àmbit agrícola es planteja la possibilitat d'ampliar el negoci, amb la fabricació de vehicles comercials (furgonetes i camionetes). És una estratègia corporativa de diversificació de negoci, ja que, aprofitant les infraestructures productives i els coneixements, es proposa obrir una nova unitat de negoci. Aquesta mateixa empresa pot decidir potenciar la projecció internacional de la seva companyia, oferint els seus productes als països del seu àmbit geogràfic més pròxim, ja que fins ara només operava a l'àmbit nacional. Això és una estratègia corporativa de diversificació internacional.
De negoci	Fa referència a aspectes més concrets, com la definició dels elements que poden fer competitius els productes de l'empresa dins el seu mercat o segment de mercat.	Una botiga que comercialitza formatges i vins troba que, mentre la secció de formatges funciona molt bé, la secció de vins presenta una aportació modesta als resultats de l'empresa. Es planteja potenciar-la amb una reducció de preus i una política de descomptes per fomentar la fidelitat dels clients. Es tracta d'una estratègia de negoci, ja que l'objectiu és impulsar la competitivitat d'una unitat de negoci.
Operativa	Busca gestionar de manera eficient els recursos de l'empresa, a escala d'un departament o més general, tenint com a marc de referència les estratègies de l'empresa a escala superior (corporativa i de negoci). Es busca que els diferents departaments o àrees contribueixin a l'èxit d'una estratègia corporativa o de negoci.	Si una empresa que fabrica mobiliari domèstic aplica una estratègia de reducció de preus per fer front a la competència, necessitarà que el departament comercial dissenyi una campanya de promoció per informar-ne. O també necessitarà que el departament de producció hi contribueixi reorganitzant els processos productius, de manera que pugui haver-hi estalvis als costos de producció que permetin sostenir la política de reducció de preus. Es tracta d'una estratègia operativa, ja que aporta les eines específiques que permeten que l'empresa pugui implementar una estratègia de negoci.

Taula 10.2. Nivells o tipus d'estratègia.

Cas resolt 4

Continuem amb el cas d'en Miquel i el seu restaurant, La Forquilla. L'estratègia de preus baixos que ha adoptat a través del seu pla d'acció, de quin tipus d'estratègia es tracta? I si volgués diversificar el negoci, de quin tipus d'estratègia es tractaria? I quina seria l'estratègia operativa?

Solució:

L'estratègia de preus baixos és una *estratègia de negoci*, ja que vol explotar un avantatge competitiu a l'única unitat de negoci de l'empresa.

Si decidís diversificar el negoci, mantenint el restaurant, però creant una unitat de negoci nova que oferís serveis d'àpats per a grups, això seria una *estratègia corporativa*.

Si en Miquel aplica l'estratègia de preus baixos, ha de tenir la col·laboració necessària de l'àrea de producció, ja que s'han de reduir els costos millorant les fonts de finançament, o bé ha de comptar amb la col·laboració de l'àrea financera, que li permeti funcionar amb les fonts de finançament adaptades a uns marges comercials més reduïts. En ambdós casos es tracta d'*estratègies operatives* que donen suport a una estratègia de negoci.

Conceptes bàsics

Unitat de negoci. És cadascuna de les parts del negoci d'una empresa que du a terme una activitat diferent o que presenta una autonomia pròpia quant a l'estratègia i la gestió empresarials.

Fixa-t'hi

Un exemple d'**unitat de negoci** seria una empresa que fabrica tres grups diferenciats de productes: electrodomèstics de línia blanca (rentadores, assecadores, frigorífics, etc.), electrodomèstics de línia marró (televisors, reproductors de DVD, equips de música, etc.) i ordinadors. Cadascun d'aquests grups de productes constitueix les diferents unitats de negoci d'aquesta empresa.

Es pot concloure que, dins la classificació dels nivells d'estratègia, les estratègies corporatives i les de negoci tenen molt sovint una orientació competitiva. És a dir, serveixen per millorar la posició competitiva de l'empresa, tant a l'àmbit corporatiu com a l'àmbit d'unitat de negoci. Aquests aspectes s'estudiaran als apartats següents.

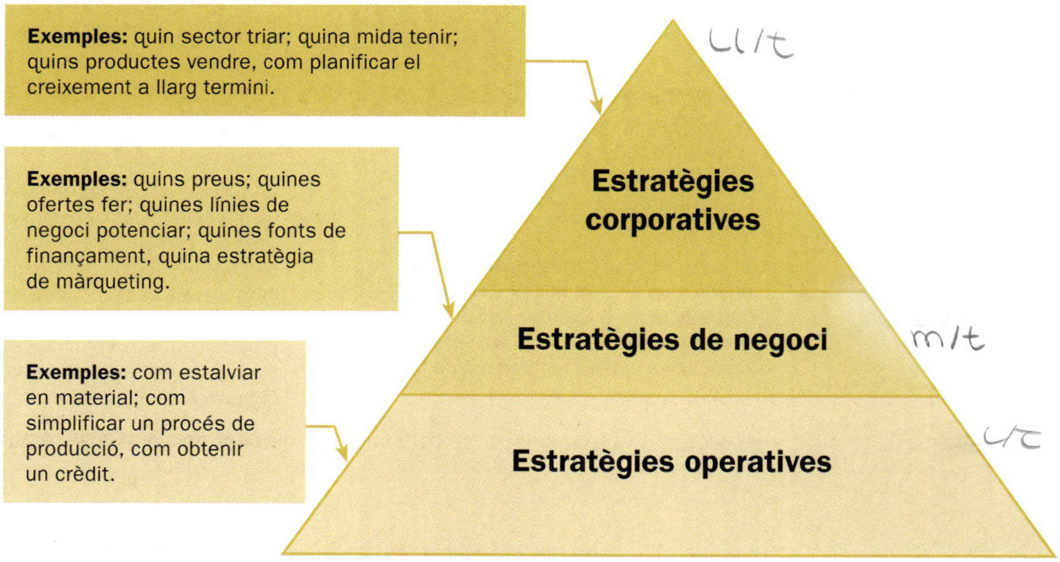

Fig. 10.4. Classificació dels nivells d'estratègia.

Fig. 10.5. La implementació d'estratègies amb èxit comporta que tota l'empresa es trobi implicada en el pla d'acció.

Activitats

2> Quina diferència hi ha entre l'*anàlisi estratègica* i la *implantació estratègica*? Posa'n un exemple en què quedi clara.

3> Una empresa que es dedica a fabricar banyadors esportius per a dona i home decideix, atesa la gran competència que hi ha al sector, fer un canvi important d'estratègia: obrir una línia de negoci especialitzada en banyadors per a un ús no esportiu, amb dissenys de gran personalitat i materials molt tècnics. L'empresa formula el procés estratègic amb els diferents apartats que el defineixen. Planteja una de les etapes d'aquest procés i avalua'n les alternatives estratègiques.

4> Una empresa industrial fabrica vehicles de diferents tipus: turismes, camions i motocicletes. La direcció de l'empresa ha decidit iniciar un pla per a renovar l'oferta de turismes, ja que ha notat que als últims tres anys les vendes han crescut molt poc, malgrat que, en general, el sector passa un bon moment i els models dels competidors directes han experimentat increments notables quant a les vendes. Quin tipus d'estratègia creus que vol engegar? Raona la resposta.

5> Fes una recerca i posa exemples reals d'empreses amb unitats de negoci.

3. Les estratègies competitives: la creació de valor i l'avantatge competitiu

Dins el conjunt genèric de les *estratègies de negoci* hi ha les **estratègies competitives,** que tenen com a objectiu que l'empresa pugui millorar la seva posició competitiva respecte de les empreses del sector. Això es pot aconseguir de diferents maneres, però una estratègia competitiva té com a objectiu fonamental obtenir *avantatge competitiu*, és a dir, la definició d'una característica o d'una qualitat que faci que l'empresa superi la competència de manera genèrica i sostinguda.

L'**avantatge competitiu** és el conjunt de característiques internes que l'empresa ha de desenvolupar per obtenir i reforçar una posició d'avantatge respecte de les empreses competidores.

Reflexiona

El **valor afegit** d'un producte és l'increment de valor que l'empresa incorpora mitjançant el procés productiu. Què té més valor: una taula o els materials amb els quals s'ha fabricat? La resposta és clara: la taula, ja que és la que permet satisfer la necessitat del consumidor.

3.1. La creació de valor

Un element que pot tenir repercussió a la millora de la posició competitiva de l'empresa és la *creació de valor.*

La **creació de valor** consisteix en la generació d'un valor afegit que pugui servir com a element crucial per assolir l'èxit d'una estratègia competitiva.

Sabies que...

Michael E. Porter és una autoritat destacada en estratègia competitiva i en competitivitat internacional, i se'l coneix principalment pel seu model d'anàlisi competitiva d'indústries. Posteriorment, ha estès aquesta anàlisi a països sencers a l'obra *La riquesa competitiva de les nacions*.

La creació de valor és un dels motors més importants per poder assolir l'èxit d'una estratègia competitiva, ja que als mercats on hi ha molta competència i els marges comercials són reduïts les estratègies de preus reduïts no tenen efecte. En aquests casos, la creació de valor és una opció molt vàlida.

Moltes vegades, la creació de valor implica que a un producte tradicional, molt explotat competitivament, s'hi afegeix una característica molt innovadora que permet diferenciar-lo i obtenir un avantatge competitiu especial, sempre que sigui un factor difícil d'imitar per la competència.

La *cadena de valor*, segons l'investigador Michael E. Porter, és una forma d'anàlisi de l'activitat empresarial mitjançant la qual una empresa desagrega la seva activitat global en diferents parts, amb l'objectiu d'identificar fonts d'avantatge competitiu a les activitats que generen valor.

Mitjançant aquesta anàlisi es concreta un conjunt de funcions que aporten valor als productes i serveis d'una empresa (aprovisionament, producció, màrqueting, distribució, etc.) i s'intenta, en cadascuna d'aquestes funcions, obtenir la màxima rendibilitat possible, reduint tot el que sigui superflu. D'aquesta manera, si l'empresa ho aconsegueix, arriba a desenvolupar i a integrar les activitats de la seva cadena de valor de manera menys costosa i més ben diferenciada que els seus rivals.

La **cadena de valor** és una eina analítica que consisteix a descompondre i analitzar totes les activitats que es duen a terme en una empresa per a fabricar o vendre un producte o servei. D'aquesta manera es pot estudiar l'aportació de valor de cadascuna de les activitats i els costos que representen, a més d'identificar quines són les fonts d'avantatge competitiu i estar en disposició de definir les estratègies competitives més adequades per al desenvolupament de l'empresa.

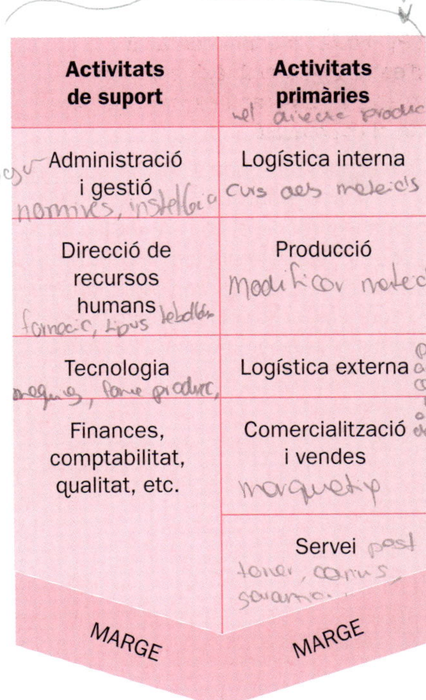

Fig. 10.6. Gràfic de la cadena de valor de Porter.

L'enfocament de la cadena de valor de Porter classifica les activitats de l'empresa en *activitats de suport* i *primàries*. Totes aquestes activitats contribueixen a la creació de valor del producte final, sigui en una fase determinada o en totes (Fig. 10.6). Encara que totes les activitats contribueixen a la creació de valor, les primàries aporten més que les activitats de suport. Diguem que les **activitats primàries** són l'essència de la contribució a la creació de valor de l'empresa, ja que són el desenvolupament de l'activitat en si mateixa. En canvi, les **activitats de suport** per si soles no aporten valor, però són necessàries per complementar les activitats primàries.

3.2. Tipus d'estratègies competitives

Tot seguit, definirem quines són les diferents estratègies de negoci que una empresa pot implantar per obtenir un avantatge competitiu. Una de les aportacions teòriques més notables en aquest àmbit ha estat la classificació feta per Porter, que diferencia entre tres tipus d'estratègies competitives:

Tipus d'estratègia competitiva	Descripció
De diferenciació	Busca que el producte sigui significativament diferent del dels competidors o, fins i tot, que hi hagi la percepció que sigui únic. El client pot arribar a pagar més pel producte, ja que es comporta com si hi hagués un monopoli, és menys sensible al preu i més fidel.
De lideratge en costos	Consisteix a produir amb els costos més baixos, de manera que es pugui oferir a un preu inferior al de la competència, per mitjà d'un avantatge a escala productiva o operativa. De vegades, fins i tot si l'empresa està en un mercat amb molta demanda, pot mantenir el preu i, d'aquesta manera, beneficiar-se d'un marge comercial elevat.
D'enfocament	També anomenada d'*alta segmentació*, consisteix a centrar-se en un segment del mercat, aplicant la diferenciació o el lideratge en costos. D'aquesta manera s'opta per l'estratègia competitiva més convenient a cada segment del mercat. Si s'aplica el lideratge en costos, es poden obtenir marges comercials importants per a produir amb costos baixos. Si, en canvi, s'adopta la diferenciació, oferint un valor afegit significatiu, poden justificar-se uns preus més elevats en relació amb la competència. Això es coneix com a **diferenciació segmentada.**

Taula 10.3. Tipus d'estratègia competitiva.

En general, tota estratègia que es fonamenta en l'existència d'un avantatge competitiu intentarà que hi hagi un factor que impedeixi que la competència pugui adoptar-lo o imitar-lo. Això pot significar que, si l'empresa fa una bona segmentació del producte, podrà crear un valor afegit prou atractiu per poder fer front a la competència, en especial si es tracta d'una empresa que, per la dimensió o la capacitat que té, no pugui ser líder del mercat.

De vegades s'adopta, fins i tot, l'objectiu d'expulsar la competència del mercat o de reduir-ne de manera dràstica la quota de mercat. Això es pot fer mitjançant l'aplicació de preus agressius (molt baixos), tot i que inicialment l'empresa tindrà pèrdues o poc de marge comercial, depenent de la seva capacitat financera.

Més dades

Existeixen **altres estratègies de negoci** que no són estratègies competitives, i que tenen a veure amb la dimensió del negoci o la situació amb altres unitats de negoci de l'empresa. Exemples d'aquestes estratègies poden ser:

- Estratègies d'expansió.
- Estratègies de diversificació.
- Estratègies de supervivència.

Conceptes bàsics

Segmentació del mercat. Significa dividir el mercat en parts homogènies en funció d'una característica específica que permet diferenciar el producte. D'aquesta manera l'empresa tracta cada segment com si fossin mercats diferents, aplicant l'estratègia més convenient en cadascun d'aquests.

Conceptes bàsics

Marge comercial. És la diferència entre el preu de venda d'un producte i el seu cost unitari. Tot i que depèn de si ha d'incorporar el conjunt de les despeses generals al cost unitari o no, normalment és un bon indicador de l'aportació de la venda de cada producte als beneficis globals de l'empresa.

Cas resolt 5

Moltes vegades, explotar un avantatge competitiu representa estudiar la cadena de valor d'un producte, identificant les activitats que són susceptibles de millora. Considerem el cas d'una empresa de transports que vol millorar la seva posició competitiva, estudiant-ne de manera exhaustiva la cadena de valor.

Solució:

Després d'analitzar convenientment la cadena de valor, els responsables identifiquen un àmbit on creuen que hi ha marge de millora, explotant un avantatge competitiu. Es tracta d'una planificació més eficient de les tasques de recollida de les càrregues i del lliurament posterior. Mitjançant l'aplicació d'un programa informàtic desenvolupat internament, es poden planificar de manera més racional aquestes dues activitats, eliminant el pas pel magatzem de l'empresa de transports, fent la recollida i el lliurament de manera consecutiva, aplicant-hi variables de proximitat geogràfica, dimensió de la càrrega i optimització del termini de lliurament.

Activitats

6> Una estratègia de costos baixos implica necessàriament que el preu hagi de ser inferior al de la competència? Raona la resposta.

7> Sempre es pot aplicar una estratègia de diferenciació? Creus que hi ha situacions a les quals no es pot? Posa'n un exemple.

4. Anàlisi de l'entorn competitiu: el model de les forces competitives

Dins del procés de la direcció estratègica, a l'etapa d'anàlisi estratègica es planteja la necessitat de fer un estudi de l'**entorn competitiu.** Això implica la necessitat de dur a terme una anàlisi externa de les forces competitives que una empresa pot trobar en l'entorn del seu negoci. En aquest sentit, una de les aportacions més importants i rellevants és la de Porter: es tracta del **model de les cinc forces competitives** o **model del nucli competitiu** (Fig. 10.7).

Segons Porter, la situació competitiva d'una empresa o d'una línia de negoci depèn de cinc variables que es poden identificar en el seu entorn. L'anàlisi d'aquestes cinc forces permet determinar l'èxit del negoci que es vol desenvolupar o ampliar. Tot seguit, s'explica amb més detall el significat d'aquestes forces i els elements que les integren.

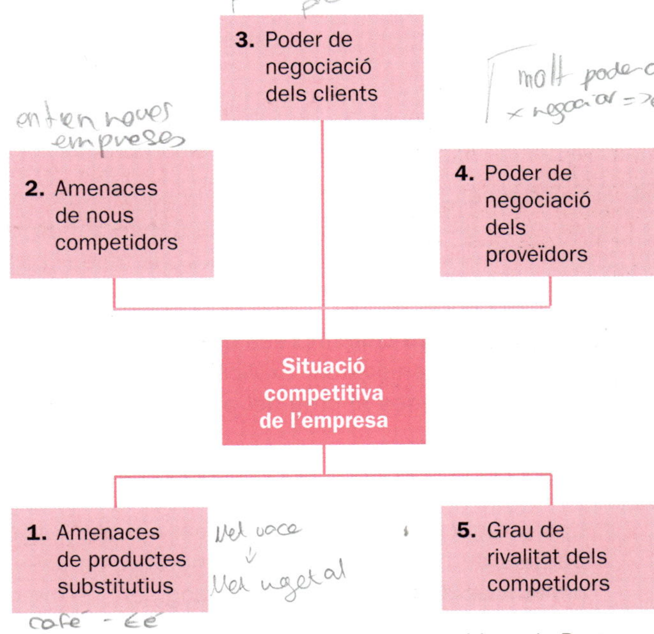

Fig. 10.7. Model de les cinc forces competitives de Porter.

1. **Amenaces de productes substitutius.** L'existència de productes substitutius que facin la competència als existents farà que no sols hagin de competir amb les empreses amb productes semblants, sinó també amb empreses d'altres sectors. Uns factors que poden minimitzar aquesta amenaça són:
   - La dificultat que tinguin els clients per substituir el producte o uns costos elevats per fer-ho.
   - Un nivell elevat de diferenciació del producte.
2. **Amenaces de nous competidors.** Les facilitats que en un mercat tinguin els nous competidors per posicionar-s'hi faran que sigui poc atractiu per a ells, o que la rendibilitat del negoci no sigui alta. Aquesta amenaça serà més limitada en funció de l'existència de *barreres d'entrada* i *barreres de sortida* per als nous competidors.
3. **Poder de negociació dels clients.** Fa referència a la força que tinguin els clients i a la capacitat per imposar condicions a les variables fonamentals de l'operació de compravenda, com el preu dels productes, la qualitat, els terminis de lliurament i la manera o els terminis de pagament.
4. **Poder de negociació dels proveïdors.** És la capacitat que tinguin els proveïdors per imposar o determinar les característiques de les operacions de compravenda, com el preu dels productes, la qualitat, els terminis de lliurament i la manera o els terminis de pagament.
5. **Grau de rivalitat dels competidors.** L'existència d'un mercat amb molta competència o amb un gran nombre de competidors determina l'èxit del negoci i les expectatives de futur, ja que el fan menys atractiu. Sovint, es considera que els quatre factors anteriors tenen capacitat per determinar el grau de rivalitat interna del mercat, que habitualment depèn de:
   - **L'estructura de la competència.** La rivalitat serà més intensa si hi ha molts competidors de poca dimensió.
   - **Els costos fixos elevats.** Fan que els competidors siguin més agressius amb la competència mitjançant els preus.

Una vegada l'empresa ha examinat conjuntament aquests cinc elements de l'entorn de l'empresa que caracteritzen el seu mercat, està en disposició de formular una estratègia corporativa que li permeti planificar convenientment la seva posició al mercat i les expectatives d'èxit del seu negoci.

+ *Més dades*

Barreres d'entrada i de sortida

- **Barreres d'entrada.** Són factors de diferent caire que impedeixen o dificulten que una empresa es posicioni en un nou mercat, cosa que fa que la inversió sigui poc atractiva.

  Per exemple, la necessitat d'una inversió inicial elevada o l'existència de clients molt fidels a la marca o amb costos molt elevats per canviar de proveïdor.
- **Barreres de sortida.** Factors que, una vegada un nou competidor s'introdueix al mercat, fan complicat que en pugui sortir.

  Per exemple, dificultats de desinversió, és a dir, per recuperar la rendibilitat de les inversions dutes a terme, la qual cosa obliga a romandre al sector.

Activitats

8> Digues si l'afirmació següent és certa o no:

«Una de les barreres principals en un mercat és una inversió inicial elevada. Què vol dir això? Doncs que, com més gran hagi de ser la inversió mínima necessària per a iniciar un negoci, més fàcil serà que hi entrin nous competidors.»

9> Com s'explica que una elevada diferenciació d'un producte sigui una reducció de les amenaces de productes substitutius? Posa un exemple que ho il·lustri.

Activitats finals

1. Què és l'*anàlisi estratègica*? De què es compon?

2. Explica què caracteritza una *estratègia operativa.* Posa'n un exemple.

3. Quina relació hi ha entre l'estratègia d'una empresa i la definició de la missió, la visió i els valors corporatius?

4. Fes una recerca per Internet i troba la pàgina web corporativa de dues empreses o institucions del sector de la salut. Localitza la missió, la visió i els valors que tenen i compara'n els resultats.

5. Considera el cas d'una empresa que ha aplicat una estratègia de lideratge en costos. Explica com es pot traslladar la millora en despeses al preu del producte, i si existeix més d'una alternativa.

6. Completa les frases següents:

a) L'estratègia que consisteix a aplicar els avantatges competitius de l'empresa, sigui de lideratge en costos o de diferenciació del producte, en un segment de mercat concret, s'anomena ···. segmentació

b) L'eina utilitzada per descompondre i analitzar cadascuna de les activitats que es duen a terme en una organització per fabricar i vendre un producte o servei determinat s'anomena ···. cadena de valor

c) El conjunt de característiques internes que una empresa ha de desenvolupar per obtenir i reforçar una posició d'avantatge davant els competidors s'anomena ···. avantatge competitiu

d) Quan una empresa presenta unes despeses inferiors a les dels seus competidors, en un determinat producte o servei d'una qualitat similar, adopta una estratègia ···. en costos

7. Quines condicions s'han de donar per poder aplicar amb èxit una estratègia de costos baixos de producció?

8. Que és la *creació de valor*? És sempre la base d'una estratègia competitiva?

9. Considera la cadena de valor d'una empresa i explica la diferència entre *activitats primàries* i *activitats de suport.* Posa un exemple de cadascuna.

10. Penses que la finalitat de totes les estratègies és la millora de la situació competitiva de l'empresa?

11. Quina condició s'ha de donar per l'aplicació d'una estratègia de diferenciació segmentada? Explica la relació que hi ha amb la segmentació.

12. Quins factors creus que s'han de donar perquè una estratègia fonamentada a la diferenciació segmentada tingui èxit? Explica la relació que hi ha amb la segmentació.

13. Suposem la situació d'un mercat molt competitiu en el qual hi ha moltes empreses de dimensions i capacitats productives similars, que produeixen el mateix producte amb un grau molt alt d'homogeneïtat, i cap no té una posició privilegiada. Creus que una empresa pot triar una estratègia competitiva basada en els preus baixos?

14. Una empresa que té com activitat única la confecció de camises clàssiques per a home es planteja la possibilitat d'oferir un nou producte: una gamma de samarretes per al públic més jove. De quin tipus d'estratègia estem parlant? Raona la resposta.

15. Comenta la veracitat de l'afirmació següent:

«La direcció estratègica de l'empresa ha de prendre una decisió important si vol desenvolupar la companyia, triar un dels tres nivells d'estratègia empresarial: la corporativa, la de negoci i l'operativa.»

16. Creus que hi ha alguna diferència entre l'aplicació d'una estratègia corporativa o d'una estratègia de negoci en una gran empresa? I si considerem el cas d'una pime?

17. Considera el cas d'una empresa que té un proveïdor que opera en el seu mercat de forma gairebé monopolista. Com afecta aquesta circumstància a la situació competitiva de l'empresa?

18. Considera el cas d'una empresa que té com a activitat fonamental la producció i la distribució de calçat professional per a usos industrials i especialitzats. Es troba amb la circumstància que està experimentant una baixada de les vendes com a conseqüència de l'entrada de competidors estrangers que ofereixen productes de qualitat molt semblant però a preus inferiors. Com a reacció a aquesta situació adversa, la direcció de l'empresa es planteja diferents estratègies:

a) Instal·lar maquinària més moderna que permeti a l'empresa produir amb qualitats més altes que els competidors, però amb un increment dels costos de producció del 15 %.

b) Implantar una campanya agressiva de promoció amb molta publicitat que reafirmi la imatge de marca i permeti fidelitzar els clients.

c) Reconsiderar l'activitat de l'empresa, i dins del sector del calçat, especialitzar-se en altres productes com ara el calçat esportiu.

Explica quin tipus d'estratègia implica cada alternativa i comenta quins factors s'han de donar per tal que tinguin èxit, si creus que en poden tenir.

19. Considerem el cas d'una empresa que opera en un mercat en situació de monopoli.

a) Quina de les cinc forces competitives fa referència a aquesta situació?

b) Implica una bona situació de l'empresa?

c) I si opera en un mercat en situació de competència perfecta?

Raona les respostes.

20. Suposem el cas d'una empresa que elabora productes làctics que ha desenvolupat una unitat de negoci amb la producció d'un tipus de llet d'alta qualitat per als consumidors d'ingressos alts que estan disposats a pagar més. Quin és el tipus d'estratègia competitiva?

21. El Ribot, SL, és una empresa que es dedica a fabricar mobiliari de cuina, es planteja millorar la seva posició competitiva al mercat amb una estratègia competitiva de diferenciació.

a) En què consisteix aquesta estratègia?

b) Com hauria d'actuar El Ribot, SL, per tenir èxit?

22. Considera el cas d'una empresa que fabrica diferents models de teclats per ordinadors. L'equip directiu vol revifar la capacitat competitiva de l'empresa produint també ratolins i pantalles per a ordinadors.

a) De quina estratègia competitiva estem parlant?

b) Existeix alguna limitació a l'aplicació d'aquest tipus d'estratègies?

23. Llegeix el text següent i a continuació fes el que s'indica:

Definició i principals tipus de diversificació empresarial

Què és la diversificació d'una empresa?

La diversificació és una de les estratègies més utilitzades per les empreses quan es tracta d'ampliar l'horitzó de mercat. En aquest sentit, diversificar és sinònim d'expansió, creixement, inversió i obertura.

En general, les empreses que aposten per la diversificació busquen nous nínxols de mercat i possibilitats comercials. Això pot estar motivat per diverses raons, que van des de les oportunitats de creixement corporatiu fins a la posada en marxa de plans de reestructuració interna.

Sigui quin sigui el motiu, la veritat és que diversificar implica dirigir-se a aquelles zones dels espectres comercials que es troben fora de l'abast de les empreses i que, després d'un estudi previ, suposen una oportunitat de negoci.

Una empresa pot ingressar en aquestes zones comercials quan aposta per nous productes, quan dona un nou enfocament als que ja existeixen o, simplement, quan aposta per atraure altres grups de consumidors.

Quins tipus de diversificació hi ha?

En un primer moment, les empreses tenen dues opcions per posar en marxa un pla de diversificació. La primera, que és la més utilitzada per moltes companyies de diversos sectors, consisteix a realitzar una inversió pròpia per tractar d'arribar a un espectre comercial nou o capturar un grup específic de clients. Les inversions poden concretar-se en l'adquisició de noves infraestructures, maquinària o la compra d'elements de producció i matèries primeres.

La segona opció és més habitual entre els grans grups empresarials. Es tracta d'adquirir totalment o parcial una altra empresa que operi en un sector complementari o diferent del de l'empresa que realitza la compra. Aquesta operació garanteix que el capital es diversifiqui al marge de si les marques es fusionen o no.

Per exemple, un canal de televisió especialitzat en notícies pot diversificar-se si adquireix una programadora que es dedica a la realització de continguts culturals. Així tindrà més possibilitats d'arribar a nous segments d'audiència i, a més a més, haurà invertit el seu capital en altres fronts.

[...]

Beneficis de la diversificació empresarial

La diversificació ofereix diversos avantatges a les empreses. En destaquen:

- **Introducció en nous mercats.** Les possibilitats de negoci augmenten i també la probabilitat de beneficis econòmics.
- **Diversificació del risc.** Les empreses que centren les inversions en un únic sector tenen més risc de pèrdues en situacions de crisi o davant d'altres amenaces pròpies de la seva activitat comercial.
- **Aprofitament de recursos.** De vegades, les empreses no treuen tot el profit dels seus recursos productius. La diversificació pot ser una bona opció en aquest sentit.
- **Més presència de les marques.** Diversificar implica introduir-se en espectres comercials als quals fins aleshores no s'havia accedit. Quan això passa, les empreses guanyen en presència i, si els resultats són els esperats, consoliden el seu posicionament en el nou mercat.

ARAS KEROPYAN, *EAE Business School*,
20 de desembre 2017

a) Explica breument què és la *diversificació*.

b) Quins són els dos tipus de diversificació que s'expliquen en el text?

c) Explica què significa «la diversificació del risc» com a avantatge de la diversificació.

d) Per què creus que la diversificació permet aprofitar millor els recursos? Posa'n un exemple.

e) Fes una recerca per Internet i posa exemples reals de companyies que optin per la diversificació empresarial.

Comprova el teu nivell

1. Una empresa té un avantatge competitiu quan:

a) Els resultats de les seves accions mostren un comportament creixent.

b) Opera en un mercat molt competitiu.

c) Posseeix una característica que manca a la resta de competidors.

d) Hi ha molts competidors en un mercat.

2. Una estratègia que es fonamenta en la potenciació de l'activitat global de l'empresa és:

a) Operativa.

b) Corporativa.

c) De negoci.

d) Financera.

3. Identifica quin dels següents factors és una barrera d'entrada en un mercat:

a) Elevada inversió inicial.

b) Dificultats per desinvertir.

c) Amenaces de productes complementaris.

d) Amenaces de productes substitutius.

4. Una estratègia operativa és la que té com a objectiu la utilització eficient dels recursos de l'empresa. És certa o falsa aquesta afirmació?

a) Falsa, ja que es tracta d'una estratègia corporativa.

b) Cert.

c) Falsa, ja que es tracta d'una estratègia de negoci.

d) Falsa, perquè es tracta d'una estratègia financera.

5. Una estratègia corporativa és d'un abast més ampli que una estratègia de negoci.

a) Cert.

b) Fals; és d'abast inferior.

c) Fals; no hi ha diferència.

d) És indiferent.

6. La dimensió temporal d'una estratègia operativa normalment és:

a) A curt termini.

b) A mitjà termini.

c) A mitjà i llarg termini.

d) A llarg termini.

7. L'estudi de la capacitat estratègica és un element:

a) De la implementació de l'estratègia.

b) De l'elecció estratègica.

c) D'una estratègia operativa.

d) De l'anàlisi estratègica.

8. Una estratègia que es fonamenta a oferir un producte substancialment diferent de la competència és:

a) Operativa.

b) Corporativa.

c) De diferenciació.

d) De costos baixos.

9. Una estratègia corporativa té una dimensió temporal:

a) A llarg termini.

b) A mitjà termini.

c) No té dimensió temporal remarcable.

d) A curt termini.

10. Una estratègia operativa s'aplica en l'esfera més general de l'estratègia empresarial:

a) Fals, ja que està en el terme mitjà.

b) Cert.

c) Fals, ja que està en el terme inferior.

d) Cert, però només en el cas d'una estratègia corporativa.

Prepara la prova

1. Respon les preguntes següents:

a) Què és el *poder negociador* de proveïdors i clients? (0,5 punt)

b) Com influeix en la situació competitiva de l'empresa? (0,5 punt)

c) I el grau d'informació disponible de proveïdors i clients? (0,5 punt)

2. En quin sector creus que es trobaran més barreres d'entrada en el de les farmàcies o el dels restaurants? Raona la resposta. (1,5 punt)

3. Una empresa opera en un mercat molt competitiu en què els marges comercials són molt reduïts i en què el producte és molt homogeni i amb poques possibilitats de diferenciació.

a) Quines són les estratègies competitives que no serà convenient aplicar? (1 punt)

b) Si n'hi ha alguna que es pot aplicar, cal pressuposar alguna altra condició? (1 punt)

4. Respon breument cadascuna de les següents qüestions:

a) És el mateix la missió i la visió d'una empresa? Posa un exemple on es vegi la diferència. (0,5 punt)

b) Explica què significa per a l'empresa l'aplicació d'una estratègia d'enfocament. Quina relació té amb la segmentació? (0,5 punt)

c) Quan una empresa fa la seva anàlisi estratègica, com l'influeix la capacitat estratègica? (0,5 punt)

d) Què són les *barreres de sortida*? Posa'n un exemple. (0,5 punt)

5. Completa les següents frases amb el terme que trobis més adient: (1,5 punt)

a) Una empresa ha decidit incorporar el respecte al medi ambient i la utilització en tots els seus àmbits d'un sistema productiu respectuós amb l'entorn, és a dir, està aplicant una estratègia ··· .

b) De les cinc forces competitives de Porter, les barreres de ··· pertanyen a les amenaces de nous ··· .

c) L'avaluació d'alternatives ··· pertany a l'etapa de ··· estratègica.

d) La combinació de ··· i de la diferenciació és una estratègia de ··· .

e) La ··· consisteix en la imatge de futur de l'empresa, mentre que la ··· és la raó de ser d'una empresa.

6. Llegeix el text següent i contesta les preguntes que hi ha a continuació:

Estratègia de lideratge en costos: avantatges i inconvenients

Les empreses que competeixen en funció del preu i es dirigeixen a un ampli mercat objectiu segueixen una estratègia de lideratge en costos. Moltes depenen de les economies d'escala per aconseguir l'eficiència. Les economies d'escala es creen quan el cost d'oferir béns i serveis disminueix a mesura que es poden vendre més articles. Això passa perquè les despeses es distribueixen entre una quantitat més gran de productes. Sovint, els que mostren el lideratge en despeses són les empreses més grans, ja que estan en disposició d'exigir concessions de preus als seus proveïdors i de negociar condicions de pagament més favorables. Tots aquests beneficis repercuteixen en preus més baixos a la botiga, el millor reclam per atraure grans volums de consumidors que busquin la millor oferta.

Cada estratègia ofereix avantatges que les empreses poden aprofitar per augmentar l'èxit i, de la mateixa manera, totes compten també amb inconvenients que poden arribar a frenar l'expansió de la companyia. És el mateix que passa amb l'estratègia de lideratge en costos. L'avantatge principal és que l'èmfasi que es fa sobre l'eficàcia situa en una bona posició els negocis que opten per seguir aquesta estratègia, cosa que els permet resistir la competència de preus dels rivals. A més, si es compta amb una elevada participació en el mercat, es poden arribar a generar beneficis més grans. I no només això, la força d'aquest tipus de jugadors en el mercat actua com a barrera d'entrada de noves firmes. Però no tot són beneficis. Per optar per una estratègia de lideratge en costos, cal tenir en compte els contres:

- La caiguda de les vendes que pot produir-se si la percepció de qualitat es torna massa baixa.
- La necessitat d'assegurar volums elevats de vendes per poder continuar tot i els escassos marges.
- El retard d'una adopció primerenca de les últimes tendències del mercat que aquesta política pot produir, que allunyaria els negocis amb una estratègia de lideratge en costos en marxa.
- La rigidesa d'un sistema que no està preparat per adaptar-se als canvis amb agilitat si vol mantenir l'eficiència.

EDENRED

a) Explica què és una *estratègia de lideratge en costos,* segons el que diu el text. (0,5 punt)

b) Què és una *economia d'escala*? Quina relació té amb *l'estratègia de lideratge en costos*? (0,5 punt)

c) Explica la raó per la qual es diu que l'estratègia de lideratge en costos pot servir com a barrera d'entrada. (0,5 punt)

11

L'ESTRATÈGIA DE CREIXEMENT DE L'EMPRESA

Què hi aprendré?

- Les estratègies de creixement d'una empresa: creixement intern i creixement extern.
- La internacionalització de les empreses multinacionals.
- Les petites i mitjanes empreses.
- La relació de les empreses amb les tecnologies de la comunicació.

Moltes empreses han optat per reduir la seva dimensió, i segurament això era el millor per a elles. Nosaltres hem pres un camí diferent. Creiem que si seguim oferint grans productes als nostres clients, aquests seguiran obrint les seves carteres.

Steve Jobs

1. Saps quins productes comercialitza l'empresa que va fundar Steve Jobs?
2. A què es refereix Steve Jobs quan diu que la seva companyia ha ofert grans productes als seus clients?
3. Creus que les empreses han d'actuar com la de Steve Jobs si volen obtenir més beneficis?
4. Quin avantatge pot tenir per una empresa reduir la seva dimensió?

1. Estratègies de creixement

En la unitat anterior hem estudiat els diferents tipus d'estratègies que té l'empresa per obtenir un avantatge competitiu, ja que una de les estratègies que ha de plantejar-se l'empresa és la d'anar creixent. En aquesta unitat veurem de quina manera ho pot fer.

1.1. Localització i dimensió de l'empresa

Una de les decisions estratègiques més importants perquè l'empresa i la seva activitat tinguin èxit és, sens dubte, la *localització* i la *dimensió* que ha de tenir.

A. Localització

S'entén per **localització** el lloc que s'escull físicament per ubicar una empresa o un negoci.

Per escollir un lloc adequat on implantar l'empresa, cal valorar diferents variables externes, les més habituals són:

- **La demanda del mercat.** Cal analitzar si a la població o a la zona on es vol instal·lar l'empresa hi ha interès cap al producte que es pretén oferir (futurs consumidors) i, a més, en quina situació es troba la competència. Cal fer, doncs, una anàlisi de mercat completa.
- **Proveïment de matèries primeres.** S'ha de valorar la qualitat de les matèries que interessen, el cost, i la facilitat per obtenir-les (terminis de lliurament, facilitat de pagament, etc.).
- **El mercat de treball.** Cal preveure possibles treballadors, els seus coneixements tècnics, el cost laboral, la situació social i legal, etc.
- **Les comunicacions i el transport.** Cal tenir en compte si on es vol instal·lar l'empresa hi ha mitjans de transport utilitzables i si, a més, és un lloc de fàcil accés per al transport en general i per a la comunicació amb altres empreses. Avui dia, les empreses industrials acostumen a situar-se a la perifèria de les ciutats més importants, en zones de polígons industrials. Quan aquests polígons estan formats per empreses que es caracteritzen per la seva alta tecnologia, parlem de *parcs tecnològics*, que generalment estan impulsats per l'Administració pública.
- **Subministraments.** S'ha de tenir informació sobre la disponibilitat de subministraments, com ara electricitat, aigua o línia telefònica, necessaris per al funcionament de l'empresa i, evidentment, cal estudiar-ne el cost.
- **Cost de la construcció i del solar.** Cal tenir en compte que el preu no és igual a tot arreu, i que varia substancialment, sobretot el dels solars, d'una població a una altra o d'una zona a una altra.
- **Legislació.** S'ha de conèixer bé la normativa legal i les seves restriccions —tant en matèria *fiscal* (avantatges, impostos), *mercantil* (referent a la creació d'empreses, la normativa del sector), etc., com *social* (mediambiental)—, així com totes les ajudes públiques.
- **Inversió i finançament.** Cal tenir en compte que s'han d'obtenir recursos econòmics i, per tant, interessa situar l'empresa en un lloc on l'accés a les institucions financeres sigui fàcil i hi hagi opcions de fer la inversió.
- **Desenvolupament econòmic de la regió.** S'ha de valorar el desenvolupament de la regió que s'escull, ja que és un bon símptoma per preveure el futur desenllaç de l'empresa. A les regions en què no hi ha hagut un creixement sostingut durant els últims anys serà més difícil que una empresa prosperi.

Evidentment, totes aquestes variables s'han d'analitzar de diferent manera, segons el tipus i les característiques de l'empresa que es vulgui crear.

Fig. 11.1. La manca de grans superfícies disponibles a les ciutats, entre altres motius, fa que les empreses s'ubiquin als polígons industrials o als parcs tecnològics.

+ *Més dades*

A les grans ciutats es concentren establiments industrials i terciaris que s'instal·len a prop de mercats, amb la reducció de costos corresponent pel fet que s'utilitzen serveis comuns (transport, comunicació, etc.). Aquest fenomen s'anomena **economies d'aglomeració.**

Exemple 1

Exemples de variables externes que influeixen en el moment d'escollir la localització d'un negoci:

- *Les comunicacions i el transport.* Un exemple típic de la importància d'aquesta variable de localització el constitueixen les grans superfícies comercials que se situen als afores de la ciutat, com per exemple a les sortides d'autovies o autopistes, on tant clients com proveïdors poden accedir fàcilment amb els seus vehicles i disposen d'aparcament; els primers per fer compres en grans quantitats i els segons per fer els subministraments.
- *Subministraments.* Un exemple d'aquesta variable és la indústria petroquímica de Tarragona, que hi és per la facilitat d'accés al port.
- *Cost de la construcció i del solar.* En una zona industrial el preu és diferent que en una zona urbana, per exemple.
- *Legislació.* Per instal·lar una discoteca s'han de complir una sèrie de normes (acústica, horaris d'obertura i tancament) diferents de les que s'exigeixen per obrir una farmàcia (distància entre si o normes de sanitat).

Fig. 11.2. Tota empresa, del tipus que sigui, ha d'estudiar molt bé la localització i les dimensions. Si falla a la definició d'aquests paràmetres és probable que l'empresa fracassi.

Reflexiona

En el cas del restaurant de la imatge, quin creus que deu haver estat el pensament de l'empresari a l'hora de decidir establir-se aquí?

Recorda

Alguns dels criteris que s'empren per determinar la **dimensió de l'empresa** són:

- Vendes o facturació.
- Capacitat productiva instal·lada (indica la producció realitzable a un ritme normal de treball i per a un grau òptim d'ocupació).
- Volum de producció (en unitats físiques i en unitats monetàries).
- Recursos totals en funcionament.
- Recursos propis.
- Plantilla de l'empresa.
- Valor afegit generat per l'empresa.
- Beneficis bruts (beneficis abans d'interessos i impostos).

B. Dimensió

Quan es parla de la *dimensió de l'empresa*, en un primer moment es pensa en la mida, però tenint en compte l'empresa com a unitat de producció, el concepte adquireix un altre significat. En aquest sentit es pot afirmar que:

La **dimensió** és la capacitat de producció, de manera que està determinada per una sèrie de factors, com la tecnologia, el nombre de treballadors o el mercat.

Després d'aquesta aproximació al concepte de *dimensió* i recordant el concepte de *localització*, podem dir que:

La **localització** i la **dimensió** són dues decisions que cal prendre simultàniament al moment de crear l'empresa, ja que són interdependents i estan relacionades amb els mateixos factors, sobretot els costos.

Per tant, per decidir la dimensió de l'empresa (o dit d'una altra manera, la seva capacitat de producció) en primer lloc hem de saber quina és la capacitat que es necessita i la seva localització.

La capacitat necessària es refereix al nivell màxim de producció que es pot obtenir en un període de temps determinat. Per conèixer aquesta dada, abans s'ha d'haver fet una previsió de la demanda, és a dir, un estudi de mercat; després, s'ha d'analitzar la producció, els costos i tots els altres factors influents, tant a la localització com a la dimensió, i finalment, avaluar les diferents alternatives i prendre la decisió oportuna.

Al marge de la dimensió inicial, entre les finalitats de l'empresa hi ha la d'anar augmentant-ne la capacitat productiva al llarg de la seva vida, és a dir, la seva dimensió. L'empresa pot créixer de dues maneres: mitjançant *creixement intern* i mitjançant *creixement extern*.

Exemple 2

Per proveir un mateix mercat, pot ser més rendible instal·lar dues fàbriques de capacitats productives més petites en dues zones estratègiques separades geogràficament, en lloc d'una de dimensió més gran en una de les dues zones, ja que això pot obligar a afrontar una sèrie de costos afegits com ara transports i comunicacions. En moltes ocasions, les decisions sobre dimensió es prenen tenint en compte les economies d'escala, és a dir, l'existència de costos fixos que es reparteixen millor si l'empresa treballa amb volums de producció elevats.

1.2. Creixement intern

El **creixement intern** de l'empresa és l'increment de la seva capacitat productiva, és a dir, del seu patrimoni mitjançant noves inversions.

Quan l'empresa es decanta per una estratègia de creixement, habitualment la seva primera intenció és el *creixement intern*. Per a això, pot optar per l'increment de la capacitat productiva mantenint el mateix producte, o per l'augment de la varietat de productes i serveis, és a dir, diversificar la producció per aconseguir nous mercats.

En cas que l'empresa vulgui incrementar la seva producció, però sense canviar de producte, el que ha de fer bàsicament són estratègies de màrqueting per vendre més i, així, produir més. Aquestes estratègies poden consistir a variar el preu, canviar l'envàs per fer el producte més atractiu, canviar-ne alguna qualitat, o intentar introduir-lo en altres segments del mercat. Per exemple, es pot intentar que un iogurt que fins al moment solament el consumien els infants també el consumeixin els adults. Aquesta estratègia es denomina **estratègia d'especialització.**

Quan es tria diversificar la producció, normalment les empreses solen produir béns que tenen alguna relació amb el producte original (complementaris), ja que, d'alguna manera, l'empresa ja té informació sobre el mercat on cal introduir el nou producte i, per tant, ja té un avantatge competitiu respecte dels seus competidors. Això s'anomena **estratègia de diversificació.**

En qualsevol dels dos casos, l'empresa creix i això li pot comportar, entre altres coses, haver de refer les instal·lacions (comprar locals, maquinària, mobiliari, etc.) i, per tant, incrementar el seu patrimoni.

Per analitzar millor les possibilitats del creixement intern es pot usar la **matriu d'Ansoff.** Aquesta eina, també coneguda com a *matriu producte/mercat* o *vector de creixement*, serveix per identificar oportunitats de creixement a les unitats de negoci d'una empresa. S'hi reflecteixen totes les combinacions entre el producte i el mercat en què es pot trobar l'empresa per créixer.

Aquesta matriu ens mostra les diferents opcions estratègiques que té l'empresa analitzant els productes i els mercats presents i futurs (Taula 11.1).

		Productes	
		Actuals	**Nous**
Mercats	**Actuals**	Penetració del mercat (*Estratègia d'especialització*)	Desenvolupament de nous productes (*Estratègia de diversificació*)
	Nous	Desenvolupament del mercat (*Estratègia d'especialització*)	Diversificació (*Estratègia de diversificació*)

Desenvolupament de nous productes

Es pretén vendre nous productes als mercats actuals, és a dir, vendre productes diferents a les mateixes persones. Es podrien vendre productes complementaris o que estiguin relacionats amb el que s'està comercialitzant fins ara, o afegir un servei postvenda.

Increment de la penetració al mercat

El que s'intenta és vendre més productes als mercats actuals captant consumidors de la competència i augmentant la freqüència de compra dels consumidors actuals. Això s'aconseguirà aplicant polítiques de màrqueting i utilitzant programes de fidelització a la marca, preus assequibles o altres promocions.

Desenvolupament del mercat

Consisteix a intentar vendre els mateixos productes, però en mercats nous, és a dir, vendre a persones noves. Això s'aconseguirà amb l'obertura de mercats geogràfics diferents o venent a nous grups (segments) dintre del mateix mercat geogràfic. També s'aconsegueix utilitzant canals de venda en línia a través d'Internet.

Diversificació

Aquesta estratègia és arriscada, ja que s'està provant de vendre productes o serveis completament diferents i dirigir-se a clients de mercats desconeguts. Aquesta opció té l'avantatge que, en comercialitzar productes totalment diferents, si un negoci de la mateixa empresa pateix de circumstàncies adverses, l'altre és poc probable que es vegi afectat.

Taula 11.1. Matriu d'Ansoff.

Així doncs, l'opció més arriscada és la diversificació, ja que ens movem en terreny desconegut, tant al que es refereix als productes com als mercats. Per contra, el més fàcil és la penetració al mercat: mateixos productes en els mateixos mercats.

1.3. Creixement extern

Quan amb el creixement intern no n'hi ha prou, les empreses opten pel *creixement extern*.

El **creixement extern** fa referència a l'adquisició, al control, a la fusió d'empreses que ja existeixen, o a la cooperació amb altres empreses amb la finalitat d'accedir a mercats nous o arribar a acords entre si. Quan el mercat nacional no és suficient per al creixement extern de les empreses, s'internacionalitzen, és a dir, intenten obrir-se camí a l'exterior.

El creixement extern pot assumir moltes formes, tal com s'exposa a la taula següent:

Vocabulari

Unió temporal d'empreses (UTE). És una associació de dues empreses o més que s'uneixen de manera temporal per fer una obra o prestar un servei mentre aquest dura. Normalment, es tracta de projectes de gran envergadura.

Tipus de creixement extern	Característiques
Fusió pura	És la unió entre diverses societats per crear-ne una de nova. L'empresa que sorgeix com a fruit de la negociació de les altres assumeix els drets i les obligacions de les empreses que es dissolen (sense liquidar-se) i formen un patrimoni únic. La unió de forces permetrà perseguir objectius que per si mateixes no podrien aconseguir amb la mateixa eficàcia.
Fusió per absorció	Significa que una empresa n'adquireix (absorbeix) una altra o altres, per la qual cosa aquestes últimes s'extingeixen, de forma que el patrimoni és assumit per la primera. Depenent de com es faci l'absorció, als antics propietaris de l'empresa que desapareix se'ls podrà pagar amb diners o amb accions.
Participació	La participació en societats es dona quan una empresa compra una part del capital social d'una altra amb la intenció de dominar-la, sigui de manera total o parcial, i amb la particularitat que cap empresa perdi la forma jurídica. Aquest control pot ser *absolut,* quan la compra és de més del 80 % del capital social de l'altra; *majoritari,* quan és de més del 50 %, i *minoritari,* quan és menor del 50 %.
Cooperació	La cooperació d'empreses es basa en relacions especials entre empreses independents que, mitjançant acords, col·laboren compartint recursos i informacions per aconseguir objectius comuns, minimitzant despeses i riscos.
Clúster	És la concentració geogràfica d'empreses, institucions i universitats que comparteixen interès per un sector econòmic concret. És un grup d'empreses del mateix negoci que tenen reptes estratègics similars. Michael E. Porter defineix els *clústers* com a concentracions d'empreses i institucions interconnectades en un camp particular per poder ser més competitives. Hi ha molta varietat de clústers en indústries com l'automoció, les tecnologies de la informació o el sector farmacèutic. De fet, els clústers no deixen de ser estratègies empresarials que permeten als empresaris, tant individualment com col·lectivament, cooperar per ser més competitius.
Joint-ventures	Són acords entre dues o més empreses que aporten capital o algun altre actiu. En general, es realitzen entre empreses de diferents països, quan una d'elles vol operar en un país sobre el qual no té gaire informació. L'empresa estrangera aporta capital i tecnologia, mentre que el soci local aporta bàsicament coneixements sobre el mercat local i com accedir-hi.
Càrtel o concentració horitzontal	Consisteix en un grup d'empreses del mateix sector productiu que dominen pràcticament el mercat i es posen d'acord en els preus i en les estratègies de venda. Un exemple clàssic de càrtel és l'OPEP, que agrupa als països exportadors de petroli.
Trust o concentració vertical	És un conjunt d'empreses que formen part de diferents fases del procés de producció i que intenten reduir despeses i dominar el mercat. Un exemple real pot ser la petroliera Repsol, que controla totes les fases del procés, com l'exploració, l'extracció, el refinament i la venda de productes petrolífers; o qualsevol grup d'empreses quan, per exemple, unes produeixen fusta, altres mobles, altres teles per entapissar, etc.
Hòldings	Són una forma d'organització d'empreses segons la qual una companyia matriu aconsegueix les accions i les participacions d'altres empreses que controla. Sols tenen un ordre directiu. Un dels avantatges dels hòldings és que controlen diversos sectors. A més de buscar un benefici o eficiència fiscal, es pot obtenir un millor rendiment dels capitals quan els resultats consolidats de totes les societats són millors que els de cada empresa individual.

Taula 11.2. Tipus de creixement extern.

El grup francès Vente Privée compra la companyia catalana Privalia, que mantindrà el nom

Amb aquesta operació, valorada en uns 500 milions d'euros, l'empresa parisenca reforçarà la seva presència a Espanya i Itàlia

Privalia, la companyia catalana de venda d'estocs per Internet, canvia de mans. Després de mesos de negociacions amb el grup francès Vente Privée, les dues empreses han acordat la venda de la plataforma que va néixer a Barcelona al grup parisenc. Privalia mantindrà el nom i, segons els analistes, l'adquisició estaria valorada en uns 500 milions d'euros.

Vente Privée, que ha confirmat la compra de Privalia a través d'un comunicat, aconseguirà amb l'operació reforçar la seva presència a Espanya i Itàlia, i posar els peus a mercats on la catalana tenia filials, com el Brasil i Mèxic. Les últimes dades fetes públiques per Privalia són les del 2014, quan va facturar més de 400 milions d'euros, tot i tenir unes pèrdues de prop de 130 milions.

Corporació Catalana de Mitjans Audiovisuals, 14 d'abril de 2016

- Quin tipus d'operació han realitzat aquestes dues empreses?
- Per què creus que l'empresa Vente Privée li interessa tenir presència a Espanya i Itàlia?
- Busca informació sobre l'activitat empresarial de Vente Priveé i fes un petit informe.

Els clústers nàutic, biomassa, logística i audiovisual entren al Catalonia Clusters

El programa suma ja un total de trenta-un membres i una línia d'ajudes de fins a 1,5 milions d'euros

Els clústers nàutic, biomassa, logística i audiovisual han entrat al Catalonia Clusters d'Acció, per la qual cosa ja són trenta-un els membres d'aquest programa que el 2017 ha augmentat un 50 % la línia d'ajudes, fins als 1,5 milions d'euros.

Segons ha informat la Generalitat en un comunicat, s'ha aprovat l'entrada d'aquests quatre clústers que agrupen 248 empreses i agents econòmics de Catalunya, responsables d'una facturació de 2 155 milions d'euros a l'any i d'11 568 llocs de treball.

Aquestes incorporacions tenen com a objectiu promoure la competitivitat del teixit empresarial català a través de l'agrupació d'empreses i entitats d'un mateix sector per compartir recursos, generar sinergies i desenvolupar projectes conjunts, així com una projecció internacional.

Així, aquests quatre clústers podran accedir a un programa de capacitació personalitzada, fer estudis de mercat, perspectiva tecnològica dels seus sectors, organitzar viatges a l'estranger i tancar aliances estratègiques amb socis de tot el món.

Així mateix, podran accedir a l'espai de *coworking* situat al barri de Gràcia de Barcelona, que ha duplicat els seus usuaris en un any i ha generat trenta projectes col·laboratius entre els clústers que hi estan instal·lats.

Resultats positius per als clústers

Els trenta-un clústers que formen part del programa estan formats per 2 200 empreses i agents econòmics, sumen 250 000 treballadors i facturen de manera agregada 70 000 milions d'euros.

A més, el 71 % de les empreses membres consideren que aquest tipus d'organitzacions genera impacte en la seva competitivitat, mentre que el 98 % asseguren que les iniciatives dels clústers aporten valor al seu sector.

Via empresa, 30 de juliol de 2017

- Creus que l'article s'ajusta a la definició de *clúster*?
- Digues si estàs d'acord amb aquesta afirmació: «A més, el 71 % de les empreses membres consideren que aquest tipus d'organitzacions genera impacte en la seva competitivitat, mentre que el 98 % asseguren que les iniciatives dels clústers aporten valor al seu sector.»
- Què és un espai de *coworking*?

Activitats

1> Explica què són les *economies d'aglomeració* i posa'n exemples.

2> Quan s'empra la matriu d'Ansoff?

3> Busca informació de clústers que hi hagi a Catalunya. Esbrina a quina activitat econòmica es dediquen, quines empreses els integren, quin objectiu persegueixen i on es troben localitzats.

4> Explica la diferència que hi ha entre la *fusió pura* i la *fusió per absorció*.

2. Internacionalització: multinacionals

Avui dia, cap país és autosuficient, sinó que a tots els fa falta intercanviar productes. El sorgiment d'una sola economia mundial podria representar un gran avenç, ja que, potencialment, crea les bases per a una planificació internacional de l'economia molt més equidistant que l'actual.

Fig. 11.3. El fenomen de la globalització comprèn el comerç internacional, el moviment de capitals, la inversió estrangera directa, els fenòmens migratoris, el desenvolupament de les tecnologies de la comunicació i el seu efecte cultural. Està revolucionant el món de l'empresa i la seva gestió.

La *globalització* és la tendència dels mercats i les empreses a estendre's més enllà de l'àmbit nacional, de manera que aconsegueixen una dimensió mundial. Es tracta d'un procés polític, econòmic, social i ecològic que té lloc actualment, pel qual cada vegada hi ha més interrelació econòmica entre uns llocs i altres (per més allunyats que siguin) sota el control de les grans empreses.

La **globalització** és l'extensió de les relacions econòmiques entre diferents països, fins a l'extrem de crear una economia mundial, a la qual cada economia participant depèn de les altres.

Per tant, les empreses necessiten guanyar dimensió per atendre aquest nou mercat, i una de les vies per aconseguir-ho és mitjançant la *internacionalització*.

La **internacionalització** és l'obertura als mercats internacionals, és a dir, les operacions que du a terme una empresa per vincular-se amb els mercats internacionals.

2.1. Procés d'internacionalització

Quan les empreses s'internacionalitzen, poden optar per diferents estratègies, és a dir, ho poden fer de manera *multidomèstica*, *global* o *transnacional* (Taula 11.3).

Estratègia d'internacionalització	Característiques
Multidomèstica	Una empresa empra una estratègia d'internacionalització multidomèstica quan descentralitza la seva organització en cada país al qual opera, és a dir, l'empresa dona una resposta més diferenciada per a cada filial segons les necessitats locals del país on opera. Ben sovint, es contracten treballadors locals perquè administrin l'empresa, a més, hi ha independència entre les directrius de les filials i les de la seu central. Tot l'enfocament comercial va destinat al país on s'operarà. Podríem parlar d'un conjunt d'empreses domèstiques unides per una propietat comuna.
Global	La internacionalització global tracta d'obtenir un avantatge competitiu amb una centralització de recursos globals per a tots els països on opera, i tota l'administració es du a terme des del país d'origen. En la majoria dels casos, els administradors i directius de les filials solen ser del país d'origen de l'empresa matriu. Les filials tenen poca independència i capacitat per proposar estratègies o productes nous. Tots els productes són iguals per a tots els països, així com les marques. Les filials solen ser simples canals de distribució.
Transnacional	La internacionalització transnacional elimina barreres geogràfiques i utilitza totes les seves estratègies de producció i de vendes sense tenir en compte d'on procedeixen, és a dir, de la filial que les proposa. Per tant, els centres dels diferents països on opera l'empresa aporten noves idees i productes per ser explotats globalment. A cada filial se li pot assignar algun paper determinant, sigui en l'àmbit comercial, d'innovació, o en qualsevol altre, aprofitant els avantatges i les necessitats de cada país en què operen amb la idea de poder obtenir economies d'escala i, així, reduir costos. Podríem dir que l'empresa transnacional té una visió global del mercat, però actua de manera local. En aquest cas es barregen una mica les dues estratègies anteriors, ja que cada filial en algun moment es pot convertir en empresa coordinadora de manera global.

Taula 11.3. Estratègies d'internacionalització de les empreses.

A l'empresa *multidomèstica* les filials actuen de forma independent, a la *global*, de forma dependent, i a la *transnacional* de forma interdependent.

! Important

La **internacionalització** comporta, a més, una sèrie de consideracions que cal tenir en compte. Les empreses, en començar el procés d'internacionalització, es poden trobar, entre altres, amb les circumstàncies següents:

- Falta d'informació sobre el mercat en què han d'operar.
- Falta de personal qualificat a l'empresa.
- Resistència al canvi pel conjunt humà que forma part de l'empresa. La internacionalització involucra totes les àrees o funcions de l'empresa, per la qual cosa exigeix un compromís ple per tota l'organització.
- Distància cultural i psicològica, ja que, amb tota seguretat, l'entorn cultural serà diferent d'aquell en què opera l'empresa d'origen.
- Gustos dels consumidors diferents dels que s'estan operant.
- Pràctiques de negocis diferents; diferent manera d'actuar amb proveïdors, institucions, clients, consumidors, empleats, etc.
- Necessitat d'adaptar-se a una nova legislació.

L'empresa, per tant, haurà de valorar els avantatges que li pot proporcionar exportar o expandir-se en altres països. Un dels avantatges principals, i potser l'objectiu més important, és incrementar les vendes. Per fer-ho, pot aprofitar-se d'*economies d'escala* que redueixen els costos.

Entre altres coses, en internacionalitzar-se les empreses coneixeran el mateix mercat en què operen les altres empreses del sector, i això és un avantatge competitiu, ja que és una de les solucions per romandre al mercat.

Vocabulari

Economia d'escala. A mesura que augmenta la dimensió o la producció d'una empresa, els costos mitjans disminueixen i això repercuteix en el preu.

2.2. Empreses multinacionals

Les *empreses multinacionals* sorgeixen d'un procés d'ampliació de mercats per les grans corporacions, i són les que operen en dos països o més. Habitualment desenvolupen la mateixa activitat en aquests països de rebuda; ara bé, hi ha casos on les activitats realitzades no són les mateixes.

Les **empreses multinacionals** són societats mercantils que tenen una gran capacitat productiva o que són el resultat d'una concentració i fusió d'empreses que busquen nous mercats. Com més necessitats tinguin aquests mercats, més incentius hi haurà perquè les empreses s'hi instal·lin. Aquests mercats es localitzen en països diferents dels d'origen de les empreses.

Al moment d'escollir el país, al marge d'estudiar el mercat, hi ha altres motius que animen les empreses a instal·lar-se en un o en un altre. Per exemple, hi ha governs de països en via de desenvolupament que ofereixen a les empreses molts avantatges —econòmics, fiscals o laborals (cost del treball)—, ja que això els ajudarà econòmicament. Però, bàsicament, la decisió d'invertir i escollir el lloc adequat està determinada pels resultats que espera obtenir, és a dir, per la rendibilitat de la inversió.

Les multinacionals estan formades per un conjunt d'empreses. Una d'aquestes és l'**empresa matriu,** que continua operant al lloc d'origen; les altres són **filials** d'aquesta, i es localitzen a la resta dels països relacionant-se entre si.

Aquestes empreses tenen una sèrie de **característiques** que les diferencien de les altres. Tot seguit se n'indiquen algunes:

- **Resultats del conjunt d'empreses.** Són empreses que, gràcies als resultats del conjunt (empresa matriu i filial) es compensen i s'equilibren. Tenen una gran resistència al mercat i, per tant, d'alguna manera disposen d'avantatge respecte de la resta d'empreses.
- **Tecnologia punta.** Disposen de tecnologia d'última generació, per això estan en creixement constant i, a poc a poc, absorbeixen el mercat i van fusionant empreses més petites.
- **Distribució de funcions.** S'estructuren de tal manera que la matriu s'encarrega de la fixació de l'estratègia que ha de seguir el grup, de manera que n'estableix la planificació i el control, mentre que les filials s'encarreguen de les activitats productives del grup seguint les pautes que li marca la matriu.
- **Economia d'escala.** A causa de les dimensions, estan en disposició d'aconseguir economies d'escala a la producció dels béns i serveis que comercialitzen.
- **Dimensió.** També gràcies a les dimensions, tenen una importància clau al sector.
- **Capital social.** La matriu exerceix el control directe o indirecte de les filials per mitjà de la seva participació en el capital social d'aquestes.

Normalment, les empreses multinacionals basen la seva existència sobretot a poder treballar amb dimensions molt grans, la qual cosa proporciona major eficiència a la seva activitat.

Vocabulari

Renda per càpita. És una mesura general de les rendes dels ciutadans, és a dir, la part del producte interior brut (PIB) que reben les famílies (el PIB és la producció dels factors nacionals o estrangers residents en un país). Es calcula com el quocient entre la renda nacional d'un país i el seu nombre d'habitants.

Conceptes bàsics

Relocalització. Representa el fenomen invers al de la deslocalització, i es basa en un decreixement a les dimensions de les empreses i la recerca de la competitivitat mitjançant la realització d'activitats productives al seu entorn pròxim, amb treballadors locals altament qualificats i proveïdors de la zona.

2.3. Deslocalització

La globalització també ha fet possible que moltes empreses recorrin a l'estratègia coneguda com a *deslocalització*. La deslocalització és un fenomen nou, però que ja està molt estès. No hi ha gaires definicions sobre aquest concepte, però n'hi ha una que la caracteritza perfectament:

> «La **deslocalització** és el trasllat d'activitats productives des de països industrialitzats fins a països en desenvolupament caracteritzats per tenir nivells sensiblement inferiors a la seva renda per càpita i, per tant, al salari mitjà de la població» (MARTA MUÑOZ GUARASA, *Boletín Económico de Información Comercial Española*).

És a dir, hi ha empreses que decideixen traslladar la producció a un altre país (normalment menys desenvolupat que el seu i que sol estar en via de desenvolupament, amb salaris més baixos que els treballadors del país d'origen), amb l'única finalitat de minimitzar costos.

Hi ha empreses que deslocalitzen o externalitzen només una part de la producció, és a dir, **subcontracten** (*outsourcing*), amb la finalitat de reduir costos. Aquest procés també es coneix com a *externalització de costos*.

El cost més elevat de l'empresa acostuma a ser el del personal, però n'hi ha d'altres, com el de les matèries primeres, els costos financers i, com no podia ser de cap altra manera, els fiscals, que també són importants i que s'afegeixen al preu final del producte, que també es valoren en deslocalitzar-se.

En **minimitzar costos,** les empreses aconsegueixen produir a preus més barats que la competència i ser més competitives, ja que podran vendre a preus més baixos.

Fig. 11.4. Quan parlem de *deslocalització* és fàcil trobar exemples d'activitats primàries, com la logística o la fabricació. No obstant això, els avenços a les tecnologies de la informació i la comunicació també han facilitat enormement la deslocalització d'activitats de suport. Així, sovint hi ha grans empreses europees o nord-americanes que porten la comptabilitat des de l'Índia, per exemple.

A l'empresa, en deslocalitzar-se, la primera cosa que li interessa és reduir els costos, però també hi haurà altres factors que l'influencien al moment de triar el lloc de destinació, com les infraestructures, la legislació, l'estabilitat política, el possible creixement del país, etc.

De vegades, les empreses es deslocalitzen per evadir una legislació mediambiental més rígida al país d'origen, fet que provoca un greu impacte mediambiental al país de destinació.

Amb la deslocalització trobem:

- Empreses que tanquen completament les plantes productives que tenen al país originari.
- Empreses que redueixen la producció a un nivell merament representatiu, i es queden al país d'origen.

En qualsevol dels dos casos, la deslocalització té un efecte negatiu important sobre el país d'origen, ja que augmenta la desocupació i la desinversió, fenòmens que afectaran l'economia de la regió o país, tot i que tenir una situació econòmica millor en facilita la recuperació amb la creació d'activitats que reemplacin les que han estat deslocalitzades. Al país de destinació es produeix l'efecte contrari, i aquests fenòmens seran positius per a la seva població.

Activitats

5> El procés de globalització que afecta actualment les empreses contribueix a la seva internacionalització.

a) Què són les multinacionals?

b) Quin efecte té la globalització sobre aquestes empreses?

6> En quina estratègia d'internacionalització ubicaries l'empresa Ikea?

7> Explica quina relació tenen els conceptes següents: *internacionalització*, *multinacional* i *deslocalització*.

3. Les petites i mitjanes empreses (pimes)

Per decidir la dimensió de l'empresa (capacitat de producció) cal tenir en compte una sèrie de criteris. Malgrat això, podem dir que dins d'aquest grup s'inclouen les empreses petites i mitjanes segons el nombre de treballadors o bé el volum de facturació.

- **Empresa petita.** Es considera petita l'empresa amb menys de 50 treballadors o bé un volum de vendes entorn dels 5 milions d'euros l'any.
- **Empresa mitjana.** Es parla d'empresa mitjana quan té entre 50 i 250 treballadors o bé un volum de vendes entre 5 i 10 milions d'euros l'any.

Aquest grup d'empreses representa el 99 % del total de les empreses espanyoles. Per tant, tenen molta importància, tant socialment com econòmicament, perquè en depenen moltes famílies, ja que, entre altres coses, els proporcionen llocs de treball. Normalment, el capital de les pimes és propietat d'una sola persona o bé de pocs socis.

Les **característiques bàsiques** de les pimes són les següents:

- **Poca formació empresarial.** L'empresari té pocs coneixements tècnics, que sovint ha adquirit a la gestió mateixa de l'empresa. En gestionar-la, es mou més per impulsos i ganes més que per una formació acadèmica adequada. Té pocs departaments d'assessorament (*staff*).
- **Poca capacitat financera.** Els costa accedir als mercats financers, ja que normalment s'han iniciat en empreses familiars i amb pocs recursos de partida, i això fa que els costi generar autofinançament per poder créixer.
- **Qualificació i formació tècnica del personal i obsolescència tecnològica.** El reciclatge del personal no avança amb la mateixa rapidesa que la tecnologia de l'empresa. Això es pot deure a la falta de previsió per la direcció o a la falta de mitjans econòmics per adaptar-s'hi, la qual cosa implicaria un desfasament tecnològic, que també pot ser a causa de la poca capacitat financera i econòmica. Aquest fet s'agreuja pel ràpid desenvolupament tecnològic i els avenços en recerca. Tot això pot significar que aquestes empreses quedin al marge dels mercats, ja que els equips obsolets comporten més costos i menys qualitat de la producció.
- **Organització flexible.** Facilitat de comunicació entre el personal de l'empresa, pel fet que el nombre de treballadors és reduït i això permet la comunicació i la creació d'un bon equip de treball. A més, afavoreix la presa de decisions, és a dir, hi ha més flexibilitat en aquest sentit. Això es deu també en bona part a l'existència de pocs nivells de comandament, és a dir, al fet que el poder estigui concentrat al propietari o el director de l'empresa, la qual cosa implica que les decisions es poden prendre d'una manera ràpida sense passar per gaires intermediaris.
- **Integració del personal.** El personal normalment està integrat a l'empresa, participa de les responsabilitats i això facilita que estigui més motivat a la seva feina.
- **Desenvolupament en mercats intersticials.** És a dir, aprofitament dels espais buits que deixen les empreses grans als mercats, ja que aquestes s'especialitzen en un producte i s'interessen per produccions que permeten economies d'escala. Per tant, hi ha aspectes en els quals la petita i la mitjana empresa poden dominar les empreses grans, com la comercialització del producte, aprofitant un contacte més directe amb el client.
- **Creadores d'ocupació.** Les pimes són un grup d'empreses que tenen més recursos de treball que de capital, per la qual cosa generen més ocupació que les empreses grans, probablement, com hem dit abans, a causa de la falta de finançament per a invertir en capital. És a dir, són empreses generadores de més ocupació en termes proporcionals.

Dins de les característiques de les pimes, n'hi ha de positives i de negatives, tal com recull la taula següent:

Característiques positives de les pimes	Característiques negatives de les pimes
Organització flexible.	Poca formació empresarial.
Integració del personal.	Poca capacitat financera.
Desenvolupament en mercats intersticials.	Nivell de qualificació i formació tècnica del personal.
Creadores d'ocupació.	Obsolescència tecnològica.

Taula 11.4. Característiques positives i negatives de les pimes.

Fig. 11.5. Hi ha serveis, com el d'atenció de postvenda o de manteniment, que les grans empreses deleguen a d'altres més petites perquè poden oferir al client un tracte més directe i efectiu.

Reflexiona

Alguna vegada has enviat a reparar el teu ordinador directament al fabricant? No és probable: els fabricants d'ordinadors són empreses grans, sovint localitzades en països molt llunyans. Per això no són gaire eficaces a la prestació de serveis postvenda i de manteniment, que requereixen un tracte pròxim amb el consumidor final, reservat més per a les petites empreses. Aquests serveis són un exemple de **mercat intersticial.**

A la majoria dels sectors coexisteixen pimes amb empreses grans. De vegades la seva estratègia consisteix a ocupar segments del mercat que no són atractius per les grans empreses. Aquest seria el cas, per exemple, dels petits comerços que s'ubiquen en les galeries comercials de les grans superfícies. Aprofiten l'afluència de clients que generen els grans supermercats per oferir altres tipus de productes i un sistema de venda basat en el contacte directe amb el client.

D'altra banda, hi ha activitats específiques dins un mateix sector en què les pimes són més adequades. Un exemple en són certes activitats agràries en què la producció es fa en petites unitats, mentre la comercialització i la distribució es duen a terme per mitjà de grans empreses. A la indústria de l'automòbil la fabricació la fan grans empreses, mentre que de la distribució s'encarreguen les petites empreses (concessionaris particulars). En nombroses activitats manufactureres hi ha una indústria auxiliar important (per exemple, a la fabricació de cotxes per a determinats components o peces).

Finalment, hi ha activitats en què és majoritària la presència de les pimes, ja que, fins que la tecnologia pròpia del sector i els mercats no es consoliden, no apareixen les grans empreses que cerquen economies d'escala creixents.

@ Web

A la pàgina web **www.cepyme.es** trobem informació sobre la Confederació Espanyola de la Petita i Mitjana Empresa, organització que dona suport a les pimes.

També es pot trobar notícies d'actualitat sobre les pimes a:

www.ipyme.org
www.ticpymes.es

A. Efectes de la globalització a l'estratègia de les pimes

La globalització és un procés que, lentament, ha anat creant una economia mundial, a la qual les economies nacionals augmenten progressivament la seva dependència mútua i, per tant, les empreses de les economies dels països més desenvolupats han unificat les seves estratègies per poder competir. Així, la globalització ha contribuït al fet que les empreses intentessin créixer augmentant la seva dimensió amb l'objectiu de poder abastar aquest mercat.

Aquest fenomen ha fet que algunes empreses, sobretot les pimes, hagin quedat al marge d'aquesta internacionalització, ja que la seva capacitat exportadora no ha estat suficient. A més, en general s'han fet visibles els aspectes negatius de les pimes, com la seva poca capacitat financera, l'obsolescència tecnològica i la poca capacitat innovadora, així com el fet de no poder aprofitar-se de les economies d'escala a les quals, en canvi, tenen accés les multinacionals.

Sabies que...

ACCIÓ és l'agència de competitivitat de l'empresa de la Generalitat de Catalunya que dona suport a nous projectes d'innovació, internacionalització i inversió a través de diversos ajuts i finançaments a empreses i entitats, sobretot a pimes.

https://canalempresa.gencat.cat/ca/02_serveis_per_temes/financament/ajuts-i-subvencions/

Una pastisseria catalana inverteix 400 000 euros en una nova nau per començar a exportar

L'empresa catalana de pastisseria artesana Danès ha invertit 400 000 € per adequar una nau industrial de 1 000 metres quadrats a Arenys de Mar (Barcelona) –que es posarà en marxa a final de gener amb un equip inicial de cinc treballadors– amb l'objectiu d'expandir la seva activitat i començar a exportar a França i al Regne Unit.

Danès, que centra la seva fabricació en les galetes típiques d'Arenys de Mar –fetes amb pasta fullada i sucre– i galetes de te, preveu una producció de 672 000 unitats per al primer any, i un increment del 50 % per al segon, ha informat la Generalitat aquest diumenge.

Marc Danès, soci de l'empresa, ha assegurat en un comunicat que el seu principal repte és «adaptar-se als nous models de mercat sense perdre el procés de fabricació tradicional».

Vilaweb, 15 de gener de 2017

- Quin objectiu té l'empresa Danès amb la inversió de 400 000 €?
- Quins avantatges i quins inconvenients se li plantegen a l'empresa Danès amb la decisió de començar a exportar a França i al Regne Unit?
- Creus que fa bé mantenint el procés de fabricació tradicional? Quina altra possibilitat tindria?

Activitats

8> Pot ser una pime una multinacional?

9> Busca exemples d'empreses de la teva població que siguin multinacionals i d'altres que siguin pimes. Pots resoldre aquesta activitat en grup.

4. L'empresa i les tecnologies de la informació i la comunicació

La **innovació tecnològica** que ha comportat des dels anys noranta del segle passat l'ús d'Internet ha permès a les empreses millorar l'eficiència de les seves activitats productives. Aquesta nova realitat, que en aquell moment va resultar del tot inèdita, implica que l'empresa adopti la tecnologia pròpia de les TIC. Tot això estimulat o amplificat per l'ús generalitzat de les **tecnologies de la informació i la comunicació (TIC).**

La introducció de les TIC en l'àmbit laboral ha comportat un seguit de canvis, tant en la manera de treballar de les empreses com en la manera de relacionar-se amb el seu entorn. Aquests canvis vénen determinats per tres elements que han aparegut en aquest nou entorn tecnològic: la *globalització econòmica*, l'*economia de la informació* (*coneixement i comunicació*), i els avenços tecnològics que fan d'*Internet* una nova forma d'organització.

A la taula següent s'analitza cada un d'aquests elements:

Element	Característiques
Globalització econòmica	Comporta un entorn mundial en què les activitats econòmiques fonamentals funcionen conjuntament gràcies a mercats financers interconnectats i a una integració de la producció a escala internacional. Això ha comportat que hi hagi mercats cada vegada més grans i dinàmics, on les estratègies de les empreses s'han d'adaptar a negocis a escala mundial, els fluxos internacionals dels capitals són molt flexibles i on cal redefinir els límits de la competència, de la cooperació i de la interrelació de les empreses en un àmbit internacional.
Economia de la informació: coneixement i comunicació	Hi ha nous factors de producció (coneixement i comunicació) que permeten a les empreses millorar la seva productivitat i l'eficiència de la seva organització. Les innovacions tecnològiques pel que fa a la gestió de la informació i la comunicació permeten a les empreses obtenir guanys en productivitat i en generació de riquesa, és a dir, la creació de valor en les seves activitats econòmiques i en la gestió del coneixement.
Internet	Internet permet accedir a tot tipus d'informació i gestió vital per a l'empresa com ara recursos humans, serveis financers, aprovisionament, vendes, etc.

Taula 11.5. Elements propis d'un entorn tecnològic.

És en aquest entorn on les empreses han fet grans canvis per millorar la competitivitat. D'una banda, han anat adaptant els fonaments de la gestió empresarial per assegurar la seva supervivència en un entorn globalitzat que es caracteritza per la flexibilitat creixent de la producció a escala internacional i per les millores en la integració client-proveïdor; i, de l'altra, han redefinit l'organització del treball, basant-se en l'actualització i la innovació constants com a font de **creació de valor.**

Vocabulari

Tecnologies de la informació i la comunicació (TIC). Són aquelles que se centren en àrees del coneixement com la informàtica, la microelectrònica i les telecomunicacions, per tal de generar noves formes de comunicació.

Recorda

La **productivitat** és la relació entre la producció obtinguda per un sistema de producció o serveis i els recursos utilitzats per obtenir-la, és a dir, la producció que s'associa a cada factor de producció.

Fig. 11.6. La irrupció de les TIC (tecnologies de la informació i la comunicació) en el món empresarial ha revolucionat l'àrea de l'administració de les empreses i la seva comunicació i accessibilitat, i en molts casos fins i tot el mateix procés productiu.

4.1. La influència d'Internet sobre l'empresa

Internet és una xarxa global d'ordinadors interconnectats i que es poden comunicar entre si.

Internet ha estat un dels elements clau en la revolució de les comunicacions, especialment, en el món de l'empresa. L'ús d'aquesta eina facilita no únicament la comunicació, sinó també l'intercanvi d'informació de manera que elimina qualsevol barrera de temps i espai. En l'àmbit empresarial això ha comportat noves maneres de gestionar-se i d'organitzar-se.

A la taula següent s'exposen alguns dels aspectes propis de l'activitat i organització empresarial que s'han vist modificats per l'ús d'Internet:

Fig. 11.7. La implantació d'Internet ha donat lloc a l'aparició de la Web 2.0 formada per plataformes de tot tipus (continguts, imatges, xarxes socials...), que ha contribuït a donar més visibilitat a les empreses i a tenir una relació més propera amb els seus clients.

Element modificat	Característiques
Millor comunicació exterior	Com a resultat de la facilitat i la intensitat a l'hora d'establir relacions empresarials amb clients, proveïdors, consumidors i la societat en general. La comunicació de l'empresa amb l'exterior es fa més barata, àgil i eficient, la qual cosa afavoreix una gestió econòmica i un funcionament empresarial millors.
Més opcions d'inversió i finançament	Com que es forma un mercat financer global on el capital i els seus moviments no troben fronteres, les possibilitats de finançament s'amplien, com també les alternatives d'inversió a escala mundial.
Increment de la productivitat laboral	Atès que les relacions laborals es flexibilitzen i que es demana mà d'obra més qualificada, l'organització del treball en surt beneficiada.
Relació client-proveïdor	S'intensifica i es facilita la comunicació entre ambdues parts, això fa més senzill el procés de la compra (com ara la comanda al proveïdor, la consulta dels preus i les tarifes dels serveis), l'enviament de la factura i el control del procés de pagament. Pel que fa a la relació de l'empresa amb els seus clients, permet una millora en l'eficiència de la logística de l'empresa, que s'adapta més bé a les necessitats dels clients en qüestió.
Banca electrònica	L'empresa pot controlar els seus comptes bancaris i fer moltes gestions financeres des d'un ordinador, sense que ningú s'hagi de desplaçar a l'oficina. A més, es pot beneficiar de millors condicions financeres amb la qual cosa estalvia costos o millora els rendiments de les seves inversions.
Tràmits oficials	L'empresa pot dur a terme des de les seves oficines la liquidació d'impostos, el lliurament de documents oficials per a l'Agència Tributària o la Seguretat Social, la sol·licitud de permisos oficials, etc., i, en general, pot aconseguir una comunicació més fluida amb les administracions públiques. Evidentment, això facilita la funció administrativa de l'empresa, amb l'estalvi consegüent de costos.
Informació i assessoria	Les necessitats que l'empresa té d'informació o d'assessorament en aspectes legals, econòmics, etc., esdevenen més fàcils, ja que la connexió a través d'Internet permet l'accés a sistemes de divulgació d'una manera més ràpida.

Taula 11.6. Elements propis de l'activitat i organització empresarial modificats per l'ús d'Internet.

Sabies que...

Un dels grans canvis que ha comportat la irrupció d'Internet és la creació de nous canals de comercialització a través de la venda en línia amb la creació de **plataformes de comerç electrònic** com ara Amazon o DHgate. Aquestes plataformes comercials es coneixen amb el nom de *place market*.

Actualment una empresa té nombrosos vincles amb Internet en la seva gestió i en el funcionament diari de les seves operacions més habituals. Es tracta d'un procés que té una evolució continuada, de manera que els avenços experimentats els darrers anys han estat molt notables. I, atesos els antecedents, no es preveu que el ritme d'implantació d'instruments basats en Internet disminueixi, ja que contínuament apareixen noves aplicacions o millores de les que ja hi ha.

Un altre factor que estimula l'adopció d'eines de gestió basades en Internet és el relatiu baix cost. És evident que depèn de les característiques de la inversió, però en la gran majoria de casos els beneficis econòmics o el rendiment obtinguts per la millora de l'eficiència de les operacions supera àmpliament i de manera estable la inversió realitzada.

Tot això també implica una sèrie de reptes de caràcter operatiu i estratègic, ja que amb tot aquest procés d'interrelació a través d'Internet la dependència tecnològica de l'empresa pot augmentar. Com que depèn de moltes solucions que es basen en el funcionament de la xarxa, qualsevol mal funcionament o avaria dels equips informàtics responsables de la seva gestió pot tenir conseqüències greus. Per aquest motiu, les inversions fetes en xarxes potents i fiables pels operadors que ofereixen els serveis d'Internet als usuaris (empreses i particulars) han d'estar ben planificades i controlades, de manera que s'evitin aquests efectes perniciosos.

D'altra banda, l'adopció dels nous instruments tecnològics que van apareixent en el mercat comporta millores en la gestió empresarial; això fa que no es tracti únicament d'una aposta tecnològica per part de l'empresa sinó també d'una aposta per millorar-ne el funcionament i, fins i tot, del procés productiu.

La generalització d'Internet ha fet que un gran nombre de petites i mitjanes empreses es beneficiïn de solucions operatives i de comunicació que les fan més competitives, de manera que no tan sols les grans empreses es beneficien d'aquestes innovacions tecnològiques.

Fig. 11.8. La influència d'Internet en el món de l'empresa ha comportat grans oportunitats de negoci, ja que li ha permès promocionar-se i donar-se a conèixer amb molta facilitat sense la necessitat de fer grans inversions.

El Govern insta les pimes a «passar a l'acció»

Segons el Govern, totes les empreses han d'analitzar la seva cadena de valor

Begoña Cristeto, secretària general d'Indústria i de la Pime, ha instat les petites i mitjanes empreses del país a «passar a l'acció», ja que la indústria manufacturera està «abocada a la digitalització». Per això, també ha subratllat que el Govern ha de col·locar la «revolució digital» al centre de l'agenda política.

Segons Europa Press, durant la seva participació en la 31a Trobada de l'Economia Digital i les Telecomunicacions, organitzada per Ametic i el Banc Santander, Cristeto va incidir en el fet que totes les empreses han d'analitzar la seva cadena de valor i han de deixar enrere la mentalitat «molt espanyola» d'esperar a veure què passa o que siguin els altres els que portin la iniciativa.

Per això, ha recordat a les empreses del sector manufacturer espanyol que és el moment d'abordar el procés de digitalització. En aquest sentit, ha subratllat que la indústria, igual que tota la societat, està sent afectada per una quarta revolució industrial, que es caracteritza perquè es posa en valor la captació, el tractament i la gestió de tota la informació que genera una fàbrica, cosa que suposa nombrosos beneficis.

A més, ha destacat que es diferencia de les anteriors pel fet que atacaven únicament el procés per ser més eficients i competitives; en canvi, aquesta quarta aborda també el producte, que cada vegada és més intel·ligent, i el model de negoci, que fa que part dels ingressos de la indústria vinguin en un futur de l'oferta de serveis.

En aquest context, ha afirmat que el paper de les administracions és facilitar que aquesta transformació de la indústria es dugui a terme, ja que les verdaderes protagonistes són les empreses i les associacions que les aglutinen.

TERESA ÁLVAREZ MARTÍN-NIETO,
Cinco Días, 8 de setembre de 2017

- L'article parla de la quarta revolució industrial, a què creus que es refereix?
- Com creus que pot afectar aquesta revolució industrial al món laboral?

Activitats

10> Explica quines noves oportunitats de negoci poden sorgir a les empreses arran de la influència de les noves tecnologies de la informació i la comunicació. Creus que també poden aparèixer noves amenaces? Raona la resposta.

11> Identifica quins béns o serveis que consumeixes o utilitzes habitualment provenen de la relació entre l'empresa i les tecnologies de la informació i la comunicació.

Activitats finals

1. Quins serien els criteris de localització que s'haurien de tenir en compte per seleccionar el lloc on es podria ubicar una residència universitària? Indica'n com a mínim tres.

2. El Consell d'Administració de l'empresa Central Lletera, SL, ha decidit obrir un nou establiment d'envasat i distribució de productes làctics i n'està estudiant la localització. Digues breument tres factors de localització importants que s'han de considerar.

3. Imagina que vols obrir juntament amb dos socis més, una botiga de roba per a joves. On la situaries?

   a) En unes galeries on ja hi ha moltes botigues similars.

   b) En una zona on no hi ha cap botiga de roba per a joves.

   Comenta els avantatges i els inconvenients d'ambdues opcions. Pots fer l'activitat en grup.

4. Explica el significat de *dimensió d'empresa*.

5. Busca informació d'empreses que s'hagin fusionat els últims anys. Esbrina a quin sector econòmic pertanyen i quin tipus de fusió s'ha produït.

6. Explica per què creus que es creen els hòldings.

7. Explica la diferència entre *càrtel* i *trust*.

8. L'empresa Campestre, SL, va començar la seva activitat dedicant-se al sector lacti. Als seus primers anys de vida el seu objectiu fonamental va ser consolidar-se i augmentar el seu volum de vendes al mercat nacional. Quan el producte va anar consolidant-se, va llançar al mercat diferents varietats de productes: llet desnatada, rica en calci, amb soja, etc.

   Posteriorment, va adquirir una empresa dedicada a la producció de tetrabrics destinats a l'envasament de la llet. A l'última etapa del seu procés de creixement va adquirir un 85 % d'una empresa dedicada al sector de l'oci i el turisme.

   Identifica i explica les distintes estratègies de creixement que l'empresa ha dut a terme.

9. Explica com es pot mesurar el creixement d'una empresa.

10. A partir de la matriu d'Ansoff, indica les diferents possibilitats de creixement d'una l'empresa de conserves vegetals que elabora espàrrecs, tomàquets i pèsols que comercialitza a Catalunya, Llevant i Madrid.

11. Zara és una de les empreses del grup Inditex que actualment està present en més de quaranta països. L'activitat internacional, tant de Zara com de les altres empreses del grup, es planifica i gestiona des de La Corunya. Els dissenys dels productes són estandarditzats i centralitzats, i els preus es fixen per a tots els països des de la seu central.

    Partint d'aquesta informació, quina estratègia d'internacionalització creus que fa servir Zara?

12. El Walt Disney Parks and Resorts és la divisió de l'empresa Walt Disney Company que construeix, dirigeix i coordina tots els seus parcs temàtics. Té parcs a diversos països, però a cadascun d'ells les atraccions són diferents, i cada parc atén als costums locals i es decora amb els llocs d'interès que puguin agradar al públic al qual va dirigit. Perquè tinguin èxit, l'organització prèviament ha d'investigar les preferències dels consumidors locals i adaptar-se a aquestes.

    Busca informació sobre els diferents parcs temàtics de Disney i digues quina estratègia d'internacionalització utilitzen.

13. Llegeix el text següent i, a continuació, respon les preguntes:

Només un 19 % de les pimes tenen plans de digitalització

La digitalització és encara una assignatura pendent, especialment per a les pimes. Així es recull en el primer estudi sobre l'estat de la digitalització a les empreses i les administracions catalanes elaborat per l'Observatori Vodafone de l'Empresa. L'estudi mostra que tan sols un 19 % de les pimes disposa d'un pla de digitalització, un percentatge que arriba fins al 34 % en les empreses de més de cent treballadors. Amb tot, l'estudi mostra que les empreses catalanes estan quatre punts percentuals per sobre de la mitjana estatal, i també pel que fa a la implementació de tecnologies com ara la internet de les coses o el *big data*, «el que probablement és degut a l'efecte que genera en les empreses, d'aquí el Mobile World Congress», explica el director territorial de Vodafone a Catalunya, Albert Buxadé. En tot cas, el balanç general és negatiu quant a la importància que les empreses concedeixen a la seva digitalització, en part perquè encara els costa entendre que, més enllà de facilitar el seu funcionament intern, «aquestes eines els poden ajudar a ser més competitius i a guanyar mercat», explica Buxadé. I entre les principals barreres que indiquen les empreses per implementar aquesta digitalització hi ha el cost i també el no disposar de personal format a les seves organitzacions.

B. Roig, *El punt avui,* 28 de novembre de 2017

a) Explica què és el *big data*.

b) Creus que avui dia una empresa que no està digitalitzada perd competitivitat respecte una que ho està?

c) Exposa la teva opinió davant d'aquesta afirmació extreta del text: «entre les principals barreres que indiquen les empreses per implementar aquesta digitalització hi ha el cost i també el no disposar de personal format a les seves organitzacions». Raona la resposta.

d) Saps què és el Mobile World Congress? A quin tipus de públic va dirigit?

14. Una empresa que produeix automòbils que està localitzada a Catalunya decideix traslladar la seva fàbrica a un país en vies de desenvolupament.

a) Quin fenomen econòmic s'està produint?

b) Defineix-lo.

c) Quins criteris creus que haurà fet servir l'empresa per buscar una nova localització a l'estranger per fabricar automòbils?

15. Llegeix el text següent i, a continuació, respon les preguntes:

La deslocalització és filla de la globalització. Significa bàsicament traslladar la totalitat de la producció d'una empresa o part d'aquesta empresa a un altre país. La finalitat és evident: reducció de les despeses i augment de la rendibilitat.

En una societat en què les distàncies i les comunicacions s'han reduït fins a extrems insospitables i en la qual l'alliberament de mercaderies i capitals és cada vegada més una realitat, les fronteres desapareixen i les empreses (especialment les multinacionals) no entenen de nacionalitats. Si poden produir més barat en un altre lloc, fugiran.

Els seus destins solen ser les economies emergents. Les empreses es mouran buscant costos laborals moderats, condicions de treball més flexibles (menys exigències de seguretat, jornada laboral més llarga), legislacions menys rigoroses amb el medi ambient i una certa estabilitat política amb institucions que aporten confiança, així com un nivell mínim d'infraestructures i una certa qualificació professional. Molts països de l'Europa de l'Est, Amèrica Llatina i Àsia compleixen aquestes condicions.

A Espanya ja hem assistit al tancament de nombroses empreses.

Parlant des del punt de vista laboral, la deslocalització es tradueix com el tancament del centre i a l'extinció dels contractes [...].

Les mesures solen consistir a la reducció dels salaris o bé a l'extensió de la jornada mantenint els mateixos sous.

Als supòsits als quals la voluntat de l'empresa es manifesta com inamovible es produirà el seu tancament, instrumentalitzat normalment per mediació d'un expedient de regulació de llocs de treball, amb la inclusió de mesures com plans de prejubilació, indemnitzacions i propostes de recol·locació.

La resposta a aquest fenomen implica incrementar els plans de formació i reconversió, així com el foment tant de l'R+D com d'un entramat empresarial de qualitat.

JOSÉ MARÍA LASTRES, *Negocios* (Text adaptat)

a) Quin objectiu aconsegueixen les empreses amb la deslocalització?

b) Quin és el destí de les empreses que se'n van? Per què?

c) Quina conseqüència té la deslocalització per al país de procedència?

d) Quin tipus de mesures es poden prendre per reduir la deslocalització?

e) De quantes maneres es poden deslocalitzar les empreses?

f) Busca empreses que en el darrer any s'hagin deslocalitzat.

16. Una conseqüència de la globalització de l'economia és la proliferació de les anomenades *empreses multinacionals*.

a) Assenyala quatre característiques distintives d'aquest tipus d'empresa.

b) Posa un exemple d'empresa multinacional espanyola i justifica'l breument.

17. Per què creus que les multinacionals volen instal·lar-se a altres països?

18. Com creus que es podrien millorar els punts febles o les característiques negatives de les pimes?

19. Completa les afirmacions següents amb la paraula que correspongui. En cas que siguin falses, justifica la resposta.

a) La demanda del mercat és una de les variables que s'ha de valorar a l'hora de ··· una empresa.

b) Quan una empresa opta per l'increment de la capacitat productiva mantenint el mateix producte, o per l'augment de la varietat de productes i serveis, és a dir, quan vol diversificar la producció per a aconseguir nous mercats està duent una estratègia de creixement ···.

c) La matriu d'Ansoff és útil per valorar les possibilitats de creixement ···.

d) ··· és la concentració geogràfica d'empreses, institucions i universitats que comparteixen interès per un sector econòmic concret.

e) Quan una empresa n'adquireix una altra o altres, de manera que les adquirides s'extingeixen i el patrimoni és assumit per la primera. Depenent de com es faci l'operació, als amos de l'empresa que desapareix se'ls podrà pagar amb diners o amb accions, ens referim a una ···.

f) Una empresa fa servir una estratègia d'internacionalització ··· quan descentralitza la seva organització en cada país al qual opera, és a dir, l'empresa dona una resposta més diferenciada per a cada filial segons les necessitats locals del país on opera.

Comprova el teu nivell

1. La localització empresarial no depèn:

a) De la forma jurídica de l'empresa.

b) Del cost del sòl.

c) Del tipus d'activitat.

d) De la demanda prevista.

2. La dimensió d'una empresa fa referència a:

a) L'espai ocupat per les seves instal·lacions.

b) La distància als mercats als quals subministra.

c) La capacitat de producció de les seves instal·lacions.

d) La xifra de vendes.

3. Quan dues empreses s'uneixen i perden les seves personalitats jurídiques perquè n'apareix una de nova diem que s'ha produït:

a) Una fusió.

b) Una absorció.

c) Una participació majoritària en el capital.

d) Cap de les anteriors.

4. Quan una empresa vol ampliar mercats es diu que:

a) Creix internament.

b) Creix cap a l'exterior.

c) Pot fusionar-se amb altres empreses.

d) Totes són correctes.

5. Les empreses amb localització internacional s'anomenen:

a) Multinacionals.

b) Hòldings.

c) Càrtels.

d) Clústers.

6. L'extensió de les relacions econòmiques entre diferents països, fins a l'extrem de crear una economia mundial, es defineix com a:

a) Deslocalització.

b) Internacionalització.

c) Globalització.

d) Dimensió.

7. Indica quina característica no és pròpia de les pimes:

a) Poca capacitat financera.

b) Depenen d'una empresa matriu.

c) Creadores de feina.

d) Organització flexible.

8. Indica quin d'aquests motius és el més important per a les empreses quan volen deslocalitzar-se:

a) Minimitzar costos.

b) Cercar un clima adequat.

c) Buscar estabilitat política.

d) Totes són correctes.

9. Una empresa, quan descentralitza l'organització a cada país en què opera, és a dir, quan l'empresa dona una resposta diferenciada a cada filial segons les necessitats locals, utilitza:

a) Una estratègia global.

b) Una estratègia transnacional.

c) Una estratègia multidomèstica.

d) Cap resposta és correcta.

10. Un dels inconvenients de les multinacionals és:

a) L'escassedat de recursos.

b) L'escassa capacitat per adaptar-se amb rapidesa.

c) L'absència d'economies d'escala.

d) Cap resposta és correcta.

Prepara la prova

1. A la Rosa Claramunt li ha tocat La Grossa i ella i el seu marit volen conèixer aspectes qualitatius dels possibles negocis que poden muntar. Sap que aquests negocis serien:

a) Obrir una perruqueria unisex.

b) Un magatzem de components auxiliars de la indústria de l'automòbil.

c) Del tercer no en sap res.

Atès que la localització de l'activitat empresarial és una decisió estratègica important que condicionarà a curt i a mitjà termini l'activitat i els mateixos resultats de l'empresa, us demanen ajuda ja que volen que els digueu dues variables, diferents per cada cas, que tindrien en compte a l'hora de decidir la ubicació de la perruqueria i del magatzem. Justifiqueu l'elecció. (2 punts)

2. El procés de globalització que afecta actualment les empreses contribueix a la seva internacionalització: (1 punt)

a) Defineix *globalització*.

b) Què són les multinacionals i quin efecte hi té la globalització?

c) Què són les pimes i quin efecte hi té la globalització?

3. Respon raonadament les preguntes següents: (1 punt)

a) Què entens per *tecnologies de la informació i la comunicació*.

b) Explica alguna millora que hagi suposat Internet per a les empreses.

4. Explica en què consisteix el creixement intern a partir de la taula següent. Com s'anomena aquesta taula? (2 punts)

		Productes	
		Actuals	**Nous**
Mercats	**Actuals**	Penetració del mercat (*Estratègia d'especialització*)	Desenvolupament de nous productes (*Estratègia de diversificació*)
	Nous	Desenvolupament del mercat (*Estratègia d'especialització*)	Diversificació (*Estratègia de diversificació*)

5. Indica si les afirmacions següents són certes o falses, justifica la resposta: (2 punts)

a) Les petites i mitjanes empreses no poden dur a terme processos d'internacionalització.

b) Quan una empresa n'absorbeix una altra, podem dir que s'està produint un creixement intern.

c) Entre altres efectes negatius, les estratègies d'internacionalització provoquen la pèrdua de llocs de treball, la desindustrialització de determinats territoris, una disminució del teixit empresarial i la davallada del ritme de creixement econòmic del país.

d) La internacionalització multidomèstica és el mateix que la deslocalització però en països desenvolupats.

e) A les pimes normalment els costa a accedir a les fonts de finançament.

f) En cas que l'empresa vulgui incrementar la producció però sense canviar de producte, estarem davant d'una estratègia de diversificació.

g) Una de les variables a tenir en compte per localitzar una empresa és el cost de la construcció i el solar.

h) La matriu d'Ansoff és una eina que ens ajudarà a identificar oportunitats de creixement a les unitats de negoci d'una empresa.

i) Un *càrtel* i un *trust* són dos conceptes que volen dir el mateix però que càrtel s'aplica a pimes i trust a empreses grans.

j) Quan una empresa s'internacionalitza, trasllada les seves operacions als mercats internacionals.

6. El Barcelona Clúster nàutic en la seva pàgina web es presenta així:

> El Barcelona Clúster Nàutic es constitueix l'octubre del 2013 amb la vocació de convertir l'activitat nàutica en un dels motors de l'economia de la ciutat, la seva àrea metropolitana i el país, aprofitant l'existència d'un sector on convergeixen indústria, empreses, entitats i centres de recerca amb un alt potencial per generar riquesa i valor afegit.

A partir d'aquesta presentació i de la definició de *clúster*, explica per què creus que es va crear aquest clúster, quins en poden ser els objectius i classifica els clústers en creixement intern o extern. (1 punt)

7. L'empresa Leroy Merlin és una multinacional de capital francès, i defineix-ne l'organització de la manera següent:

> L'originalitat de Leroy Merlin rau en l'autonomia de les empreses, la incorporació de les aportacions de cada país i la implicació dels col·laboradors. La unió d'aquests elements dona vida a la marca i la fa créixer.

Explica les diferents estratègies d'internalització i digues amb quina identifiques l'empresa Leroy Merlin. (1 punt)

Passem a l'acció

La revista econòmica nord-americana *Fortune*, publica cada any diverses llistes on classifiquen les empreses segons els guanys en brut que té i el perfil de les operacions que fa. D'entre aquestes classificacions destaca la llista *Fortune Global 500* en la qual es recull les 500 millors empreses del món, segons el volum de facturació.

Ara et proposem analitzar el negoci internacional de les principals empreses espanyoles que apareixen en la classificació del *Fortune Global 500* a partir dels conceptes treballats en aquest bloc (unitats 10 i 11): *estratègia* i *creixement*.

Les empreses necessiten planificar les seves estratègies per poder desenvolupar-se com a corporacions. Sovint aquest desenvolupament es basa fonamentalment en el creixement i una forma molt habitual de créixer és internacionalitzar l'empresa. Això implica accedir als mercats internacionals per vendre els productes. I en molts casos ha suposat el desembarcament en altres països per poder donar solidesa al negoci internacional.

Tenint en compte això, es demana que prepareu un informe que reculli els resultats de la vostra anàlisi sobre una de les companyies espanyoles que formen part de les 500 companyies més grans del món.

La informació econòmica que cal cercar és la següent:

- Sector i activitat econòmica.
- Dades corporatives (missió, visió i valors).
- Dades significatives (vendes, beneficis, actius, recursos propis, rendibilitats, nombre d'empleats, etc.).
- Descripció de la presència internacional.
- Estratègia d'internacionalització.
- Altres informacions rellevants: evolució recent, notícies, etc.

PLANIFICACIÓ

- Formeu grups de dos o tres alumnes.
- Cada grup ha de triar una de les empreses espanyoles que apareix en la classificació del *Fortune Global 500*.
- Podeu dividir la feina en funció de les tasques diferents a realitzar.
- Cada tasca es pot fer entre dos o més membres del grup en funció de les subtasques que impliqui cada feina.
- Cada grup és responsable de preparar l'informe final i de crear els documents que calguin.
- Cal preparar una exposició oral de l'informe elaborat que inclogui els resultats de l'anàlisi.

ORIENTACIONS

- Consulteu el web **http://fortune.com/global500** de la revista Fortune.

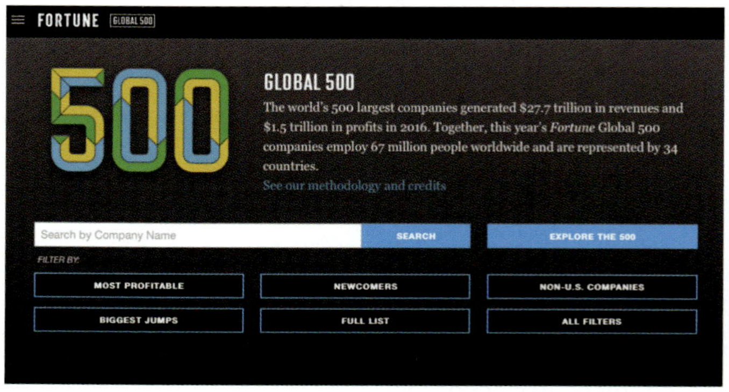

- Utilitzeu els serveis de traducció automàtic que molts navegadors ofereixen, en cas de necessitar-ho.
- Visualitzeu el mapa interactiu per identificar les empreses segons la seva nacionalitat, accedint a l'opció «Visualize the global 500».

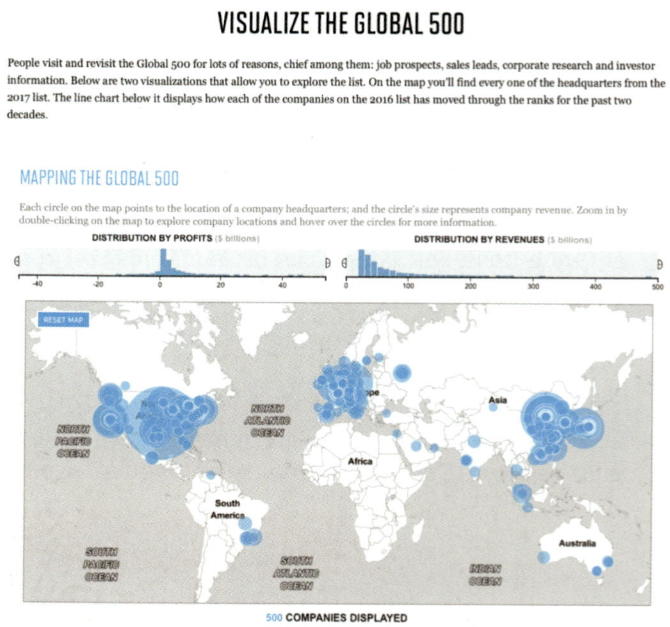

- Busqueu en el mapa a Espanya, per tal de poder visualitzar les empreses que hi surten relacionades.

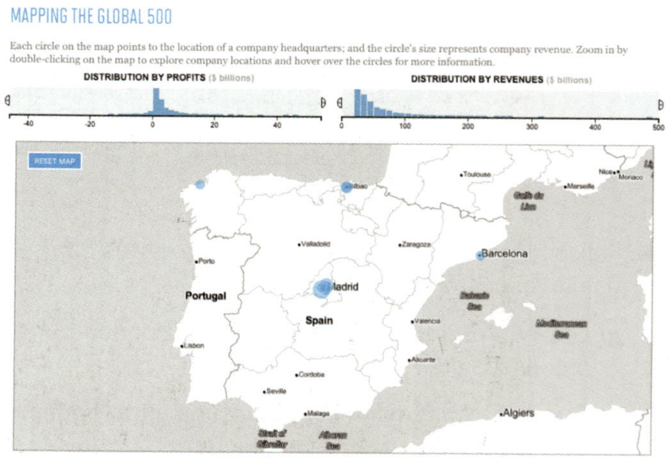

- Observareu que en primer lloc la web mostra les deu primeres companyies més grans empreses del món per ingressos (milions USD).

THE GLOBAL 500: THE TOP 10

THE TOP 10		REVENUES ($M)
1	Walmart	$485,873
2	State Grid	$315,199
3	Sinopec Group	$267,518
4	China National Petroleum	$262,573
5	Toyota Motor	$254,694
6	Volkswagen	$240,264
7	Royal Dutch Shell	$240,033
8	Berkshire Hathaway	$223,604
9	Apple	$215,639
10	Exxon Mobil	$205,004

- Cerqueu les empreses espanyoles que apareixen en el llistat *Fortune Global 500*, ja que són l'objecte de la nostra anàlisi. Per fer-ho, seguiu els passos següents:
  - Accediu a la pàgina principal de *Fortune Global 500*.
  - Busqueu l'opció «All filters».
  - Escolliu la categoria «Country» i seleccioneu «Espanya».

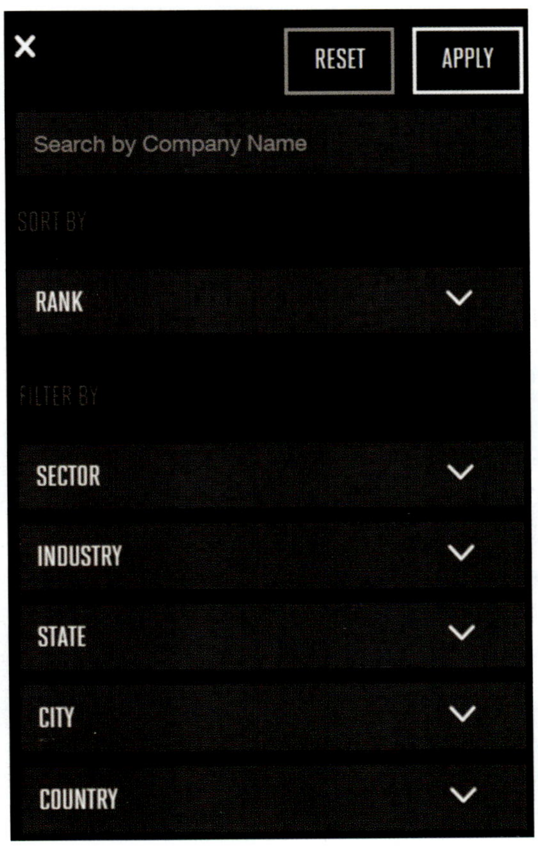

- Escolliu una de les empreses espanyoles que aparegui en la cerca que heu realitzat.
- Analitzeu la informació que es dona a la web de *Fortune Global 500* sobre l'empresa que heu escollit (ingressos, beneficis, actius, rendibilitat, etc.). Ho trobareu a l'opció «Profile view».

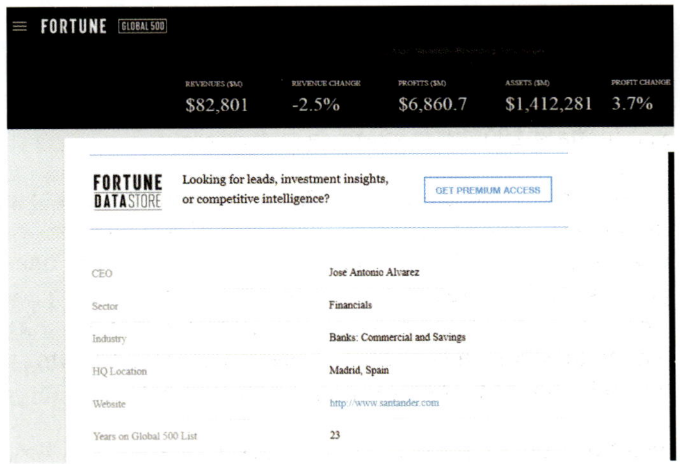

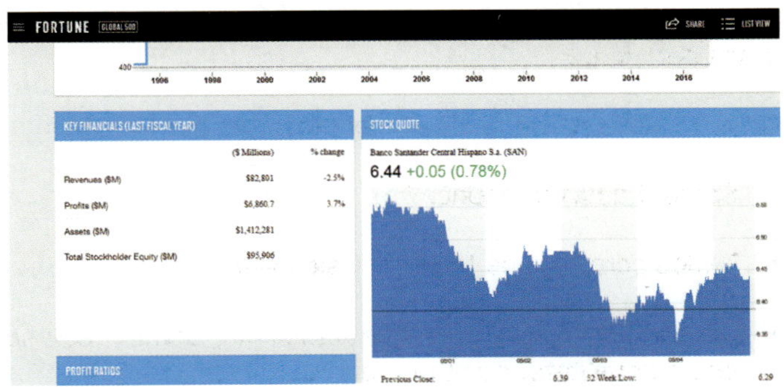

- Accediu a la web corporativa de l'empresa que heu escollit amb l'objectiu de conèixer-la millor.
- Extraieu de la web corporativa la informació següent que caldrà incloure-la en l'informe que elaboreu:
  - Missió, visió i valors de l'empresa.
  - Importància del sector internacional en les dades de l'empresa.
  - Altres informacions que permetin caracteritzar el sector internacional de l'empresa i aportar dades sobre la seva evolució.
- Feu una cerca a Internet per trobar més informació sobre l'empresa per si us aporta més dades per a l'anàlisi.
- Elaboreu l'informe que inclogui els resultats de l'anàlisi.
- Redacteu la presentació oral per exposar davant la resta de grups els resultats del vostre informe.

Realitzant aquesta activitat podràs treballar la **competència en gestió i organització**, pròpia de la matèria *Economia de l'empresa*.

12

La creació d'una empresa

Què hi aprendré?

- Què és la iniciativa empresarial.
- El procés de creació d'una empresa.
- El pla d'empresa.

Xerrades, ponències, activitats... Fomentar la cultura emprenedora des de la formació secundària afavoreix l'adquisició de valors com la creativitat, la innovació, el lideratge o l'habilitat per detectar oportunitats, assumir riscos o recuperar-se del fracàs. En definitiva, valors que no són exclusius de l'ecosistema emprenedor sinó que són bàsics per al desenvolupament vital.

Marina Rivero, *Infoautónomos.es*, 23 de gener de 2018

1. Com creus que influeix la creativitat en el procés de creació d'una empresa?
2. Explica què entens per *assumpció de riscos*. Consideres què és una qualitat indispensable per ser emprenedor?
3. Creus que ser emprenedor està referit únicament al món dels negocis?
4. Fes una recerca per Internet de casos d'emprenedoria basats a aprofitar oportunitats del mercat.

1. La creació d'una empresa: el projecte d'iniciativa empresarial

El projecte de creació d'una empresa comporta la mobilització d'un conjunt de recursos materials, humans i financers; l'aplicació de capacitats de responsabilitat per afrontar riscos i, també, el desenvolupament d'aptituds personals i organitzatives. Pel que fa a l'aspecte formal, comporta la redacció i la planificació d'un projecte d'iniciativa empresarial.

1.1. La creació d'una empresa

La **creació d'una empresa** és un projecte en què la iniciativa d'una persona o d'un conjunt de persones tracta de dur a terme una activitat econòmica, original o ja existent, amb l'objectiu d'obtenir-ne un benefici econòmic o una finalitat social.

Cal recordar que l'activitat empresarial comporta que l'empresa com a unitat econòmica de producció utilitza una sèrie de *factors productius* amb la intenció de produir uns béns o serveis i, d'aquesta manera, obtenir-ne el benefici econòmic esmentat i/o assolir la finalitat social.

Els **factors productius** necessaris per a l'activitat econòmica de l'empresa són els següents:

Factor productiu	Descripció
Recursos naturals	Són les matèries primeres, l'energia i els subministraments materials necessaris que formen el producte (bé o servei).
Treball	És la mà d'obra o el temps que dediquen els treballadors a la producció del producte fabricat per l'empresa.
Capital	És el conjunt de béns d'inversió necessaris perquè es pugui dur a terme la producció: maquinària, eines, instal·lacions productives, locals i edificis, i també els recursos financers de l'empresa.
Organització i capacitat empresarial	És la gestió, l'administració i la capacitat de prendre decisions i assumir riscos de manera responsable, la qual cosa dona un caràcter específic i diferenciador a l'empresa.
Tecnologia	És el conjunt de procediments i de tècniques de producció que d'una manera concreta combinen els anteriors factors de producció.

Taula 12.1. Factors productius necessaris per a l'activitat econòmica de l'empresa.

Aquests són els factors productius que habitualment es consideren bàsics per a l'acompliment d'una activitat empresarial; és a dir, per a la producció d'un bé o d'un servei.

És necessari que tot projecte d'iniciativa empresarial es plantegi inicialment quin és el producte que vol fabricar o subministrar, i quins són els factors de producció necessaris per fer-ho. Això és el que estudiarem en aquesta unitat.

Però des d'una perspectiva més àmplia i aplicada, cal que hi hagi un element humà (individual o grupal) que tingui la iniciativa de crear l'empresa. Això significa que una persona o conjunt de persones han de prendre aquesta iniciativa. Cal que, com a mínim, es considerin quines són les motivacions que poden fer que una persona decideixi fer-se empresari i dur a terme un projecte d'iniciativa empresarial. Les motivacions personals poden ser les següents:

Motivació personal	Descripció
Experiència laboral	Antics treballadors o directius d'una empresa poden iniciar un projecte autònom i independent per tal de desenvolupar la seva capacitat empresarial.
Aprendre per millorar	Observar i estudiar iniciatives empresarials alienes per aplicar-les a un projecte propi és una estratègia molt prudent, a més d'estimulant.
Desenvolupar per innovar	En una societat on es diu que pràcticament tot està inventat, la creació de nous productes o processos productius és tot un repte. Això implica desenvolupar coneixements tècnics més exigents que en els casos anteriors.

Taula 12.2. Motivacions personals per fer-se empresari.

És important remarcar que la capacitat per afrontar riscos és un dels elements bàsics perquè el projecte d'iniciativa empresarial es pugui desenvolupar favorablement, ja que l'entorn de la nova empresa és incert i no hi ha la seguretat de l'èxit empresarial, sinó un gran conjunt de riscos que amenacen el projecte empresarial des de l'inici. L'empresari utilitza el seu patrimoni personal directament com a factor de producció, o bé indirectament com a garantia per a l'obtenció de finançament, amb el risc de tenir pèrdues. L'empresari pot implicar també agents tercers en el risc de l'empresa, com ara proveïdors, treballadors o inversors que confien en la seva capacitat.

Fig. 12.1. La creació d'una empresa i treballar perquè creixi i compleixi els seus objectius sempre implica la mobilització de recursos i un compromís per part de l'empresari emprenedor.

Per aquesta raó, la capacitat per afrontar riscos ha d'anar acompanyada d'una capacitat i una voluntat manifestes d'actuació responsable i considerada, perquè cal avaluar les amenaces i les oportunitats que aporta un projecte d'iniciativa empresarial i actuar-hi en conseqüència per assolir l'èxit del projecte.

1.2. Les variables de la iniciativa empresarial

Com a variables de la iniciativa empresarial es consideren aquells *factors endògens* i *exògens* que estimulen i permeten la creació d'una empresa. Val a dir que aquestes variables, que tot seguit explicarem, són factors que en general es poden identificar en els projectes d'iniciativa empresarial, però no totes són condicions indispensables per a la creació d'una empresa.

Començarem considerant les **variables endògenes** que permeten la creació d'una empresa; es tracta d'elements que s'originen en l'àmbit intern de la iniciativa empresarial:

Variable endògena	Descripció
Capacitat emprenedora i empresarial	Es tracta d'un conjunt de disposicions i voluntats personals que fan que una persona pugui afrontar riscos de manera responsable, que sigui capaç de negociar, prendre decisions, avaluar amenaces i oportunitats, i administrar i gestionar una empresa.
Idea de negoci	És la idea bàsica en la qual es fonamenta tot el projecte empresarial. Concretament fa referència a l'activitat empresarial o la novetat que es vol dur a la pràctica. Moltes vegades és la variable fonamental, ja que l'explotació d'una novetat o d'una aplicació específica d'una pràctica que ja existeix estimula la iniciativa empresarial.
Projecte d'autoocupació	La voluntat personal de treballar, en un entorn poc propici per l'existència d'atur laboral, obliga moltes persones a plantejar-se la possibilitat de proporcionar-se elles mateixes l'ocupació que necessiten, mitjançant un projecte empresarial propi.
Disposició de recursos materials o financers	Una persona posseeix certs *recursos materials* (un local, un edifici, maquinària o bé un element de transport) o *recursos financers* (estalvis acumulats, un capital propi o una herència), els quals li poden suposar la iniciativa o l'estímul necessaris per estudiar una possible manera d'utilitzar-los, i, d'aquesta manera, obtenir-ne un profit o benefici mitjançant la creació d'una empresa en la qual aquests recursos esdevinguin la inversió inicial fonamental.
Coneixements tècnics i professionals	Una persona els fa servir per al seu propi benefici i són un conjunt de coneixements adquirits per la formació acadèmica o per l'experiència laboral o professional. Aquesta variable es coneix habitualment amb la denominació anglesa *know-how,* que vol dir 'saber fer', és a dir, els coneixements tècnics per fonamentar una iniciativa empresarial o una idea de negoci molt nova.

Taula 12.3. Variables endògenes de la iniciativa empresarial.

> ***Conceptes bàsics***
>
> ***Know-how.*** És una expressió anglesa que vol dir 'saber com', 'saber fer', 'experiència en alguna cosa' i que es pot definir com el conjunt de coneixements adquirits per una persona o una empresa a través de l'experiència, aplicats posteriorment en una iniciativa empresarial.

Aquestes variables endògenes no són factors necessaris en la seva totalitat, sinó que una o un conjunt d'elles poden esdevenir la variable que estimuli la creació d'una empresa o un projecte de negoci. Si, per exemple, una persona disposa d'un local comercial propi i té interès a treure'n benefici econòmic, aquesta esdevindrà la variable endògena fonamental, perquè a partir d'aquesta variable la persona pot començar a estudiar i a plantejar-se quin tipus de negoci pot iniciar.

Ara considerarem les **variables exògenes** que permeten la creació d'una empresa, és a dir, aquells elements que s'originen en l'entorn o l'àmbit extern de la iniciativa empresarial. En general, es tracta de variables que habitualment no tenen una influència tan directa com les variables endògenes, sinó que donen una base propícia o bé permeten que l'entorn pugui adoptar favorablement l'aplicació o l'estímul d'una variable endògena.

Aquestes variables exògenes són les que es descriuen a continuació:

Variable exògena	Descripció
Localització	El lloc on es vol situar el negoci i que per la seva situació pot aportar externament un estímul a la iniciativa empresarial. Moltes vegades esdevé fonamental, ja que permet aprofitar oportunitats favorables de l'entorn. Per exemple, si es té l'oportunitat d'obrir un bar restaurant en un polígon industrial de nova creació, es pot aprofitar la situació privilegiada de no tenir competència i sí molta demanda.
Disponibilitats dels mercats a diversos nivells	Per les *vendes* (proximitat dels clients), per les *compres* (proximitat o facilitat d'accedir a les fonts d'aprovisionament dels proveïdors) i pel *mercat laboral* (facilitat per contractar i disposar de treballadors suficients i amb la qualificació desitjada).
Infraestructures públiques	El nivell i el desenvolupament de l'entorn quant a comunicacions, transports i urbanització pot facilitar la decisió de crear una empresa, ja que es poden trobar més facilitats per desenvolupar-la.
Conjuntura econòmica	Situació de l'entorn econòmic favorable en un moment d'auge econòmic; d'aquesta manera es faciliten les decisions d'inversió amb menys incertesa.
Entorn institucional favorable	Programes públics de subvencions i ajuts a la inversió, bonificacions fiscals i legislació propícia per a la creació d'empreses. Sovint, les administracions públiques incentiven la creació d'empreses per diferents motius.

Taula 12.4. Variables exògenes de la iniciativa empresarial.

Fig. 12.2. Una persona ha treballat durant uns anys en una empresa de serveis informàtics i decideix obrir un negoci pel seu compte de creació de pàgines web i serveis d'Internet per a empreses. En aquesta iniciativa aprofitarà tots aquells coneixements, destreses i aptituds que durant la seva pràctica laboral ha anat adquirint: això és el *know-how*.

Aquestes variables exògenes en la majoria dels casos tenen una influència indirecta, però no menys important, que les variables endògenes, ja que moltes vegades les poden complementar o bé decidir una inversió o la creació d'una empresa. Per tant, l'anàlisi de les variables s'ha de fer de manera conjunta o global.

1.3. L'autoocupació

L'**autoocupació** és una de les variables internes del projecte empresarial, que implica que una de les motivacions de l'emprenedor sigui aconseguir feina per si mateix, iniciant la creació d'un negoci que li proporcioni els recursos per subsistir.

Moltes vegades l'inici d'un projecte d'autoocupació és la sortida natural per a persones que tenen potencials especials d'emprenedors o que ja tenen experiència en iniciatives pròpies. En altres casos, l'autoocupació permet aprofitar o potenciar altres variables endògenes, com ara l'existència d'un *know-how* o la disposició de recursos materials o financers.

Dins dels processos cíclics de crisis econòmiques generals o sectorials, apareix una conseqüència habitual: el creixement de l'atur. Si dins del mercat laboral una persona no aconsegueix una ocupació, l'autoocupació, com la mateixa paraula diu, li permet trobar una sortida professional mitjançant un projecte propi, encara que sigui a petita escala, en forma de microempresa.

De fet, cada vegada es pren més consciència de la importància que tenen els projectes d'autoocupació com a llavor que permet que les microempreses i les pimes duguin a terme l'activitat econòmica, perquè aconsegueixen feina per als seus emprenedors i treball per als seus empleats.

Donada aquesta funció socioeconòmica que té l'autoocupació, i que en moments de crisi econòmica presenta molta repercussió, les autoritats públiques (ajuntaments, comunitats autònomes, etc.) l'estimulen mitjançant programes d'assessorament i de subvencions als emprenedors que iniciïn un projecte d'autoocupació.

@ Web

Pots consultar els llocs web següents on es promou l'autoocupació:

http://xarxaempren.gencat.cat/

https://canalempresa.gencat.cat

http://serveisperemprendre.gencat.cat

1.4. El procés de creació d'una empresa

En general, la decisió fonamental en el projecte d'iniciativa empresarial és la creació o no de l'empresa. Aquesta decisió està determinada per les variables endògenes i exògenes de la iniciativa empresarial, i és important, a més d'identificar-les i de calibrar-ne la importància, tenir una idea clara del procés per decidir la creació, com també l'inici de l'activitat de la nova empresa.

A continuació es proposa un esquema on es mostren les **tres etapes** de la **posada en marxa d'una empresa** i que ens servirà de guia en aquesta unitat (Fig. 12.3).

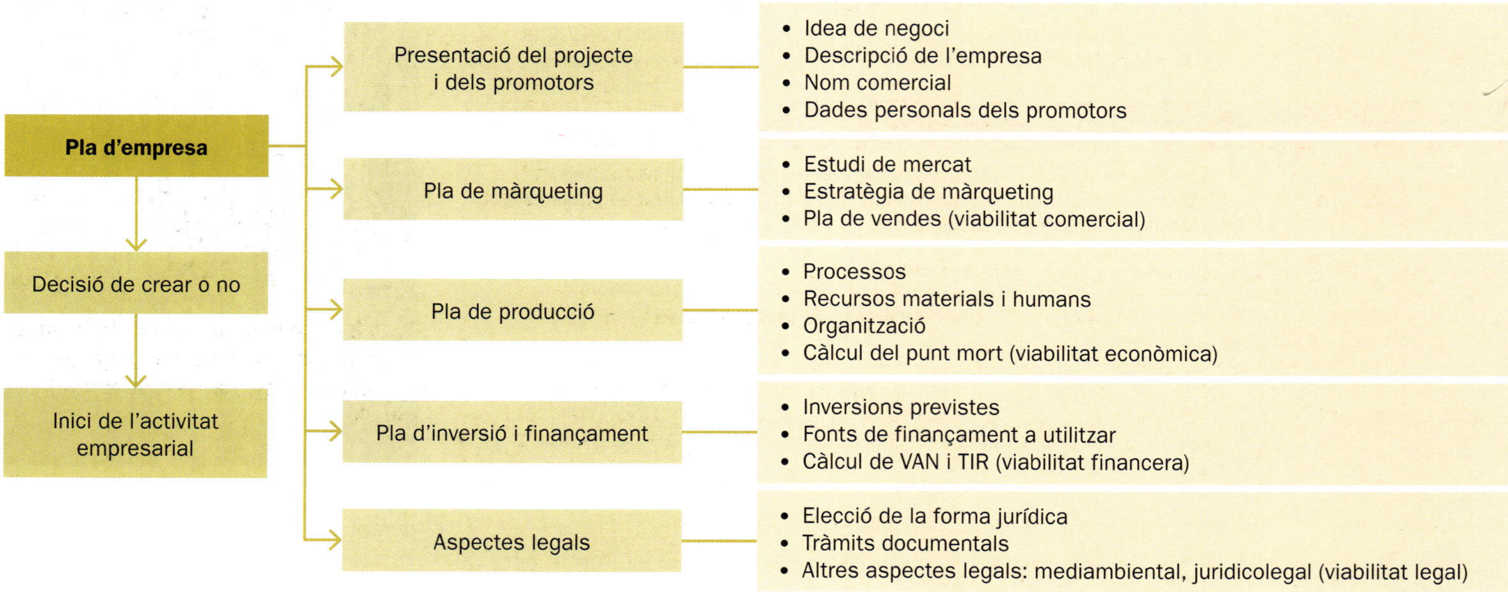

Fig. 12.3. Etapes de la posada en marxa d'una empresa.

Cas resolt 1

Considerem el cas de dos amics, la Marta i en Joan, que es plantegen la possibilitat d'iniciar en comú un projecte d'iniciativa empresarial. El punt de partida és que la Marta i en Joan han finalitzat els seus estudis universitaris d'informàtica i empresarials, respectivament. Volen començar a treballar i, després d'haver observat la situació laboral del moment, decideixen considerar un projecte d'autoocupació, amb l'inici d'un negoci empresarial. Valoren els seus coneixements informàtics i sobre el món empresarial, i consideren que poden obrir un negoci de muntatge i venda d'ordinadors personals i altres materials informàtics de consum habitual. Quines són les variables que els estimulen a muntar el negoci?

Solució:

- Saben que muntar ordinadors personals no és gaire complicat tècnicament, ja que poden comprar els diferents elements per separat a majoristes del sector informàtic i després acoblar-los amb un mínim de coneixements tècnics, dels quals disposen.
- La Marta pot aconseguir el lloguer d'un petit local propietat d'un familiar a un preu reduït, per començar l'activitat. Ambdós disposen d'uns estalvis modestos, però que poden servir per iniciar l'activitat; en total poden disposar de 2 404,04 €.
- Tots dos tenen capacitat emprenedora i estan disposats a córrer els riscos habituals de l'activitat empresarial per compte propi, i a tirar endavant el seu projecte d'iniciativa empresarial amb responsabilitat i empenta.

Després del plantejament inicial, en el qual es consideren i s'analitzen la idea inicial i les variables de què disposen, tots dos iniciaran el procés per decidir si crearan una empresa pròpia o no. El pas següent és estudiar la viabilitat del projecte empresarial.

Activitats

1> Elabora una taula amb els elements que cal tenir en compte en la creació d'una empresa: factors productius, variables endògenes i variables exògenes.

2> Creus que una situació de crisi econòmica pot afavorir la iniciativa emprenedora? Quines variables consideres que poden afectar més la decisió?

3> Comenta quina relació hi ha entre la creació d'una empresa i la capacitat per afrontar riscos.

4> Posa exemples en els quals la localització del negoci esdevingui una variable fonamental.

5> Investiga a Internet pàgines web o portals temàtics que fomentin o assessorin la creació d'empreses.

2. Pla d'empresa

> El **pla d'empresa** és un document en el qual figuren el disseny i la planificació de les característiques del negoci que es vol iniciar.

En aquest apartat desglossarem cadascun dels punts que formen part del pla d'empresa.

2.1. Presentació del projecte i dels promotors

Aquest és el primer punt del pla d'empresa, en què cal exposar el següent:

Elements pla empresa	Descripció
Idea de negoci	El seu origen i el motiu que ha fet decidir-se per aquesta idea. A més, s'ha de descriure el producte, les característiques, a quin mercat s'adreça i els motius pels quals es considera que tindrà acceptació en aquest mercat.
Descripció de l'empresa	La missió, la visió i els valors de l'empresa.
Nom de l'empresa	El nom comercial, el logotip i el disseny de la marca, és a dir, la *imatge corporativa.*
Dades personals dels promotors	Dades de les persones que emprenen i promouen l'empresa, amb el seu currículum i on quedi reflectida la seva capacitat per dur el projecte a l'èxit i que sigui la targeta de presentació per cercar finançament o per a futurs clients o proveïdors.

Taula 12.5. Elements que conté la presentació d'un pla d'empresa.

Fig. 12.4. La idea de negoci és la base sobre la qual es basteix el projecte empresarial, degudament analitzat i treballat.

Per buscar idees de negoci, es poden seguir els passos següents:

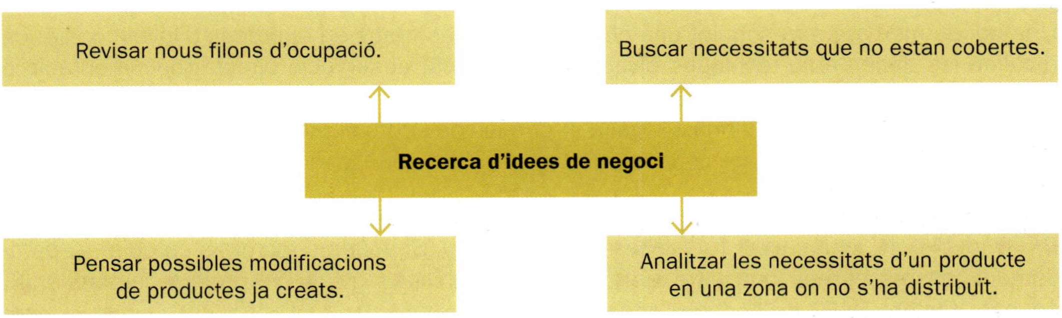

Fig. 12.5. Recerca de noves idees de negoci.

Reflexiona

Encertar amb la **idea de negoci** és clau per tenir èxit. Pot passar que la persona que pensa muntar una empresa ja tingui la idea, però li falti acabar de perfilar-la. També pot passar que la persona encara no tingui la idea de negoci, és a dir, que el que l'empenyi a crear el negoci sigui qualsevol de les altres variables esmentades, per la qual cosa ha de buscar la idea. Com ho farà?

Un dels mètodes que s'utilitzen per a la recerca d'idees és el que s'anomena ***brainstorming*** o **pluja d'idees**. I perquè funcioni s'ha de seguir un procés:

Fases del *brainstorming*	Descripció
Pluja d'idees	Es proposen una gran quantitat d'idees sense tenir un guió gaire prefixat, i es deixa que la imaginació i l'espontaneïtat determinin el procés. Encara que es proposin idees extravagants o impossibles, poden ser la llavor per a una idea de negoci factible.
Filtre de propostes	Es rebutgen aquelles idees que siguin impossibles, que estiguin repetides o que necessitin a priori molts recursos o molt finançament.
Comparació de les idees	De les idees resultants se n'estudien els avantatges i els inconvenients i es confecciona una taula comparativa.
Avaluació de les idees	Es fa una valoració de cada idea segons diversos aspectes valoratius, com ara el coneixement del bé o servei, el grau de competència, el coneixement dels clients o l'existència de creació de valor afegit. A cada aspecte se li dona una valoració numèrica (per exemple, entre 0 i 5).
Selecció de la idea de negoci	D'entre les idees que han obtingut més puntuació se'n selecciona una. És molt important definir-ne el valor afegit, o sigui, el factor que ens permetrà diferenciar-nos de la competència.

Taula 12.6. Fases a seguir del mètode del *brainstorming* o pluja d'idees.

2.2. Pla de màrqueting

Aquest apartat del pla d'empresa se centra a veure si el projecte és viable comercialment; en primer lloc, cal fer un estudi de mercat i, després, concretar l'estratègia de màrqueting.

A. Estudi de mercat

L'*estudi de mercat* ja el vam estudiar en profunditat el curs passat, per la qual cosa només farem un comentari general sobre aquest element dins del projecte d'iniciativa empresarial. Tot seguit explicarem els aspectes fonamentals d'un estudi de mercat:

Element estudi de mercat	Concepte
Anàlisi de l'entorn general	Cal estudiar tot el que envolta l'empresa en diversos aspectes, com ara l'*entorn legal* (legislació i normatives que cal observar i complir), l'*entorn econòmic* (si la situació de l'economia és de crisi o d'auge econòmic, i quines són les perspectives d'evolució), l'*entorn tecnològic* (cal considerar les innovacions tècniques, els procediments productius i l'eficàcia productiva per poder oferir el producte en les millors condicions) i l'*entorn social* (conèixer l'evolució dels elements que determinen el comportament dels consumidors, com ara les preferències, els costums, la renda i les seves necessitats).
Anàlisi de la competència	Estudiar el conjunt d'empreses amb les quals comparteix el mercat del mateix producte i lluitar per captar l'atenció dels consumidors.
Anàlisi dels consumidors	Estudiar el comportament dels consumidors (les seves necessitats i la manera de satisfer-les), com també els seus hàbits de compra (identificar les característiques de l'acció de comprar).
Estudi de la localització	En molts negocis la localització física és fonamental, en especial en els comerços. S'estudien els possibles llocs d'ubicació en la localitat o àrea geogràfica d'abast i per a cada alternativa se'n valoren els avantatges i els inconvenients. Altres vegades la localització es tria per ser a prop de vies de comunicació que els permetin estar ben abastits.

Taula 12.7. Elements d'un estudi de mercat.

L'estudi de mercat es fa seguint una planificació i unes fases en el procés d'investigació; es recullen les dades amb tècniques diverses (enquestes, observació directa, documentació o experimentació), s'analitzen els resultats obtinguts i, posteriorment, s'interpreten. L'objectiu consisteix en la disposició d'una síntesi d'informacions sobre el projecte d'iniciativa empresarial amb relació a un producte concret, el qual permetrà verificar-ne la viabilitat comercial.

Una altra eina complementària per a l'estudi de la viabilitat comercial és l'anomenada **anàlisi DAFO** (debilitats, amenaces, fortaleses i oportunitats). Si aquests factors s'estudien separadament, es pot obtenir una altra visió de les possibilitats d'èxit del projecte empresarial. Aquests factors DAFO se separen en *factors interns* (debilitats i fortaleses) i *factors externs* (amenaces i oportunitats), tal com es pot veure a la Taula 12.8.

Amb l'anàlisi DAFO es vol aconseguir estudiar la realitat interna i externa del projecte d'iniciativa empresarial, amb l'objectiu de conèixer-ne millor les possibilitats i les potencialitats.

Factors interns	
Debilitats	**Fortaleses**
Aspectes del projecte empresarial en què la competència esdevé superior.	Aspectes del projecte empresarial en què se supera la competència.
Factors externs	
Amenaces	**Oportunitats**
Impediments i dificultats de l'entorn.	Possibilitat d'explotar un valor afegit o un avantatge comparatiu.

Taula 12.8. Anàlisi DAFO.

Exemple 1

	Debilitats	Fortaleses
Factors interns	• Recursos humans desmotivats i sense formació. • Objectius poc clars. • Tecnologia obsoleta. • Recursos econòmics insuficients.	• Recursos humans capacitats. • Objectius clars. • Tecnologia d'última generació. • Disponibilitat de mitjans econòmics.
	Amenaces	**Oportunitats**
Factors externs	• Sorgiment de nous competidors. • Sorgiment de productes substitutius. • Augment dels tipus d'interès bancari. • Mercat de crisi.	• Augment demogràfic. • Mercat en creixement. • Possibilitat d'exportar. • Sorgiment de noves tecnologies.

B. Estratègia de màrqueting

El **màrqueting** és el conjunt d'activitats que desenvolupa una empresa encaminades a satisfer les necessitats i els desitjos del consumidor, amb la intenció d'aconseguir un benefici.

L'empresa estudia i analitza quatre elements bàsics que formen el que s'anomena **màrqueting mix** o **màrqueting total**. Aquests elements són el *producte*, el *preu*, la *promoció* i la *distribució*.

Elements del màrqueting		Concepte
Producte	És qualsevol bé o servei que satisfà una necessitat del consumidor o usuari.	Hi ha molts tipus de béns i serveis, amb uns atributs que els caracteritzen i que fan que el consumidor els identifiqui. Alguns d'aquests atributs són el disseny, la qualitat, la marca, l'envàs, la garantia, el servei postvenda i la caducitat. Per tant, quan fem el pla de màrqueting del nostre producte, hem d'incidir i deixar clar com serà el producte que comercialitzarem, descrivint-ne tots els atributs.
Preu	És la quantitat de diners que el comprador d'un bé o servei lliura al venedor a canvi de la seva adquisició.	• **Preu basat en els costos**. Consisteix a afegir un marge de benefici al cost del producte: – Si es tracta d'una empresa comercial, el cost és la suma del preu de compra del producte més els costos que en genera la comercialització (lloguers, subministraments, salaris, etc.). – Si es tracta d'una empresa que fabrica el producte, el cost és la suma de tots els costos necessaris per a la fabricació (matèries primeres, electricitat, maquinària i mà d'obra). • **Preu segons la competència**. Si optem per aquest criteri, ens podem decantar pel següent: – **Preu semblant al de la competència.** Quan hem de competir amb empreses del mateix sector i que comercialitzen el mateix producte no podem desviar-nos gaire del que fan, per la qual cosa l'empresa ha de posar un preu semblant al de la competència. – **Preu per sota del de la competència.** Una altra opció és posar un preu inferior al de la competència amb la idea de captar més clients i més vendes, i recuperar així els diners invertits. – **Preu per sobre del de la competència.** Aquesta opció es pot escollir sempre que el producte tingui alguns atributs que el diferenciïn i el client estigui disposat a pagar més.
Promoció	És el conjunt de tècniques que s'utilitzen per explicar-ne les característiques, marcar-ne els atributs més importants i intentar crear el desig del client pel producte.	Per tant, en aquest apartat ens hem de plantejar què farem perquè se'ns conegui com a empresa i el producte que fem. Hi ha diferents opcions; les més corrents són: • La **publicitat comercial**, que es pot contractar en diversos mitjans com ara la televisió, la ràdio o la premsa (diaris i revistes). • La **publicitat exterior**: tanques publicitàries.
Distribució	Inclou el conjunt de processos que fan que el producte arribi al consumidor.	Es tracta de determinar la manera de posar els productes a l'abast dels clients. Hi ha diferents canals de distribució: els **externs**, que passen per diferents majoristes i/o minoristes, i els **directes**, que distribueixen directament el producte des del fabricant fins al consumidor. També es pot distribuir el producte per **Internet** (comerç electrònic), amb màquines expenedores, telebotiga, etc.

Taula 12.9. Elements del màrqueting mixt o màrqueting total.

Fig. 12.6. El preu és un dels factors que influencien en la venda d'un producte. Una bona política de preus garanteix l'èxit comercial de l'empresa.

C. Pla de vendes

Dins del pla de màrqueting podem fer una previsió de vendes i, per tant, de futurs ingressos, ja que amb tota seguretat el negoci dependrà de les vendes futures. Aquest es fa a partir d'enquestes a futurs compradors.

Atès que sempre hi ha incertesa, és aconsellable fer la previsió de vendes tenint en compte diferents escenaris: almenys un de més pessimista i un altre de normal. Per exemple, en un escenari pessimista podem estimar les vendes en un 40 % per sota del normal. També hem de calcular els ingressos futurs, però per a això hem de fer una aproximació del preu de venda per unitat.

Fig. 12.7. En un escenari d'incertesa el perfil del decisor és clau en el moment de prendre la decisió sobre com fer la previsió de vendes.

2.3. Pla de producció

El **pla de producció** té com a objectiu fer constar tots els aspectes relacionats amb l'organització i els recursos necessaris per dur a terme l'elaboració dels nostres productes o la prestació dels serveis.

Aquests recursos són diferents en funció de si es tracta d'una empresa productora o bé d'una empresa comercial o de serveis.

Elements del pla de producció	Descripció
Processos productius	Necessaris per fabricar el producte o per oferir el servei, és a dir, la descripció de totes les activitats que es duen a terme a l'empresa.
Recursos materials	Maquinària, mobiliari, ordinadors, etc., i la tecnologia que s'aplicarà.
Existències	En el cas que siguin necessàries, se'n detalla el tipus i tota la logística necessària per obtenir-les, així com el procediment de compres, l'emmagatzematge, els proveïdors, la forma de pagament, les condicions de lliurament, etc.
Costos	Fixos i variables que es poden tenir en tot el procés.
Recursos humans	Cal indicar les persones que calen per fer funcionar l'empresa, és a dir, s'ha de donar a conèixer l'estructura organitzativa de l'empresa. Ha d'incloure la informació següent: • Indicar totes les persones vinculades directament amb l'empresa, siguin directius o treballadors. • Les funcions que assumeix cada una d'elles i les seves responsabilitats. • L'organigrama de l'empresa, si és possible. • El perfil que han de tenir els treballadors i descriure les tècniques de contractació. • El salari que cobrarà cadascun dels treballadors i directius de l'empresa.

Taula 12.10. Elements del pla de producció.

A partir del pla de producció es pot determinar la **viabilitat econòmica** del projecte amb l'objectiu de comprovar si l'empresa generarà beneficis, per la qual cosa cal determinar el **llindar de rendibilitat** o **punt mort**.

La viabilitat econòmica del projecte empresarial implica comprovar si l'activitat de l'empresa permetrà generar beneficis o no. Per verificar aquest fet cal tenir una idea clara de l'estructura de costos i ingressos de l'empresa; saber-ho per endavant en aquest cas és molt important. Cal determinar una estimació dels aspectes següents:

- **Costos fixos.** Aquells que no varien amb el volum de producció (lloguer del local, amortització de la maquinària o mà d'obra del personal administratiu).
- **Costos variables.** Aquells que són proporcionals al volum de producció (consum de matèries primeres, mà d'obra directa o consum d'energia).
- **Preu de venda del producte** objecte de l'activitat de l'empresa, que inclou el marge de beneficis d'acord amb l'elasticitat de la demanda i de la competència.

Més dades

Hi ha empreses que deslocalitzen o externalitzen només una part de la producció, és a dir, subcontracten *(outsourcing)* amb la finalitat de reduir costos. Aquest procés també es coneix com a **externalització de costos.**

Amb aquestes informacions s'utilitza una eina que ajudarà a determinar la quantitat mínima de producte que s'ha de vendre per no tenir pèrdues; és a dir, que els costos totals de producció siguin iguals als ingressos totals. Això és el *llindar de rendibilitat* o *punt mort*.

El **llindar de rendibilitat** o **punt mort** de l'empresa es defineix com la quantitat de producció venuda a partir de la qual es comencen a obtenir beneficis.

Aquest concepte ja el vam treballar el curs passat, però en recordarem l'expressió sabent que *CF*: costos fixos; *CVu*: costos variables unitaris; *P*: preu de venda, i *Q**: quantitat del llindar de rendibilitat:

$$Q^* = \frac{CF}{P - CVu}$$

La representació gràfica del punt mort és la de la Figura 12.8.

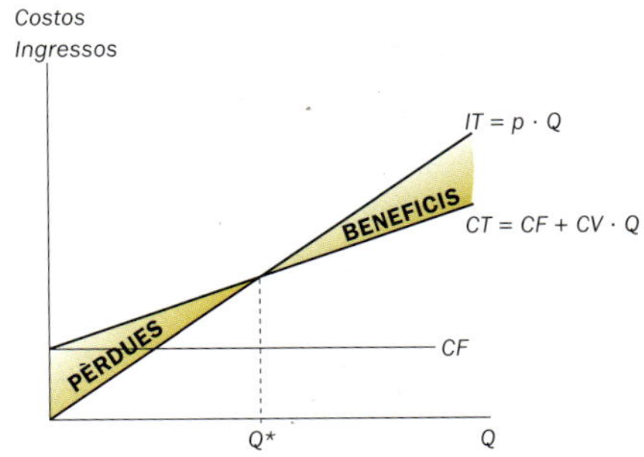

Fig. 12.8. Representació gràfica del punt mort.

Cas resolt 2

Tot seguit, aplicarem el càlcul del llindar de la rendibilitat a l'exemple del projecte empresarial de la Marta i en Joan. Ells estimen que la configuració bàsica d'ordinador la poden vendre a 700 €/unitat. Estimen que els costos fixos mensuals són de 950 € de lloguer, 360 € d'amortització d'equipaments i 440 € d'altres costos fixos. Determinen que el cost variable per produir un ordinador és de 450 €.

a) Quin serà el resultat econòmic si venen 16 ordinadors en un mes?

b) Quina quantitat mínima d'ordinadors haurien de vendre en un mes per no tenir pèrdues?

c) La Marta i en Joan després d'un cert temps de funcionament decideixen canviar de local i llogar un de més gran, que els permeti atendre una demanda creixent. Això altera els seus costos, ja que ara pagaran 1 900 € de lloguer; però, en canvi, han pogut ajustar els costos variables a 400 € per unitat produïda, cosa que millora les condicions d'aprovisionament. Quants ordinadors hauran de vendre ara per cobrir els costos?

Solució:

a) $\text{Resultat} = \text{Ingressos} - \text{Despeses} = P \cdot Q - (CF + CV \cdot Q)$

$$\text{Resultat} = 16 \cdot 700 - (950 + 360 + 440 + 16 \cdot 450) = 11\,200 - 8\,950 = 2\,250\ €$$

b) $Q^* = \dfrac{CF}{P - CV}$ $\quad Q^* = \dfrac{950 + 360 + 440}{700 - 450} = 7$ ordinadors

Per cobrir només despeses haurien de vendre un mínim de 7 ordinadors al mes.

c) $Q^* = \dfrac{CF}{P - CV}$ $\quad Q^* = \dfrac{1\,900 + 360 + 440}{700 - 400} = 9$ ordinadors

2.4. Pla d'inversió i finançament

En aquest apartat s'ha d'anotar la previsió sobre les inversions que s'han planejat i les fonts de finançament que hi ha previstes per poder-les dur a terme, amb l'objectiu de determinar la viabilitat financera del projecte.

Per poder fer una valoració monetària, es comença anotant totes les inversions necessàries per realitzar el projecte.

- **Inversions de l'empresa.** Maquinària, local, instal·lacions, equipaments informàtics, mobiliari, etc.
- **Finançament de les inversions.** Capital aportat pels socis, préstecs i crèdits bancaris, crèdits dels proveïdors, subvencions i ajuts oficials, etc.

Una vegada que s'han pensat i previst les inversions, s'ha de fer el pla financer, que consisteix a detallar com s'aconseguiran els recursos necessaris per dur a terme les inversions.

Per aquesta raó cal organitzar una planificació conjunta: un pla d'inversions i un pla de finançament totalment relacionats entre si, encara que moltes vegades la inversió inicial mínima per començar l'activitat empresarial és una de les variables que interessa més determinar.

Recorda

Les **inversions** formen part de l'actiu d'un balanç. El **finançament** forma part del patrimoni net i el passiu que constitueix les obligacions que ha de satisfer l'empresa.

Fixa-t'hi

En l'exemple de la Marta i en Joan la inversió mínima necessària per iniciar l'activitat empresarial no és gaire alta: arrendament del local; dos equips informàtics per verificar, fer proves i que alhora facin de suport per a la gestió administrativa; les eines i els equipaments per muntar els ordinadors, i un mobiliari bàsic per al local de l'activitat, on s'integren tres espais: taller de muntatge, oficina administrativa i espai comercial per atendre el públic.

A més de planificar les inversions necessàries i el finançament, també és important aplicar alguns dels criteris que permetin seleccionar la millor inversió d'acord amb la rendibilitat. Els criteris bàsics que cal considerar són el criteri del valor actual net (VAN) i el criteri de la taxa interna de rendibilitat (TIR).

Cas resolt 3

Suposem que per al negoci de la Marta i en Joan es preveu que tant la inversió inicial com els fluxos de caixa nets durant els primers quatre anys són els següents:

D_0	F_1	F_2	F_3	F_4
5 000	2 000	2 500	3 000	3 500

Calcula el VAN i el TIR per saber quina és la millor inversió per al seu negoci.

Solució:

Recordem com es realitza el càlcul del VAN i la TIR, explicats a la Unitat 7 d'aquest llibre, i apliquem-ho per aquest exemple:

$$VAN = -5\,000 + 2\,000 / (1 + 0{,}05) + 2\,500 / (1 + 0{,}05)^2 + 3\,000 (1 + 0{,}05)^3 + 3\,500 (1 + 0{,}05)^4 = 4\,643{,}31\,€$$

$$TIR = > -5\,000 + 2\,000 / (1 + r) + 2\,500 / (1 + r)^2 + 3\,000 (1 + r)^3 + 3\,500 (1 + r)^4 = 0 = > r = 36{,}44\,\%$$

Això mostra que la inversió és viable, ja que el VAN ha donat positiu (suposant un tipus d'interès del 5 %) i que a priori la rendibilitat teòrica del negoci és positiva, ja que la TIR ha donat un valor aparentment alt, encara que aquests indicadors són més útils per comparar diferents projectes d'inversió que per avaluar-ne de forma individual la viabilitat.

@ *A Internet*

Diverses administracions públiques faciliten els tràmits per crear empreses mitjançant l'oferta de l'anomenada **finestreta única**, de manera que els promotors només han de dirigir-se a una única entitat.

Fins i tot es facilita el recurs de realitzar els tràmits en línia a través d'Internet. Per a més informació, pots consultar:

https://canalempresa.gencat.cat/ca/fue/

@ *Web*

Hi ha nombroses institucions oficials (ajuntaments, comunitats autònomes, cambres de comerç i indústria, etc.) interessades en la promoció de la iniciativa empresarial i que ofereixen assessorament per elaborar el pla d'empresa i altres aspectes.

Per exemple, pots consultar els següents llocs web:

- Direcció General de Política de la Petita i Mitjana Empresa:
  http://www.ipyme.org/es-ES/CreaEmpresa/Paginas/Crea-tu-empresa.aspx
- Barcelona Activa:
  www.barcelonactiva.cat

2.5. Aspectes legals

En aquest apartat inclourem l'elecció de la forma jurídica, els tràmits d'inici de l'activitat, la descripció de les obligacions legals (fiscals, comptables, laborals, etc.), la normativa aplicable, etc.; tot plegat ens ajudarà a determinar la viabilitat legal del projecte.

A. Elecció de la forma jurídica

En primer lloc, cal decidir quina és la forma jurídica amb la qual es formarà l'empresa. Aquesta és una decisió molt important, ja que hi ha factors importants per al futur de l'empresa que depenen de l'elecció de la forma jurídica. Els aspectes que s'han de considerar per decidir-ne la forma són els següents:

- **Responsabilitat davant de tercers.** La responsabilitat pot ser *limitada* (com a màxim s'arrisca el capital aportat) o *il·limitada* (s'arrisca tot el patrimoni personal dels socis).
- **Capital necessari.** Hi ha formes jurídiques d'empreses que imposen l'aportació d'un capital mínim.
- **Nombre de socis.** També hi ha formes jurídiques que imposen un nombre mínim de socis a l'empresa.
- **Tipus de règim fiscal.** Diferents tipus d'empreses determinen la fiscalitat o el pagament d'impostos de la societat; en molts casos esdevé una variable rellevant.

A la Taula 12.11 de la pàgina següent podem veure un quadre resum de les formes jurídiques d'empreses per constituir-les.

B. Els tràmits documentals

Una vegada s'ha decidit quin tipus de forma jurídica es triarà per a l'empresa, cal planificar el procés de tràmits administratius i documentals necessaris per completar la constitució formal de l'empresa. Tot seguit comentem els diferents tràmits que s'han de dur a terme seguint un cert ordre cronològic.

1. **Certificat negatiu del nom de la societat.** Es tracta de seleccionar una denominació original per a l'empresa i comprovar, mitjançant un tràmit en el registre mercantil, que no hi ha cap altra empresa amb la mateixa denominació.
2. **Atorgament de l'escriptura pública de constitució.** Es redacten els estatuts que regiran l'empresa i els pactes que determinaran les relacions entre els socis. Davant d'un notari es deixa consignada aquesta constitució.

3. **Tràmits davant d'Hisenda.** Se sol·licita el número d'identificació fiscal de l'empresa (NIF), es fa una declaració censal conforme s'inicia l'activitat de l'empresa, es dona d'alta a l'impost sobre activitats econòmiques (IAE) i es legalitzen els llibres oficials obligatoris.
4. **Tràmits davant la Seguretat Social.** S'inscriu l'empresa en el registre de la Seguretat Social, es comunica l'inici de l'activitat de l'empresa i es fan els tràmits per inscriure-hi els treballadors contractats.
5. **Tràmits davant l'ajuntament.** Es fa la sol·licitud de la llicència d'activitat, com a autorització per iniciar aquesta activitat, i la sol·licitud de la llicència per fer obres (si se n'han de fer).

En principi, es tracta d'un esquema general, ja que hi ha una gran varietat de formes jurídiques d'empreses i moltes vegades hi ha tràmits específics que s'han de fer d'una manera determinada.

@ Web

Per conèixer els **tràmits oficials** necessaris per crear una empresa, pots consultar els llocs web següents:

- Registre Mercantil **www.registromercantilbcn.es**
- Agència Tributària **www.aeat.es**
- Seguretat Social **www.seg-social.es**

Tipus	Socis	Responsabilitat	Capital	Fiscalitat
Empresa individual	1	Il·limitada.	No n'hi ha un de mínim.	IRPF
Comunitat de béns	2 o més	Il·limitada.	No n'hi ha un de mínim (només béns).	IRPF
Societat civil privada	2 o més	Il·limitada i personal.	No n'hi ha un de mínim.	IRPF
Societat civil pública	2 o més	Il·limitada.	No n'hi ha un de mínim.	IRPF
Societat col·lectiva	2 o més	Il·limitada, personal, solidària i subsidiària.	No n'hi ha un de mínim. Totalment desembossat.	IS
Societat comanditària simple	2 o més (1 col·lectiu i 1 comanditari)	Il·limitada per als socis col·lectius. Limitada al capital aportat pels socis comanditaris.	No n'hi ha un de mínim. Totalment desembossat.	IS
Societat comanditària per accions	2 o més (1 col·lectiu i 1 comanditari)	Il·limitada per als socis col·lectius. Limitada al capital aportat pels socis comanditaris.	Mínim de 60 000 €. Totalment desembossat.	IS
Societat de responsabilitat limitada	1 o més	Limitada al capital aportat.	Mínim de 3 000 €. Totalment desembossat.	IS
Societat limitada nova empresa	5 màxim	Limitada al capital aportat.	Entre 3 012 € i 120 002 € (només aportacions dineràries).	IS
Societat anònima	1 o més	Limitada al capital aportat.	Mínim de 60 000 €. 25 % desembossat.	IS
Societat laboral i participada (responsabilitat limitada o anònima)	3, i en alguns casos 2	Limitada al capital aportat.	Mínim de 3 000 € si és SLL o de 60 000 € si és SAL. (Com a mínim el 51 % del capital serà dels socis treballadors).	IS
Societat cooperativa	1r grau: mínim 3 2n grau: mínim 2	Limitada al capital aportat.	Mínim fixat als estatuts.	IS

Taula 12.11. Quadre comparatiu de les característiques dels diferents tipus de societats.

C. Altres aspectes legals

El respecte del medi ambient i el compliment de les normatives protectores són molt importants per tal que el projecte empresarial sigui sostenible i viable amb relació al seu entorn natural. Atesa la importància que ha pres la protecció del medi ambient, aquest apartat de la viabilitat en una gran majoria d'activitats esdevé una variable crucial i definitiva.

La **viabilitat juridicolegal** consisteix a verificar que l'activitat del projecte empresarial respecta i compleix les normatives legals, els reglaments i les obligacions jurídiques en els àmbits mercantil, laboral, fiscal, etc.

Sabies que...

Una vegada que s'ha redactat i formulat el pla d'empresa, l'emprenedor ha de **prendre la decisió de crear o no l'empresa**. Aquesta decisió s'ha de prendre depenent dels resultats dels diversos estudis de viabilitat. S'ha de valorar si els resultats obtinguts són prou atractius perquè l'emprenedor decideixi iniciar el projecte amb el conjunt de riscos i d'incerteses inherents al procés.

Activitats

6> Comenta com es pot plantejar l'estudi de viabilitat comercial en l'exemple del projecte empresarial de la Marta i en Joan.

7> Posa tres exemples de possibles negocis que podries iniciar a la ciutat o al poble on vius i fes-ne l'anàlisi DAFO.

Activitats finals

1. Comenta la raó per la qual la capacitat per afrontar riscos ha d'anar acompanyada d'una actitud responsable de l'empresari.

2. Posa tres exemples d'iniciatives empresarials que es podrien crear amb relació a activitats d'oci i cultura.

3. Comenta quina opció és millor: comprar un local o llogar-lo.

4. Comenta exemples en què la propietat d'un factor de producció pugui estimular un projecte d'iniciativa empresarial.

5. Recorda el cas tractat en aquesta unitat com a exemple de projecte d'iniciativa empresarial de la Marta i en Joan. A partir de la informació sobre el negoci, les característiques i del que disposen, estudia quina seria la forma jurídica més adequada per a l'empresa.

6. Proposa quins poden ser exemples de variables de la iniciativa empresarial per a la creació d'un restaurant.

7. Si la localització del negoci comporta moltes vegades allunyar-nos de la competència, explica per què sovint hi ha zones on es concentren grups de negocis o de comerços que fan la mateixa activitat en competència entre ells. Posa exemples d'aquests casos.

8. Quins aspectes concrets de l'estudi de mercat es voldran conèixer per a un projecte de creació d'uns cinemes multisales?

9. Posa exemples de possibles projectes d'iniciativa empresarial en els quals la variable fonamental sigui un projecte d'autoocupació.

10. Explica què és el *know-how* i posa exemples en els quals esdevingui una variable important per crear una empresa.

11. Determina quin és el llindar de rendibilitat per a una empresa que presenta uns costos fixos de 27 000 €, un cost variable unitari de 5 700 € i un preu de venda unitari de 7 500 €. Comenta'n el resultat. A continuació considera que hi ha hagut canvis en l'estructura de costos: costos fixos de 36 000 € i costos variables unitaris de 5 000 €. Com canvia el llindar de rendibilitat?

12. El finançament de la inversió inicial per al projecte d'iniciativa empresarial és, en la major part dels casos, un dels problemes fonamentals amb què s'enfronta el futur empresari. Se sap que hi ha dues opcions de finançament: el finançament propi i el finançament aliè. Comenta quins són els avantatges i els inconvenients de totes dues alternatives.

13. Comenta en quines situacions es podrà seleccionar una forma jurídica d'empresa amb responsabilitat il·limitada.

14. En aquesta unitat s'ha comentat que la localització física del projecte empresarial pot ser una variable important. Posa exemples de negocis en els quals no sigui important.

15. Explica quin pot ser l'impacte mediambiental dels projectes empresarials següents i, tot seguit, indica les mesures que cal tenir en compte per evitar aquest impacte no desitjat.

a) La instal·lació d'una discoteca al teu barri.

b) Una bugaderia industrial.

c) Una indústria de reciclatge i de recuperació de piles i de bateries.

d) Una indústria de tractament de purins.

e) Una acadèmia d'anglès.

16. Un factor necessari que influeix en la viabilitat global del projecte d'iniciativa empresarial és la viabilitat mediambiental. Comenta'n la importància.

17. Fes una anàlisi DAFO dels projectes indicats a l'activitat número 15 segons si estiguessin al barri, el poble o la ciutat on vius.

18. Considera el cas de la Laura. És advocada especialitzada en dret mercantil i, després d'acabar els estudis de Dret i especialitzar-se amb un postgrau d'assessorament per a empreses, ha decidit obrir el seu propi despatx.

Ha pensat associar-se amb la Clàudia, què és economista i es van conèixer en una empresa on les dues estaven fent les pràctiques dels seus estudis. Ambdues oferiran serveis especialitzats de consultoria empresarial i compaginaran les seves dos vessants per oferir un servei integral d'assessorament legal i econòmic a les empreses.

En un principi no tenen previst contractar empleats. Ni han de realitzar grans inversions, ja que només necessiten un espai on reunir-se amb els clients. Per això han previst compartir un despatx en un espai de *coworking*.

a) Estudia les característiques del negoci que volen obrir la Laura i la Clàudia i explica quina creus que pot ser la forma jurídica més adequada pel seu negoci. Raona la resposta.

b) Fes una recerca per Internet i explica què és el *coworking*. Quins avantatges té?

c) Fes una anàlisi DAFO d'aquest projecte.

19. En Felip vol obrir un taller de reparació d'automòbils en un local que li ha cedit en usdefruit un familiar. El local està situat en un barri de nova creació on en els darrers anys s'han construït molts habitatges i ara té un grau d'ocupació bastant alt. El familiar li cobrarà un lloguer força per sota del preu dels locals de la zona.

En Felip ha decidit oferir els serveis habituals d'aquests tipus de negocis (reparació i manteniment), però vol diferenciar-se en un factor nou que creu que creixerà molt en els pròxims anys: vol oferir serveis especialitzats per vehicles elèctrics, híbrids i que funcionin amb gas liquat.

Uns dels factors que l'ha portat a prendre aquesta decisió és la certesa que s'aprovaran unes normatives molt estrictes que limitaran les emissions contaminants de vehicles de nova fabricació.

També ha investigat que no hi ha cap taller de mecànica d'automòbils de la seva localitat i de la rodalia que estigui especialitzat en aquests vehicles.

Així mateix, ha observat que tant a la ciutat on vol obrir el seu negoci com a altres poblacions del voltant estan realitzant canvis en la normativa municipal per limitar el trànsit de vehicles que utilitzin motors de gasolina i gasoil que no acreditin un nivell d'emissions contaminants per sota d'un mínim molt estricte.

El Felip ja ha treballat com a mecànic en altres tallers d'automòbils, encara que mai en la reparació d'aquests vehicles més ecològics. Per això va decidir estudiar un curs d'especialització en mecànica de vehicles ecològics.

També ha decidit oferir a la Mariona, una companya del curs, que entri al negoci com a sòcia. La Mariona pot aportar un capital de 2 500 € i el Felip, 3 000 €.

Com que són dos joves emprenedors, poden optar a un programa d'ajuts de la seva comunitat autònoma que consisteix en una subvenció del 5 % de les inversions realitzades i la concessió d'un préstec en condicions molt avantatjoses quant a tipus d'interès i termini d'amortització.

La Mariona i el Felip estan negociant amb una empresa que subministra maquinària per a la reparació de vehicles ecològics un acord que els permeti utilitzar els seus equipaments en règim de rènting.

a) Confecciona una anàlisi DAFO sobre aquest negoci, tenint en compte tota la informació sobre el negoci i el seu entorn.

b) Explica en què consisteix la utilització del rènting com a font de finançament. Explica alguns factors a favor i altres en contra d'aquesta modalitat.

c) Amb les dades que s'han explicat, fes una proposta d'aquelles formes jurídiques més adients per a aquest negoci.

20. Considerem el cas d'una empresa anomenada El Cargol, SL, que es dedica al manteniment de maquinària i instal·lacions industrials. La seva estructura de costos és la següent:

- Costos fixos mensuals de 2 700 €.
- Costos variables de 36 € per hora treballada.
- Als clients els hi factura 72 € l'hora de servei.

a) Si en un mes ha prestat servei als clients per un total de 125 hores, quin ha estat el benefici obtingut? I si n'ha fet 60 hores en un mes?

b) Calcula quin és el punt mort del negoci d'El Cargol, SL, Interpreta el resultat i confecciona una gràfica de coordenades que representi el problema.

c) Suposem que El Cargol, SL ha decidit una ampliació del seu negoci per oferir serveis de manteniment d'especialitats que abans no podia oferir per manca d'equipaments. Per això ha hagut de realitzar una inversió per valor de 25 000 € que n'altera l'estructura de costos:

- Costos fixos de 3 600 € mensuals.
- Costos variables de 54 € l'hora de servei.
- Als clients els hi factura 90 € l'hora.

Explica quantes hores haurà de facturar com a mínim cada mes per no tenir pèrdues.

21. Llegeix l'article següent i respon les preguntes:

Qui ha dit que la tercera generació es carrega el negoci familiar?

Les empreses familiars són tres vegades més longeves que les no familiars. S'ha de desterrar la dita d'avi fundador, fill gastador i net pidolaire.

Confitures Siboney. Una successió progressiva i tranquil·la

Enrique Dansa va fundar Confitures Siboney el 1936, amb l'objectiu de fabricar caramels, ametlles ensucrades, dolços, cabell d'àngel, melmelades, etc. Anys més tard, va cedir el relleu als seus dos fills, encara que un d'ells va preferir abandonar l'empresa, que va quedar en mans de Juan Enrique.

Sota la seva direcció, es va ampiar la gamma de productes pastissers com gelatines i fruites confitades. El 1985 va traslladar la fàbrica a unes noves instal·lacions en un polígon industrial. Mentrestant, el seu fill Enric s'anava preparant. Va estudiar ADE, va viure una temporada al Regne Unit, va treballar en un parell de multinacionals... fins que va arribar el moment de la successió. [...] [L'Enric] va assumir la gerència el 2012, vuit anys després d'haver tornat, mitjançant una donació d'accions. [...]

L'Enric també ha abordat el desenvolupament de nous productes: «Quan vaig arribar, fabricàvem quinze referències. Avui, en fem unes setanta. A més, per enfrontar-nos a les mutinacionals hem d'apostar per l'I+D i per l'agilitat per desenvolupar productes a mida del client».

DAVID RAMOS, *Emprendedores*, 26 d'octubre de 2017

a) Què és una empresa familiar?

b) Havies sentit mai la dita que obre el text? Explica'n el significat. Creus que realment és certa?

c) Digues alguns avantatges i inconvenients dels negocis familiars en oposició als negocis que no ho són.

Comprova el teu nivell

1. Quins són els anomenats *factors interns* dins l'anàlisi DAFO?

a) Debilitats i amenaces.

b) Debilitats i fortaleses.

c) Amenaces i oportunitats.

d) Amenaces i fortaleses.

2. Quins són els anomenats *factors externs* dins l'anàlisi DAFO?

a) Debilitats i amenaces.

b) Debilitats i fortaleses.

c) Amenaces i oportunitats.

d) Amenaces i fortaleses.

3. Quina de les formes jurídiques següents no és de responsabilitat limitada?

a) Societat limitada.

b) Societat anònima.

c) Societat cooperativa.

d) Societat civil.

4. Quin és el capital mínim que s'ha d'aportar en una societat limitada?

a) No hi ha capital mínim.

b) 3 000 €.

c) 60 000 €.

d) 30 050,60 €.

5. Quina és la característica principal de les societats laborals?

a) Que són de responsabilitat il·limitada.

b) Que s'ha d'aportar un capital mínim de 3 000 €.

c) Que una majoria de socis han de ser treballadors de l'empresa.

d) Que s'ha d'aportar un capital mínim de 60 000 €.

6. Aquell indicador de viabilitat que ens permet conèixer la quantitat mínima produïda o venuda que ens permet no tenir pèrdues és:

a) El valor actual net.

b) El pla de màrqueting.

c) El llindar de producció.

d) El llindar de rendibilitat.

7. Quines de les següents és una variable de la iniciativa empresarial?

a) Localització.

b) Capacitat emprenedora.

c) Idea de negoci.

d) Totes les anteriors.

8. El valor actual net i la taxa interna de rendibilitat són indicadors de:

a) Viabilitat financera.

b) Viabilitat juridicolegal.

c) Viabilitat econòmica.

d) Viabilitat tècnica.

9. El tràmit de creació que consisteix a sol·licitar el número d'identificació fiscal s'ha de fer davant:

a) La Seguretat Social.

b) La Hisenda pública.

c) L'ajuntament.

d) El notari.

10. Quina de les eines següents pertany a la viabilitat comercial?

a) L'estudi de mercat.

b) La taxa interna de rendibilitat.

c) El pla de màrqueting.

d) Les opcions *a* i *c* són correctes.

Prepara la prova

1. Tres socis es plantegen la creació d'una empresa industrial dedicada a la fabricació de components per a la indústria naval. Inicialment començaran produint només un producte, per, posteriorment, ampliar la gamma de productes. Segons les seves previsions de vendes, poden arribar a les 18 000 unitats anuals. El preu de venda del producte serà de 75 €/unitat.

Els costos de l'empresa són els següents:

- Lloguer local i instal·lacions: 15 000 €/any
- Costos administratius fixos: 12 000 €/any
- Costos de fabricació fixos: 14 000 €/any
- Mà d'obra variable: 3,3 €/unitat produïda
- Primeres matèries: 1,4 €/unitat produïda
- Consums d'energia i altres subministraments: 0,75 €/unitat produïda

a) Digues quins són els costos variables. (0,5 punt)

b) Digues quins són els costos fixos. (0,5 punt)

c) Digues, amb la seva estructura de costos, a partir de quina quantitat de vendes començaran a tenir beneficis. (0,5 punt)

d) Comenta el resultat de l'opció *c*. (0,5 punt)

2. Quins són els tràmits oficials que s'han de fer per constituir una empresa? (1 punt)

3. Els promotors d'una empresa dubten entre constituir una societat limitada o una d'anònima. Explica quines són les similituds i les diferències entre aquests dos tipus de societats. (1 punt)

4. Elabora una anàlisi DAFO d'un hipotètic projecte empresarial que consisteix en l'explotació d'una casa rural situada a la comarca de l'Alt Urgell. Els promotors del projecte són la Joana i en Miquel, dos germans que han heretat una casa. Han de fer reformes per adequar-la a l'activitat. El Miquel és dissenyador d'interiors i la Joana ha fet un cicle formatiu d'administració i finances.

Tots dos germans estan a l'atur i s'han gastat tots els estalvis. S'han adonat que per la zona hi ha moltes cases rurals que tenen força demanda gràcies a la bona comunicació per carretera, la proximitat amb Andorra i les possibilitats de practicar esport o fer visites culturals. (2 punts)

5. Completa les frases següents amb el terme que trobis més adequat. (2 punts)

a) Una societat … es caracteritza per tenir un … mínim de 3 000 €.

b) L'estudi del … i la TIR són indicadors de la viabilitat … d'un projecte empresarial.

c) Les fortaleses d'un projecte empresarial formen part dels factors … de l'anàlisi … .

d) L'estudi de … té com a finalitat proporcionar informació sobre el mercat i l' … .

e) El càlcul del punt mort o llindar de … és l'estudi de la viabilitat … del projecte empresarial.

6. Tria l'única resposta que consideris vàlida en cadascuna de les qüestions següents. Les respostes correctes sumen (0,5 punt) i les incorrectes resten (0,25 punts).

1. Una societat limitada es caracteritza pel següent:

   a) Els socis tenen responsabilitat il·limitada dels deutes de l'empresa.

   b) Els socis tenen responsabilitat limitada dels deutes de l'empresa.

   c) El capital mínim és de 3 000 €.

   d) Les respostes *b* i *c* són correctes.

2. Indica quins dels indicadors següents són de la viabilitat financera:

   a) El valor actual net.

   b) La taxa interna de rendibilitat.

   c) L'estudi de mercat.

   d) El pla de màrqueting.

3. L'estudi de mercat té com a finalitat:

   a) Informar els futurs consumidors sobre les característiques del producte.

   b) Recollir dades sobre possibles socis del negoci.

   c) Proporcionar informació sobre el mercat i l'entorn.

   d) Aconseguir finançament per al projecte empresarial.

4. Si el llindar de rendibilitat o punt mort d'un projecte empresarial és de 2 000 unitats:

   a) L'empresa ha de fabricar 2 000 unitats per començar a obtenir beneficis, encara que no les vengui totes.

   b) Si l'empresa fabrica i ven 1 500 unitats, tindrà pèrdues.

   c) Si l'empresa fabrica i ven 2 200 unitats, tindrà pèrdues.

   d) Si l'empresa fabrica i ven 2 000 unitats de producte, només compensarà els costos variables.

13

El pla d'empresa

Què hi aprendré?

- Què és el pla d'empresa.
- Els elements d'un pla d'empresa.
- Les pautes per confeccionar un pla d'empresa.
- Un exemple desenvolupat de pla d'empresa.

Tots els plans d'empresa tenen més o menys els mateixos apartats, però quan arriben a la taula de l'inversor uns es queden allà i altres passen a la temuda carpeta «ja els llegiré més tard». Si vols que el teu sigui dels que desperten l'interès del més impassible, continua llegint.

Per començar, algunes nocions bàsiques que convé aclarir. Un pla d'empresa és un mètode que sistematitza i integra les activitats que seran necessàries perquè una idea de negoci es converteixi en una empresa; també genera unes expectatives que demostren que la idea és rendible. En altres paraules, és l'esquer per captar un inversor i dir-li que la nostra idea és genial i molt rendible.

És una eina de comunicació i venda d'una idea original, i serveix per atraure i convèncer les persones que tenen els recursos per dur-la a terme. Però, a més de captar fons, el pla d'empresa també serveix per avaluar la viabilitat del teu negoci.

Isabel García Méndez, *Emprendedores*,
10 de setembre de 2016

---

1. Com creus que un bon pla d'empresa permet captar un inversor? Penses que existeix una recepta magistral per aconseguir-ho?
2. Explica com les habilitats comunicatives poden fer que un pla d'empresa sigui el primer pas cap a l'èxit d'un projecte d'iniciativa empresarial.

1. Presentació del projecte

Seguidament mostrarem un exemple de pla d'empresa amb l'estructura de continguts que hem presentat a la unitat anterior i simulant la situació d'una empresa de nova creació, tal com hem mostrat a l'exemple utilitzat. Es tracta del cas de la Marta i en Joan, que decideixen iniciar un negoci informàtic (muntatge i venda d'ordinadors personals i altres materials informàtics de consum habitual). Pas a pas desenvoluparem cada apartat del pla d'empresa, i en comentarem i justificarem el contingut, de manera que es vagi conformant el document que serveixi per presentar i sintetitzar el projecte d'iniciativa empresarial de la Marta i en Joan.

El pla d'empresa permet comprovar la viabilitat del projecte. Podria ser que, una vegada creat el pla, finalment resulti no viable, això significa que cal replantejar els termes en els quals ha estat plantejat.

@ Web

La Direcció General de la Indústria i de la Petita i Mitjana Empresa (DGIPYME) del Ministeri d'Economia ofereix una eina gratuïta que permet confeccionar un pla d'empresa i analitzar la viabilitat d'un negoci:

http://planempresa.ipyme.org

1.1. Dades personals de l'equip promotor

El primer apartat d'un projecte empresarial ha d'incloure les dades principals del *curriculum vitae* dels emprenedors que volen portar endavant la idea de negoci.

Fig. 13.1. Una preparació adequada dels membres de l'equip és bàsica per a l'èxit del projecte.

1.2. Motivacions i origen de la idea

En aquest apartat cal explicar les raons per les quals s'ha optat per portar a terme la idea de negoci, també s'hi inclou una breu descripció del naixement de la idea.

La idea de negoci és una botiga informàtica on es venguin ordinadors i material informàtic divers. La motivació de la idea presenta diversos aspectes:

- Els coneixements d'informàtica d'un dels socis (Marta) i els coneixements en gestió empresarial de l'altre soci (Joan).
- La capacitat emprenedora dels socis que creuen que en un projecte d'autoocupació és on poden desenvolupar millor els seus potencials professionals i personals.

L'origen de la idea ha estat la reflexió que han fet els dos socis sobre la possibilitat d'aprofitar el fet que a la ciutat on viuen hi ha un barri residencial de nova construcció, on encara hi ha pocs negocis instal·lats. Això ha portat els dos socis a considerar quins tipus de negocis manquen al nou barri i, després d'haver sospesat diverses possibilitats (bugaderia, gestoria, pizzeria, llar d'infants, etc.), han decidit que a priori un bon negoci per emprendre seria la botiga informàtica.

1.3. Descripció de l'activitat

L'activitat fonamental serà la venda d'ordinadors i de material informàtic. Els ordinadors poden ser de sobretaula amb la configuració ja fixada pel fabricant o bé amb la configuració a petició del client. També es preveu la venda d'ordinadors portàtils. El material informàtic estarà format per perifèrics (impressores, escàners, monitors, etc.), consumibles (tinta i tòner per a impressores, CD, DVD, etc.) i altres elements com poden ser els components que formen l'ordinador (discs durs, memòries RAM, plaques, etc.). Dins del material informàtic també es considera la venda de programari divers (sistemes operatius, aplicacions ofimàtiques, programes de gestió empresarial, etc.). També hi haurà una secció de material per a jocs informàtics (programes de jocs, videoconsoles i material complementari). Així mateix es preveu donar el servei d'assistència tècnica i de manteniment informàtic a les empreses.

S'hauria d'oferir un ampli horari comercial per poder atendre una clientela formada per parelles joves que disposen de poc temps per comprar en els horaris més habituals. També es pot considerar oferir un servei tècnic a domicili o contractes de manteniment anual.

Aquesta activitat està classificada seguint el codi CNAE 2009 com: 4741 Comerç al detall d'ordinadors, equips perifèrics i programes informàtics en establiments especialitzats.

! Important

El **codi CNAE (Classificació nacional d'activitats econòmiques)** és un sistema de classificació que depèn de l'Institut Nacional d'Estadística **(www.ine.es)** i que té com a objectiu establir un conjunt jerarquitzat d'activitats econòmiques que es pugui utilitzar per estudiar les estadístiques.

El mateix codi el proporciona també l'Institut Estadístic de Catalunya (IDESCAT, **www.idescat.cat**) sota la denominació **CCAE-2009 (Classificació catalana d'activitats econòmiques).**

En general, per a qualsevol tràmit on s'hagi d'indicar l'activitat d'una empresa s'ha d'utilitzar aquest codi identificatiu.

2. El pla de màrqueting

Aquesta part del pla d'empresa se centra a veure si el projecte és viable comercialment.

2.1. L'estudi de mercat

A partir de l'estudi de mercat es fixa la planificació de màrqueting de l'empresa.

A. Localització

S'ha de tenir en compte que, per a aquesta idea de negoci, la localització és un dels elements fonamentals, ja que el fet d'aprofitar la situació en un barri residencial de nova construcció on encara la competència és nul·la o molt reduïda suposa una de les premisses més fortes del projecte empresarial. Es busca una ubicació en un carrer o avinguda cèntrica on el trànsit de vianants sigui freqüent. El local comercial ha de ser prou ampli per disposar d'una àrea comercial d'exposició i d'atenció al client, i d'una altra àrea operativa, amb el taller i el magatzem.

B. Característiques i tendències del mercat

Fig. 13.2. Analitzar correctament les tendències generals del mercat on es vol treballar pot ajudar a esmenar errors de plantejament del negoci.

Si considerem de manera unitària el mercat informàtic, podem afirmar que es tracta d'un sector econòmic amb molt potencial, ja que cada cop és més imprescindible i més present als diferents àmbits social, econòmic i personal. A més, tot i que al nostre país s'ha crescut molt en informatització domèstica i de les pimes, estem per sota dels països del nostre entorn econòmic; per tant, encara hi ha un potencial de creixement per explotar.

Un altre factor positiu és que el material informàtic cada vegada és més barat i assequible. També hi influeixen molt les contínues innovacions tecnològiques que conformen un mercat molt dinàmic, amb canvis constants.

També s'ha de considerar que cada vegada més l'ordinador ja no és únicament una eina professional per a les empreses o per als estudiants, sinó un element de lleure en l'àmbit personal (jocs d'ordinador, processament de fotos i vídeos, etc.). Això comporta que el potencial de creixement del producte a escala domèstica sigui encara molt gran.

C. Anàlisi de la demanda

En primer lloc, cal tenir en compte la segmentació del mercat, ja que, si classifiquem la demanda per grups homogenis que presenten necessitats semblants, es poden dissenyar millor les estratègies competitives. Aplicant criteris socioeconòmics i demogràfics, podem dividir la demanda en els grups o segments següents:

- **Petites i mitjanes empreses (pimes).** Caracteritzades per un ús professional i productiu de la informàtica. Busquen sobretot eficiència i fiabilitat, atès que molts processos productius, de gestió, de comunicació i administratius depenen del bon funcionament del sistema informàtic. Aquests clients, a més de demanar equips informàtics, també demanaran manteniment i assessorament estable.
- **Usuaris individuals.** Considerem una subsegmentació més àmplia: estudiants que fan un ús ofimàtic, jugadors que busquen un ús lúdic i usuaris domèstics que utilitzen l'ordinador per a activitats diverses (comunicació, música, fotografia, vídeo, etc.). Per aquesta raó, la demanda pot ser molt variada en gamma i en característiques de cada producte.

La raó fonamental per la qual es pensa que els clients compraran els productes és la bona localització i l'exclusivitat del tipus de negoci a la zona. S'espera que tant l'usuari domèstic com les pimes de la zona preferiran comprar en una botiga pròxima, més que potser al centre de la ciutat o de la capital, ja que trobaran uns preus semblants, però amb menys costos de desplaçament.

Aquests seran el nostre públic objectiu, és a dir, aquella part dels clients potencials als quals ens adrecem de manera més directa.

D. Anàlisi de la competència

Partint de la premissa que una de les principals forces del projecte és aprofitar que encara no hi ha competència directa propera, no hem d'oblidar que existeix la competència.

La principal competència es trobarà en les botigues informàtiques del centre de la ciutat i a la propera capital de província. La gran majoria són botigues que pertanyen a una xarxa de botigues associades amb diferents modalitats (grups empresarials, franquícies o botigues associades en centrals de compres). Aquestes botigues ofereixen els mateixos productes i serveis que la nostra empresa. Per aquesta raó, l'estratègia competitiva que cal desenvolupar no pot ser la diferenciació, sinó l'oferiment del mateix però més a prop. La proximitat de la botiga als clients potencials pot ser el principal factor de competència.

Així doncs, el principal punt fort del nostre negoci és aprofitar el potencial d'un mercat no explotat, on la competència directa encara no s'ha instal·lat i potser trigarà a fer-ho si som els primers a obrir les portes en aquest nou barri. El principal punt feble és que no serà possible diferenciar-se de la competència existent, ja que no disposem de prou recursos econòmics per obrir una botiga informàtica de gran superfície. Com que no ens podem diferenciar en producte ho hem de fer en el servei que oferim als clients.

Tampoc no s'ha d'oblidar que també són una competència important les seccions d'informàtica dels hipermercats que hi ha instal·lats a la zona. Poden arribar a ser una gran competència, sobretot a escala d'usuaris domèstics, ja que bona part de la població compra habitualment en hipermercats i el factor proximitat del nostre negoci pot quedar anul·lat. En aquest cas, la relativa llunyania de la competència no serà un factor negatiu que el nostre negoci pugui explotar, ja que aprofitant la visita a l'hipermercat el nostre client pot assabentar-se de la seva oferta informàtica, que sovint s'ofereix a preus molt competitius perquè exploten una gran capacitat de compra als seus proveïdors informàtics.

Fig. 13.3. Analitzar la competència és un dels factors clau que ajuden a l'empresa a adoptar la millor estratègia per posicionar-se en el mercat.

Tot plegat és una amenaça considerable per al nostre negoci. La nostra estratègia competitiva sobre aquest punt hauria de ser oferir un tracte més individualitzat i proper que el que ofereix l'hipermercat, i que faci que la compra a la nostra botiga sigui més fàcil i segura per al client.

E. Viabilitat comercial: anàlisi DAFO

Com a conclusió de l'estudi de mercat, mostrem a la Taula 13.1 el resum on s'indiquen els resultats de l'anàlisi DAFO (debilitats, amenaces, fortaleses i oportunitats).

Podem concloure que l'estratègia competitiva que ha de servir com a criteri fonamental del negoci ha de ser l'aprofitament de l'avantatge de no disposar de competència a la zona, a l'abast del barri. Això no implica actuar com a monopolista, ja que l'amenaça dels grans negocis informàtics i de les grans superfícies és considerable.

Tot això suposa que, com a botiga informàtica de proximitat, el nostre negoci hauria d'aprofitar aquest fet: ser la referència comercial a la zona a escala d'informàtica i, sobretot, servir com a barrera d'entrada a futurs competidors.

	Debilitats	**Fortaleses**
Factors interns	No disposar d'una àmplia gamma de productes i d'instal·lacions comercials grans per tenir recursos financers limitats.	L'experiència d'un dels socis en un negoci informàtic on va treballar anteriorment. Proximitat al client, vocació de servei, ampli horari comercial i servei personalitzat.
	Amenaces	**Oportunitats**
Factors externs	En el cas d'una situació de crisi, l'entorn seria desfavorable amb efectes sobre la demanda i el finançament. L'existència de grans superfícies i cadenes especialitzades.	Aprofitar que la localització on s'ubicarà el negoci és una àrea residencial de nova creació. Això pot ser una barrera d'entrada a nous competidors.

Taula 13.1. Conclusió de l'anàlisi DAFO de l'empresa informàtica del nostre exemple.

2.2. L'estratègia de màrqueting

L'estratègia de màrqueting consisteix a posar en marxa l'empresa per aconseguir l'objectiu de posicionament.

A. El producte

El nostre negoci presenta com a activitat principal la comercialització d'ordinadors i material informàtic. També oferirà serveis d'assessorament i de manteniment informàtic per a les empreses. Creiem que la part fonamental del negoci serà la venda d'ordinadors de sobretaula i portàtils. La gran majoria dels productes són distribuïts per l'empresa, és a dir, es compren a una empresa majorista i nosaltres els distribuïm al detall. Com a excepció, també oferim el muntatge d'ordinadors a petició del client.

Encara que la competència és important i presenta una amenaça notable, és molt difícil diferenciar-nos-en, per la qual cosa l'estratègia de producte que cal adoptar podria ser la de seguiment dels competidors. Com que la nostra dimensió és petita, no tenim capacitat per desenvolupar estratègies diferenciadores de producte, d'aquí que es faci la diferenciació en el tipus de servei que s'ofereix als clients. A llarg termini i observant l'evolució del nostre negoci i de les tendències del sector es podrien desenvolupar estratègies diferenciadores a petita escala, com, per exemple, un servei tècnic a domicili o una línia d'atenció telefònica.

B. El preu

En primer lloc hem de determinar quina és la manera de fixar els preus dels nostres productes. Com que la gran majoria dels nostres productes són comprats als majoristes, la base del preu serà el cost d'adquisició, al qual s'afegirà un marge de benefici que permeti cobrir les despeses generals de l'empresa (lloguer del local, consums i subministraments, etc.) i generar un benefici per als socis.

Evidentment, com que la competència és important, no podrem desviar-nos gaire dels preus:

- **Si fixem uns preus per sota dels de la competència**, possiblement tindrem un bon volum de vendes, però a costa de no aconseguir gaires beneficis. Aquesta situació no es podrà suportar gaire temps, ja que es tracta d'un negoci amb ànim de lucre i, si no n'hi ha, els socis tindran una capacitat limitada d'assumir pèrdues. Aquesta estratègia de preus baixos amb relació a la competència podria ser útil per donar a conèixer el nostre negoci. D'aquesta manera, es podrà generar la fidelitat d'uns clients experts, els quals ens continuaran comprant encara que apugem els preus gradualment.
- **Si fixem uns preus per sobre dels de la competència**, només vendrem a aquells clients no gaire coneixedors del món de la informàtica, que valoren molt la proximitat del negoci i la fiabilitat d'un tracte personalitzat. El nivell de vendes serà poc quantiós, però amb marges de beneficis elevats. D'aquesta manera també podrem aconseguir la fidelitat d'una clientela poc experta. La qüestió és si amb poques vendes però amb bons marges en tindrem prou per compensar les despeses generals de l'empresa, a més de generar beneficis per als socis. També es pot considerar aplicar una estratègia de preus amb poc marge per la venda de productes, però pels serveis de manteniment i de reparació, uns marges més alts.

Fig. 13.4. Una bona política de preus és essencial per a l'èxit del projecte empresarial.

L'estratègia de preus del nostre negoci pot ser una combinació d'ambdues opcions, ja que en el llançament del negoci es pot començar amb uns preus baixos, amb relació a la competència, en una sèrie de productes molt seleccionats, que seran aquells que cridaran l'atenció del client expert, que compararà preus, de forma que generaran l'impuls de les primeres vendes. La resta de productes es pot mantenir a preus molt semblants a la competència o lleugerament més alts per compensar. L'objectiu és que els clients potencials ens coneguin i s'adonin que en una selecció de productes de reclam tenim preus molt competitius. El client expert potser només comprarà els productes reclam, però ja ens ha conegut, sap on estem ubicats i que som una alternativa vàlida i propera. El client no expert comprarà els productes reclam, ja que d'alguna manera ha d'identificar que són bons preus, però també adquirirà la resta de productes a preus més normals o lleugerament superiors, bé perquè creu que també són competitius o bé perquè no disposa de prou coneixements o de temps suficient per fer una recerca comparativa.

C. La promoció

Les activitats de promoció s'han de planificar en dues etapes: la primera de *llançament* i la segona de *manteniment*. L'**etapa de llançament** tracta de donar a conèixer l'existència del nou negoci, dels productes que ofereix i dels preus de llançament:

- Una campanya publicitària intensiva per mitjà d'insercions a la premsa local. Les insercions es poden fer tres dies a la setmana (dimarts, divendres i dissabte), ja que són els dies que la premsa local té més lectors.
- Distribució d'un fullet publicitari d'ofertes de llançament en tots els domicilis i botigues de la zona on s'instal·larà el negoci (bustiada). En el fullet, a part d'una mostra dels productes i el seu preu, hi pot haver una promoció especial de descomptes per inici del negoci en una sèrie de productes seleccionats que siguin un reclam per la reducció del seu preu habitual. La freqüència de distribució seria quinzenal o inferior, si les característiques especials del producte ho demanessin.
- Una campanya de posicionament a les xarxes socials que permeti visualitzar el negoci, així com el desenvolupament d'un servei de compres i de consultes en línia.

Fig. 13.5. Donar a conèixer l'empresa és un pas necessari per aconseguir clients i per crear imatge d'empresa.

En el cas de la nostra empresa, la durada de la promoció de llançament podria ser de tres mesos, revisables segons l'acollida dels clients. S'ha realitzat un pressupost de la publicitat de llançament entorn de 350 € mensuals, entre premsa i bustiada.

Les activitats de promoció a l'**etapa de manteniment** s'haurien de basar en la publicitat de menor intensitat, destinada a recordar als clients potencials els serveis que la nostra empresa ofereix. Es podrien mantenir les insercions a la premsa local, però només els dissabtes. També es podria mantenir la distribució del fullet publicitari, informant dels productes i els serveis que s'ofereixen i fent èmfasi en les ofertes especials de novetats o per rebaixes en els preus. En aquest cas, la distribució no cal que sigui a tots els domicilis de la zona, sinó que només es continua repartint a les botigues de la zona. Puntualment es podrien realitzar bustiades generalitzades per informar d'ofertes especials. El pressupost de les activitats de publicitat en aquesta etapa de manteniment es preveu que sigui de 150 € al mes aproximadament.

Per analitzar l'efectivitat de les activitats de promoció, es pot fer un petit qüestionari a tots els clients del nostre negoci, per saber, entre altres dades, de quina manera ens han conegut. Així disposarem d'informació que ens permeti realitzar les activitats de promoció més idònies en cada moment.

Paral·lelament a aquestes accions, podem publicar una pàgina web, que servirà per informar contínuament dels productes i dels serveis que posem a l'abast dels clients.

D. La distribució

El nostre negoci és de tipus detallista, és a dir, la nostra activitat principal és comercialitzar els productes informàtics a clients finals, provinents de diferents majoristes que al seu torn actuen com a majoristes dels fabricants corresponents. El coneixement de les xarxes de distribució d'aquest tipus de negoci prové fonamentalment de l'experiència que té un dels socis (la Marta), que ha treballat força temps (tres anys) a una botiga informàtica de característiques similars a la que es vol obrir.

La condició de comercialitzador final confereix una característica associada al sector: la limitada capacitat de marcar una línia pròpia a escala d'estratègia competitiva que pot tenir un petit negoci informàtic com el que es vol muntar. Com ja hem comentat, aquest aparent punt feble es preveu que quedi compensat i superat pel fet d'aprofitar l'avantatge competitiu que comporta la inexistència de competència directa molt pròxima, utilitzant aquest factor com a barrera d'entrada a futurs competidors.

L'estratègia de distribució ha de tenir molt en compte els canvis que hi pot haver en el mercat, per exemple si apareixen nous competidors de característiques similars. Per aquesta raó s'han de potenciar els fets diferenciadors del negoci per mantenir les expectatives de desenvolupament de l'empresa a llarg termini.

2.3. Pla de vendes

S'ha realitzat un estudi previ de les possibilitats comercials que pot proporcionar aquest negoci a partir d'una enquesta realitzada a diferents persones residents a l'àrea i que podrien ser clients. A més, també s'ha fet una observació del nombre de persones que podrien viure al barri residencial de nova construcció. S'ha fet una extrapolació per fer diferents suposicions aproximades del nivell de vendes que es podria aconseguir.

Per simplificar els càlculs, s'ha suposat que els clients principalment s'interessaran en la compra d'un ordinador de sobretaula d'una configuració estàndard, que tant es pot adquirir directament a un fabricant com muntar-la al nostre taller. L'anomenarem *configuració genèrica*, i la diferenciarem d'altres configuracions que se surten del client tipus més general.

Fent un pressupost econòmic d'aquesta configuració bàsica s'arriba a un preu de cost unitari de 375 €. El preu de venda al qual es pot arribar és de 525 € (s'ha determinat segons els preus dels competidors). Això implica que el marge comercial previst és d'aproximadament un 40 % sobre el preu de cost:

! Important

Aquesta **fórmula** ens permet determinar el **marge comercial** sobre el cost com un percentatge que es vol afegir al cost unitari. S'ha d'entendre el marge comercial com la diferència entre el preu de venda i el cost unitari.

$$\text{Marge comercial (\%)} = \left[\frac{\text{Preu de venda}}{\text{Cost unitari}}\right] - 1$$

$$\text{Marge comercial (\%)} = \left[\frac{525}{375}\right] - 1 = 0{,}40\ (40\,\%)$$

S'ha previst que hi hagi tres escenaris possibles per al negoci: el *normal*, el *pessimista* i l'*optimista*. En l'escenari *normal* es preveu que hi hagi un nivell de vendes de 50 ordinadors al mes, de 75 a l'escenari *optimista* i de 25 al *pessimista*. Es tracta d'unes suposicions aproximades i simplificades que permetran fer unes previsions bàsiques.

Tipus d'escenari	Unitats venudes (mensuals)	Ingressos previstos (€/mes)
Pessimista	25	13 125
Normal	50	26 250
Optimista	75	39 375

Taula 13.2. Escenari pessimista, normal i optimista de l'empresa informàtica del nostre exemple.

Fig. 13.6. Tenir ben estudiades les previsions de vendes i els possibles escenaris de funcionament ajuda a ser objectiu en la valoració de la viabilitat del negoci.

Evidentment, el negoci també implica la venda d'altres materials complementaris i perifèrics que, en principi, per simplificar els càlculs, no es quantifiquen.

Se suposa que una gran part de les vendes es faran a clients particulars o petits autònoms on es fixarien unes condicions bàsiques de venda al comptat. En el cas de petites empreses es podria negociar el pagament ajornat d'una part de l'import de la venda mitjançant l'emissió de pagarés, però en els primers períodes del negoci seria poc probable, atès el relatiu risc financer i comercial d'aquesta possibilitat. També es pot negociar amb alguna entitat financera l'aplicació d'una línia de crèdit amb condicions preferencials per als clients que desitgin finançar l'adquisició de l'ordinador.

S'ha de tenir en compte que, segons les informacions de què es disposa, la gran majoria dels majoristes exigeixen el pagament al comptat dels materials comprats i només després d'un període de prova dilatat (de sis a nou mesos) accepten realitzar operacions a crèdit, ajornant el pagament 30 dies. Per aquesta raó, és fonamental relacionar el nivell i les característiques del crèdit aconseguit amb el crèdit atorgat.

3. Pla de producció

Aquesta part se centra a determinar els aspectes relacionats amb l'organització i els recursos per dur a terme l'elaboració de productes o la prestació de serveis a què es dedica l'empresa.

3.1. Procés de prestació del servei

Atès el caràcter fonamentalment comercial del negoci, el funcionament logístic de l'activitat de l'empresa és bastant senzill. Com en la majoria dels casos, la nostra botiga es limita a comercialitzar una sèrie de productes, i la qüestió és mantenir una certa quantitat en existències d'aquells que a priori puguin tenir més demanda. En cas que no n'hi hagi suficient d'emmagatzemat, s'haurà de cursar una comanda amb la màxima celeritat.

Fig. 13.7. Fer una previsió tan aproximada com sigui possible dels costos també és imprescindible per tenir una visió realista de la possibilitat de negoci.

3.2. Recursos necessaris

El nostre negoci necessitarà una sèrie de recursos a escala d'infraestructures materials:

- **Local comercial.** A part de la ubicació, també és molt important la distribució: hauria de disposar d'un espai destinat a l'activitat comercial, amb un taulell i diversos expositors, i un altre espai que tindria les funcions de magatzem dels productes en existència i de taller per muntar els ordinadors encarregats pels clients. Evidentment, el local ha de disposar d'altres característiques indispensables: lavabo i instal·lacions d'aigua, electricitat i aire condicionat. Atès l'elevat import que pot suposar la compra del local, pot semblar que l'opció més factible és accedir-hi per mitjà d'un lloguer.
- **Mobiliari.** Un taulell on es pugui atendre els clients, expositors on es mostri la selecció dels productes, prestatgeries per emmagatzemar les existències, una taula i quatre cadires d'oficina.
- **Equips informàtics.** Dos ordinadors per a les tasques administratives i operatives.
- **Elements de transport.** Turisme furgoneta de mida simple per realitzar els desplaçaments necessaris per a l'aprovisionament puntual, o per lliurar o instal·lar aparells a casa del client. Atès l'elevat import que pot tenir aquesta inversió, s'iniciaria l'activitat utilitzant els vehicles propis dels dos socis i, si més endavant fos possible, es valoraria la possibilitat de realitzar aquesta inversió o bé utilitzar el vehicle mitjançant un contracte de rènting.
- **Inversió inicial.** Existències de productes i manteniment d'un estoc de seguretat per determinar.

Pel que fa als **recursos humans,** els dos socis seran els treballadors que acompleixin l'activitat als diferents nivells (comercial, tècnic, gestió i administració). Puntualment, i segons el nivell de la demanda, es podrà considerar la contractació d'una persona amb certs coneixements informàtics que doni suport a les funcions comercials i tècniques.

3.3. Estructura de costos

Podem fer una previsió de quins són els principals costos de l'activitat, tal com es pot veure a la Taula 13.3.

Costos fixos
• El lloguer: 950 €/mes. • Els consums d'electricitat i aigua: 110 €/mes. • La publicitat: 350 €/mes els sis primers mesos i 150 €/mes la resta. • El salari mensual dels socis: 2 000 €/mes. • També hi afegim 150 € de despeses generals diverses.
Costos variables
Fonamentalment el cost dels materials informàtics que es venen aplicant-hi un marge comercial mitjà del 40 %.

Taula 13.3. Previsió dels costos de l'empresa informàtica del nostre exemple.

3.4. Llindar de rendibilitat o punt mort

Amb tota la informació anterior calculem la viabilitat econòmica del projecte, que ens permetrà avaluar si el negoci és factible. Tal com hem vist a l'apartat anterior, durant els sis primers mesos, la suma de costos fixos mensuals és:

$$CF = 950 + 110 + 150 + 2\,000 + 150 = 3\,360\,€$$

Fem la suposició que de mitjana el cost variable de la configuració genèrica és de 375 € per unitat i el preu de venda és de 525 €. Llavors, podem calcular el llindar de rendibilitat:

$$Q^* = \frac{CF}{(p - CV)} \qquad Q^* = \frac{3\,360}{(525 - 375)} = 22{,}40 \text{ unitats al mes}$$

Això dona un resultat força bo, ja que vol dir que venent mensualment 23 ordinadors de configuració genèrica tindríem els costos coberts, és a dir, cada unitat venuda de més a partir de 23 unitats ja comença a generar beneficis. La viabilitat econòmica és bona.

Pla d'inversió	
Mobiliari	3 500
Equips informàtics	1 200
Instal·lacions	750
Existències inicials	1 250
Líquid inicial	1 000
Total	**7 700**

Taula 13.4. Pla d'inversió de l'empresa informàtica del nostre exemple.

Pla de finançament	
Capital	4 000
Préstec	2 200
Proveïdors	1 500
Total	**7 700**

Taula 13.5. Pla de finançament de l'empresa informàtica del nostre exemple.

Fixa-t'hi

Per realitzar la **previsió de tresoreria** s'ha considerat amb prudència un escenari pessimista, però que per al primer any ha aconseguit, encara que de forma modesta, prou fons perquè el negoci pugui funcionar.

4. Pla d'inversió i finançament

La Taula 13.4 mostra el **pla d'inversió,** amb una llista de les inversions que s'han de realitzar per tal que l'empresa comenci la seva activitat, i la Taula 13.5, el **pla de finançament,** on es mostra l'origen dels recursos necessaris per a les inversions.

Consideracions del pla d'inversió	Consideracions del pla de finançament
• Les **instal·lacions** són l'import dels arranjaments que s'han hagut de fer al local. • Les **existències inicials** són el valor dels materials que s'han hagut de comprar inicialment. • El **líquid inicial** són els diners disponibles (caixa i bancs) per fer front als desemborsaments que s'hagin de realitzar inicialment (publicitat, fiança del lloguer, etc.).	• El **capital** és el valor de les aportacions inicials dels dos socis. • S'ha demanat un **préstec** a tres anys al 5,75 % a una entitat bancària, garantit pel patrimoni dels socis. Aplicant el mètode d'amortització de quotes constants, la mensualitat és de 61 €. • S'ha aconseguit que els **proveïdors** ajornin a 30 dies una part de l'import de les compres inicials.

Taula 13.6. Consideracions del pla d'inversió i de finançament de l'empresa informàtica del nostre exemple.

4.1. Previsió de tresoreria

La *previsió de tresoreria* es fa a partir d'una taula on s'indiquen les entrades (cobraments) i les sortides (pagaments) de diners a l'empresa mensualment. El **saldo** pot ser *positiu* (superàvit de caixa) o *negatiu* (dèficit de caixa). **Dèficit de caixa** vol dir que hi ha necessitat de diners i **superàvit de caixa** significa que hi ha un excedent de recursos financers a curt termini; podem acumular el saldo per compensar anteriors dèficits o per preparar-se per a futurs dèficits.

Cal fer uns supòsits, en el cas de l'exemple que ens ocupa:

- **Previsió de vendes.** Suposem que totes les vendes es fan al comptat, en l'escenari pessimista de previsió de vendes, amb unes vendes mensuals de 13 125 €.
- **Aprovisionaments.** Suposem que totes les compres es fan al comptat. El seu import és el valor a preu de cost de les vendes, és a dir, 9 375 €.

Concepte	Gener	Febrer	Març	Abril	Maig	Juny	Juliol	Agost	Set.	Oct.	Nov.	Des.	Total
Saldo inicial	0	129	258	387	516	645	774	1 103	1 432	1 761	2 090	2 419	0
Vendes	13 125	13 125	13 125	13 125	13 125	13 125	13 125	13 125	13 125	13 125	13 125	13 125	157 500
(1) Total cobraments	13 125	13 125	13 125	13 125	13 125	13 125	13 125	13 125	13 125	13 125	13 125	13 125	157 500
Despeses personals	2 000	2 000	2 000	2 000	2 000	2 000	2 000	2 000	2 000	2 000	2 000	2 000	24 000
Lloguer	950	950	950	950	950	950	950	950	950	950	950	950	11 400
Aprovisionaments	9 375	9 375	9 375	9 375	9 375	9 375	9 375	9 375	9 375	9 375	9 375	9 375	112 500
Consums diversos	110	110	110	110	110	110	110	110	110	110	110	110	1 320
Publicitat	350	350	350	350	350	350	150	150	150	150	150	150	3 000
Despeses generals	150	150	150	150	150	150	150	150	150	150	150	150	1 800
Préstec	61	61	61	61	61	61	61	61	61	61	61	61	732
(2) Total pagaments	12 996	12 996	12 996	12 996	12 996	12 996	12 796	12 796	12 796	12 796	12 796	12 796	154 752
(1)–(2) Saldo període	129	129	129	129	129	129	329	329	329	329	329	329	2 748
Excés/Dèficit caixa	129	258	387	516	645	774	1 103	1 432	1 761	2 090	2 419	2 748	2 748

Taula 13.7. Previsió de tresoreria de l'empresa informàtica del nostre exemple.

4.2. La viabilitat financera

En aquest cas s'ha calculat el **valor actual net (VAN)** de la inversió i la **taxa interna de rendibilitat (TIR).** Per fer-ho, els fluxos de caixa generats per l'empresa en els primers períodes anuals. A partir de la previsió de tresoreria del primer any, s'ha ampliat la projecció quatre anys més, de manera que l'escenari de vendes ha passat de pessimista a normal.

Any	Desemborsament inicial (D0)	1r (F_1)	2n (F_2)	3r (F_3)	4t (F_4)	5è (F_5)
El flux de caixa	−7 700	2 748	3 640	4 435	5 725	6 650
PAY BACK	2n any	La inversió inicial (7 700 €) es recupera al tercer any (entre el segon i tercer any, exactament al cap de 2 anys, 3 mesos i 17 dies).				
VAN	11 970,27	És un valor positiu, per tant és viable en aquest sentit, tenint en compte un tipus d'interès del 5 %.				
TIR	43,00 %	Proporciona una taxa molt elevada; en confirma la viabilitat.				

Taula 13.8. Viabilitat financera de l'empresa informàtica del nostre exemple.

5. Aspectes legals

Aquesta part del pla d'empresa se centra a determinar la viabilitat legal del projecte.

5.1. Forma jurídica

S'ha decidit constituir una societat mercantil formada pels dos socis amb la modalitat de societat limitada nova empresa. Aquesta forma jurídica amb personalitat pròpia és un cas particular de la societat de responsabilitat limitada, però en aquest cas es caracteritza fonamentalment pel fet que els tràmits per crear-la són molt ràpids i la gestió de la societat és més flexible.

5.2. Tràmits de l'inici de l'activitat

Un dels principals avantatges d'una societat limitada nova empresa és que se simplifiquen i s'agilitzen molt els tràmits de creació, ja que es pot fer la tramitació telemàtica en 48 hores. Només cal adreçar-se a un PAIT (punt d'assessorament i inici de la tramitació) i al notari.

El nom de l'empresa ha d'estar obligatòriament format pel nom i els cognoms d'un dels socis, per un codi alfanumèric proporcionat pel CIRCE i per la denominació SLNE. Posteriorment se'n pot canviar el nom sense cap cost.

5.3. Normativa aplicable

A part de la normativa específica de la creació de l'empresa, a la nostra empresa se li aplica la legislació mercantil habitual i la normativa municipal i autonòmica que regula els comerços minoristes. L'activitat de l'empresa té el codi CNAE 4741 corresponent al «Comerç al detall d'ordinadors, equips perifèrics i programes informàtics en establiments especialitzats».

5.4. Obligacions legals

A més dels tràmits obligatoris per iniciar l'activitat, comentats en els apartats anteriors, hem de considerar també altres obligacions legals que l'empresa començarà a tenir:

- **Impostos.** Com que es tracta d'una societat mercantil, haurà de presentar l'impost sobre societats. També haurà de realitzar les liquidacions de l'IVA corresponents, considerant que es tracta d'una empresa que ven al consumidor final. I si contracta personal laboral, haurà de realitzar retencions d'IRPF. Per finalitzar, també s'han de considerar els impostos de caràcter local.
- **Tràmits laborals.** Si l'empresa té previst contractar personal laboral, s'haurà d'inscriure a la Seguretat Social, però mentre no contracti ningú això no serà necessari. Si finalment ho fa, a part de confeccionar el contracte laboral corresponent, haurà de liquidar les cotitzacions a la Seguretat Social. Els dos socis de l'empresa seran també treballadors, o sigui, s'hauran d'inscriure al règim de treballadors autònoms de la Seguretat Social. S'ha decidit que l'empresa també s'encarregui de les cotitzacions corresponents als socis treballadors.
- **Tràmits amb l'Ajuntament.** S'haurà de tramitar un permís municipal d'obres menors per realitzar les feines d'arranjament del local que s'ha llogat. També se sol·licitarà un permís d'obertura del local comercial i l'Ajuntament informarà si s'ha de complir una normativa específica.

5.5. Pla de salut laboral

L'empresa té l'obligació d'implantar les mesures per garantir la salut laboral. Això implica tant la prevenció com la protecció. Per això, i en compliment de la normativa, cal instal·lar extintors en els llocs oportuns. També cal assenyalar les rutes d'evacuació i les sortides en cas d'emergència.

Pel que fa a les feines específiques d'informàtica, com que en el muntatge d'ordinadors hi ha risc elèctric, s'han de tenir en compte els protocols de prevenció i protecció específics per a aquest tipus de treballs.

@ *Web*

Al web del Centre d'Informació i Xarxa de Creació d'Empreses hi trobaràs les diferents formes jurídiques que pot prendre una empresa i, en particular, totes les característiques de la SLNE:

ww.circe.es

Per tenir més informació sobre els tràmits oficials a l'hora d'iniciar l'activitat d'una empresa pots consultar el web de Xarxa Emprèn de la Generalitat de Catalunya:

http://xarxaempren.gencat.cat/inicia/cat/

! Important

La normativa obliga que **els socis treballadors que tinguin més del 25 %** del capital de l'empresa s'hagin de donar d'alta al règim especial de treballadors autònoms.

@ *A Internet*

Per tenir informació específica sobre mesures de **prevenció i protecció de riscos,** i sobre la **salut laboral** en general, pots consultar el web de l'Institut de Seguretat i Higiene en el Treball (INSHT):

www.insht.es

Sabies que...

Una vegada que s'ha redactat i formulat el pla d'empresa l'emprenedor ha de **prendre la decisió de crear o no l'empresa.** Aquesta decisió s'ha de prendre depenent dels resultats dels diversos estudis de viabilitat. S'ha de valorar si els resultats obtinguts són prou atractius perquè l'emprenedor decideixi iniciar el projecte amb el conjunt de riscos i d'incerteses inherents al procés.

Activitats finals

1. Considerant el negoci informàtic que hem analitzat com a exemple en aquesta unitat, i tenint en compte la resta de característiques dels promotors i de la localització, considera els següents negocis alternatius:

a) Venda i reparació de bicicletes elèctriques.

b) Confecció de pàgines web i gestió de xarxes socials per a empreses.

c) Agència de viatges especialitzada en joves i estades d'idiomes.

Defineix el factor diferenciador o el valor afegit que caracteritza a cadascuna de les propostes. Si tens altres idees alternatives, també les pots proposar.

2. Confecciona l'anàlisi DAFO corresponent a les idees de negoci alternatives analitzades a l'activitat anterior.

3. La Marta i en Joan han decidit, en comptes de crear l'empresa sota la forma jurídica de societat limitada nova empresa (SLNE), considerar una altra forma jurídica, la societat anònima (SA). Explica els trets característics d'aquesta forma jurídica i quins són ara els tràmits i els passos que s'han de fer per crear l'empresa. Confecciona un quadre comparatiu on es recullin les semblances i les diferències entre ambdues formes jurídiques.

4. La idea de negoci és un aspecte molt important per crear una empresa. Però en un món on sembla que tot està inventat i on hi ha molta competència, aparentment és difícil trobar idees originals i factibles. Un criteri per triar una idea de negoci és reflexionar sobre activitats innovadores o que donen resposta a les noves necessitats que la societat demana.

a) Pensa en tres idees de negoci que donin resposta a noves necessitats socials.

b) Fes un quadre comparatiu amb els punts a favor i en contra de cada idea.

c) Selecciona aquella idea de negoci que consideris més adient, justificant-ne i raonant-ne l'elecció.

d) Confecciona l'estudi de mercat corresponent a aquesta idea de negoci.

e) Elabora l'estudi econòmic corresponent.

5. Una de les principals amenaces que tenen els negocis de nova creació és la manca de finançament. Per aquesta raó, les institucions públiques, amb l'ànim de fomentar la creació d'empreses, ofereixen subvencions i línies de finançament preferencials per a emprenedors. Fes una recerca sobre les principals institucions promotores i sobre la tipologia i les característiques de les subvencions i dels ajuts que ofereix.

6. Amb relació als socis o propietaris d'una empresa que treballen en el negoci propi, sempre s'han de donar d'alta al règim especial de treballadors autònoms de la Seguretat Social? Realitza una recerca a Internet per respondre la qüestió i per explicar breument quines particularitats presenta aquest règim.

7. Tenint en compte la previsió de tresoreria de l'exemple treballat en aquesta unitat, modifica-la considerant que des del principi la previsió de vendes és la de l'escenari optimista.

8. Imaginem que volem desenvolupar una idea de negoci: una agència de viatges especialitzada en viatges per a famílies amb nens. Confecciona'n el pla de màrqueting corresponent.

9. Un altre dels serveis que presten els organismes públics per fomentar la creació d'empreses és l'anomenat *viver d'empreses*. Fes una recerca sobre el tema i confecciona un informe sobre els vivers d'empreses que hi ha a la zona on vius on s'expliquin les característiques del servei que ofereixen.

10. En el cas que el VAN d'un projecte empresarial doni negatiu, què es pot fer per millorar la viabilitat financera, és a dir, per tal que sigui positiu?

11. Confecciona el pla d'empresa d'una de les idees de negoci següents:

a) Jardineria d'àtics.

b) Residència de gossos i animals de companyia.

c) Serveis de manteniment de la llar.

d) Algun altre que se t'acudeixi.

Recorda que en primer lloc hauries de decidir el tipus de negoci, pensar en les seves característiques bàsiques i, posteriorment, començar a formular el pla d'empresa.

Una vegada formulat el pla d'empresa, hauries d'exposar-lo oralment. Per fer-ho, podries utilitzar un programa de presentacions (com ara l'Impress del paquet integrat OpenOffice, el Keynote d'iWork o el Powerpoint de MSOffice). El funcionament d'aquests programes et permet planificar una presentació de diapositives mitjançant l'ordinador o un projector de vídeo. A cada diapositiva cal que presentis els diferents apartats del teu pla d'empresa, amb explicacions breus, taules o gràfics.

Per a més informació sobre aquests tipus de programes, pots consultar
http://es.openoffice.org/ o **http://ca.openoffice.org/**

12. Llegeix l'article següent sobre la importància del pla d'empresa i, en acabat, contesta aquestes preguntes:

a) Creus que l'oportunitat és indispensable per la idea de negoci?

b) Considera les deu preguntes que t'has de fer per elaborar el teu pla d'empresa i classifica-les de major a menor importància, segons la teva opinió.

Vull muntar un negoci: Com traslldo la meva idea a un pla d'empresa?

Un pla de negoci serveix per plasmar les idees, per aclarir-les, polir-les i contrastar, tant com sigui possible, la viabilitat de l'empresa, és a dir, que ajuda a fer-la interessant des del punt de vista tècnic, legal i comercial; que sigui rendible, pel que fa a beneficis, i que financerament es pugui posar en marxa. Hi ha persones que fan el pla de negoci només pensant en una obligació per aconseguir una ajuda. És com si fessin un tràmit.

«El primer error que cal corregir és percebre el *business plan* com una eina de reflexió sobre el negoci. Hi ha molta gent que pensa que és un simple tràmit, que és un document abstracte que han de fer perquè els el demanaran quan presentin el projecte a un inversor. Insistim que és una eina de treball pròpia, de reflexió i de concreció, per identificar llacunes. És un document que no s'ha de subcontractar», destaca la Mariona Ferrer, responsable d'emprenedoria del Parc d'Innovació La Salle.

Dissenyar el pla de negoci comença per fer-se preguntes

A l'hora de preparar un pla de negoci, abans de posar-se a fer números, cal plantejar-se bé qüestions fonamentals com la definició del mercat, l'anàlisi de l'oferta actual, la competència i els recursos que es necessiten. Una manera senzilla de fer aquesta tasca és plantejar-se aquestes deu preguntes que et proposem:

1. Per a qui estem creant valor?
2. Qui considerem que són els nostres clients més importants?
3. Quin valor oferim als clients?
4. Quin dels problemes del nostre client l'ajudem a resoldre?
5. Quin conjunt de productes i serveis oferim a cada segment de clients?
6. Quines necessitats del client satisfem?
7. A través de quins canals prefereixen interactuar els segments de clients?
8. Com podem augmentar la consciència dels productes i serveis de la nostra empresa?
9. Com ajudarem els clients a avaluar les propostes de valor de la nostra companyia?
10. Com facilitarem la compra als clients?

Descriu l'oportunitat

«S'ha de deixar clar que hi ha un mercat ben segmentat amb una necessitat mal coberta i que nosaltres podem oferir la solució», insisteix Jordi Vinaixa, professor de Creació d'Empreses del Centre d'Iniciatives Empresarials d'ESADE.

[...] És el moment de dir de forma clara, sense embuts, en què consisteix i per què és realment una oportunitat de negoci. «La raó de ser del projecte, la missió, ha de ser clara i precisa, i ha d'evitar les ambigüitats» [...]. Què és l'empresa? Quins objectius té? Quines en són les principals característiques?

Explica bé en què consisteix la teva proposta de valor. Per fer-ho, cal analitzar en profunditat el que s'aportarà al mercat.

Explica-la abans altres persones

La teva idea de negoci pot ser la millor del món... per tu. Com que no tenim el poder de la veritat absoluta, has de validar la teva idea —abans de presentar-la a socis futurs— amb l'opinió de terceres persones. És un error fer un projecte i no compartir-lo. Es deixa com un document intern de l'empresa.

S'ha d'ensenyar i contrastar el pla amb el major nombre de persones possibles, no només amb professionals del sector en què es desenvoluparà la nostra empresa, sinó també amb familiars i amics, aliens al mercat. Escolta'n les opinions i comprova si han entès la idea de negoci demanant-los que te l'expliquin.

Entre les preguntes que s'han de fer al nostre crític hi ha: a què em dedicaré?, quin és el meu element diferenciador en el mercat?, quins són els meus punts dèbils i forts?, etc. Així comprovaràs que la persona ha entès el pla. Seria ideal que el veiés, a més de persones que no dominen la matèria, un expert en plans de negoci, per saber si els continguts i l'estructura són coherents, i també un expert del sector específic.

Conèixer el mercat

De vegades, no s'ha ni quantificat. «Diuen que no tenen competència o, si n'hi ha, la menystenen. Els projectes tenen mancances de contactes amb proveïdors, amb clients potencials... I tot això després es tradueix en previsions d'ingressos que no són realistes, no són fiables i no tenen base perquè no s'ha fet una prospecció de mercat, no s'han analitzat seriosament els competidors o no s'han buscat els clients potencials», assegura Lydia Alonso, responsable de projectes del CEEI d'Astúries. Belén Flecha, també del Parc Tecnològic, afegeix que «totes les previsions que es facin derivaran de la pitjor o la millor anàlisi de l'entorn en què es desenvoluparan».

JAVIER ESCUDERO, ISABEL GARCÍA MÉNDEZ i RAFA GALÁN,
Emprendedores, 23 de febrer de 2018

Comprova el teu nivell

1. Dins del pla de màrqueting, sempre és necessari utilitzar la publicitat com a instrument de promoció?

a) Sí, sempre. És indispensable.

b) No, encara que gairebé sempre és una de les eines emprades.

c) No, ja que la publicitat és una eina de l'estratègia de producte.

d) No, ja que la publicitat és una eina de l'estratègia de distribució.

2. El fet que una empresa tingui pèrdues en el primer exercici de vida és una mostra que el negoci no és gens viable?

a) Sí, sempre.

b) No, mai.

c) No sempre, ja que sovint l'empresa, en els primers períodes, encara no ha pogut desenvolupar la seva capacitat i satisfer suficients clients potencials.

d) No, no té res a veure amb l'èxit i la supervivència de l'empresa.

3. Si en estudiar la viabilitat financera, el VAN dona un resultat negatiu, què hem de fer?

a) No passa res, és un indicador sense importància.

b) Atesa la no-viabilitat del projecte, haurem de replantejar-lo acuradament per evitar aquest resultat.

c) Res, ja que és una bona viabilitat.

d) Té fàcil solució, només cal que els socis hi posin més capital.

4. Una de les característiques fonamentals de la forma jurídica societat anònima és:

a) La responsabilitat limitada dels socis.

b) La responsabilitat il·limitada dels socis.

c) La responsabilitat limitada dels socis a 60 000 €.

d) La responsabilitat limitada dels socis a 3 000 €.

5. Quan plantegem l'estudi de mercat, hem de concretar quins són els clients potencials del nostre negoci. Quins són aquests clients potencials?

a) Aquells que tenen prou poder adquisitiu per adquirir el nostre producte.

b) Tota la població de la zona.

c) Aquells que tenen com a necessitat el consum del nostre producte.

d) Aquells a qui els agrada el nostre producte.

6. Per quina raó és important fer un estudi de la competència?

a) Per copiar tot el que fan.

b) Per no fer res del que fan.

c) Per obtenir informació sobre les característiques de les empreses competidores que siguin d'utilitat per definir la nostra estratègia competitiva.

d) Per copiar la campanya publicitària.

7. Estem realitzant l'anàlisi DAFO del nostre projecte empresarial i observem que tenim molta competència en el nostre negoci. Això què significa?

a) Dins dels factors externs és una amenaça.

b) Dins dels factors interns és una amenaça.

c) Dins dels factors externs és una debilitat.

d) Dins dels factors externs és una oportunitat.

8. Si calculant la TIR del nostre projecte empresarial ens dona 2,35 %, què implica pel que fa a la viabilitat financera? Considerem que el tipus d'interès de mercat en aquest moment és del 7 %.

a) Manca de viabilitat.

b) Molt bona viabilitat.

c) No influeix en la viabilitat.

d) És indiferent, això no és una dada negativa del nostre projecte; l'únic que hem de fer és confeccionar un bon pla de màrqueting.

9. I si, per al cas anterior, la TIR donés un resultat de 35 %, què significaria?

a) Manca de viabilitat.

b) Que l'empresa tindrà pocs problemes de finançament.

c) Molt bona viabilitat.

d) És indiferent, això no seria una dada negativa del nostre projecte; l'únic que hauríem de fer és confeccionar un bon pla de màrqueting.

10. Si en calcular el llindar de rendibilitat (punt mort o punt d'equilibri) ens adonem que dona un resultat que és inviable, atesa la capacitat productiva, què podem fer per reduir-lo fins a nivells factibles?

a) Reduir el preu de venda del producte.

b) Reduir els costos fixos.

c) Augmentar els costos fixos.

d) No s'hi pot fer res.

Prepara la prova

1. Creus que la localització d'un negoci és sempre una dada important per a un projecte d'iniciativa empresarial? Raona la resposta. (1 punt)

2. Per quina raó creus que el total del pla d'inversió ha de coincidir amb el total del pla de finançament? Podria ser que fossin diferents? (1 punt)

3. Considera el barri o la ciutat on vius i pensa quins tipus de negocis seria factible obrir-hi. Podries començar amb una pluja d'idees i després seleccionar aquelles cinc que creus que poden ser més interessants. Per finalitzar, confecciona un quadre resum amb els factors a favor i en contra de les cinc idees candidates. (2 punts)

4. La forma jurídica societat limitada nova empresa (SLNE) aporta una sèrie d'avantatges. Fes un resum de quines són. A continuació investiga quines són les característiques de la forma jurídica cooperativa (COOP), compara-la amb l'anterior i determina en quins casos l'una és més indicada que l'altra. (2 punts)

5. Completa les frases següents amb el terme que trobis més adequat: (2 punts)

a) Si un negoci adopta la forma jurídica de societat ··· els socis tenen una ··· limitada a 60 000 €.

b) El llindar de ··· o punt mort és un indicador de la viabilitat ··· d'un projecte empresarial.

c) Si estudiant la viabilitat ··· d'un projecte empresarial calculem el VAN i resulta un valor ···, vol dir que és viable.

d) L'anàlisi ··· estudia la ··· comercial d'un projecte empresarial.

6. Llegeix el text següent i contesta les preguntes que es proposen a continuació: (2 punts)

a) Fes un resum del text i explica la idea fonamental del seu autor.

b) Quina relació creus que hi ha entre la capacitat d'afrontar riscos que hauria de tenir un emprenedor i la probabilitat d'èxit del seu projecte d'iniciativa empresarial?

c) Hi té alguna relació també la perseverança i la tolerància al fracàs? Raona la resposta.

La bombolla de l'emprenedoria: poques startups al garatge i molta ruïna personal

És un bombardeig que dura anys i encara continua. Administracions públiques, bancs, multinacionals tecnològiques i mitjans de comunicació han amplificat el missatge des del pitjor de la crisi: la solució als cinc milions de llocs de treball perduts a Espanya estava en l'emprenedoria i l'autoocupació.

Les jornades i fòrums d'emprenedors es van multiplicar per tota la geografia espanyola a base de *coachs* i teòrics de la nova economia que prediquen sobre *business angels* i incubadores de projectes. Ha nascut una nova religió i en les televisions abunden documentals sobre joves que es feien milionaris de la nit al dia amb una idea i molta perseverança. Històries de projectes que neixen en garatges americans i triomfadors amb texans i camisa arremangada, d'aquestes que agraden a l'espectador.

Deu anys després l'inici de tot això, l'estadística oficial diu que a Espanya ha canviat molt poc. El nombre d'emprenedors continua per sota del nivell que presentava al començament de la crisi, i la major part es dedica a l'hostaleria o al comerç.

Negocis guadiana: cigarretes electròniques i carcasses

No tothom ho fa així. Les associacions d'autònoms han identificat «negocis Guadiana», comerços que surten com bolets i que, tal com apareixen, després desapareixen. Fa uns anys eren les botigues de cigarretes electròniques que es van multiplicar i mai més no se'n va saber res; ara estan de moda les botigues de carcasses per a mòbils que acaparen les cantonades d'alguns carrers i que, segons pronostiquen alguns experts, tenen data de caducitat. Generalment, es tracta d'experiments d'intrusos que desconeixen els sectors en què s'endinsen.

Pedro Raña, emprenedor: «A qui s'ho estigui pensant, li diré que és molt difícil. Que hi ha un percentatge d'èxit molt baix en l'emprenedoria, que a la majoria ens va sortir malament. Comences amb pocs mitjans, vas enganxat econòmicament i has d'encertar amb el primer tir. Em va costar molts diners. Veig el missatge general que es llança i encara que depèn de les circumstàncies de cada un, ara ho deixaria com a ultimíssima opció. Si ja tens certa edat i experiència i un pla de negoci clar, pot valdre la pena, però, sens dubte, s'ha de tenir molt clar el que es vol exposar».

Els que es troben al centre de l'huracà expliquen casos molt més dramàtics. Empresaris incipients que ho perden tot: la inversió, l'atur més els interessos, i fins i tot les propietats de familiars que es van oferir com a avaladors. «[...] És gent que ha de començar de zero i que no acostuma a explicar la seva història. S'ha recorregut amb certa frivolitat a aquest missatge romàntic del fracàs i ara hi ha gent que no tindrà una targeta de crèdit al seu nom en tota la seva vida», subratlla l'autor de *La Burbuja Emprendedora*, l'economista Javier García Álvarez. [...] Les seves tesis apareixen en nombrosos informes com el de La Caixa, que revela que la mortalitat de les startups –sí, en l'argot en parlen així, mortalitat, sense eufemismes– és del 80 % en els dos primers anys.

José Precedo, *eldiario.es*,
25 de març de 2018 (adaptació)

Q^* = punt mort / llindar rendibilitat

$$Q^* = \frac{CF}{\underbrace{P - CVunitaris}_{\text{marge contribució}}}$$

$B = IT - CT$

↓

$p \cdot q - CF - CVT$

$CVT = CV_{unitat} \cdot Q \Rightarrow CVunitat = \frac{CVT}{Q}$

$CT = CF + CVT$

Pau setembre 2021

$$Q^* = \frac{3000}{200 - \frac{14000}{100}} = 500 \text{ unitats}$$

$B = IT - CT$

↳ $p \cdot q = 200 \cdot 700 = 140000$

$CT = CF + CVT = 30000 + 140 \cdot 700 = 128000$

· $B = 140000 - 128000 = 12000€$

2. $Q^* = \frac{CF}{P - CVunitaris}$

$400 = \frac{30000}{(P - 140)} \Rightarrow 400p - 140 \cdot 400 = 30000 \Rightarrow 400p = 30000 + 56000 \Rightarrow$

$\Rightarrow p = \frac{86000}{400} = 215€$

3.